# 중국통상환경론

# 중국통상환경론

장동식 지음

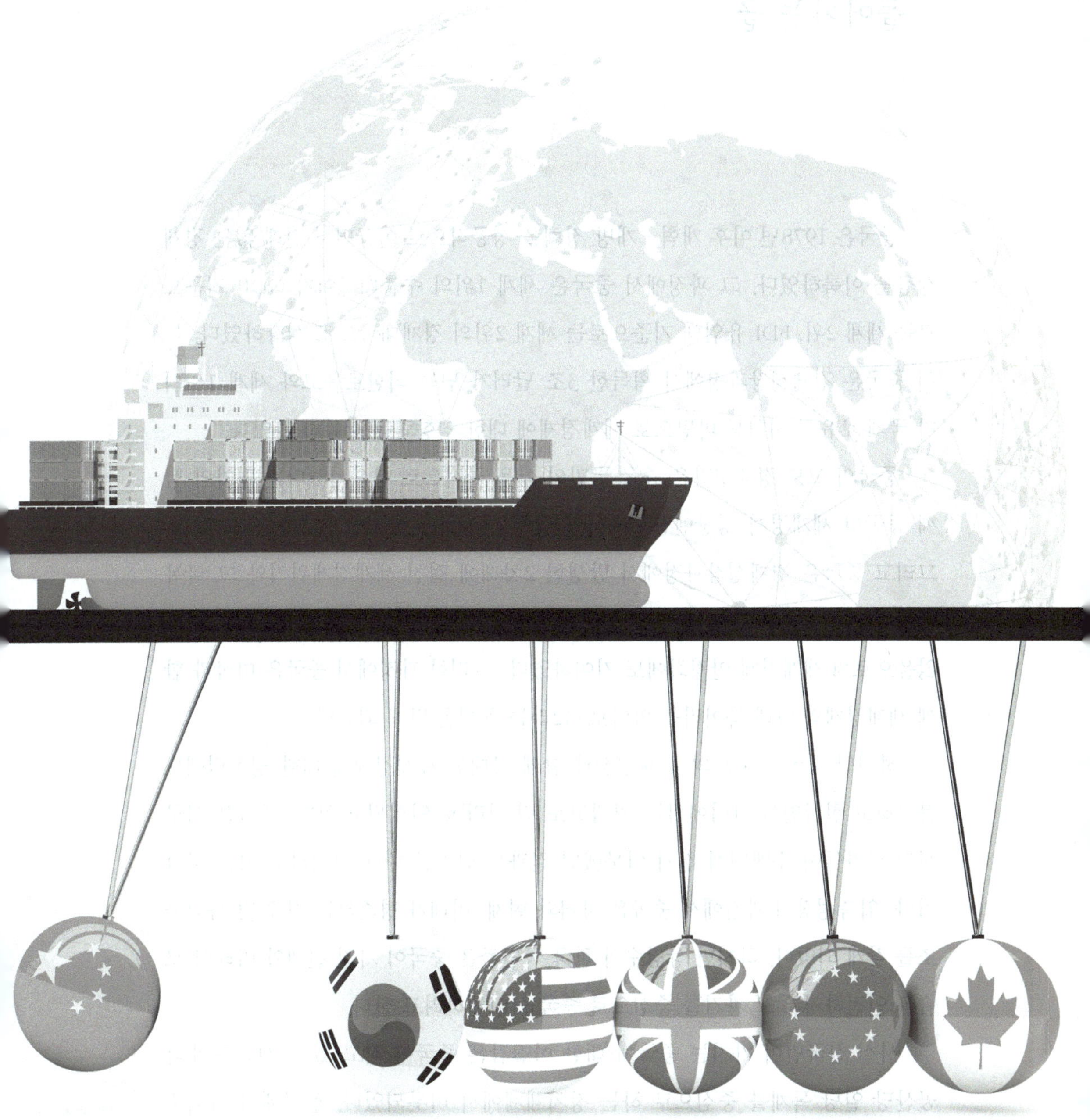

율곡출판사

# 들어가는 글

중국은 1978년 이후 개혁·개방 정책을 성공적으로 이끌면서 전례 없는 경제성장을 이룩하였다. 그 과정에서 중국은 세계 1위의 수출대국이자 GDP 기준으로는 세계 2위, FDI 유입액 기준으로는 세계 2위의 경제대국으로 성장하였다. 특히 중국은 경제성장과정에서 획득한 3조 달러가 넘는 외환보유고와 세계 1위의 미 국채 보유국 지위를 바탕으로 세계경제에 대한 영향력을 강화하고 있다.

중국의 고도 경제성장은 중국 국민의 삶을 극적으로 향상시켰다는 평가와 함께 중국의 세계경제 성장엔진으로서의 역할도 강화시켰다는 평가를 받고 있다. 그리고 중국은 경제성장과정에서 발생한 2차례에 걸친 세계경제위기와 그 극복과정에서 주변국의 경쟁적 화폐 평가절하 속에서도 위안화 평가절하를 허용하지 않음으로써 세계경제 안정화에도 기여하였다. 그러한 과정에서 중국은 미국과 함께 세계경제의 양대 축이라는 의미로 G2라는 호칭을 받게 되었다.

하지만 중국은 고도의 경제성장과 함께 확대된 세계경제에 대한 영향력에도 불구하고 한국인들 사이에서는 '가깝고도 먼 나라'로 인식되고 있다. 중국은 서구 선진 국가들이 수백년에 걸쳐 이룩했던 결과를 단기간 내에 달성하고 있는 국가이다. 압축성장의 과정에서 중국은 과거와 현재, 미래가 병존하는 경제 및 사회구조를 갖게 되었다. 하지만 상당수의 한국 국민들은 중국이 가진 현재와 미래의 모습은 인정하지 않고 과거를 중심으로 중국을 이해하려고 한다.

사실 한국민이 가지는 중국에 대한 이질감은 중국이 갖고 있는 '사회주의'와 공산당 일당 독재를 중심으로 하는 정치체제에서 비롯되었다. 한국에서 사회주의와 공산당이라는 용어는 북한과 오버랩(overlap)되어 '금기어'처럼 인식되고 있다. 한국은 미국식 자본주의시장경제를 바탕으로 대외시장지향형 경제성장을 성공적으로 추진하였다. 그 과정에서 한국인이 가진 중국에 관한 인식은 실제의 중국과 더욱 괴리되었다. 그리고 남북갈등의 과정에서 중국정부가 취한 태도도 한국민의 저평가에 영향을 미쳤다. 중국은 6.25전쟁의 과정에서 북한을 지원했고, 그 후 북한과 같은 인식의 궤적을 공유했다. 그래서 한국민들 사이에서는 중국이 '주적(主敵)'은 아니어도 '이질적인 존재'라는 인식이 확산됐다.

이제 중국은 한국의 제1교역대상국이 되었다. 그리고 한국경제가 중국경제에 대해 갖는 민감도는 미국경제에 대해 갖는 민감도보다 훨씬 높아졌다. 이처럼 한 · 중 경제가 밀접해지면서 중국경제와 중국 통상환경 등에 관한 연구도 많은 질적 · 양적 성장을 하고 있다. 중국지역 및 경제 · 통상 환경 연구는 중국 내에서 관련 분야를 직접적으로 학습 또는 연구를 한 전문가들이나 그런 이들에게 지도받은 후속 연구자들에 의해 폭넓은 범위에서 실시간으로 분석과 연구가 이루어지고 있다.

그럼에도 불구하고 많은 개별 연구들을 종합적으로 분석하고 정리한 중국지역경제나 통상환경에 대한 기본서는 여전히 부족한 실정이다. 본서는 우리 국민들이 가지고 있는 중국에 대한 편견을 극복하고 오늘날 급속도로 발전하고 있는 중국경제의 현황과 특징, 평가 등을 정확하게 전달하고자 집필되었다. 본 저자는 지금까지 거의 20년에 가까운 시간 동안 중국경제 및 통상에 관한 연구를 진행해 오고 있다. 그러한 과정에서 지금까지 진행했던 개별 연구를 종합하고 정리하자는 개인적 바람도 집필의도에 포함되었다.

본서는 그동안 이루어졌던 본 저자와 여러 선배 제현들의 연구들을 최대한 종합하고 정리한 것으로 오늘날의 중국경제에 대한 평가와 전망을 담고 있다. 본서가 국제무역이나 통상학, 국제지역 및 관계학 등을 공부하고 있는 학부생과 대학원생, 그리고 국제비즈니스를 담당하고 있는 관계자들에게 중국경제 및 지역에 대한 이론적이며 실무적인 지식과 함께 기본적인 인식의 기본 틀을 제공하는 길잡이가 되었으면 한다.

집필과정에서 본 저자는 그동안 중국경제에 대해 묵묵히 연구해 오고 계신 많은 선배 제현들에게 많은 학문적 부채감을 느끼게 되었다. 하지만 본서를 출판하려는 시점에서 보니 여전히 불만스럽고 미흡한 부분이 많이 있음을 느낀다. 마지막으로 본서의 집필과정에서 발생한 모든 잘못된 내용이나 구성, 참고문헌 누락 등과 같은 부분에서 발생하는 책임과 비판은 본 저자에게 있음을 밝힌다. 그리고 향후 빠른 시간 내에 이러한 부분을 보완할 것을 약속드린다.

본서의 집필과정에서 자료의 정리와 교정, 편집에 많은 도움을 준 순천대학교 무역학과 박사과정에 있는 한가록 조교 선생과 많은 대학원생들께 감사를 드린다. 그리고 어려운 출판업계의 상황 속에서도 본서의 출판을 기꺼이 허락해 주신 율곡출판사의 박기남 사장님과 박정현 상무님께도 감사를 드린다. 또한 오랜 집필과정 동안 불평 없이 나의 옆을 지켜주면서 지치지 않는 에너지와 영감의 원천을 제공해 준 아내 윤은정과 가족들에게 미안함과 변함없이 사랑한다는 진심을 함께 전한다.

2019년 6월

향림골 연구실에서

# 차 례

들어가는 글/iv

제1장 국가구조 및 정치 환경 1

제1절 국가제도와 구조 ········· 3
1.1 국가제도 ········· 3
1.2 국가구조 ········· 5

제2절 정치적 기반 : 공산당과 정치협상 ········· 7
2.1 중국공산당 ········· 7
1) 역할/7 2) 조직체계와 원칙/9
3) 조직체계/10 4) 간부 양성체계/16
2.2 정치협상 ········· 20
1) 민주당파/20 2) 정치협상/21

제3절 주요 행정조직 ········· 22
3.1 국가주석과 전국인민대표대회 ········· 22
1) 국가주석/22 2) 전국인민대표대회/23
3.2 국무원 ········· 26
3.3 지방정부 ········· 29
1) 지방 인민대표대회/29 2) 지방 인민정부/30

제4절 통상정책 결정과정과 주요 정책결정 참여자 ········· 32
4.1 통상정책 결정과정 ········· 32
4.2 통상정책의 주요 결정 참여자 ········· 33

## 제 2 장 자연 및 민족 · 인구 환경 37

제1절 자연환경 ············ 39
1.1 기후 및 지형 ············ 39
1) 기후대/39 2) 지역별 기후 분포/39
3) 지형/41 4) 남북구분선/43
1.2 토지 ············ 47
1) 토지자원과 인구/47
2) 토지자원의 이용현황과 문제점/48
3) 토지이용정책의 변천과 주요 내용/50
1.3 수자원 ············ 57
1) 개황/57
2) 수자원 공급상 문제점/58
3) 수자원 부족에 대한 정부 대응/61
4) 수자원 개발사업과 국제분쟁/66

제2절 민족 및 인구 환경 ············ 68
2.1 민족 ············ 68
1) 민족 구성/68 2) 소수민족의 분포지역/69
3) 소수민족 정책/73
2.2 인구 분포와 이동 ············ 77
1) 인구분포/77 2) 인구이동/78
2.3 인구정책 ············ 80
1) 인구억제정책의 전개 이전/80
2) 인구억제정책의 전개/81
3) 인구억제정책의 완화/82

## 제 3 장 경제체제 개혁과 사회주의시장경제 85


제1절 경제체제 개혁 …… 87

1.1 개혁 · 개방 이전 …… 87

1) 신중국 성립 이전 / 87
2) 신중국 성립 이후 / 88

1.2 경제체제의 개혁 …… 98

1) 농촌 개혁기(1978~1984) / 99
2) 도시 개혁기(1984~1988) / 100
3) 치리정돈의 시기(1989~1991) / 103
4) 경제개혁 심화기(1992~ ) / 104

제2절 중국식 사회주의시장경제 …… 106

2.1 도입과정 …… 106

2.2 이론적 배경 …… 107

1) 전통적 시장사회주의 모형 / 107
2) 새로운 시장사회주의 모형 / 108

2.3 사회주의시장경제의 주요 내용 …… 110

제3절 경제체제 개혁에 대한 평가 …… 114

3.1 개혁에 대한 평가 …… 114

3.2 중국식 사회주의시장경제에 대한 평가 …… 115

## 제 4 장 중국 경제성장의 의미와 도전 119

제1절 중국 경제성장의 의미 ········· 121
1.1 중국의 경제성장 ········· 121
1) 개혁 · 개방 이후 초기 30년 / 121
2) 중국경제의 국제적 위상 변화 / 122
1.2 중국 경제성장의 의미 ········· 126
제2절 중국 경제성장의 도전(문제점) ········· 129
2.1 양극화 ········· 129
1) 소득양극화의 심화 / 129 2) 지역 양극화 / 131
2.2 자원부족과 환경문제 ········· 135
1) 자원부족 문제 / 135 2) 환경문제 / 138
2.3 글로벌 불균형과 세계경제위기 ········· 142
2.4 부패문제 ········· 144
2.5 교육문제 ········· 149

## 제 5 장 토지 및 노동시장 환경 153

제1절 토지정책 및 제도적 환경 ········· 155
1.1 토지정책의 변천 ········· 155
1) 토지 사유화 추진단계(1921~1952) / 155
2) 토지 국 · 공유제 전환단계기(1953~1978) / 157
1.2 토지제도 ········· 165
1) 토지 종류와 토지사용권 / 165
2) 토지사용계약의 종류와 계약방법 / 167

제2절 노동시장 환경 ······ 170
2.1 노동인구의 변화와 노동문화 ······ 170
1) 노동인구의 변화 / 170 2) 노동문화의 특징 / 173
2.2 주요 노동 관련 규범 ······ 176
1) 개관 / 176 2) 주요 노동 관련 규범 / 177
2.3 국민소득과 임금체계 ······ 182
1) 국민소득 수준의 변화 / 182 2) 임금체계 / 183
3) 최저임금제 / 186

제 6 장 대외무역 관련 제도 189

제1절 외환관리제도 ······ 191
1.1 환율제도 ······ 191
1) 개혁 · 개방 이전 / 191 2) 개혁 · 개방 이후 / 192
1.2 외환관리제도 ······ 196
1) 외환등록제와 외환집중제 / 196
2) 최근 외환관리제도의 방향 / 197
3) IMF 8조국으로의 이행 / 198
1.3 위안화 국제화 ······ 198
1) 위안화 국제화의 개념 / 198 2) 정책추진 현황 / 199
3) 위안화 국제화의 결정요인 / 201
4) 위안화 국제화의 위험요인 / 202

제2절 관세제도 ······ 203
2.1 관세정책 ······ 203
1) 개혁 · 개방 이전 / 203 2) 개혁 · 개방 이후 / 204
2.2 관세평가 방법 ······ 210
1) 과세 기준 / 210 2) 납세기준액 확정 / 211
3) 관세액 계산방식 / 212

2.3 해관 ··· 216

제3절 수출입통관절차 ··· 218

3.1 수입절차 ··· 218

1) 수입 전 준비절차 / 218 2) 수입통관절차 / 219

3.2 수출절차 ··· 224

1) 수출 전 준비절차 / 224 2) 수출통관절차 / 224

제4절 주요 수출입관리제도 ··· 228

4.1 수입허가증제도와 수입쿼터제도 ··· 228

1) 수입화물의 분류 / 228

2) 수입쿼터허가증의 지정과 관리 / 228

3) 수출허가증과 수출쿼터 / 230

4.2 강제인증제도(CCC) ··· 232

1) 개관 / 232 2) CCC 인증절차 / 235

## 제 7 장 기업의 설립 및 청산 241

제1절 중국 비즈니스 환경의 위험성 ··· 243

1.1 정책 방향과 법 · 규정의 잦은 변경 ··· 243

1.2 법 · 제도의 지역 간 상이한 적용과 행정인가주의 ··· 244

1.3 지역 보호주의의 폐단 ··· 246

1.4 철수 시 투자금 회수의 어려움 ··· 247

제2절 외상투자기업의 설립 ··· 250

2.1 사전 고려사항 ··· 250

1) 설립형태의 결정 / 250

2) '외상투자산업지도목록'의 검토 / 256

3) 기타 사전 검토사항 / 259

2.2 기업 설립절차 ··· 262

1) 대리기구 선정/262
2) 기업명칭에 대한 예비등록/263
3) 외국인 투자 허가 신청(기업의 설립 신청)/263
4) 설립등기와 영업집조의 신청/265
5) 기타 설립절차/266

제3절 투자법인 설립 시 주요 고려사항 ······ 272
3.1 자본금 ······ 272
1) 출자방식/272
2) 투자총액과 등록자본금의 관계/273
3.2 기업의 의사결정체계 및 경영관리 ······ 274
1) 기업의 의사결정체계/274
2) 투자기업의 경영관리/276

제4절 투자기업의 해산 및 청산 ······ 278
4.1 개관 ······ 278
4.2 해산과 청산 ······ 279
1) 해산/279 2) 청산/282

제 8 장 국유기업과 향진기업 287

제1절 국유기업 ······ 289
1.1 국유기업의 개념과 개혁 방향 ······ 289
1) 개념/289 2) 국유기업의 개혁/290
1.2 국유기업의 발전 현황과 역할 ······ 295
1) 국유기업의 현황/295 2) 중국경제에서의 역할/296
1.3 국유기업의 문제점 ······ 299
1) 공유제와 민영화 간의 균형점 모색의 어려움/300
2) 비효율성/302 3) 부패문제/303
4) 지방보호주의/304

제2절 향진기업 ······ 305
2.1 향진기업의 개념과 발전과정 ······ 305
1) 향진기업의 개념/305 2) 향진기업의 발전과정/306
2.2 향진기업의 역할 ······ 310
1) 농민 소득 및 취업 증가의 수단/310
2) 농촌지역 공업화와 도시화의 수단/312
2.3 향진기업의 현안 문제 ······ 314
1) 지위의 불안과 기업관리체계의 혼란/314
2) 우대정책 소멸로 인한 역차별/315
3) 전국통일정책의 추진/317
4) 융자 및 서비스 지원체계의 부족/318

제 9 장 지역개발전략과 지방보호주의 321

제1절 지역개발전략 ······ 323
1.1 3선 개발전략 ······ 323
1.2 경제권역 구분전략 ······ 324
1) 경제권역 구분의 중요성/324
2) 경제권역 구분의 변천/325 3) 8대 경제권역 구분/328
1.3 4대 지역개발정책 ······ 330
1) 대규모 지역개발정책 수립의 필요성/330
2) 4대 지역대개발정책/331

제2절 지방보호주의 ······ 340
2.1 지방보호주의의 개념과 위험요소 ······ 340
1) 개념/340 2) 위험요소/341
2.2 지방보호주의의 형성원인 ······ 345
1) 지방정부의 3위 1체적 지위/345
2) 지방과 정부의 재정분할에 따른 재정 부족/346

3) 지방경제에 대한 조정 및 통제권 소유 / 349
4) 지방정부의 비규범적 시장관리권한 / 350
5) 기타 원인 / 353
2.3 지방보호주의의 유형 ········· 353
1) 호구제와 노동시장 간섭 / 353
2) 상품에 대한 보호와 봉쇄 / 355
3) 기업에 대한 보호와 봉쇄 / 357
4) 지역 자본시장에 대한 보호와 투 · 융자 개입 / 359

## 제 10 장 금융시장 환경 363

제1절 은행산업 ········· 365
1.1 개혁 · 개방 이전의 구조 ········· 365
1.2 개혁 · 개방 이후의 은행체계 ········· 367
1.3 은행산업의 개혁 노력 ········· 370
1) 시장개방 / 370
2) 부실대출(채권)의 처리 / 373 3) 금리자유화의 추진 / 376
4) 상업은행에 대한 투자 개방 / 377
1.4 주요 은행의 국제적 위상 변화 ········· 380
제2절 주식시장 ········· 382
2.1 주식시장의 설립과정과 구조 ········· 382
1) 주식시장의 설립과정 / 382
2) 중국 주식시장의 구조 / 384
2.2 주식시장의 개혁 ········· 386
1) 주권분치와 비유통주 개혁 / 386
2) 후강통과 선강통 / 392

## 제 11 장 지적재산권 보호 환경 399

제1절 지적재산권 보호제도의 발전 ········ 401

1.1 지적재산권의 보호 필요성 ········ 401

1.2 지적재산권 관련 법 · 제도의 발전 ········ 404

제2절 지적재산권의 출원절차와 주요 관리기구 ········ 409

2.1 지적재산권의 출원절차 ········ 409

1) 전리권/409 2) 저작권/411

3) 상표권/413

2.2 지적재산권의 주요 관리기구 ········ 414

1) 분야별 주요 관리기구/414

2) 해관총서/419

제3절 지적재산권 침해에 대한 구제방법 ········ 420

3.1 행정적 구제방법 ········ 421

1) 전리/421 2) 상표권/423

3) 저작권/424

3.2 사법적 구제방법 ········ 424

제4절 지적재산권 보호제도의 문제점 ········ 426

4.1 보호체계 이원화에 따른 문제점 ········ 426

4.2 행정적 보호절차의 문제점 ········ 428

4.3 사법적 보호에 따른 문제점 ········ 430

## 제 12 장 대외정책 환경 433


제1절 지역주의정책 ······ 435

1.1 지역주의의 개념과 효과 ······ 435

1) 지역주의의 개념 / 435 2) 지역주의의 효과 / 437

1.2 중국의 지역주의 ······ 439

1) 지역주의정책의 도입 배경 / 439

2) 지역주의정책의 추진 방향과 현황 / 441

3) 지역주의정책의 특징 / 446

제2절 국제환경정책 ······ 450

2.1 기후변화협약체제의 주요 내용 ······ 450

1) 기후변화협약체제의 개념 / 450

2) 기후변화협약체제의 주요 내용 / 450

2.2 중국정부의 대응 ······ 454

1) 환경 관련 법 · 제도의 정비 / 454

2) 탄소배출 저감 노력 / 465

제3절 일대일로와 아시아인프라투자은행(AIIB) ······ 473

3.1 일대일로 ······ 473

1) 개념과 구상 / 473 2) 추진배경 / 474

3) 주요 내용 / 476

3.2 아시아인프라투자은행(AIIB) ······ 480

찾아보기 / 484

CHAPTER 1

# 국가구조 및 정치 환경

1. 국가제도와 구조
2. 정치적 기반 : 공산당과 정치협상
3. 주요 행정조직
4. 통상정책 결정과정과 주요 정책결정 참여자

# 1

# 1. 국가제도와 구조

## 1.1 국가제도

중국은 세계에서 면적이 4번째로 큰 나라로 정식 명칭은 중화인민공화국이다. 중국 헌법 제1조는 국가의 성격을 사회주의제도를 근본으로 한다고 분명히 명시하고 있다. 사회주의는 생산수단의 사적 소유와 소수관리에 반대하고 공동체주의와 최대 다수의 최대 행복 실현을 최고 가치로 하는 사상이다.

사회주의는 자본주의 경제원리의 근본이 되는 개인주의에 대한 반성에서 시작된다. 자본주의란 사적 이윤추구를 목적으로 하고 생산수단의 사적 소유와 자유경쟁을 수단으로 삼는 제도이다. 자본주의는 개인의 소유와 경쟁을 근본으로 하는 경제적 개인주의를 바탕으로 한다. 하지만 자본주의는 생산의 무정부성, 자본의 집중, 자원의 낭비, 실업과 빈곤의 증대, 주기적 공황, 제국주의적 전쟁 등과 같은 여러 가지 사회적 모순과 병폐를 가지고 있다.

사회주의 학자들은 자본주의의 이러한 문제점들이 개인주의에 기인한다고 보고 있다. 그래서 사회주의 학자들은 자본주의 사회의 고유 문제점들을 개조하기 위해서 개인주의를 폐지하고 이와는 반대되는 다른 원리로 대체해야 된다고 보았다. 결국 사회주의는 자본주의의 근본적 특성인 개인주의에 대한 상대적 개념을 찾는 과정에서 발생한 것이라고 볼 수 있다.

사회주의는 생산수단의 사회적 소유와 사회적 관리(계획경제)라는 수단을 통해 자유 · 평등 · 사회정의를 실현할 것을 목적으로 하는 사상 또는 운동이다. 생산수단의 사회적 소유와 사회적 관리를 주장하는 사상의 종류는 19세기 이후에만 200여 종에 달할 정도로 많았다. 이러한 사회주의 학설은 저마다 모두 세세한 차이점을 가지고 있었다. 하지만 1950년대 이전의 사회주의는 대부분 사회개조의 근본방법을 생산수단의 사회적 소유와 계획경제에서 찾는다는 공통점을 갖고 있었다.

중국 헌법에서 말하는 사회주의를 근본제도로 하는 국가는 정치적으로는 공인(工人)계급이 영도하고 공농(工農)연맹이 인민민주전정(人民民主專政)의 기반이 되는 국가를 의미한다. 결국 이는 경제적으로는 공유제(公有制)가 주가 되지만 다양한 소유제 경제가 공동으로 발전하며, 이념적으로는 사회주의 정신문명이 존재하는 국가체제를 의미한다.

중국 헌법에서는 중국을 노동계급이 지도하고 노농동맹을 기초로 하는 인민민주전정의 사회주의국가라고 규정하고 있다.(중국 헌법 제1조 ①항) 여기서 "노동계급의 지도(또는 공인계급의 영도)"라는 말은 중국공산당의 영도를 의미한다. 그리고 중국 헌법은 중국공산당이 사회주의 현대화의 불가결한 영도역량이라고 밝혔다. 중국 내에서 중국공산당은 정치영도, 사상영도, 조직영도를 통하여 국가를 영도한다.

한편 헌법에서 서술된 "노농연맹(또는 공농연맹)을 기초로 하는"의 의미는 중국공산당의 영도 하에서 노동자와 농민이 단결하여 사회주의를 건설한다는 의미이다. 이는 신 중국의 건국과정과 미래의 사회주의 이상국가 건설과 관련된 부분이다. 즉, 이는 새로운 중국 건국 시 인구의 80~90%를 차지했던 노동자와 농민연맹이 중심이 되지 않으면 사회주의 건설에서 승리할 수 없다는 의미를 포함하고 있다. 특히 이는 공인, 농민, 그리고 지식인들의 단결적 역량을 발휘해 주기를 지적한 내용이라고 볼 수 있다.

마지막으로 인민민주전정(人民民主專政)이란 인민민주주의 독재의 의미로 인민에 대한 민주의 실시와 적인(敵人)에 대한 독재의 실시를 의미한다. 인민민주주의의 실시는 선거제도와 인민대표대회제도로 대표된다. 적인에 대한 독재는 기본적으로 국가 사회질서의 보호, 국가안전을 위협하는 범죄활동의 진압, 그리고 사회주의에 기반한 경제적 범죄활동의 파괴 등을 바탕으로 인민에 대한 민주적 보장을 도모한다는 의미이다.

### 중국의 국기

중국의 국기는 중화인민공화국 헌법 제136조에 의거하여 '오성홍기(五星紅旗)'라고 부른다. 1949년 9월 27일 중국인민정치협상회의 준비위원회가 제1차 전체회의에서 2,992점의 도안이 참여한 공모안에서 선정하여 10월 1일 중국 국기로 제정하였다.
중국 국기에서 빨강 바탕에 있는 노랑색 큰 별은 중국인민정치협상회의 및 중국공산당을 의미한다. 작은 별은 중화인민공화국 탄생 당시 노동자, 농민, 소자산계급(小資産階級), 민족자산계급(民族資産階級)의 4계급으로 구성된 국민을 나타낸다. 빨강색은 혁명을 상징하는 전통적인 색이고 별의 노란색은 광명을 의미함과 동시에 황인종을 의미한다. 오성홍기의 가로 세로 비율은 3:2이다.

## 1.2 국가구조

국가구조는 국가의 통치기구 또는 국가의 권력구조를 의미한다. 중국의 국가구조는 당과 국가, 군이라는 3개의 위계조직을 기본골격으로 구성된다. 중국은 국가관료들이 정부를 운영하고, 공산당은 정치 전반을 통제하며, 집권화된 군사조직이 정권을 유지하는 삼중의 국가구조를 가지고 있다.

일반적으로 국가정부는 입법부, 사법부, 행정부를 모두 포함하는 총체적 의미의 정부기관을 의미한다. 하지만 협의의 의미에서 중국정부는 입법부와 사법부에 대한 행정부를 의미한다.

중국의 정부는 크게 당과 정으로 크게 나누어진다. 당은 중국공산당을 의미하고 정은 전국인민대표회의와 국무원, 국방부 등을 포괄하고 있다고 볼 수 있다. 일반적으로 중국의 주요 정책은 당에서 결정하고, 결정된 정책의 집행과 관리는 중국정부를 통칭하는 국무원에서 주관하는 방식으로 운영된다. 중앙과 지방은 서로 연계되어 있으며 권력은 중앙에 삼권이 집중되어 있고, 지방은 집행을 담당하는 구조이다. 중국의 국가행정조직을 정리하면 [그림 1-1]과 같다.

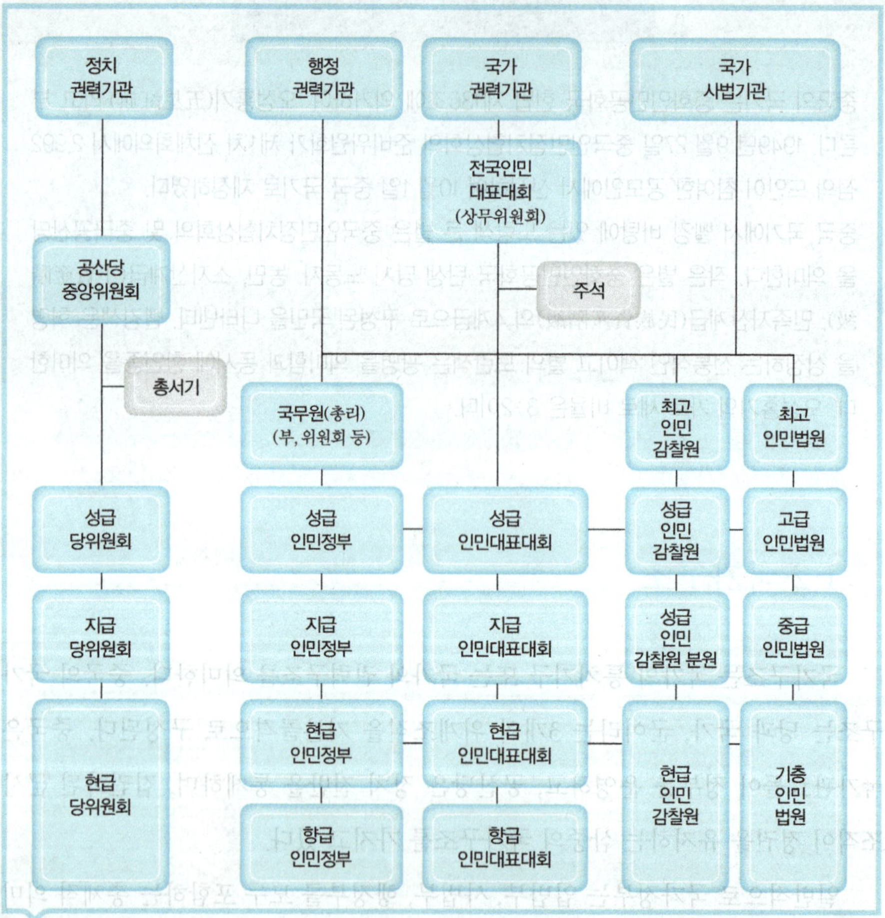


[그림 1-1] 중국의 국가구조

# 2. 정치적 기반 : 공산당과 정치협상

## 2.1 중국공산당

### 1) 역할

중국은 사회주의국가이고, 이는 곧 중국공산당(Chinese Communist Party)을 핵심으로 한다. 이는 국가로서 중국의 정치적 기반이 곧 중국공산당이라는 것을 을 의미한다. 결국 중국공산당은 정당이면서도 동시에 국가기능을 수행한다고 볼 수 있다.

중국 내에서 공산당의 지위와 역할은 중국 헌법을 통해서도 알 수 있다. 중국 헌법 서언에 보면 중화인민공화국은 중국공산당의 영도하에 성립되었고, 오늘날과 같은 중국 신민주주의 혁명의 승리와 사회주의 사업의 성취는 중국공산당의

출처 : 人民网(http://www.people.com.cn)

[그림 1-2] 중국공산당 중앙 전국대표회의

영도하에 만들어진 것이라고 규정되어 있다. 그리고 앞으로도 중국 각 인민들은 중국공산당 영도하에서 각종 사회주의제도를 개선하고 사회주의시장경제, 사회주의민주를 발전시킬 것임도 분명히 하였다.

중국공산당 당헌에서는 중국공산당이 노동자계급의 선봉대이자 인민과 중화민족의 선봉대라고 규정하고 있다. 선봉대라는 말은 일반적으로 '앞장서는 대열이나 부대'를 의미한다. 따라서 중국공산당은 노동자계급과 중국 민족을 대표한다는 의미를 갖고 있다고 볼 수 있다. 중국공산당의 최고 이상과 최종 목표는 공산주의의 실현이다.

현재 중국은 새로운 중국을 위하여 중국 특유의 사회주의 사회를 건설하기 위한 사업을 진행하고 있다. 중국공산당은 바로 이러한 중국식 사회주의 건설사업의 지도핵심으로 각종 사업의 발전을 지도한다. 중국공산당은 선진생산력의 발전수요와 선진문화가 나아가는 방향, 그리고 가장 수많은 국민의 근본적인 이익을 대표한다. 이는 중국공산당이 중국의 노동자들이 선진수준의 생산력을 가진 노동자로 발전하도록 지도하고, 중국이 선진문화를 가진 국가로 발전하도록 지도한다는 의미이다. 그리고 중국공산당은 중국 내에서 수많은 이해 관계를 가진 중국 공민을 대표해서 국가사무를 지도한다는 의미이기도 하다.

중국공산당은 국가사무를 지도한다. 중국공산당은 최고국가행정기관인 국무원은 물론 최고 권력기관인 전국인민대표대회도 지배한다. 중국공산당의 국가사무 지배 방식으로 정치적 지배, 조직적 지배, 사상적 지배 방식이 있다.

첫째, 중국공산당은 정치적 지배를 행한다. 중국공산당은 중국식 사회주의 건설을 위해 특정한 시기에 실현해야 할 임무를 정하고, 이를 실천하려는 목표를 정하며, 각 영역에 대한 중요한 정책결정을 제시하는 역할을 담당한다. 둘째, 중국공산당은 사회주의 건설에 필요한 조직을 지배한다. 이는 사회주의국가 건설을 위해 중국공산당의 구성원이 국가기관에서 핵심적인 역할을 행한다는 의미이다. 그리고 중국공산당은 당의 임무를 실천하기 위하여 정부 기관의 중요 직위에 당원을 파견하여 지도층을 형성하게 함으로써 당의 정책을 완수한다. 셋째, 중국공산당은 사회주의 건설에 필요한 정신문명의 건설을 위해 사상적 지배를 행한다. 중국공산당은 사회주의 정신문명을 건설하기 위하여 실사구시(實事求是)적 노선을 사회주의 건설과 국가적 문제의 해결과정에서 당원과 인민에게 인식시키고 정착되도록 노력한다.

### 2) 조직체계와 원칙

중국공산당은 피라미드식 조직구조의 위계적이고 수직적인 집권체제를 갖고 있다. 중국공산당의 조직원칙인 민중집중제는 민주의 기초 위에 고도의 집중을 시행한다는 의미이다. 민주집중제는 다음과 같은 4가지 기본 복종의 원칙을 가진다. 첫째, 당원 개인은 당의 조직에 복종해야 하고, 둘째, 소수는 다수에게 복종해야 하고, 셋째, 하급조직은 상급조직에게 복종해야 하며, 넷째, 전당(全당)의 각 조직과 전체 당원은 중앙 당에 복종해야 한다. 중국공산당의 당조직과 당원은 이상과 같은 4가지 복종원칙을 준수해야 한다.

일정한 절차에 따라 업무수행을 요구하는 중국공산당의 조직원칙을 정리하면 다음과 같다. 첫째, 중국공산당의 영도기구는 선거제와 임기제를 실시한다. 다만 비밀공작이나 전쟁 혹은 기타 특수한 상황일 때는 당의 영도기구에서 위임제를 채택할 수도 있다. 둘째, 중국공산당의 각급 위원회에서는 집단영도제와 표결제를 실시한다. 이는 공산당의 각급 위원회에서 중대한 문제를 결정할 때 한 사람이 단독으로 결정하지 못하게 하는 집단지도체제를 유지하기 위해서다. 그리고 모든 주요 안건은 중국공산당의 집단지도체제하에서 구성된 전체 구성원의 토론을 거쳐 표결로 결정된다. 셋째, 중국공산당에서 각급 위원회는 동급 대표대회에 업무보고를 해야 하며, 당의 하급조직은 상급조직에 지시를 청하고 업무를 보고해야 한다. 넷째, 중국공산당의 당원은 지위 고하를 막론하고 모두 반드시 일개 지부나 소조(小組) 혹은 기타 특정조직에 편입되어 당의 조직생활에 참가하여 당내외 군중의 감독을 받아야 한다. 다섯째, 중국공산당은 당원과 간부를 대상으로 업무검사제도와 기율검사제도를 운용한다. 여섯째, 중국공산당은 당간부의 선발과 육성 및 상벌 등과 같은 간부 관리제도 등을 운영한다.

### 3) 조직체계

중국공산당은 중앙조직과 지방조직, 기층조직, 당조(黨組)로 구성된다. 그리고 중국공산당의 중앙조직은 중국공산당 전국대표회의와 중앙위원회로 구성된다.

#### (1) 중앙조직

① 전국대표회의

중국공산당 중앙(이하 중공중앙) 전국대표회의는 중국공산당의 최고 영도기관이다. 즉, 중공중앙 전국대표회의는 중국을 움직이는 실질적인 통치기관으로 중국공산당의 전당대회를 의미한다. 전국대표회의는 당 주요 기관의 보고를 청취하며, 중앙위원회를 비롯한 중요 당기구에 대한 선거를 관할한다.

중공중앙 전국대표회의는 보통 매 5년에 한 번씩 해당 해의 가을에 2주 동안 개최되며, 선거로 선출된 약 3,000명 전후의 대표로 구성된다. 전기의 중국공산당 중앙위원회에서 차기 전국대표대회의 대표인원을 정한다. 그리고 각 성·자치구·직할시, 중앙직속기관, 중앙국가기관, 인민해방군 등 36개 선거단위에서 대표 후보자를 선출하면 전국대표대회에서 무기명 투표에 의하여 대표가 탄생된다.

중공중앙 전국대표대회의 대표는 비상임으로 차관급의 예우를 받는다. 전국대표회의의 임시회의는 중앙위원회의 요청이나 전국 성급 지방자치단체 가운데 1/3 이상의 요청이 있는 경우 개최할 수 있다.

② 중앙위원회

중앙위원회는 중공중앙 전국대표대회의 폐회기간 동안 전국대표대회의의 결

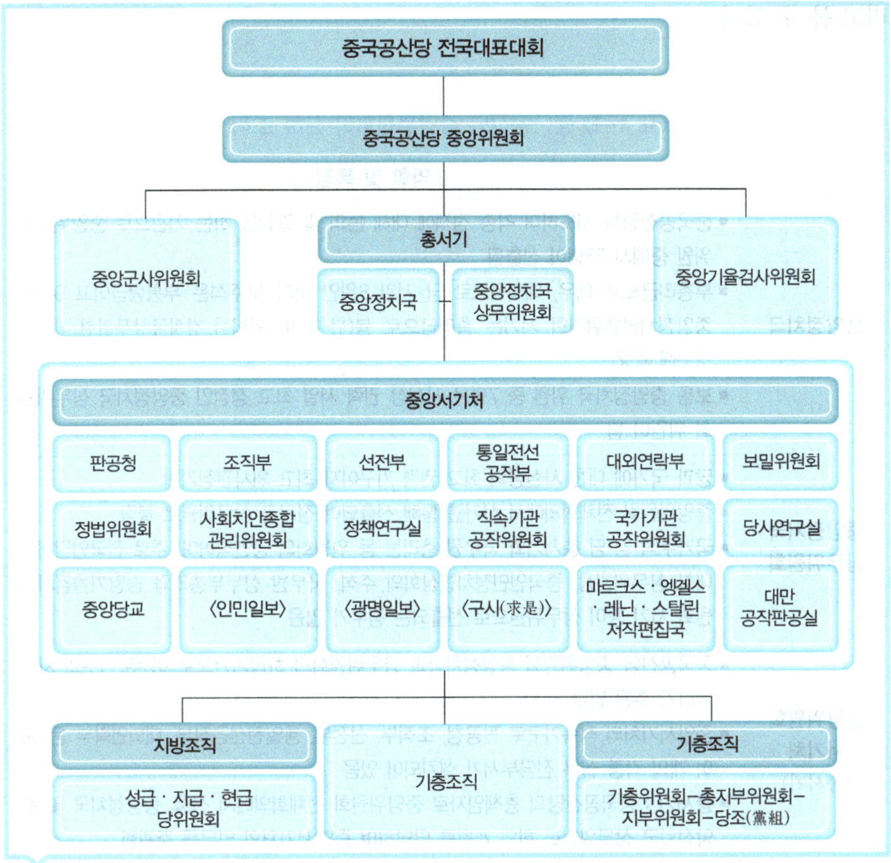


[그림 1-3] 중국공산당의 조직체계

의를 집행하고, 중앙정치국, 중앙상무위원회, 중앙군사위원회 위원을 선출하는 대외적으로 중국공산당을 대표하는 기관이다. 위원의 선출은 비록 명목상으로는 중국공산당의 지도위원 선출이라고 하지만, 실질적으로는 공산당 내부에서 지명된 후보들을 '승인'하는 절차에 가깝다고 볼 수 있다.

중국공산당 내부의 이러한 지명제도를 노멘클라투라(nomenklatura)라고 한다. 하지만 아무리 명목적인 지명절차만 행해진다고 하더라도 중앙위원회를 거치지 않고서는 공산당에서 지명된 후보가 정식으로 임명될 수는 없다. 따라서 중앙위원회는 중국공산당뿐만 아니라 국가 전체에서도 매우 중요한 위치에 있는 기구라고 볼 수 있다.

〈표 1-1〉 중국공산당 중앙위원회의 산하 조직

| | 역할 및 특징 |
|---|---|
| 중앙정치국 | ▪ 중국공산당을 지도하며 각종 정책에 대해 논의 및 결정을 하는 기관으로 중앙위원회 위원 중에서 25명이 선출됨<br>▪ 부총리급으로 예우, 예외적으로 당 서열 8위인 국가 부주석은 부통령급이고 9위인 중앙정치법률위원회 서기는 총리급으로 봄(단 정치국원이나 정치국상무위원 겸직일 경우에 해당)<br>▪ 보통 중앙정치국 위원 중 7명은 사실상 권력 서열 최고 정점인 중앙정치국 상무위원회 위원이 됨 |
| 중앙정치국 상무위원회 | ▪ 당과 국가에 대한 사실상의 최고 권력 기구이자 최고 의사결정기관<br>▪ 중앙위원회 전체회의에서 선거를 통해 선출되며 정치국 상무위원로 불림<br>▪ 국가주석 겸 당 총서기와 국무원 총리는 동 위원회의 당연직이며, 주로 전국인민대표대회 상무위원장, 중국인민정치협상회의 주석, 국무원 상무부총리와 중앙기율검사위원회 서기 등이 상무위원으로 선출되는 경우가 많음[1] |
| 중앙위원회 서기처 (총서기) | ▪ 중국공산당 중앙위원회 중앙정치국과 상무위원회의 하급기관으로 이 두 기구의 사무처리가 주된 업무<br>▪ 중앙서기처의 직속기구로 판공청, 조직부, 선전부, 통일전선공작부, 대외연락부 등 20여 개의 각종 실무 전담부서가 설치되어 있음<br>▪ **총서기** : 중국공산당의 총책임자로 중앙위원회 전체회의에서 선출, 중앙정치국 및 중앙정치국 상무위원회 회의 개최를 담당하며 중앙서기처의 업무를 주관함 |

중앙위원회는 전국대표회의에서 선출되며, 중앙위원과 후보위원으로 구성되고 장관급으로 예우된다.[2] 중앙위원회는 중앙위원회 서기처(총서기)와 중앙정치국, 중앙정치국 상무위원회로 구성된다.

1 중국공산당 중앙에는 '68세 이상은 상무위원을 맡지 않는다'는 암묵적인 룰(七上八下)이 존재했었다. 시진핑 주석이 2017년 당시 68세를 넘은 자신의 오른팔 왕치산을 상무위원으로 유임시켜 이 룰을 깨려 한다는 전망이 많았지만, 그렇게 하지는 않고 그를 국가 부주석으로 임명하였다.

2 2017년 10월에 개최된 제19대 전국대표회의 기준으로 중앙위원은 205인이고, 후보위원은 171인이었다.

### ③ 중앙기율검사위원회

중앙기율검사위원회는 주로 당원의 권력 남용과 부패를 감시하고 처벌하는 기관으로 중앙위원회의 지도 아래 업무를 진행한다. 중국공산당의 중앙과 지방의 각급 기율검사위원회의 권한은 당의 장정(章程)과 기타 중요한 규정과 제도를 보호하고, 당위원회의 협조하에 당풍을 정돈하며, 당의 노선방침 · 정책 및 결의의 집행상황 등을 검사하는 것이다. 중앙기율검사위원회의 주요 업무는 당원과 간부에 대한 기율준수교육을 추진하고, 당기(黨紀)의 보호에 관한 결정을 하며, 당조직을 정돈한다.

지방의 중앙기율검사위원회에서는 총서기를 지명할 때 그 지방 출신의 사람을 지명하지 않는 것이 관례이다. 일반적으로 서기(1인), 부서기(8인, 이중 1인은 서기장을 겸함), 상무위원 19인(서기와 부서기를 포함)으로 구성된다.

### ④ 중앙군사위원회

중앙군사위원회는 중국공산당 중앙위원회 산하에 존재하지만 중국 헌법상 독립기구로 분류되어 있는 특수한 조직이다. 중앙군사위원회는 전국의 무장역량(세력)을 영도하는 조직으로 주석책임제를 실시하고 있다. 중앙군사위원회의 매기 임기는 전국인민대표대회의 매기 임기와 같다. 중앙군사위원회의 주석은 전국인민대표대회와 전국인민대표대회 상무위원회에 대한 책임을 진다.(중국 헌법 제94조)

이는 결국 중국의 최고지도자는 중앙군사위원회의 주석이라는 것을 의미한다. 중앙군사위원회의 주석은 상무위원회의 위원 중에서 선출된다. 대체로 중앙군사위원회의 주석은 당과 국가의 총서기가 맡는 것이 일반적이지만 그렇지 않을 수도 있다.

국가체계에서 중앙군사위원회는 독립적인 조직이지만 그 기원이나 역사적 차원에서 정리해 보면 중국공산당 중앙위원회 산하의 조직이라고 볼 수 있다. 이는 중국의 인민해방군이 다른 나라들과 달리 국가의 군대가 아니라 중국공산당의 군대라는 형식에서 출발했기 때문이다. 따라서 중국 인민해방군의 수뇌부로 구성된 중앙군사위원회는 당 중앙조직의 성격이 강하게 존재하고 있다고 볼 수 있다.

### (2) 지방조직

중국공산당의 지방조직은 중국공산당이 행정구역의 배치에 따라 설치한 조직이다. 중국공산당의 지방조직으로 성, 자치구, 직할시, 구가 설치된 시와 자치구에 설치된 대표대회위원회, 위원회, 기율검사위원회가 있다. 그리고 현·자치현·구가 설치되지 않은 시와 시 관할 구의 대표대회, 위원회, 기율검사위원회도 있다. 이중 성, 자치구, 직할시, 구가 설치된 시와 자치주의 대표대회는 5년에 한 회기씩 개최된다. 대표대회에서 선출된 각급 위원회의 임기는 대표대회의 임기와 같은 5년이 된다.

위원회의 위원과 후보위원은 5년 이상의 당적을 가진 당원이어야 피선거권을 가질 수 있다. 현, 자치현, 구가 설치되지 않은 시와 시 관할 구의 대표대회는 3년에 1회 개최된다. 이와 관련된 위원회의 임기 또한 3년이고, 위원회 위원과 후보위원의 피선거권은 3년 이상의 당적을 가진 당원이어야 가질 수 있다.

당의 지방 각급 위원회 전체회의는 1년에 1회 이상 개최된다. 지방각급 위원회는 해당 당대표대회의 폐회기간 동안 상급 당조직의 지시와 해당 당대표대회회의의 결의를 집행한다. 또한 지방각급위원회는 소속 지역의 업무를 영도하고 상급 당위원회에 대한 보고의무를 가진다. 당의 지방각급 상무위원회는 위원회 전체회의의 폐회기간 동안에 위원회의 직권을 행사한다.

### (3) 기층조직

기층조직이란 일정한 조직체 아래의 단위조직을 의미한다. 주로 향 · 진 · 촌 · 가도(街道), 합작사, 기업, 기관, 학교, 과학연구소, 인민해방군 중대와 기타 기층조직 등 정식당원 3명 이상이 있는 곳에 만들어진 모든 당의 기관과 조직 등을 의미한다.[3] 기층조직의 주요 임무는 당의 정책과 노선을 선전 · 실행 및 당원의 충원과 교육, 관리, 당과 대중 간의 연계 작업 등이다. 중국공산당은 당의 기층조직을 사회와 직접 접촉하고 당의 노선과 정책을 실현하는 '전투요새'로 간주한다.

기층조직의 형식은 업무의 필요성과 당원의 수에 따라 결정된다. 일반적으로 100명 이상의 기층단위는 상급 당위원회의 승인을 거쳐 기층위원회를 설립할 수 있다. 기층위원회는 그 아래에 약간의 총지부나 지부를 설치할 수 있다. 50명 이상의 당원이 존재하는 기층단위는 총지부와 그 아래에 지부를 설립할 수 있다. 정식당원 3명 이상 50명 이하의 기층단위에서는 당의 지부를 설립할 수 있다. 3명 미만의 정식당원이 존재하는 기층단위는 인근 단위의 당원과 연합하여 지부를 결정할 수 있다. 기층조직의 실질적인 권한은 당서기와 부서기 등에 집중되어 있다. 이는 당서기와 부서기가 필요에 따라 기층조직을 만들 수 있다는 의미이다.

### (4) 당조

당조는 중국공산당 장정(章程)에 의거하여 중앙 · 지방의 국가기관, 인민단체, 경제조직, 문화조직, 그리고 기타 당이 아닌 조직의 기관 내에 설립할 수 있는 조직을 의미한다. 당조란 결국 당위원회가 인정해 준 당원들의 조직체를 의미한다.

---

3 중국공산당 당장에서는 모든 기관이 단위에서 3명 이상의 당원이 존재하고 있으면, 언제 어디서나 기층조직을 구성할 수 있다고 규정하고 있다. 결국 이는 공산당 당원이 3인 이상이 존재하는 모든 조직에서는 당의 기층조직을 결성할 수 있다는 의미가 된다.

## 4) 간부 양성체계

### (1) 국가간부 양성체계

중국공산당은 당조직, 국가기관, 당간부 등의 3가지 채널을 통해 중국 전역을 관리한다. 특히 중국공산당은 새로운 중국에 대한 통치원칙으로 '간부관리를 통한 통치'라는 원칙을 세우고 이를 준수하고 있다. 이는 결국 오늘날과 같이 빠른 변화의 길을 걷고 있는 중국의 국가체제를 지탱하고 발전시키는 핵심 역량이 체계적으로 선발되고 육성 · 관리된 간부집단이라는 의미로 받아들일 수 있다.

당과 국가 간의 관계를 표현하는 '당정분업(黨政分業)'과 '이당대정(以党代政)[4]' 이라는 원칙은 새로운 중국의 건국 이후에도 계속 유지되어 왔다. 중국공산당은 이당대정의 원칙을 유지하기 위해 당간부를 철저히 관리하고 있다. 중국공산당 당장(黨章)에는 "당은 덕과 재능 겸비를 원칙으로 간부를 선발한다"라고 규정되어 있다. 간부선발원칙은 인격과 능력을 갖춘 사람만을 임용하고 친분에 따른 선발을 반대하는 것이다. 그리고 당간부는 자신의 혁명화, 연경화(年轻化), 전문화 실현을 위해 스스로 끊임없이 노력해야 할 의무가 있다.

중국에서 말하는 간부 또는 엘리트란 국가기관이나 군대, 인민단체 등과 같은 공직에 있는 요원을 의미하기도 하고, 일정한 지도공작 혹은 관리공작을 담당하는 요원을 의미하기도 한다. 중국정부는 국가로부터 봉급을 받고 노동인사부 혹은 당조직 부분의 검증을 거쳐 국가와 인민에게 봉사를 하는 국가의 직원(지도간부와 일반간부 모두를 포함)을 국가 간부 또는 엘리트로 통칭하기도 한다.

중국에서 국가가 임면하고 봉급을 주는 국가 간부로 다음의 4가지 분야의 간부가 있다.

---

4 党政不分과 같은 의미이다.

- 행정 · 사법 · 입법 국가기관, 기업의 일정 직위 이상의 공직에 있는 행정 간부
- 당기관, 대중단체의 전업활동가 가운데 일정 직위 이상의 당 · 대중 단체 간부
- 생산 · 의료 · 문화교육 분야에서 일정 직위 이상의 전문가(전업간부를 의미)
- 군대간부

중국에서 정부나 당간부의 등용 기준은 시대에 따라 변하고 있다. 즉, 정치사상과 전문성 모두를 중시했던 시대도 있고, 전문성을 중시했던 시대도 있었다. 중국공산당은 일반적으로 세 가지 방식을 통해 국가간부를 관리하고 있다. 첫째, 공산당 중앙조직이 국가의 간부를 직접 임면하여 관리하는 방식이다. 둘째, 공산당 중앙 또는 지방 당조직이 관리하는 간부 후보 리스트를 통해 간부를 관리하는 방식이다. 셋째, 중앙이 특별히 임면하지 않는 지방 간부로, 공산당 중앙 조직부와 지방당이 승인하거나 보고의무 등과 같은 절차를 통해 간부를 관리하는 방식이다.

### (2) 당원 선발절차(입당절차)와 당간부 교육과정

#### ① 입당절차

중국공산당의 입당절차는 18세 이상의 중국 노동자 · 농민 · 군인 · 지식인 및 기타 사회계층의 선진 분자가 입당신청서를 제출함으로써 시작된다. 입당신청서는 정식당원 2명의 추천을 받아야 제출할 수 있고, 이러한 입당신청이 받아들여져야만 입당절차가 시작된다. 입당신청 이후 진행되는 입당시험절차는 고등학교 3학년 이상이나 대학생 이상인 자만이 응시할 수 있다. 입당시험에 합격한 자는 '적극분자'의 칭호와 예비당원의 자격이 주어진다.

### 중국의 공산당 간부 선출

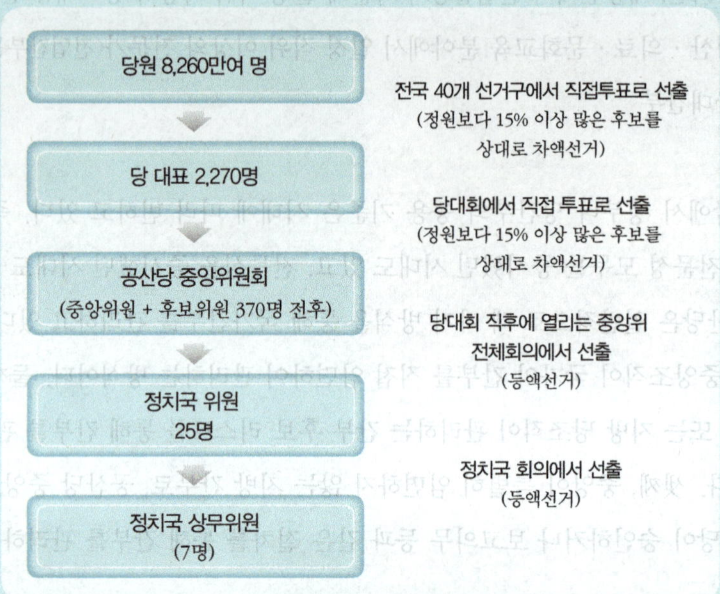


– **차액선거** : 정원보다 많은 후보를 내서 최소 득표자 순으로 탈락시키는 선거
– **등액선거** : 정원과 같은 수의 후보를 내서 찬반을 표시해 당선자를 결정하는 선거

입당시험에 합격한 예비당원은 이때부터 1~2년 동안 각종 교육과 훈련 · 봉사활동에 참여해 사상과 능력 · 태도 면에서 관찰 · 점검 · 평가를 받게 된다. 예비당원은 1~2년 동안의 평가를 무사히 통과해야만 상급 당위원회의 비준을 받을 수 있다. 상급 당위원회의 비준을 받은 예비당원은 정식당원이 되기 위한 입당지원서를 낼 수 있다. 따라서 중국공산당에서 예비당원은 입당시험에 합격하고, 예비당원 평가를 무사히 통과하여 상급 당위원회의 비준을 얻어 입당지원서를 최종 제출한 사람을 의미한다.

예비당원이 된 이후의 관문은 당원대회다. 당원대회에서 예비당원의 발언이 있은 뒤 당 지부(支部)의 검토 보고가 끝나면 당원들의 표결이 이루어진다. 표결이 통과되면 예비당원에 대한 상급 당위원회의 현지 조사가 실시된다. 이 조사를 통과해 최종 허가를 받고 입당 선서를 마쳐야 비로소 공산당원증을 받게 된다.

② 당간부 교육과정

중국공산당이 많은 비판을 받으면서 오늘날과 같이 존재하고 있는 이유 중 가장 핵심은 당간부에 대한 끊임없는 교육, 즉 당간부에 대한 평생 학습이 강조되기 때문이다. 중국공산당의 당간부에 대한 교육은 크게 2가지 방법에 의해 진행된다. 첫째, 최고 교육기관인 당교(黨校)에 의한 교육이다. 중국공산당의 간부가 되려면 당교의 간부 교육을 받아야만 한다. 결국 당교는 중국공산당의 고급간부가 되기 위해서는 반드시 거쳐야 하는 교육기관으로 볼 수 있다. 현재 중국에는 중앙과 지방에 약 3,000여 개가 넘는 당교가 존재한다.

둘째, 당교를 통한 간부교육 외에도 중국공산당에는 공산당 정치국원을 대상으로 하는 집체학습이 존재한다. 정치국원을 대상으로 한 집체학습은 공산당이 요구하는 사상과 정책에 대해 재교육하고 공산당의 통치이념을 선발된 간부들에게 체화시키는 교육이다.

정치국원에 대한 집체학습은 시진핑 1기 기간인 2013년에서 2017년 사이에만 총 43회가 실시되었다. 집체학습의 의제는 그 시기 공산당의 핵심 관심사를 가늠하는 지표다. 정치지도자들 간에 이루어지는 집중토론은 학습의 장이기도 하고 공산당의 정책과 통치이념을 결정하는 중요한 수단이 되기도 한다. 특히 베이징 주변의 베이다이허(北戴河)에서 개최되는 집체회의는 중국공산당의 간부양성 과정에서 지속되어 온 공산당의 집단학습과 토론문화가 은퇴한 원로와 현직 관료 사이에도 중요한 매개체가 되고 있음을 확인시켜 주는 증거이다.

## 2.2 정치협상

### 1) 민주당파

중국에는 외형적으로 볼 때 중국공산당 이외에도 민주정파(民主政派)와 같은 여러 정당이 존재한다. 중국은 정치적으로 다당합작(多黨合作) 또는 정치협상제

**중국 민주당파(民主党派)의 종류**

- **중국국민당 혁명위원회**(1948. 1 ; 39,000명) : 장제스(蔣介石) 독재에 반대하는 국민당 내 혁신파가 중심이 된 정당으로 '민혁'이라는 약칭으로 부른다.
- **중국 민주동맹**(1941. 10) : 문화 교육계 지식인이 중심이 된 중국민주정단동맹으로 발족하여 1944년 9월에 현재 명칭으로 개칭되었으며 '민맹'이라는 약칭으로 부른다.
- **중국민주건국회**(1945. 12 ; 99,000명) : 민족 부르주아지(자본가)인 공상업자 및 그와 관계가 깊은 지식인이 중심이 되어 만들어진 정당으로 '민건'이라는 약칭으로 부른다.
- **중국민주촉진회**(1945. 12 ; 48,000명) : 항일 · 민주 운동을 추진한 문화교육계 지식인과 초 · 중등학교 및 문화 출판계 지식인이 중심이 된 정당으로 '민진'이라는 약칭으로 부른다.
- **중국농공민주당**(1930. 8 ; 46,000명) : 중국민주당 임시행동위원회로 성립하여 1953년에 중화민족해방 행동위원회로 명칭이 바뀌었다. 그리고 1947년에 다시 현재와 같은 명칭으로 개칭되었다. 의학 · 약학 · 보건 분야 인사가 중심이 된 정당으로 '농공당'이라는 약칭으로 부른다.
- **중국치공당**(1925년 ; 10,000명) : 해외화교 비밀결사인 홍문치공당으로 출발하였고, 1947년 5월 조직을 개편하여 대표회의를 소집했다. 귀국화교 및 해외화교가 중심이 된 정당으로 '치공당'이라는 약칭으로 부른다.
- **구삼학사**(1944. 11 ; 45,000명) : 민주과학사로 출발하여 1945년 9월에 현재 명칭으로 개칭되었다. 민주운동을 추진한 문화교육계 · 과학기술계 지식인 중심이 된 정당으로 '구삼'이라는 약칭으로 부른다.
- **대만민주자치동맹**(1947. 11 ; 1,200명) : 항일 · 민주 운동을 추진한 대만 출신 인사가 중심인 정당으로 '대맹'이라는 약칭으로 부른다.

(政治協商制)의 형식을 채택하고 있다. 민주당파(民主党派)란 우리나라에서 말하는 야당과 같은 의미는 아니다. 민주당파는 중국의 건국 전후 중국공산당과 함께 협력한 정당을 의미한다. 하지만 건국 이후 민주당파는 주요 직책에서 배제되면서 점차 그 역할이 축소되어 현재에는 형식적 관제와 역할을 담당하는 수준에 머무르고 있다.

민주당파는 공산당과 "장기공존(長期共存), 호상감독(互相監督), 간담상조(肝膽相照), 영욕여공(榮辱與共)" 등과 같은 4가지 합작을 함께하는 정당을 의미한다. 이렇게 볼 때 중국에서 민주당파란 중국공산당과 함께 사회주의의 건설업무를 달성하기 위해 함께 노력하는 친밀한 우당을 의미한다고 볼 수 있다. 이러한 이유로 중국에서는 민주당파를 참정당(參政黨)이라고도 표현한다.

결론적으로 중국은 중국공산당이 집권당으로서 사회주의 건설에 앞장서지만, 국가안전 및 사회안정 유지 및 보호를 위하여 민주당파와 상호 단결 및 공동 책임을 지는 정치적 협력관계를 유지하고 있는 국가라고 볼 수 있다.

### 2) 정치협상

중국공산당은 참정당이라고 불리는 민주당파들과의 정치협상을 한다. 중국에는 이러한 정치협상을 실현하는 제도로 중국인민정치협상회의가 존재한다. 중국인민정치협상회의는 중국공산당 영도의 다당합작과 정치협상을 실현하기 위해 만들어진 비국가 기구적 성격의 조직이다.

중국인민정치협상회의는 주로 중국공산당과 각 민주정파, 무당파 민주인사, 인민단체, 소수민족 인사, 각계 애국인사가 참여하는 국내 및 세계 평화를 위한 조직체의 성격을 갖고 있다. 중국인민정치협상회의는 국가방침과 지방의 중요 사항, 각종 정책 등에 대해 논의를 진행하는 의정적 제도와 장소적 성격을 함께 갖고 있다. 중국인민정치협상회의 또한 전국인민대표회의와 마찬가지로 전국위원회와 지방위원회가 존재한다.

# 3. 주요 행정조직

## 3.1 국가주석과 전국인민대표대회

### 1) 국가주석

중국 헌법 81조에 보면 국가주석은 중국을 대표한다고 규정되어 있다. 국가주석은 만 45세 이상의 중국 공민 중에서 전국인민대표대회의 선거로 선출된다. 국가주석의 임기는 전국인민대표대회의 임기와 동일하다. 국가주석은 원래 5년 임기로 연임이 가능하도록 되어 있었다. 하지만 2018년의 헌법 개정과정에서 국가주석의 임기는 "전국인민대표대회의 임기와 동일하다"라는 규정으로 변경되었다. 이는 연임제한 규정이 제거된 것으로 국가주석의 임기가 전국인민대표대회에서 임명을 받게 되면 특별한 제한을 받지 않고 계속할 수 있다는 것으로 변경되었다는 의미이다.

국가주석은 전국인민대표대회의 결정과 전국인민대표대회 상무위원회의 결정에 따른 각종 법률을 공포할 권한을 가진다. 국가주석의 고유 인사권으로 국무원 총리와 부총리, 국무위원, 각부 부장, 각 위원회 주임, 심계장과 비서장을 임명할 권한을 가진다. 그리고 국가주석은 국가의 각종 상 · 훈장 및 영예와 칭호를 수여할 권한도 가진다. 국가주석은 사면령과 계엄령을 공포할 권한도 가진다. 또한 전쟁상태를 선포하며, 이에 따른 동원령을 공포할 권한도 가진다.

이 밖에도 국가주석은 외교적으로 국가를 대표한다. 그래서 국가주석은 국가를 대표하여 외국사절을 접견한다. 국가주석은 전국인민대표대회 상무위원회의 결정을 근거로 외국 주재 전권대표를 보내거나 소환하고 외국과 체결하는 조약과 중요 협정을 비준하거나 폐지할 수 있다.

## 2) 전국인민대표대회

전국인민대표대회는 중국 최고의 권력기관으로 그 상설기관인 전국인민대표대회 상무위원회와 함께 국가 입법권을 행사한다. 전국인민대표대회의 임기는 매기 5년이고, 매년 한 차례 거행되며, 전국인민대표대회 상무위원회가 소집한다. 전국인민대표대회의 임시회의는 동 상무위원회에서 필요하다고 판단하거나 전국인민대표대회 대표 5분의 1 이상의 제의에 의해서 소집된다.

전국인민대표대회는 성 · 자치구 · 직할시 · 특별행정구와 군대가 선출하는 대표로 구성된다. 각 소수민족은 모두 전국인민대표대회에서 적당수의 대표를 가질 수 있다. 전국인민대표대회의 선거는 전국인민대표대회 상무위원회가 주관한다. 전국인민대표대회는 회의 개최 시에 주석단을 선출하고 이들 주석단이 회의를 주관한다. 전국인민대표대회의 직권은 다음과 같다.

- 헌법개정
- 헌법시행의 감독
- 형사 · 민사 · 국가기구 · 기타의 기본 법률의 제정 · 개정
- 국가 주석 · 부주석의 선출
- **국가주석의 지명에 의한 국무원 총리 인선의 결정** : 국무원 총리의 지명에 의한 국무원 부총리 · 국무위원 · 각부부장 · 각 위원회주임 · 심계장 · 비서장 인선의 결정
- **중앙군사위원회 주석의 선거** : 중앙군사위원회 주석의 지명에 의한 군사위원회 기타 구성원 인선의 결정
- 최고인민법원장의 선출
- 최고인민검찰원 검찰장의 선출
- 국민경제 · 사회발전계획과 계획집행상황보고의 심사 · 비준
- 국가예산과 예산집행상보고의 심사 · 비준
- 전국인민대표대회 상무위원회의 부적당한 결정에 대한 개정 또는 취소
- 성 · 자치구 · 직할시 설치 비준
- 특별행정구의 설립 및 그 제도에 대한 결정
- 전쟁과 평화 문제의 결정

- 최고국가권력기관이 행사해야 하는 기타 직권

전국인민대표대회의 직권 중에서 헌법개정은 전국인민대회 상무위원회 또는 전국인민대표대회의 1/5 이상의 제의에 의해서 시작된다. 그리고 전국인민대표대회 전체 대표의 2/3 이상의 다수결로 의결된다. 전국인민대표대회는 다음과 같은 자를 파면할 권한을 가지고 있다.

- 중화인민공화국 주석 · 부주석
- 국무총리 · 부총리 · 국무위원 · 각부부장 · 각 위원회주임 · 심계장 · 비서장
- 중앙군사위원회 주석과 중앙군사위원회 기타 구성원
- 최고인민법원 원장
- 최고인민검찰원 검찰장

한편 전국인민대표대회 상무위원회는 전국인민대표대회의 상설기관으로 전국인민대표대회의 매기 임기와 같은 임기를 가진다. 위원장과 부위원장은 2회 이상 연임할 수 없다. 전국인민대표대회 상무위원회는 전국인민대표대회에 대하여 책임을 지고 업무를 보고하는 역할을 담당한다. 전국인민대표대회 상무위원회는 다음과 같은 직권을 가진다.

- 헌법해석과 헌법시행의 감독
- 전국인민대표대회가 제정해야 하는 법률을 제외한 기타 법률의 제정 · 개정
- 전국인민대표대회 폐회기간에, 전국인민대표대회 제정의 법률에 대하여 부분 보충 · 개정, 다만 그 법률의 기본원칙과 상충될 수 없다.
- 법률해석
- 전국인민대표대회의 폐회기간 동안 국민경제 · 사회발전계획과 국가예산 집행과정 중 필요불가결한 부분의 조정과 방법의 심사 · 비준

- 국무원 · 중앙군사위원회 · 최고인민법원 · 최고인민검찰원 업무의 감독
- 국무원이 제정한 헌법 · 법률과 저촉되는 행정법규 · 결정 · 명령의 취소
- 성 · 자치구 · 직할시의 국가기관이 제정한 헌법 · 법률 · 행정법규와 저촉되는 지방성 법규와 결의의 취소
- 전국인민대표대회 폐회기간 동안 국무원 총리의 지명에 의한 부장 · 위원회주임 · 심계장 · 비서장 인선의 결정
- 전국인민대표대회 폐회기간 동안 중앙군사위원회 주석의 지명에 의한 중앙군사위원회 기타 구성원의 인선 결정
- 최고인민법원 원장의 제청에 의한 최고인민법원 부원장 · 심판원(판사) · 심판위원회 위원과 군사법원 원장의 임면
- 최고인민검찰원 검찰장의 제청에 의한 최고인민검찰원 부검찰장 · 검찰원(검사) · 검찰위원회 위원과 군사검찰원 검찰장의 임면, 성 · 자치구 · 직할시의 인민검찰원 검찰장 임면의 비준
- 외국 주재 전권대사 임면의 결정
- 외국과 체결하는 조약과 중요 협정의 비준 · 폐지의 결정
- 군인 · 외교관의 등급제도와 기타 전문등급제도의 규정
- 국가의 훈장 · 영예칭호 수여의 규정과 결정
- 특별사면의 결정
- 전국인민대표대회 폐회기간에 국가가 무력침범을 받거나 국제 간 공동침략방지조약을 이행해야 하는 경우, 전쟁상태 선포의 결정
- 전국 총동원 또는 국부 동원 결정
- 전국 또는 개별 성 · 자치구 · 직할시 계엄의 결정
- 전국인민대표대회가 수여하는 기타 직권

전국인민대표대회는 민족위원회 · 법률위원회 · 재정경제위원회 · 교육과학문화위생위원회 · 외사위원회 · 화교위원회와 기타 설립이 필요한 전문위원회 등을 둘 수 있다. 전국인민대표대회의 폐회기간 동안 각 전문위원회는 전국인민대표대회 상무위원회의 영도를 받는다. 각 전문위원회는 관련 안을 연구 · 심의하고 이에 대한 초안을 작성한다.

이 밖에도 전국인민대표대회와 전국인민대표대회 상무위원회가 필요하다고

판단하는 경우 특정 문제에 관한 조사위원회를 조직할 수 있다. 그리고 조사위원회의 보고를 근거로 상응한 결의를 할 수 있다. 이들 조사위원회가 관련 조사를 진행할 때, 조사위원회의 요청이 있는 경우 해당 유관 국가기관·사회단체·공민은 필요한 자료를 제공할 의무가 있다.

출처 : 文汇网(http://www.whb.cn/zhuzhan/sz/20190326/252050.html)

[그림 1-4] 중국 인민대회당

## 3.2 국무원

국무원은 중국의 중앙 인민정부이며, 최고국가권력기관의 집행기구로 최고국가행정기관이다.[5] 국무원은 대외적으로 중화인민공화국을 대표하고, 전국인민대회회의와 그 상임위원회의 집행기관으로 국가 최고의 행정력을 행사한다. 국무원의 임기는 전국인민대표대회의 매기 임기와 같고, 총리와 부총리 및 국무위원은 2회까지 연임할 수 있다.

국무원은 총리책임제를 실시하며, 각부 및 각 위원회는 부장·주임책임제를

5 중화인민공화국 헌법 제85조

실시한다. 국무원은 총리가 영도하며, 부총리와 국무위원은 총리의 업무에 협조한다. 국무원 총리는 국무원 상무회의와 국무원 전체회의를 소집하고 주관한다. 국무원 상무회의는 총리, 부총리, 국무위원, 비서장으로 구성된다.

국무원은 전국인민대표대회(이하 전국인대)와 그 상임위원회가 통과시킨 헌법과 법률, 결의 등을 집행하는 역할을 담당한다. 국무원은 전국인대의 폐회기간에 그 상무위원회에 대한 보고의무를 가진다. 전국인대 상무위원회는 국무원이 제정한 행정법규나 결정, 명령들이 헌법과 법률에 저촉되는 경우 이를 폐지할 권한을 갖는다.

중국의 국가행정기관체계는 최고국가행정기관과 각급 국가행정기관으로 구성된다. 각 중국 내 최고행정기관들은 경제업무와 농촌, 도시 건설, 생태문명 건설, 민정, 공안, 사법, 행정, 외사, 국방, 민족사무 및 소수민족 관련 사무 등을 지도하고 관리한다. 국무원이 국가 최고의 행정기관이라는 의미는 국무원이 중국 내 모든 국가행정기관 중에서 최고의 영도적 지위를 갖고 있다는 것을 의미한다. 따라서 국무원은 각급 지방행정기관이나 각급 중앙 행정기관이 공표한 부당한 명

출처 : 众筹之家(http://www.zczj.com/news/2017-07-28/content_12468.html)

[그림 1-5] 중국 국무원 반공처(中南海)

령이나 지시, 규장 등을 수정 혹은 폐지시킬 권한을 갖는다.

국무원은 국가의 각종 경제 및 발전 계획을 수립하고 국가예산을 편성 · 집행하는 권한을 가진다. 그리고 심계기관을 설립하고 국무원 각 부문과 지방 각급 정부의 재정수지, 국가의 재정금융기구와 기업사업 조직의 재무수지에 대해 회계검사 및 감독을 진행할 권한을 가진다. 이때 심계기관은 국무원 총리의 영도하에 법률규정에 따라 회계검사감독권을 독립적으로 행사하고, 기타 행정기관이나 사회단체, 개인의 간섭을 받지 않는다.

국무원의 대표적 권한으로는 행정입법권이 있다. 국무원이 가지는 대표적 행

〈표 1-2〉 중국 국무원의 행정입법권

| | 주요 내용 |
|---|---|
| 행정법규 제정권 | - **행정입법** : 전국인대를 대신해 국무원이 입법사항에 대해 규정하는 것[6]<br>- 하지만 전국인대와 상관없이 독자적인 행정법규도 제정할 수 있음<br>▪ 전국인대가 제정하는 법률보다 적용대상의 범위가 넓어 사회 환경이 성숙되지 않아 전국인대를 통한 법률제정이 불가능한 경우나 전국인대 법률제정을 위한 시험적 법 시행이 필요한 경우 제정될 수도 있음 |
| 입법 제안권 | - 대부분의 국가정부가 가지는 입법제안권을 의미<br>▪ 본래 정부가 그 본연의 역할을 행하는 데 필요한 법률을 의회에 제안할 수 있는 권리를 의미함<br>▪ 중국에서는 정부가 의회보다 많은 법안을 제안함 |
| 수권 입법권 | - 전국인대로부터 일부 사항에 대해 입법권을 위임받아 행정법규를 제정할 때 사용되는 권한<br>▪ 예를 들면 경제체제 개혁 및 대외개방과 관련된 임시 규정 및 조례를 제정할 수 있는 권한 |
| 시행세칙 제정권 | - 전국인대에서 제정된 각종 법률의 시행에 필요한 시행세칙의 제정권을 의미 |

6 예를 들어 노인복지법에서 노령연급 지급을 규정할 때 실제로 노령연금의 세부적인 내용 등 모든 사항을 법률에 규정할 수 없다. 따라서 그 내용에 대해서는 행정법규로 제정하게 된다. 구체적인 예로 법에 "65세 이상 노인 중 가구소득 월 1,000만원 이하의 가구에 해당하는 사람에게 노령연금을 지급한다"라고 규정되어 있다고 가정하면, 부동산의 보유 여부, 부동산 가격 산정방법, 차량 소지 여부, 부양의무가 있는 가족이 있을 때 처리방법, 실제 지급을 받기 위해서는 어떤 부서에 어떤 신청서류를 내야 하는지 등을 규정하는 것을 의미한다.

정입법권으로 행정법규 제정권, 입법제안권, 수권입법권, 시행세칙 제정권 등이 있다. 이에 대한 내용을 정리해 보면 〈표 1-2〉와 같다.

## 3.3 지방정부

중국의 지방 국가권력기관으로 지방의 각급에 인민대표대회와 인민정부가 존재한다. 중국은 성 · 직할시 · 현 · 시 · 직할구 · 향 · 민족향 · 진을 둔다. 그리고 각급 지방은 지방 인민대표대회와 인민정부를 둔다. 지방의 자치구, 자치주, 자치현도 자치기관을 두며, 그 조직과 업무는 법률로 별도로 규정한다. 이중 현급 이상의 지방 각급 인민대표대회는 상무위원회를 둔다.

### 1) 지방 인민대표대회

성 · 직할시 · 구를 설치한 시의 인민대표대회 대표는 그 하급의 인민대표대회에서 선출된다. 그리고 현 · 구를 설치하지 않은 시 · 시할구(市轄區 : 시가 관할하는 구) · 향 · 민족향 · 진의 인민대표대회 대표는 선거권자가 직접 선거로 선출한다. 이 때 지방 각급 인민대표대회의 대표 수와 선출방법은 법률로 규정된다.

지방의 각급 인민대표대회는 당해 행정구역 내에서 헌법 · 법률 · 행정법규의 준수와 집행을 보증하는 역할을 담당한다. 지방의 각급 인민대표대회는 지방의 경제 · 문화 및 공공사업의 개발계획을 심사하고 결정한다. 현급 이상 지방의 각급 인민대표대회는 당해 행정구역 내의 국민경제와 사회발전계획 · 예산 및 그들의 집행상황 보고를 심사 · 비준한다. 각급 인민대표대회는 당해 인민대표대회 상무위원회의 부적당한 결정을 개정하거나 취소할 권한을 가진다. 민족향의 인민대표대회는 법률이 규정한 권한에 따라 민족 특징에 적합한 구체적인 조치를 취할 수 있다. 성 · 직할시의 인민대표대회와 그들의 상무위원회는 헌법 · 법률 · 행정법규와 서로 저촉되지 않는다는 전제하에서, 지방 성법규를 제정하여 전국인민대표대회 상무위원회에 보고하여 등록할 수 있다.

그리고 지방의 각급 인민대표대회는 각각 당해 인민정부의 성장 · 부성장 · 시장 · 부시장 · 현장(縣長) · 부현장 · 구장(區長) · 부구장 · 향장(鄕長) · 부향장 · 진장(鎭長) · 부진장을 선출하고 파면할 권한이 있다. 현급 이상의 지방 각급 인민대표대회는 당해 인민법원 원장과 인민검찰원 검찰장을 선출하고 파면할 권한이 있다. 인민검찰원 검찰장의 선출 또는 파면은 상급 인민검찰원 검찰장에 보고하고, 당해 인민대표대회상무위원회의 비준을 제청해야 한다.

현급 이상의 지방 각급 인민대표대회상무위원회는 주임 · 부주임 약간인과 위원 약간인으로 구성되고, 당해 인민대표대회에 책임을 지고 업무를 보고한다. 현급 이상의 지방 각급 인민대표대회는 당해 인민대표대회 상무위원회 구성원을 선출하고 파면할 권한이 있다. 현급 이상의 지방 각급 인민대표대회 상무위원회의 구성원은 국가행정기관 · 심판기관과 검찰기관의 직무를 담당할 수 없다.

현급 이상의 지방 각급 인민대표대회 상무위원회는 당해 행정구역 내 각 방면 업무의 중대 사항을 토론 · 결정한다. 당해 인민정부 · 인민법원 · 인민검찰원의 업무를 감독한다. 그리고 당해 인민정부의 부적당한 결정 · 명령을 취소할 수 있으며, 그 하급 인민대표대회의 부적당한 결의를 취소할 수 있다. 법률이 규정한 권한에 따라 국가 공무원의 임면을 결정한다. 당해 인민대표대회의 폐회기간에 하급 인민대표대회의 개별 대표를 파면하고 보선한다.

### 2) 지방 인민정부

지방 각급 인민정부는 지방 각급 국가권력기관의 집행기관이고, 지방 각급 국가행정기관이다. 지방 각급 인민정부는 성장 · 시장 · 현장 · 구장 · 향장 · 진장책임제를 실행한다. 지방 각급 인민정부의 매기 임기는 당해 인민대표대회 매기 임기와 같다. 현급 이상 지방 각급 인민정부는 당해 행정구역 내의 경제 · 교육 · 과학 · 문화 · 위생 · 체육사업 · 도농건설사업과 재정 · 민정 · 공안 · 민족사무 · 사법행정 · 감찰 · 가족계획 등 행정업무를 관리하고, 결정과 명령을 발령할 수 있다. 그리고 행정공무원의 임면 · 교육훈련 · 평정 · 상벌 등도 담당한다.

향 · 민족향 · 진의 인민정부는 당해 인민대표대회의 결의와 상급 국가행정기관의 결정 · 명령을 집행하고, 당해 행정구역 내의 행정업무를 관리한다. 성 · 직할시의 인민정부는 향 · 민족향 · 진의 설치와 구역 획정을 결정한다.

현급 이상의 지방 각급 인민정부는 소속 각 업무부문(사업소)과 하급 인민정부의 업무를 영도한다. 그리고 소속 각 업무부문과 하급 인민정부의 부적당한 결정을 바꾸거나 취소할 권한이 있다. 현급 이상의 지방 각급 인민정부는 심계기관을 설립한다. 지방 각급 심계기관은 법률 규정에 따라 심계감독권을 독립적으로 행사하고, 당해 인민정부와 상급 심계기관에 책임을 진다.

지방 각급 인민정부는 당해 인민대표대회에 책임을 지고 업무를 보고한다. 현급 이상 지방의 각급 인민정부는 당해 인민대표대회의 폐회기간 동안 당해 인민대표대회 상무위원회에 대해 책임을 지고 업무를 보고한다. 지방 각급 인민정부는 상급 국가행정기관에 대해 책임을 지고 업무를 보고한다. 전국지방 각급 인민정부 모두는 국무원이 통일적으로 영도하는 국가행정기관으로 국무원에 복종한다.

도시와 농촌이 주민 거주지구에 따라 설치하는 주민위원회 또는 촌민위원회는 기층(基層) 군중성 자치조직이다. 주민위원회 · 촌민위원회의 주임 · 부주임 · 위원은 주민이 선거한다. 주민위원회 · 촌민위원회의 기층정권(基層政權)과의 상호관계는 법률로 정한다. 주민위원회 · 촌민위원회는 인민조정(人民調整) · 치안보위 · 공공위생 등의 부문에 위원회를 둘 수 있다. 그리고 당해 거주지구의 공공사무와 공익사업을 처리하고, 민간 분쟁을 조정한다. 또한 사회치안 유지에 협조하고 인민정부에 군중의 의견 · 요구와 건의를 제출한다.

# 4. 통상정책 결정과정과 주요 정책결정 참여자

## 4.1 통상정책 결정과정

중국의 통상정책 결정과정은 중국공산당과 정부 간부들의 영도에 의해 수립되고 집행된다고 볼 수 있다. 통상정책의 결정과정은 국무원 총리가 전국인대 전체회의에서 정부의 업무보고를 하는 것에서 시작된다. 국무원 총리는 전국인민대표대회에 대한 정부의 보고책임을 지는 핵심 주체이다.

국무원 총리는 총리보고를 위한 보고서 작성을 위하여 작성팀을 구성하고 접견하여 자신의 업무구상과 보고서 작성주제, 기본사상 등을 제시한다. 보고서 작성팀은 국무원 총리가 제시한 작성주제 및 기본 사상, 업무구상을 토대로 약 1개월에 걸쳐 보고서 초안을 작성한다. 총리는 보고서 작성 중에 보고서 작성팀에 대해 필요한 '지도성 의견'을 제시한다. 보고서 작성팀은 이러한 과정을 통해 '보고토론원고'를 완성하게 된다.

국무원 총리는 완성된 보고토론원고에 대해 국무원 상무회의[7]를 통해 기초 예비심의와 토론을 진행하여 수정안을 만든다. 그리고 이렇게 수정된 국무원 총리의 보고토론원고는 중국공산당 중앙정치국 전체회의에서 심의를 받는다. 중국공산당의 정책영도 기능은 이렇게 작동된다.

중앙정치국 전체회의의 심의가 끝난 후 국무원 총리의 '보고토론원고'는 전국인민대표대회의 소집 전, 약 한 달 동안 여론수렴과정을 거친다. 보고서 작성팀은 여론수렴과정에서 제시된 의견을 수렴하여 다시 원고를 수정한다. 국무원 총리는 보고서 작성팀이 작성한 최종 원고를 바탕으로 최종 보고원고의 내용을 결정한다.

---

7 총리가 국무원 상무회의의 의장이며 회의수집의 주체임.

국무원 총리는 확정된 최종 정부업무보고안을 전국인민대표대회 제1차 전체회의에서 보고함으로써 심의를 요청한다. 전국인민대표의 전체회의를 마친 후 전국인민대표들은 총리의 정부공작보고에 대한 심의를 진행하게 된다. 전인대 심의과정에서 제시된 의견은 대회 비서처에 수집·정리되어 대회 주석단과 국무원에 전달된다.

전국인민대표대회 비서처는 대회 대표단의 요구와 대회 주석단의 요구를 근거로 보고초안에 대한 '결의 초안'을 만든다. 전국인민대표대회의 비서처에서 확정된 결의안은 대회 주석단의 심의과정을 거쳐 정식 표결을 통해 결정된다. 최종 비준된 총리의 업무보고안은 총리 임기인 5년 동안 법적 구속력을 가지는 정부의 시정강령으로 효력을 가지게 된다.

## 4.2 통상정책의 주요 결정 참여자

통상정책의 주요 결정 참여자로는 첫째, 중국공산당, 특히 공산당중앙 전체회의를 들 수 있다. 중국은 공산당 지도체제를 유지하고 있는 국가이다. 중국의 모든 정책은 중국공산당 중앙전체회의와 정치국회의의 영도하에 만들어지게 된다. 결국 중공중앙, 특히 중앙정치국회의는 모든 정책결정과정의 관리자이자 조정자의 역할을 수행하는 핵심 주체인 것이다.

공산당중앙 전체회의와 중앙정치국회의는 중국공산당의 최고권력기관으로 당대회의 결의를 집행하고 당의 모든 활동을 영도하며, 대외적으로는 중국공산당을 대표하는 기관이라고 볼 수 있다. 중국공산당 중앙정치국회의는 5년의 임기로 구성되며, 일반적으로 전국인민대표대회의 회기 6개월 전에 개최된다. 중국공산당 중앙정치국회의는 일반적으로 매년 1~2회 소집되며, 대부분 중국공산당 전국대표회의 직전이나 직후에 열린다.

통상정책에 영향을 미치는 또 다른 조직으로 중공중앙 산하에는 중앙 외사영도소조가 존재한다. 소조란 3인 이상의 공산당 대표가 모여 조직한 공산당 세포

조직과 비슷한 것이다. 중공중앙 외사영도소조는 중앙정치국과 대외관계의 실무 부서를 연결하고 중국의 대외정책 전반에 대해 정책수립과 조정을 행하는 협의 기구이다. 결국 중공중앙 외사영도소조는 외교 및 대외정책에 대한 당과 정부의 협의체로 볼 수 있다. 이 밖에도 통상정책의 결정에는 중공중앙 재경영도소조도 개입한다. 중공중앙 재경영도조소는 중국공산당 중앙위원회에서 재정경제 분야의 중요 정책과 소요재정을 분석하고 결정하는 조직체이다.

둘째, 통상정책결정의 가장 핵심기관으로 전국인민대표대회를 들 수 있다. 전국인민대표대회와 그 상무회의는 중국의 최고권력기관으로 헌법과 민법, 형법 등의 기본 법률을 제정하고 개정할 권한을 가진다. 따라서 통상정책의 제정과 개정도 다른 법률과 마찬가지로 전국인대와 그 상무회의가 중요한 역할을 담당한다고 볼 수 있다.

하지만 전국인민대표대회의 대표는 중국공산당 중앙에서 사회 주요 집단(계층)과 지역을 포괄하여 선출한다. 결국 전인대 대표는 국민에 의해 선출되기보다는 중국공산당에 의해 선택된다고 볼 수 있다.[8] 이러한 부분을 고려하면 전인대는 중공중앙의 정책결정에 대해 강력한 반대를 할 수 없는 구조를 갖고 있다고 볼 수 있다.

셋째, 통상정책의 결정과정에서 보면 중앙정부인 국무원이 대단히 중요한 역할을 한다고 볼 수 있다. 먼저 국무원은 총리의 업무보고 형태를 통해 각종 정책이나 그 기준 등을 확정할 수 있다. 국무원은 통상정책을 포함한 각종 정책과 관련 규정의 제정 · 제안권을 가지고 있다. 그리고 전인대로부터 수권받은 입법권이나 시행세칙의 제정권을 통해서도 각종 정책의 수립과 집행에 영향을 미칠 수 있다.

넷째, 국무원의 산하 기관 중에는 상무부가 통상정책의 결정과 집행과정에 가장 큰 영향을 미친다. 상무부는 WTO 가입에 맞추어 기존의 정부기관인 국가 경

8 차액선거와 등액선거의 형태를 통해 할당된다.

제무역위원회와 대외무역경제합작부를 통합하여 만든 기구이다. 상무부의 주요 역할로는 첫째, 중국의 무역 및 투자, 경제협력에 관한 정책을 수립하고 집행하며, 경제개혁을 실행한다. 둘째, 상무부는 외자이용에 관련된 정책을 수립한다. 셋째, 상무부는 상품 및 물류유통 및 시장관리체제를 수립하고 관리한다. 넷째, 상무부는 국유기업와 관련된 법규와 정책을 수립·관리한다. 다섯째, 상무부는 국가 대외무역에 대한 중장기 발전계획을 수립하고 국제무역 상황에 대한 조사 및 분석을 행하고 반덤핑조사 관련 업무를 담당한다. 여섯째, 상무부는 다자간 통상협상과 통상교섭을 담당(WTO 가입협상조건 이행을 위한 후속조치 수행을 포함)하는 책임을 진다.

다섯째, 통상정책의 수립과 결정, 집행 과정에서는 지방정부 및 지방 권력기관도 그 영향력을 발휘한다. 중국에서 지방정부의 권한은 1982년의 지방정부 수장책임제와 1994년의 분세제 도입으로 인하여 매우 강화되었다. 이러한 제도의 완비를 통해서 중국의 지방정부나 지방의 권력기관은 중앙정부를 상대로 점차 강한 목소리를 내고 있는 상황이다. 통상정책에 대한 지방정부나 지방권력기관의 영향력 강화는 중국뿐만 아니라 다른 모든 나라에서도 일반적으로 나타나고 있는 현상이다.

여섯째, 통상정책의 결정과정에서는 각종 업계나 협회 등도 상당한 수준의 영향력을 행사하고 있다. 각종 산업계나 관련 산업협회는 로비조직으로서 통상정책에 대해 상당한 수준의 영향력을 미친다. 이들 조직들은 각종 관련 법률을 제정하는 과정에서 필요한 정보의 제공이나 의견, 문제 제기 등과 같은 역할을 담당한다.

CHAPTER 2

# 자연 및 민족 · 인구 환경

1. 자연환경
2. 민족 및 인구 환경

# 1. 자연환경

## 1.1 기후 및 지형

### 1) 기후대

중국은 대부분의 국토가 온대몬순권 기후대에 속한다. 하지만 국토가 매우 넓고 크기 때문에 기후분포대가 매우 다양하다. 중국의 기후를 표시하는 대표적 용어를 표시하자면 '계절풍'이다. 계절풍 현상은 중국 동부지역에서 나타나는 기후현상을 의미한다. 중국의 대부분 인구가 동부지역에 집중되어 있기 때문에 중국인들에게 가장 영향을 많이 미치는 기후적 요소가 계절풍으로 표현되는 것이다.

강수량은 지역에 따라 편차가 심하다. 강수량은 계절풍의 영향을 받아 동남지역에서 서북부 지역으로 갈수록 점차 줄어든다. 그리고 서북 내륙지역은 강수량이 절대적으로 줄어들어 건조 지역이 된다.

### 2) 지역별 기후 분포

서부 고원지역(특히 서장청장고원이 중심이 되는 고원기후대)은 기후만을 기준으로 볼 땐 사람이 살기에 적합한 지역이다. 하지만 서부지역은 고원지역이기 때문에 인간이 살기에는 기압이 높고, 산소가 희박하다는 특징이 있다. 일반적으로 해발 100m가 올라가면 온도가 0.5도씩 떨어지는 온도하락 현상 및 고산병(무기력)이 나타난다.

출처 : 후자오량 지음 윤영도 · 최은영 옮김, 『중국의 경제지리를 읽는다』, 휴머니스트 2005, p. 259

[그림 2-1] 중국의 지역 범위도

온대기후대를 세분화해 보면 온대 대륙성 기후지역과 온대 계절풍 기후지역으로 구분된다. 온대 대륙성 기후지역에는 신강, 내몽고, 흑룡강이 해당되고, 온대 계절풍 기후지역에는 동북3성, 화북[1]지역이 해당된다. 이중 동북지역은 여름이 짧고 따뜻한 반면 겨울은 춥고 건조하다는 특징을 가진다. 북부의 흑룡강성지역은 연평균기온 4도로 추운 냉대 기후권 지역에 속한다.

중부지역과 남부지역(운남성 남부지역과 해남성 지역 제외)은 아열대 계절풍 기후지역에 속한다. 주로 아열대 몬순기후를 나타내며 여름이 길고 겨울이 짧으며, 기온 차이가 크다는 특징이 있다. 이 지역의 겨울은 대륙성 기단의 영향으로 저온 건조하며, 여름에는 해양성 기후의 영향을 받아 고온다습하다. 마지막으로 중국의 운남성 남부지역과 해남성 지역은 열대 계절풍 기후지역에 해당된다.

1 황허강 주변 지역을 의미, 화남은 창장 주변 지역을 의미한다.

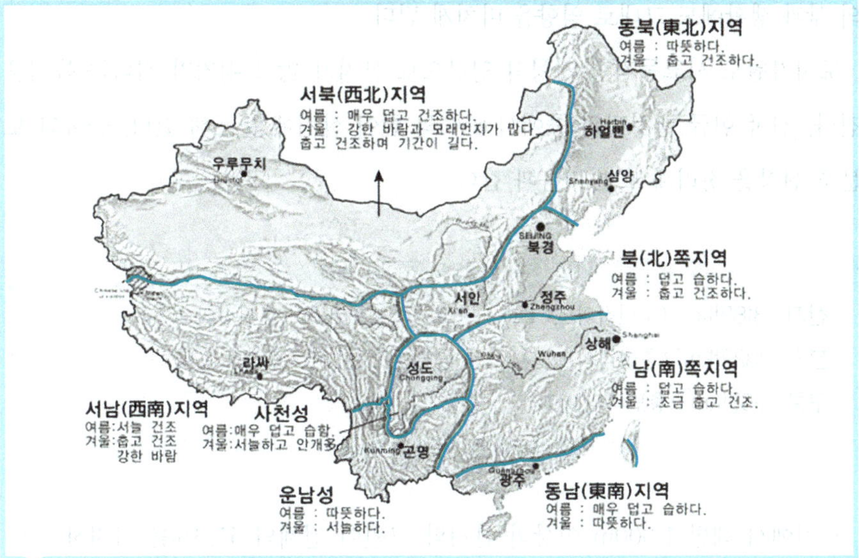


출처 : 중국무역 사이트(www.kandc.biz)

[그림 2-2] 중국의 지역별 기후 특징

#### 열대와 아열대

열대는 적도를 중심으로 남 · 북회귀선에 둘러싸인 고온 지대로, 좀더 정확히 말하자면 쾨펜의 기후분류에서 최한월의 평균 기온이 18℃ 이상인 지역을 의미한다. 이것을 다시 둘로 나누어 연평균 기온 25℃ 이상은 열대, 그 이하는 아열대라 한다.

### 3) 지형

중국은 세계 4위의 영토대국으로 전체 960km$^2$의 광대한 토지를 보유하고 있다. 아시아 대륙의 21.6%를 차지하고 한반도 면적(한반도 전체 면적 : 22만km$^2$)의 44배에 달한다. 지형은 서고동저형의 3단계 계단지형을 형성하고 있다.

서부고원에서 발원한 많은 하천들이 동쪽으로 흘러들며 평지를 형성하고 경작에 유리한 비옥한 환경을 조성한다. 이러한 이유 때문에 중동부지역에는 충적 평야지대와 삼각주지역이 발달되어 있다. 그리고 이러한 동서지형의 차이는 중국인의 삶과 생활에도 그대로 영향을 미치게 된다.

토지자원도 서고동저형 지형의 영향으로 산지가 많고 평지가 적다는 특징을 가진다. 전국 현급 행정단위 중에서 65%의 현이 산지에 분포해 있다. 중국의 토지분포 현황을 정리해 보면 다음과 같다.

- **산지** : 318만km$^2$ (총면적의 33.1%)
- **고원** : 249만km$^2$ (총면적의 26%)
- **분지** : 182만km$^2$ (총면적의 19%)
- **평원** : 115만km$^2$ (총면적의 12%)
- **구릉** : 95만km$^2$ (총면적의 9.9%)

토지에서 해발 1,000m 이상의 산지와 고원이 전체의 57.3%를 차지하고 있다. 해발 3,000m 이상의 토지도 26%에 달하는 것으로 나타났다. 이처럼 상당히 많은 토지자원이 산지에 분포되어 있기 때문에 경작효과가 떨어진다는 문제점이 존재한다.

남방지역은 아열대 지역과 열대 산지로 구성되어 있어서 생물자원이 비교적 풍부한 지역이다. 남방지역은 다른 지역에 비해 수목자원의 성장과 다양한 특산품 개발에 매우 적합한 환경을 가지고 있다.

서부지역은 주로 산지 및 목장 평원지역으로 구분된다. 서부지역은 서부에 있는 12개의 성 · 시 · 자치구[2]를 포함하는 지역으로 중국 전체 면적의 71.4%(685만km$^2$)를 차지하고 있다. 하지만 서부지역은 인구 면에서는 전체의 28.6%(3억 7,000만 명)만이 존재하는 지역이다. 서부지역은 농업관개용 수원지가 집중되어 있어 중국 내에서는 농업 및 자연자원의 조성과 농업생산구조 측면에서 중요하게 취급되는 지역이다.

2 쓰촨(四川), 구이저우(貴州), 윈난(雲南), 산시(陝西), 간쑤(甘肅), 칭하이(青海), 충칭(重慶), 닝샤(寧夏), 신장(新疆), 네이멍구(內蒙古), 광시(廣西), 시짱(西藏)

### 4) 남북구분선

세계의 많은 국가들에는 지리적 구분이나 정치 · 문화 · 사회적 구분과 관계없이 남북 또는 동서 지역을 구분하는 경계선이나 지점 등이 존재한다. 중국에도 이러한 지역구분선이 존재한다. 중국의 남북구분선은 중국의 중심에서 동서로 길게 뻗은 친링(秦岺) 산맥과 허난과 안후이, 장쑤성을 연결하는 화이허(淮河 ; huai-he)라는 강이 된다.

출처 : 후자오량 지음 윤영도 · 최은영 옮김, 『중국의 경제지리를 읽는다』, 휴머니스트 2005, p. 199

[그림 2-3] 중국의 남북구분선

[그림 2-3]에 표시된 남북구분선은 왼쪽의 친링 산맥을 표현하는 선과 그 옆에 있는 화이허라는 강을 연결한 선을 의미한다. 일반적으로 강남(江南)이라는 말 때문에 중국의 남북구분선이 창장(長江)이라고 생각하는 사람이 많다. 하지만 이는 잘못된 생각이다. 친링 산맥은 해발 3,000m를 넘는 많은 산봉우리로 이어진 약 1,600km의 선으로 남방의 창장과 북방의 황허(黃河) 수역의 분수령

이 된다.

칭하이(青海) 지역에서는 몇 줄기의 강이 발원된다. 그중에서 북쪽으로 연결되어 동쪽으로 흘러가서 산둥(山东) 지역으로 바다로 연결되는 것이 황허이다. 칭하이에서 시작되지만 남쪽으로 흐르는 물줄기가 한곳에 모여 동쪽으로 흐르는 강이 창장이다. 결국 친링 산맥을 중심으로 북쪽으로 흘러가는 물줄기가 황허이고, 남쪽으로 흘러가는 물줄기는 창장이다.

친링 산맥과 함께 남북을 구분하는 또 다른 구분선은 화이허 강이다. 화이허는 "귤이 강을 건너면 탱자가 된다"라는 회귤고사(懷橘故事)에서 기준이 되는 강이다. 화이허는 친링 산맥의 동쪽에서 동서 방향으로 흘러 동해로 흘러가는 1,000km 정도의 강이다.

원래 이 화이허는 동해로 흘러갔다. 하지만 한때 동해 쪽의 바다가 범람하여 화이허를 삼켜버렸다. 이러한 과정에서 화이허 하류지역에 엄청난 양의 황토가 퇴적됨으로써 물길이 끊어지게 된다. 그래서 오늘날의 화이허는 지금의 장쑤(江蘇)성 홍쩌후(洪澤湖)에서 끝난다. 하지만 이 홍쩌후의 물은 다시 여러 가닥으로 나뉘어져서 황해로 연결된다.[3]

이 친링과 화이허를 연결하는 남북구분선은 중국에 대한 지리적 구분뿐만 아니라 기후적 측면에서도 큰 차이를 보이게 하는 선이다. 먼저 남북구분선은 중국 지도에서 연간 강수량 800mm를 표시하는 구분선, 또는 1월 평균기온이 0도인 등온선과 일치한다. 화이허를 기준으로 북쪽 지역은 아열대-반(半)습윤-온대 계절풍 기후지역이고, 남쪽 지역은 난열대-습윤-아열대 계절풍 기후지역으로 구분된다. 이는 친링 산맥이 북쪽에서 내려오는 겨울의 한랭건조한 공기를 막아 남으로 가지 못하게 하는 역할을 하기 때문이다. 그리고 친링 산맥은 동남쪽에서 불어오는 여름 계절풍이 북으로 넘어가지 못하게 막아주는 역할을 한다.

친링-화이허를 연결하는 남북구분선은 중국 내에서 지역적 및 기후적 차이

3 사람들 중에는 이러한 지류를 포함해서 화이허라고 말하는 사람들도 있다.

뿐만 아니라 산업, 생활, 습관, 문화, 그리고 경제와 정치 분야에까지 차이를 발생시키는 기준선이 된다. 건조한 북쪽 지역은 수자원이 부족하여 물산이 풍부하지 못한 지역이다. 하지만 남쪽 지역은 수자원이 풍부하고 기온이 따뜻해서 삼모작까지 가능하여 물산이 풍부한 지역이라고 볼 수 있다.

북쪽과 같이 물산이 부족한 지역은 일반적으로 권력투쟁이 치열해지는 경향이 나타난다. 하지만 남쪽과 같이 물산이 풍부한 지역에서는 이를 배경으로 여러 가지 문화가 꽃 피우는 경향이 강하다. 그 결과 중국의 대권력은 대부분 남북구분선의 북쪽에서, 문화는 남쪽에서 강하게 나타나는 경향이 만들어졌다.

중국의 유구한 역사 중에서 수도는 대부분 남북회귀선의 북쪽 지역에 위치해 있었다. 시안(西安), 뤄양(洛陽), 카이펑(開封), 베이징(北京) 등과 같은 과거의 수도는 대부분 중국 북방의 서쪽 지역에서부터 시작해서 동북 방향으로 이동해 위치하는 경향을 보였다.

남북구분선의 남쪽 지역에서는 난징(南京)만이 위진남북조 시대의 남조 국가의 수도였을 뿐이다. 하지만 그 후 수나라 문제(文帝 양견(楊堅))가 중국을 통일하면서 귀족 중심의 사회였던 난징을 버리고 시안으로 수도를 옮겼다. 그와 함께 남쪽 지역은 권력의 중심에서 멀어지게 된다.

남송(南宋) 시대에는 항저우(杭州)가 다시 수도가 되었다. 하지만 이는 중국 전체가 아닌 남방지역에 성립된 한 국가의 수도에 불과했다. 그 후 다시 태평천국의 난과 쑨원(孫文)의 중화민국 시절에는 난징이 수도로 지정되었다. 하지만 수도로 지정된 기간은 아주 짧았다.

이와는 반대로 당나라 중기 이후부터 중국의 대부분 자금은 남북구분선 남쪽에 집중되었다. 당나라 중후반부터 이미 세수의 90% 정도는 남쪽 지역에서 나왔다. 당나라 시대의 한때는 실크로드라고 불리는 북방지역이 국제무역의 중심으로 위치하기도 했다. 하지만 송나라 이후부터는 바다와 접한 남방지역이 다시 국제무역의 중심지가 되었다. 난징은 강과 접해 있는 가장 큰 항구도시였고, 청나라 시대 국제무역을 주도한 도시는 남방의 광저우(广州)였다. 그리고 아편전쟁의 패

배로 인해 개방한 항구 또한 남방지역의 상하이(上海)였다.[4]

남북구분선은 중국 국민들의 생활 면에서도 여러 가지 차이점을 만들어 내었다. 북방지역의 사람들은 주로 권력을 탐닉하고 쟁취하기 위한 투쟁에 몰두했다. 술을 마셔도 35~70도에 달하는 독한 바이주(白酒)를 많이 마시는 경향이 있었다.

하지만 남방 또는 남쪽 지역의 사람들은 이보다 훨씬 순한 10~20도 수준의 황주(黃酒) 등을 자주 마셨다. 남방지역 사람들은 황주를 천천히 마시면서 하늘과 달을 보고, 시를 짓고 그림을 그렸다. 이백, 도연명, 백거이, 왕희지 등과 같은 유명한 시인과 서예가가 남쪽에서 배출되었고, 아름다운 저택인 위안린(園林) 등도 만들어졌다.

한편, 남북구분선 북방지역에서는 더 북쪽에 인접해 있던 유목민이나 이민족들과 싸우면서 화친하는 과정을 통해서 위진남북조 시대 이후부터 호한잡거(胡漢雜居)의 혈통이 만들어졌다. 오늘날 중국인을 표현하는 한족(漢族)이라고 하는 용어는 흉노 · 선비 · 몽골 · 거란 · 여진 등과 같은 수많은 북쪽 혈통이 함께 섞여 있는 민족구분이라고 볼 수 있다.

남방지역에는 삼국시대의 오나라가 자리 잡고 있었는데 그 후 진나라의 남방국가인 동진(東晉) 시대를 거치면서 남만(南蠻) 지역의 여러 부족들과의 만한잡거(蠻漢雜居)의 혈통이 만들어진다. 즉 오히려 한족보다는 남쪽의 혈통이 많이 섞인 혈통으로 변화한 것이다.

남방지역에서는 남방의 한족과 만족(蠻族)의 혼혈잡거의 결과로 한족의 혈통이 섞이게 된다. 현재 중국 전체 인구의 92% 정도를 차지하는 한족은 단일 민족이 아니라 혼혈잡거의 민족이라고 볼 수 있다. 혼혈잡거의 결과, 북방 사람들은 체격도 크고 건장한 체형을 갖게 되었고, 남방지역의 사람들은 그보다 몸집이 작고 민첩하며, 온화한 성격의 처세에 능한 생활방식을 가지게 되었다.

4 덩샤오핑의 개혁 · 개방이 남쪽에서부터 시작되어 광저우와 상하이가 중심지역이 된 것도 이런 맥락에서 이해할 수 있다.

중국에도 남남북녀라는 말이 있다. 북쪽에는 상대적으로 여자가 아름답고, 남쪽에 미남이 더 많다는 의미이다. 외모적 차이뿐 아니라 성격 부분에서도 남북의 차이는 나타난다. 북쪽 지역 사람들은 거칠고 호탕하고 대범하며, 남쪽 지역 사람들은 비교적 재주가 많지만, 조심스럽고 말수가 적고 꼼꼼한 경향이 있다.[5]

## 1.2 토지

### 1) 토지자원과 인구

토지자원은 총면적 기준으로는 세계 4위를 차지하고 있다. 토지자원 중에서 농업용지의 총면적은 세계에서 수위를 차지하고 있다. 그러나 인구를 고려한 중국의 토지자원 1인당 점유율은 매우 낮다.

토지당 인구밀도는 전 세계 인구밀도의 3배나 된다. 1인당 농경지 면적과 식량 생산량을 감안하면 중국의 인구는 6억 명 정도가 적정하다. 하지만 2019년 한

〈표 2-1〉 중국 토지의 세계 순위와 1인당 점유율

| 항목 | 세계 총량 중 차지 비율(%) | 세계 순위 | 1인당 평균(무 : 畝) | |
|---|---|---|---|---|
| | | | 세계 | 중국 |
| 토지 총면적 | 7 | 3 | 45.5 | 15 |
| 경작지 | 9 | 4 | 5.5 | 1.3 |
| 有林地(산림) | 3 | 8 | 15.5 | 1.7 |
| 초지 | 7 | 3 | 11.4 | 3.5 |

주 : 1무(畝) = 666.6m²(우리나라의 1평은 400/121㎡로 환산하면, 3.30578512396694㎡가 된다. 이는 결국 약 200평의 토지가 중국의 1무가 된다는 의미이다.)

5 이러한 이유 때문에 북방지역에서 펼쳐지는 경극에서는 영웅호걸, 열혈남녀들이 등장하는 호방한 스토리가 이어진다. 하지만 남방지역의 경극에서는 미남미녀들의 사랑이야기 또는 문사재원(文士才媛)이 등장해서 세밀한 마음의 흐름까지 묘사하는 이야기가 펼쳐지는 것이 일반적이다.

국 통계청 기준으로 중국의 인구는 14억 2,000만 명을 돌파했다. 이는 중국의 토지자원을 고려한 적정인구의 2.4배에 달하는 것이다. 더 큰 문제는 이러한 중국 인구의 90%가 동부지역에 집중되어 있다는 부분이다.

### 2) 토지자원의 이용현황[6]과 문제점

토지개발로 인해 토지자원의 1인당 점유율은 매우 낮아졌다. 2005년 기준으로 중국의 1인당 경지면적은 0.1ha에 불과했다. 1인당 경지면적이 작은 이유는 도시화로 인해 매년 50만ha의 토지가 도시 건설에 점용(대부분 경지수용의 형태로 충당됨)되었기 때문이다.

이 밖에도 1인당 산림면적과 초지면적 또한 급속도로 감소하고 있다. 2005년 기준으로 1인당 산림면적은 0.1ha에 불과했다. 게다가 산림훼손과 황무지 개간, 건설, 채광 · 채석 등으로 인하여 매년 약 250여 만ha의 토지가 감소하고 있는 상황이다. 1인당 초지는 0.33ha이다. 하지만 이 또한 자연조방식 경영, 과도한 방목, 관리부실, 개간 등으로 인해 매년 약 65만~70만ha의 토지가 감소하고 있다.

중국 내에서의 토지자원의 무분별한 이용과 개발은 산림, 초원 등의 식생 파괴로 연결되고, 이러한 식생의 파괴는 다시 광범위한 수토(水土)의 유실을 초래했다. 수토의 유실면적은 1950년대 기준으로 17%(153만$km^2$)에서 2005년 기준으로는 38%(356만$km^2$)로 확대되었다.

이러한 결과 황폐화 · 사막화되고 있는 토지의 면적은 중국 국토의 37%(357만$km^2$)에 달하게 되었다. 황막화 토지의 대부분은 북방과 서부의 18개 성(省)에 분포하고 있으며, 그 면적 또한 매년 확대되고 있다. 중국의 토지개발과정에서 나타나고 있는 문제점을 제시해 보면 다음과 같다.

6 중국의 토지이용 현황에 대한 데이터는 국토정책 Brief, "중국의 환경문제와 중국 정부의 대응", 제162호, 2007, p. 2.를 참고함

첫째, 토지개발과정상 농경지의 감소와 함께 높은 토지 유실률이 나타난다. 중국에서는 1990년 이후 토지개발에 대한 통제관리권의 상당 부분이 중앙정부에서 지방정부로 이관되었다. 결과 지방정부 주도의 무분별한 토지개발이 나타나면서 토지 및 농지 유실이 증가하고 있다. 또한 국토개발 과정에서 알칼리성 토지나 황막화 토지의 면적도 빠른 속도로 증가하게 되었다.

둘째, 토지이용 구조상 이용 가능한 토지가 절대적으로 부족하다. 목초지 비중은 전체 토지의 41.6%에 달하고 있다. 하지만 이중 이용 가능한 토지(농경지(14.2%)나 삼림(13%))의 비중은 절대적으로 낮다는 문제점이 존재한다. 그리고 낮은 비율의 농경지 중에서도 농업에 부적합한 토지가 많으며, 기존에 존재하는 농경지 또한 이용경합이 심하다.[7]

셋째, 토지자원의 과도한 개발로 인해 농업생산에서 이미 악성 순환이 나타나고 있다. 중국 내에서는 토지자원에 대한 부적절한 개발이 확대되고 있다. 현재의 토지개발정책을 살펴보면 토지사용은 중시하나 토지의 질적 개선은 경시함으로써 지력을 과도하게 사용한다는 특징이 있다. 따라서 토지의 알칼리화와 초원의 퇴화, 사막화, 자원고갈, 토양생태계 악화 등과 같은 현상이 발생하고 있다.

넷째, 토지개발에 대한 지역별 불균형과 동서지역별 차이가 발생하고 있다. 토지개간지수가 상대적으로 높은 지역은 상하이, 산동, 장쑤, 하이난, 텐진, 허베이, 안후이 등과 같은 지역이다. 이들 지역은 대부분 농업발전이 오래되었고 인구가 많으며, 비교적 평원 면적이 많다. 토지개간지수가 상대적으로 낮은 지역은 네이멍구, 윈난, 간쑤, 닝샤, 신장, 칭하이, 시장 등과 같은 서중부 및 북부지역이 대부분이다.

7 반농 · 반목, 임업지구, 농업 · 목축업 등의 용도로 경합이 심하며, 특히 이러한 경향은 북방지역에서 많이 나타난다.

### 3) 토지이용정책의 변천과 주요 내용

#### (1) 토지이용정책의 변천

중국정부는 토지의 개발 및 이용과정에서 나타나는 여러 가지 문제점들을 인식하게 되었다. 이에 따라 정부는 '용지절약', '토지낭비 근절', '인구성장 억제' 등을 목표로 하는 장기적이고 전략적인 토지이용계획을 수립하였다. 중국정부가 시기별로 수립하여 실행하고 있는 토지이용전략을 살펴보면 다음과 같다.

먼저 1982~1994년의 기간 동안에는 개혁 · 개방 이후 빠른 속도로 추진된 도시화 정책으로 인하여 농경지가 대량으로 유실되고 개발에 따른 농경지 점용 현상이 심각하게 나타났다. 이에 따라 중국정부는 이 시기부터 토지이용정책의 기본원칙으로 '전국농지에 대한 합리적 이용'을 적용하게 되었다.

1994~2000년에는 전국차원에서 매우 엄격한 경작지 보호정책이 실시되었다. 중국정부도 이때부터 토지이용계획을 농업용지를 중심으로 한 토지이용계획에서 종합계획의 차원에서 수립하게 되었다. 그리고 미시적 토지이용을 중심으로

〈표 2-2〉 시기별 토지이용정책의 특징과 주요 내용

| 시기 | 특징 | 내용 |
|---|---|---|
| 1982~1994 | 전국 농지의 합리적 이용 | - 개혁 · 개방 이후 급속한 도시화 추진으로 인해 농경지 자원이 대량으로 유실되고 개발에 의한 농경지 점용 현상이 두드러짐 |
| 1994~2000 | 경작지 보호 강화 | - 토지이용계획의 지도 사상과 기본계획을 조정하여 실시하며, 가장 엄격한 경작지 보호조치를 실행함<br>- 단일한 농업용지 계획에서 종합계획으로 전환되었으며, 미시적 토지이용 조직에서 거시적이고 포괄적인 계획으로 바뀜 |
| 2000~현재 | 토지용도의 규제 | - 토지이용계획 체계를 개선하며, 용도별 토지규제를 한층 더 강화하여 기본농지에 대한 공간관리와 함께 도시 및 농촌 건설 용지의 공간관리를 병행하는 모델이 만들어짐<br>- 중국 특색을 갖춘 토지이용종합계획을 수립하였고, 시행 및 관리를 위한 기술체계를 구축 |

주 : 김창경, "중국의 토지이용계획, 어떻게 변화해 왔는가", 세계와 도시, 2018, https://seoulsolution.kr/ko/content/7721(2019. 2. 11. 방문)재구성

수립되고 실행되던 계획이 거시적이고 포괄적인 계획으로 변경되었다.

2000년 이후부터는 토지이용계획의 관리체계를 개선하여 용도별 토지규제를 더욱 강화했다. 이 시기에는 기본농지에 대한 공간 관리와 함께 도시와 농촌 건설을 위한 용지 및 공간 관리를 병행함으로써 중국 특색의 토지이용종합계획을 수립하고, 이에 대한 시행 · 관리를 위한 기술체계를 구축했다.

토지이용정책의 시기별 변화과정을 정리해 보면 〈표 2-2〉와 같다.

### (2) 토지이용정책의 주요 내용

#### ① 적극적인 토지 및 농경지 보호

개혁 · 개방 정책의 추진 이후 많은 농경지가 도시개발에 필요한 용지 또는 기타 비농업용 토지로 전환되기 시작했다. 중국정부도 이러한 문제점을 개선하기 위해 1997년에는 '토지관리강화와 농경지의 적극보호' 지침을 제정했다. 동 지침의 제정을 통해 거시적 토지관리의 강화, 건설용지, 심사비준절차의 엄격 준수, 도시 건설용지 규모에 대한 엄격한 규제, 농촌집체토지에 대한 관리 강화, 국유토지재산권의 관리 강화, 토지관리업무조직과 지도기능의 강화 등을 추구할 수 있게 되었다.

2004년에는 '엄격한 토지관리의 개혁 심화에 관한 결정'을, 2006년 8월 31일에는 '토지관리강화 문제에 관한 통지'를 발표하여 엄격한 토지관리를 추구하였다. 이 두 조치의 발표를 통해 지방정부의 위법적 토지개발이 어느 정도 방지되었고, 토지양도수입금 등의 처리에 투명성을 확보할 수 있게 됨으로써 농경지에 대한 토지관리를 강화할 수 있게 되었다.

최근에는 신규 건설용지의 토지유상사용비 및 토지사용세를 인상했다. 그리고 공업용지 불하 최저가격표준의 통일공포제도 확립, 입찰 · 경매를 통한 토지거래 등과 같은 토지사용비용 등을 상승시키는 정책을 제시함으로써 농업용지의 보호를 강화하고 있다.

② 다양한 토지개발

중국정부는 토지부족문제를 해결하기 위해서 다양한 토지개발을 추진하고 있다. 중국정부가 추진하고 있는 토지개발정책을 살펴보면 다음과 같다.

가. 황무지의 개발

부족한 토지를 보충하기 위해 농업에 적합한 황무지의 개발이 적극적으로 추

**베이다황(北大荒)**

- 중국 최대의 곡창지역이라고 불림
- 1950년대까지만 해도 곳곳에 습지가 존재하는 잡초 무성한 황무지였음
- 1958년부터 인민해방군 15만 병력과 지식청년 5만여 명 등 20여 만 명을 투입하여 이 지역에 대한 대대적 개발을 시작함
- 그 후 60년이 지난 현재에는 남한 면적의 절반이 넘는 5만 4,300km$^2$의 옥토로 변함
- 현재 베이다황 지역은 우크라이나와 미국의 중서부 지역과 함께 '세계의 3대 흑토지'로 불림

진되고 있다. 현재 중국에는 농업에 적합한 황무지가 약 5.3억 무(畝) 정도 존재하는 것으로 나타났다. 농업에 적합한 황무지는 주로 북위 35도 이북에 분포되고 있으며, 동북지역(헤이룽장 동북부)에 제일 많이 분포되어 있는 것으로 나타났다. 그 다음은 네이멍구(후룬베이얼 동부), 서북의 순이었고, 남방의 일부 지역에도 일부 분포되어 있는 것으로 나타났다.

중국정부는 농업이나 농지로 이용하기 적합한 황무지 중 약 44%를 천연초지로 개발하여 사료용 작물을 재배하고, 나머지 토지는 농경지로 개발하려고 한다. 대표적 황무지 개간지역은 헤이룽장성(省) 동부 변경에 위치한 산장(三江) 평원의 베이다황(北大荒) 지역이다. 베이다황 지역은 중국 최대의 개간지역으로 전체 성의 23%를 차지하는 곳으로 상품 식량과 콩 생산지로 유명하다. 이 베이다황 지역은 아직도 개간할 수 있는 황무지가 많이 남아 있다는 평가를 받고 있다.

### 나. 식목 · 조림 사업의 전개와 녹지화

산림면적 기준으로 중국은 세계 6위의 산림대국이다.[8] 서고동저형의 지형과 산악지형이 많은 지형적 특성을 고려할 때 중국은 삼림지역이 비교적 광범위하게 분포되어 있는 국가라고 볼 수 있다.

하지만 중국의 1인당 평균 삼림면적은 1.5무로 세계 평균량의 15%에 불과하다. 게다가 경제개발과 인구증가, 전란 등의 원인으로 인해 삼림 남벌이 전횡되면서 산림지역의 황막화는 점차 확산되고 있다. 이에 따라 중국정부는 식목일(3월 12일)을 제정하고 전국적인 식목과 조림사업을 전개함으로써 녹지화를 강화하는 정책을 전개했다.

특히 북부지방에서 전개되고 있는 식목사업은 '녹색 만리장성 조성사업'으로 불린다. 중국이 2018년 3월까지 조성한 인공 숲의 면적은 69만 3,000km²로 프랑스의 국토면적(64만 3,800km²)보다 넓다. 이러한 식목사업의 결과 1949년 기준으

8 러시아, 브라질, 캐나다, 미국, 오스트레일리아 다음이 중국이다.

로 국토의 8.6%에 불과했던 숲의 면적이 2017년 기준으로는 21.7%의 수준으로 증가하였다.[9]

출처 : 大鱼号/天天有话要说

[그림 2-4] 사막 녹지화

### 다. 생산성 낮은 밭의 개조

경작지 중 약 1/3은 각종 장애요소가 존재하는 농업 생산성이 매우 낮은 토지이다. 중국정부는 생산성이 낮은 토지를 생산성이 높은 방향으로 전환할 수 있도록 지도하고 있다. 이를 위해 생산성이 낮은 밭을 개조하여 다락밭[10]과 염전지로

9 한국경제, "중 인공숲 조성 후 대기오염 더 악화됐다", 2018. 8. 31.

10 계단밭(terrace field, 階段—)이라고 하며 경사면을 농경(農耕)에 이용하기 위하여 평탄하게 만든 밭으로 단면이 계단 모양으로 되어 있다. 경사지는 대개 빗물 등에 의하여 침식되어 표면의 기름진 흙이 유실되므로 메마른 흙이 많다. 그래서 계단밭을 만들어 이와 같은 수식(水蝕)을 방지한다. 이러한 토지이용 형태는 역사가 오래되었으며, 세계 여러 나라에서 볼 수 있는데 경지로 이용할 평지가 적고 인구가 조밀한 지방에 많다.

전환하는 정책을 전개하고 있다. 그리고 이들 지역에 대한 관계시설의 구축도 함께 시도하고 있다.

### 라. 변경지역의 특수작물 생산기지화

변경지역은 다른 국가와 국경을 접하고 있는 지역으로 주로 변방을 의미한다. 중국의 변경지역은 헤이룽장, 신장, 하이난, 윈난 등이다. 이중 신장지역은 농지적합 황무지가 1억 무 정도로 평가받고 있으나 농지의 질은 그리 높지 않다. 게다가 신장지역의 농지적합 황무지 중 90% 이상의 토지에서 알칼리화가 진행되어 황막화가 이미 진행되고 있는 것으로 평가되고 있다.

중국정부는 변경지역에 대형화 및 기계화된 국영농장을 설치하고 유지하는 정책을 추진했다. 변경지역에 설치된 대형 기계화 국영농장은 이들 지역의 경제를 발전시키고 토지이용률을 높이려는 차원에서 추진된 것이다. 이는 해당 지역을 식량, 면화, 고무나무 및 열대 경제작물의 국가적 생산기지로 구축하려는 전략이다.

### 마. 지역 특성을 고려한 합리적 토지이용

남방지역은 전체 면적 중에서 산지가 8이고 물이 1이며, 농경지가 1인 산지지역이다. 남방산지는 풍부한 동식물 자원과 광산 자원, 에너지 자원이 잠재되어 있는 지역이다. 중국정부는 남방 산지지역의 토지 이용률을 제고하기 위하여 농·임·목축업을 결합시키고, 여기에 다양한 경영형태를 적용해 임업생산을 증가시킬 계획을 수립하였다.

토지이용전략으로 선택적 토지이용과 함께 삼나무, 소나무, 대나무 위주의 목재공장 건설을 추진하고 있다. 그리고 이 지역을 중심으로 경제림과 땔감용 나무, 방호림의 비중을 적절히 증가시킨다는 계획도 수립하였다. 이 외에도 차, 목본성 기름작물, 아열대 과일, 산지의 토산 및 특산품의 가공공업에 대한 지원도 강화하고 있다.

한편 남방산지뿐 아니라 주변의 구릉지역과 연계된 토지이용전략도 수립되었다. 남방산지 주변 구릉지역으로는 윈난, 구이저우, 쓰촨, 후난, 후베이, 광둥, 하이난, 광시, 푸젠, 저장, 장사, 장쑤, 안후이, 상하이 등이 해당된다. 이 지역에서는 임업과 목축업 위주의 토지이용 외에도[11] 농업과 임업, 농업 · 임업 · 목축업이 결합하는 방식으로 토지이용에 대한 합리화를 추진하고 있다.

북방지역에서도 지역 특성에 맞는 토지이용계획을 수립하여 실행하고 있다. 북방의 반건조 초원지역은 주로 반농 · 반목지역 및 목축지역으로 현대 한작농업이 추진되고 있다. 북방지역에서는 원래 조방적 한작(旱作)농업이 실시되었지만 식량생산의 정도는 매우 낮은 실정이다. 이 조방농업이란 단위 면적당 투입 자본과 노동력을 줄이고 주로 자연력에 의존하여 짓는 농업을 의미한다. 그러므로 조방농업지역은 토지 생산성이 매우 낮다는 특징을 가진다. 따라서 넓은 파종면적에 비해 수확량이 부족하고, 토지 유실과 사막화의 심화로 인해 토지자원이 극도로 파괴되어 있다는 문제점이 존재한다.

중국정부는 북방지역에 대해 현대 한작농업의 도입을 통한 선진화 전략을 추구하고 있다. 그럼에도 불구하고 북방지역에서는 생산성이 여전히 증대되고 있지 않다. 중국정부는 이러한 상황을 고려하여 북방지역에 농업이 위주가 되지만 농 · 목 결합 또는 목축 위주의 플러스(+) 농업 결합방식의 토지이용전략을 추진하고 있다.

11 산지의 초원을 충분히 활용하여 소, 양, 토끼의 초식동물 위주로 목축업을 발전시키려고 하고 있다.

# 1.3 수자원

## 1) 개황[12]

중국은 세계에서 가장 심각한 물부족 국가 중 하나로 평가받고 있다. 2017년 기준으로 중국의 수자원은 2조 8,675억 톤에 달하고 있는 것으로 나타났다. 수자원의 총량기준으로 볼 때 중국은 브라질, 러시아, 캐나다에 이어 세계 4위 국가에 해당된다.

그러나 강수량을 기준으로 살펴보면 중국은 강수량 절대 부족 국가에 속하며, 지역에 따라 편차도 심하다([그림 2-5] 참조). 중국의 연평균 강수량은 2017년 기준으로 638mm이다. 이는 세계평균인 807mm보다 적고, 1,274mm의 한국에 비

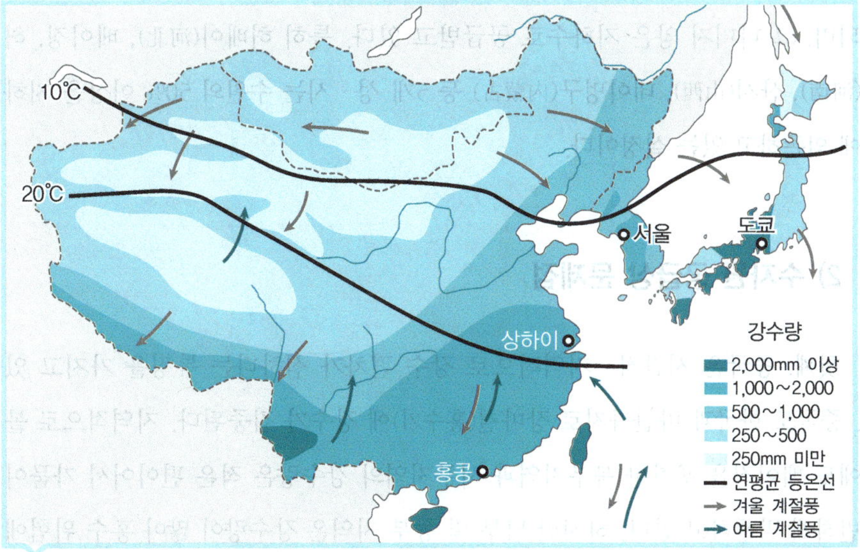


[그림 2-5] 중국의 강수량

12 이 부분에서 사용된 통계는 별도의 년도 기준이 제시되지 않은 경우 중국 수리부의 '중국수자원공보' 발표 기준(1997~2013년 기준)으로 작성되었다.

하면 1/2 수준에 불과한 실정이다.

중국은 많은 강과 호수들이 있어 수자원 총량이 많은 국가이다. 하지만 1인당 수자원 점유량은 2,200$m^3$로 세계평균의 24.7%(세계 88위)에 불과하다.[13] 강(江) 중에서 1인당 수자원 점유량이 제일 많은 곳은 주장(珠江) 유역으로 4,000$m^3$ 정도이다. 창장(长江) 유역은 평균보다 약간 높은 2,300~2,500$m^3$을 기록하고 있다.

창장 유역은 중국 수자원의 80%를 차지하며 대체로 물이 풍부한 지역이다. 하지만 황허, 화이허(淮河, 회하), 하이허(海河, 해하) 등 3대 유역과 서부내륙의 수자원 총량은 전체 수자원의 12%에 불과한 실정이다. 특히 화베이 평원 등 북부지역의 1인당 수자원 점유율은 매우 낮아 만성적인 물 부족에 시달리며, 약 3억에 가까운 인구가 직접적인 피해와 불편에 직면하고 있다.[14]

수자원의 공급방식을 살펴보면 남방지역에서는 전체 수자원의 96%가 지표수로 조달되고 있다. 그러나 북방지역은 남방지역과는 달리 63%만이 지표수로 조달되며, 그 나머지 양은 지하수로 공급받고 있다. 특히 허베이(河北), 베이징, 허난(河南), 산시(山西), 네이멍구(内蒙古) 등 5개 성 · 시는 수원의 50% 이상을 지하수에 의존하고 있는 실정이다.

### 2) 수자원 공급상 문제점

첫째, 중국은 시간적 · 지역적으로 강수 편차가 심하다는 특징을 가지고 있다. 중국도 한국과 마찬가지로 장마철(홍수기)에 강수가 집중된다. 지역적으로 볼 때에도 베이징을 포함한 북부지역과 서부지역의 강수량은 적은 편이어서 가뭄이 빈번하게 발생하고 있다. 하지만 남부 및 동부 지역은 강수량이 많아 홍수 위험에 노출되어 있는 상황이다.

---

13 중국의 1인당 수자원량은 2,059톤으로 세계평균의 1/4보다 작아 수자원 빈국에 포함된다.

14 정문섭, "정문섭의 중국 이야기(22) 중국의 수자원(2/2)", 시사리포트, 2014. 9. 22.

### 서부지역의 심각한 수자원 고갈현상

2012년 12월, 산시(山西)성 창즈(長治)시에서는 한 공장의 독극물인 아닐린(aniline, 아미노벤젠) 39톤이 유출되어 수십만 명이 사용하는 식수의 수원이 되는 장허(漳河)를 오염시키는 사건이 발생했다. 2013년 2월 5일자 『뉴욕타임즈』 보도에 따르면 창즈시의 독극물 유출 사건은 2013년 1월 중순 관리가 해당지역에 파견됨으로써 조사 · 공개되었다. 그 며칠 후, 그린피스는 중국에 '긴급 조사팀'을 파견하여 사건에 대한 조사에 착수하게 되었다.

세계적인 환경보호단체인 그린피스는 이 사건의 심각성을 인식하고 독자적인 조사를 시작했다. 하지만 그린피스는 독극물 유출사건 조사과정에서 독극물 유출보다 더욱 심각한 문제를 발견하게 되었다. 즉, 중국 서부지역의 수자원 고갈현상이 심각한 상황이라는 것을 발견하게 된 것이다.

창즈시를 포함해서 서부지역에서 나타나고 있는 심각한 수자원 고갈현상의 원인은 서부지역 내에 존재하던 석탄 · 화학공업 단지의 대량 공업용수 사용 때문으로 나타났다. 조사결과, 2015년 기준으로 서부지역의 석탄 · 화학공업 단지에 소비되는 물의 양은 황허 유역 수량의 1/4을 소모하게 될 것으로 예상되었다. 예를 들면 톈지(天脊) 석탄 · 화학공업 단지에서 소비되는 물의 양은 매년 중국에서 30만의 인구가 소비하는 식수와 같은 양이다.

더욱 심각한 문제는 서부 지역의 수자원 공급 문제를 해결하기가 쉽지 않다는 사실이다. 중국경제의 발전 속도를 고려할 때 서부지역의 석탄 · 화학공업단지에서 소비되는 물 소모량이 더욱 빠른 속도로 증가할 것이기 때문에 서부지역의 물 부족문제는 더욱 해결되기가 어렵다는 것이다.

예를 들어 황허로 대표되는 북방지역의 연평균 강수량은 328mm이다. 북방지역 중에서도 베이징, 산동, 톈진(天津), 동북3성 등의 지역은 중국의 평균 강수량에 육박하지만, 서부의 닝샤(宁夏) 회족자치구, 칭하이, 신장(新疆) 위구르지역 등은 강수량 200mm 이하의 지역이다. 이와는 반대로 창쟝(长江)으로 대표되는 남방지역의 연평균 강수량은 1,193mm 정도가 된다. 이는 결국 동일한 시기를 기준으로 북쪽에서는 가뭄이 발생하는 반면, 남쪽에서는 홍수가 발생할 수도 있다는 의미이다.

둘째, 중국에서는 농업용수의 수요 · 공급 불균형이 심각하게 발생하고 있다. 황허, 화이허, 하이허 등 대표적인 북방 3개 유역의 농경지 면적은 전체 면적의 40%에 달한다. 하지만 이 지역이 활용할 수 있는 수자원의 총량은 전체의 12%에 불과한 실정이다. 그러나 이와는 반대로 창쟝과 그 이남 지역의 농지면적은 전체 면적의 36%에 불과하지만 전체 수자원량의 80%를 사용하고 있다.

셋째, 수자원의 고갈현상이 심각한 상황이다. 하이허, 랴오허(遼河) 등과 같은 수원의 수자원 이용률은 60%에 달한다. 하지만 베이징을 거쳐 톈진으로 흘러가는 하이허의 경우에는 강물이 바다에 도달하기 전에 사라져 버리는 현상이 발생하고 있다. 이러한 상황에서 일부 지역에서는 부족한 수자원을 마구잡이식으로 사용하다 보니 허베이(河北), 산시(陝西), 네이멍구 등과 같은 지역에서는 지표를 덮을 식물조차 살기 힘든 상황에 직면하고 있다. 특히 서부지역의 경우 심각한 수자원 고갈에 덧붙여 식수의 오염도 심각했다.

넷째, 수자원 오염문제도 심각하다. 환경보호부는 '2014년 중국환경상황공보'에서 지하수의 약 2/3, 지표수의 약 1/3이 직접 접촉하면 위험한 수준으로까지 오염되었다고 발표하였다. 전국 968개 장소의 지표수를 감시하고 있는 환경보호부는 이중 약 63.1%의 수질이 사람이 사용할 수 없는 수준이라고 발표하였다.[15] 또 2억 5,000만 명의 주민들이 사는 주거지역 근처에 많은 오염물질을 배출하는 기업과 간선도로 등이 존재하고 있었기 때문에 많은 주민들이 안전하지 않은 음용수를 사용하는 상황에 직면해 있다고 밝혔다.

중국물안전공익기금은 2015년도 초 29개 주요 도시 주민의 음용수 수질 검사결과에서 거의 절반에 가까운 도시가 1개 이상의 분야에서 부적합을 받았다

15 중국 수리부는 최근 발표한 지하수 동태월보에서 중국 최대의 평원지역인 쑹랴오(松遼) 평원, 황화이하이(黃淮海) 평원 등 2,103개 지점에서 지하수를 감측한 결과 4급수가 32.9%, 5급수가 47.3%였다고 밝혔다. 4급수는 일반 공업용이나 인체에 직접 접촉이 없는 부분에 사용이 가능하며 5급수는 오염정도가 심각한 수질을 의미한다. 신문에서는 4급수와 5급수를 합한 80.2%의 지하수가 심각한 오염상태에 있다고 밝혔다.(박은경, "중국은 스모그보다 수질오염이 더 심각—지하수 80% 음용 불가", 경향신문, 2016. 4. 12.)

고 발표했다. 신화통신 산하의 리아오왕 둥팡 저우칸(瞭望東方周刊) 잡지에 따르면, 사람들이 매년 비소 · 불소화합물 · 요오드에 오염된 물을 마시는 바람에 약 2,100만 명이 심각한 질병위험에 직면하고 있으며, 8,700만 명도 위험한 상황에 처해 있었다. 이 중 전국의 131개 지역에서 약 60만 명이 비소 중독에 직면해 있으며, 피부병 및 각종 암을 앓고 있는 것으로 나타났다. 그리고 약 3,000만 명 정도는 과다한 불소 섭취 때문에 갑상선 문제를 가지고 있는 것으로 나타났다. 중국 감찰부(監察部) 통계에 따르면 2015년 이전의 몇 년 동안 중국에서는 매년 약 1,700건 이상의 수질오염사건이 발생했다.[16]

## 3) 수자원 부족에 대한 정부 대응

### (1) 수자원 개발사업의 전개

#### ① 대형 댐의 건설 강화

중국정부는 중국이 갖고 있는 수자원의 부족문제와 지역 간 불균형 문제를 심각하게 인식하고 있다. 역사적으로 볼 때에도 치수문제는 국가경영의 제일 목표로 인식되었던 것도 사실이다. 이러한 경향은 새로운 중국의 건설 이후에도 변하지 않았으며, 현재에는 오히려 더욱 강하게 나타나고 있다.

중국정부는 중국 전역에서 나타나는 수자원 부족문제를 극복하기 위하여 대형 댐의 건설을 추진했다. 그 대표적 댐이 중국 최대의 토목공사라고 불렸던 산샤(三峽)댐이었다. 2006년 5월, 세계 최대의 댐이라는 산샤댐이 완공됐다. 창장 유역에 건설된 산샤댐은 높이 185m, 길이 2.3km로 최대 저수량이 약 390억 톤에 달하며 건설 기간만 13년이 걸린 댐이었다. 발전기 설비용량을 기준으로 보면 2,250만KW의 발전이 가능하기 때문에, 일반적인 원자력 발전소 용량의 23배 정

16 EPOCH TIMES, "충격적인 중국의 수질오염 사례", 2016. 5. 16.

[그림 2-6] 산샤댐

도에 달한다.[17]

현재 중국에서는 세계 최대 규모로 불리는 산샤댐의 2배에 달하는 4개의 거대한 수력발전소들이 건설되고 있다. 수자원의 위기를 극복하기 위해 2013년 기준으로 100개의 수력댐 건설이 진행 중이다.[18] 그리고 계획상으로 건설되는 댐 중에서는 메콩강 줄기에만 60개 이상의 댐이 건설된다.

② 각종 치수사업의 전개

중국정부는 지역적인 수자원 부족 현상을 극복하기 위해서 각종 치수사업을

17 산샤댐은 중국의 전력을 책임지는 위대한 건축사업으로 분류됐다. 하지만 상류 지역의 토사가 댐에 막혀 중하류로 이동하지 못하면서 장시성(江西省) 북부에 있는 포양호(鄱阳湖, 파양호)의 수위가 8.01m 하락하는 등 '극고갈' 수준까지 떨어지는 현상이 발생하면서 그 부작용이 제기되었다. 산샤댐 건설에 따른 부작용은 중국의 2위 규모 담수호인 둥팅호(洞庭湖, 동정호)에서도 발생하여 극심한 수위 하락 현상이 반복적으로 나타났다.

18 오애리, "中 댐건설 경쟁···· 환경재앙 우려", 문화일보, 2013. 8. 12.

전개하고 있다. 수자원의 지역적 불균형 문제에 대한 해결방안을 공개적으로 처음 제기한 사람은 마오쩌둥이다. 마오쩌둥은 1952년에 "남방의 물은 풍부하고, 북방의 물은 적기 때문에 가능하다면 물을 빌려올 수 있다"라는 발언을 했다. 이 한마디로 인해 중국의 최대 역사라고 할 수 있는 남수북조(南水北調) 공정에 대한 연구가 시작되었다.

2014년 10월 남수북조 공정 중에서 단장커우(丹江口) 저수지의 물을 수원으로 해서 허난(河南)성과 허베이(河北)성을 가로질러 베이징과 텐진(天津)까지 연결하는 1,432km 물길 구축사업인 중선 프로젝트가 완성되었다. 이로 인해서 중국 하이허 유역, 특히 京津冀(베이징, 텐진, 허베이성) 지역의 심각한 물 부족문제는 어느 정도 해결될 것으로 전망되었다.

출처 : 박일근, "중국 남수북조 동선 1기 준공", 한국일보, 2013. 12. 10.

[그림 2-7] 중국의 남수북조사업

### (2) 절수형 사회건설을 추진

중국정부는 수자원 부족문제를 해결하기 위하여 생활형 절수사업을 추진하고 있다. 국무원은 수자원 수요관리를 통해 전국의 물부족 현상을 극복하겠다는 계획하에 '전국수자원종합계획(全国水资源综合规划)'을 수립했다. '전국수자원종합계획'의 목표는 광대한 대중의 물 수요를 만족시키고, 이를 통해 빠르고도 눈부신 사회경제의 발전을 촉진시키며, 생태환경을 개선하고 보호한다는 것이다. 중국정부는 이를 위해 국가 차원에서 수자원 관리체계를 수립하고 실행하게 되었다. 구체적으로 2020년까지 전국의 물 사용량을 6,700억$m^2$ 이내로 억제하고, 2030년까지는 7,000억$m^2$로 조절할 계획을 수립했다.

전국수자원종합계획의 구체적 내용은 다음과 같다. 첫째, 농업 방면에서 절수를 위한 관계시설 개조와 고효율 절수형 관개시설을 설립함으로써 농업분야에서의 절수수준을 제고한다. 둘째, 공업 방면에서는 절수기술의 개선을 적극적으로 추진하고, 경제구조와 산업구조의 합리화를 통하여 공업용수의 순환 이용률을 제고한다. 셋째, 생활 방면에서는 도시와 농촌 생활의 절수 생활화를 강화한다. 그리고 공공용수의 관리를 강화하고, 대중의 절수의식을 제고하며, 이를 위해 절수기구를 널리 보급한다. 또한 생활 방면에서는 발생할 수 있는 오염물 처리역량을 제고한다.

전국수자원종합계획에서는 중점도시와 식량 주산지에 대한 물 공급의 보장을 분명히 했다. 이를 위해 중점 수원지의 보호와 수원지의 갑작스러운 오염방지 대책도 수립했다. 만약 중점 수원지 오염 등과 같은 문제가 생길 경우 필요한 긴급 대응책을 수립하도록 했다.

동 계획의 수립에 따라 수자원 관리사업과 저수지 공사를 시행할 경우 먼저 생태환경의 보호와 이에 대한 충분한 검증을 전제조건으로 검토해야 한다. 강과 하천으로 유입되는 오물배출구의 관리 · 감독 강화를 위하여 오물 배출구 등록 및 심사제도도 시행했다. 그리고 지하 수자원의 보호를 위하여 적정치 이상으로 지하수를 채굴하는 것도 점진적으로 제한했다.

### (3) 해수 담수화와 인공강우

만성적인 물부족 문제를 해결하기 위해 중국정부는 해수자원의 담수화 정책과 인공강우를 추진하고 있다. 하천수와 지하수의 7할 이상이 오염되고 있는 중국에서 해수 담수화는 "제3의 수자원"으로 각광받고 있다. 중국 워터 리서치(나이토 야스유키 대표) 조사에 따르면, 2014년 말 기준으로 전국에서 건설된 해수 담수화 플랜트는 112기로 그 조수 규모는 일간 92.69만$m^3$이었다. 그중에서 일간 1만$m^3$급 이상의 플랜트는 27기이고 주로 텐진, 산둥(山东), 저장(浙江), 허베이, 랴오닝(辽宁) 지역에서 건설되고 있다.

해수 담수화 과정을 통해 만들어진 수자원은 주로 공업용수(발전소, 석유화학 공장)로 전체의 70%가 사용되며 나머지는 도시 급수(식수 등)로 사용된다. 이러한 과정에서 중국의 관련 기업들은 대형 해수 담수화 플랜트(증류방식 = 다단플러쉬 방식) 2대를 인도네시아에 수출하기도 했다.[19]

이 밖에도 물 부족에 따른 가뭄 퇴치나 사막화의 방지 등과 같은 분야에서 많이 활용하는 방안으로 인공강우가 있다. 특히 가뭄이 심해 농사에 지장이 생길 정도인 지역에서는 엄청난 양의 인공강우 전략이 사용된다. 이 밖에도 산불방지를 위한 인공강우나 강설도 추진된다. 현재 인공강우 관련 기술은 중국(기상국)이 세계 최고로 인정받고 있다.

인공강우란 로켓을 이용해 드라이아이스와 요오드화 은(銀)을 구름층에 살포하여 습도를 높여서 비를 내리게 하는 방법이다. 중국에서는 이미 베이징과 24개 성(省)이 인공강우를 시도한 경험이 있다. 인공강우를 만드는 방법은 비행기나 로켓으로 드라이아이스나 요오드화 은을 0도 이하인 구름층 상단에 살포하여 결정체를 형성하게 함으로써 구름의 밀도를 증가시켜 비를 내리게 한다. 그리고 0도 이상의 구름층에 대해서는 비행기나 로켓으로 소금가루 또는 요소를 운반하여 구름층 중간에 살포하여 구름 내에 빗방울 형성을 촉진시켜 비를 내리게 한다. 최근에는 비행기나 로켓 대신 대공포나 지대공 미사일을 많이 이용한다.

---

19 엔지니어링데일리, "중국, 대형해수담수화플랜트 최초 수출", 2012. 4. 17.

### 4) 수자원 개발사업과 국제분쟁

전 세계적으로 볼 때 두 나라 이상의 영토를 경유하여 흐르는 강은 214개나 된다. 이들 국가 사이에서는 항상 물 분쟁이 발생하기 쉽다. 특히 중국과 같이 수자원이 부족한 국가에서는 주변국들과의 분쟁 가능성은 더욱 증가한다.

메콩강은 물부족 문제를 해결하기 위해 중국이 집중적으로 댐을 건설하는 강이다. 메콩강 유역에 대규모의 댐 건설이 본격화되면서 메콩강을 둘러싼 5개국 간의 갈등 가능성이 증가하고 있다. 현재까지 중국이 메콩강에 건설하고 있는 댐을 살펴보면 [그림 2-8]과 같다.

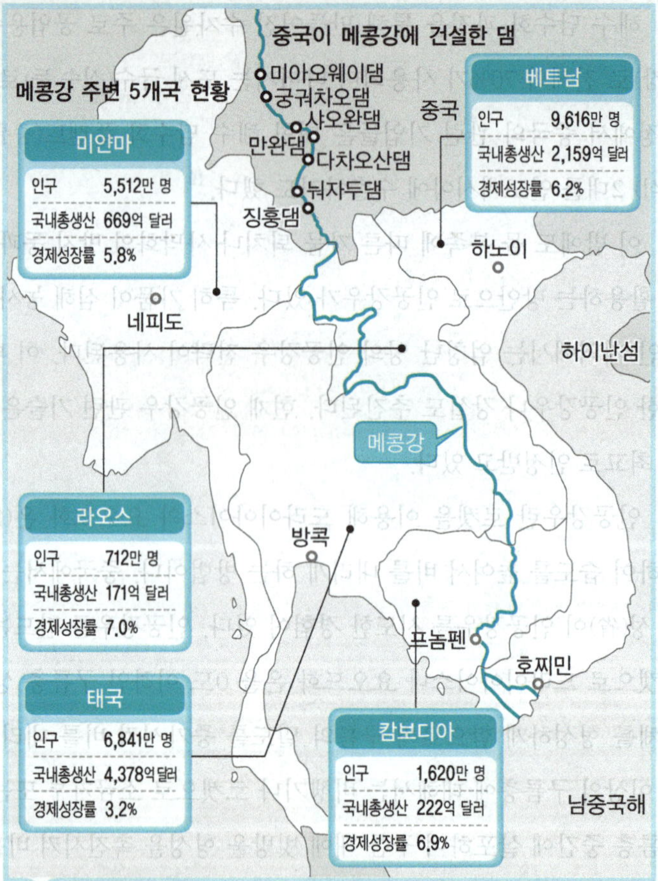

출처 : 한국경제, "메콩강 '남2남중국해' 되나...중국, 물줄기 맞닿은 5개국과 갈등" 2018. 1. 3.

[그림 2-8] 중국이 메콩강에 건설한 댐

또 다른 예로 인도의 경우 중국의 시장(西藏)에서 발원하는 이얼지쓰허(额尔齐斯河, 러시아명은 이르티슈강)의 개발에 대해 인도의 가뭄과 홍수, 심지어 생활용

수까지도 중국의 통제에 있다며 민감한 반응을 보이고 있다. 이얼지쓰강은 히말라야 산맥의 계곡을 지나 인도 동부의 젖줄 역할을 하고 있는 강이다. 중국과 인도는 현재 이 강에 대한 공동탐사를 실시함으로써 수자원의 개발에 따른 분쟁 가능성을 낮추고 있다. 중국 주변의 하천 중에서 국제분쟁 가능성이 있는 잠재 지역은 [그림 2-9]와 같다.

출처 : 세계일보, "中 이번엔 '물 싸움' 벌이나", 2006. 9. 22.

[그림 2-9] 중국 주변 국제하천 분쟁 잠재지역

# 2. 민족 및 인구 환경

## 2.1 민족

### 1) 민족 구성

중국은 55개의 소수민족과 1개의 최대 민족인 한족(전체의 92%) 중심의 힘 질서가 잘 형성된 다민족 국가이다. 1953년 기준으로 중국의 지방정부에 신고된 민족의 수는 모두 400여 개였다. 하지만 1964년에 다시 조사된 민족 수는 183개로 줄어들었다. 이러한 추세변화를 고려하면 중국 내 민족 수는 정확히 확인할 수 없지만 감소 추세에 있다는 것은 분명하다. 중국정부가 최근 공식 발표한 것을 기준으로 할 경우, 중국은 56개의 민족으로 구성된 다민족 국가이다.

그러나 소수민족과 관련된 또 다른 추세를 보면 소수민족의 인구수가 다시 증가하고 있다. 1964년 인구조사에서 중국의 소수민족 수는 전체 인구 6억 9,122만 104명의 5.78%에 불과했다. 하지만 그 18년 후인 1982년에는 전체의 6.7%로 증가했으며, 1990년에는 8.04%로 증가했다. 이는 소수민족의 인구수가 증가 추세에 있고 전체 인구에서 차지하는 비율 또한 증가하고 있음을 나타낸다.

소수민족의 인구증가율은 한족과 비교하면 약 두 배에 달한다. 소수민족의 증가 이유로는 자연적인 증가도 있지만 문화대혁명 이후 중국 내에서 채택된 새로운 민족평등정책이 효과를 발휘했기 때문으로 평가받고 있다. 즉, 중국 내에서 시행된 새로운 민족평등정책의 성공으로 인하여 중국의 소수민족이 그동안 감추고 지내오던 자신의 민족성을 회복했기 때문으로 평가된다.

〈표 2-3〉 중국 민족 현황(2010년 기준 : 1,332,810,869명)

| 민족 | 인구 | 민족 | 인구 | 민족 | 인구 |
|---|---|---|---|---|---|
| 汉族 | 1,332,810,869 | 畲族 | 708,651 | 普米族 | 42,861 |
| 壮族 | 16,926,381 | 傈僳族 | 702,839 | 怒族 | 37,523 |
| 回族 | 10,586,087 | 东乡族 | 621,500 | 鄂温克族 | 30,875 |
| 满族 | 10,387,958 | 仡佬族 | 550,746 | 京族 | 28,199 |
| 维吾尔族 | 10,069,346 | 拉祜族 | 485,966 | 基诺族 | 23,143 |
| 苗族 | 9,426,007 | 佤族 | 429,709 | 德昂族 | 20,556 |
| 彝族 | 8,714,393 | 水族 | 411,847 | 保安族 | 20,074 |
| 土家族 | 8,353,912 | 纳西族 | 326,295 | 俄罗斯族 | 15,393 |
| 藏族 | 6,282,187 | 羌族 | 309,576 | 裕固族 | 14,378 |
| 蒙古族 | 5,981,840 | 土族 | 289,565 | 乌孜别克族 | 10,569 |
| 侗族 | 2,879,974 | 仫佬族 | 216,257 | 门巴族 | 10,561 |
| 布依族 | 2,870,034 | 锡伯族 | 190,481 | 鄂伦春族 | 8,659 |
| 瑶族 | 2,796,003 | 柯尔克孜族 | 186,708 | 独龙族 | 6,930 |
| 白族 | 1,933,510 | 景颇族 | 147,828 | 赫哲族 | 5,354 |
| 朝鲜族 | 1,830,929 | 达斡尔族 | 131,992 | 高山族 | 4,009 |
| 哈尼族 | 1,660,932 | 撒拉族 | 130,607 | 珞巴族 | 3,682 |
| 黎族 | 1,463,064 | 布朗族 | 119,639 | 塔塔尔族 | 3,556 |
| 哈萨克族 | 1,462,588 | 毛南族 | 101,192 | 未识别民族 | 640,101 |
| 傣族 | 1,261,311 | 塔吉克族 | 51,069 | 入籍外国人 | 1,448 |

출처 : 国务院人口普查办公室 · 国家统计局人口和就业统计司(编), 中国2010年人口普查资料.

## 2) 소수민족의 분포지역

### (1) 소수민족의 개념과 분류기준

중국정부는 민족 구성에 대해 "한족 이외에 55개의 소수민족으로 구성되었다"라는 표현을 공식적으로 사용하고 있다. 여기서 소수민족이란 중국 내에서 수적으로 지배적 위치를 차지하고 있는 한족 이외의 여타 민족집단을 지칭하는 용어이다. 중국은 역사적으로 소수민족과의 끊임없는 갈등을 통해 중국화를 이룩해 왔다. 현재 중국에서는 하나의 중국인이란 의미로 한족(漢族)이란 용어를 사용하는데 이는 수천년 중국의 역사 중 이민족들과의 투쟁에서 만들어진 민족개념인 것이다.

중국에서 소수민족의 분류는 민족 형성의 4가지 조건을 기준으로 결정한다. 중국에서 민족결정의 4가지 기준은 ① 공동언어, ② 공동지역, ③ 공동경제생활, ④ 공동문화를 가진 공동체이다. 민족결정을 위한 4가지 기준 중에 2가지 이상의 기준을 충족시키면 소수민족으로 인정된다. 소수민족의 분류는 민족결정의 4가지 기준에 따라 꾸준히 진행되고 있다. 현재까지 발표된 소수민족의 수는 55개인데 이는 민족결정의 4가지 기준 중에서 2가지 기준을 충족하는 것이 확인된 민족 수가 55개라는 것이다. 즉, 현재 발표된 소수민족의 수는 중국 내에 존재하는 모든 민족을 총망라한 것은 아니라는 의미이다. 따라서 중국에서 발표되는 소수민족의 수나 분류는 향후에도 계속해서 변화될 여지가 있다.

정리해 보면 중국에서는 민족 구분이나 분류 자체가 가변적이어서, 정부에서 정한 민족결정의 4가지 기준 중에서 2가지를 충족시키면 소수민족으로 인정된다. 중국에서는 이러한 민족분류의 원칙을 '민족분류의 가변성 원칙'이라고 표현한다. 민족분류의 가변성 원칙을 고려할 때, 현재 진행되고 있는 중국 소수민족의 수는 향후 더 증가할 수도 있고 줄어들 수도 있다.

### (2) 소수민족 지역 분포의 특징

첫째, 소수민족은 다양한 지역에서 광범위한 범위에 걸쳐 분포하고 있다. 소수민족은 그 분포지역이 광대하여 차지하고 있는 면적이 넓다. 현재 중국 내 소수민족의 비중은 전체의 8%에 불과하지만 분포지역은 중국 국토의 63% 이상을 차지하고 있다. 다시 말해, 이는 소수민족 분포지역의 인구밀도가 상당히 낮다는 의미이다.

둘째, 소수민족의 분포형태는 잡거(雜居)가 많고 집거(集居)가 적다. 잡거가 많은 소수민족의 분포형태는 신중국 건국 이후 추진된 소수민족정책의 영향도 있지만, 중국의 유구한 역사에 따른 영향도 강하게 나타난다. 중국의 역사는 많고 다양한 소수민족과의 갈등과 화합의 역사이다. 이러한 과정 속에서 소수민족의 분포는 다양한 인종이 함께 생활하는 잡거형태가 일반적인 형태가 되었다.

소수민족의 분포형태 중에서 잡거가 일반적인 형태이지만 일정 지역에서는 특정 민족이 집중적으로 분포하는 경우도 존재한다. 하지만 대부분의 지역에서는 일부 지역에서만 소수민족이 모여 살고, 나머지 지역에서는 기타 민족과 함께 살아가는 형태가 일반적이다. 최근 이러한 경향이 강하게 나타나게 된 이유는 중국정부에 의해 추진된 한족의 이전 및 혼합 정책의 결과가 작용한 것으로 판단된다.

셋째, 소수민족의 분포지역은 자원과 산물이 매우 풍부한 지역이라는 특징을 가지고 있다. 예를 들면 내몽고는 중국 내에서 곡류작물의 중요한 산지이고, 신장은 면화의 중요 산지이다. 광시 지역은 사탕수수의 중요 산지로 유명하고, 티베트는 쌀보리가 풍부하며, 윈난과 하이난은 각양 각색의 열대과일 생산지로 유명하다.

넷째, 소수민족의 분포지역은 대부분 국경 부근으로 인구가 적고 경제 및 문화가 비교적 낙후되었다.

### 소수민족의 분포지역

- **소수민족 비중이 60% 이상인 지역** : 신장과 시장 등
- **소수민족 비중이 10~45%** : 지린, 랴오닝, 하이난, 네이멍구, 닝샤, 윈난, 구이저우, 광시, 칭하이 등
- **소수민족 비중이 1~10%** : 허난, 푸젠, 텐진, 베이징, 허베이, 후베이, 쓰촨, 헤이룽장, 후난, 간쑤 등(한족거주지역)
- **소수민족의 비중이 1% 미만인 곳**(순수 한족 거주지역) : 장쑤, 장시, 산시(山西), 상하이, 산시(陝西), 저장, 광동, 안후이, 산동 등(대체로 동남연해지역)

■ 중국의 소수민족 수와 분포지역(단위 :명)

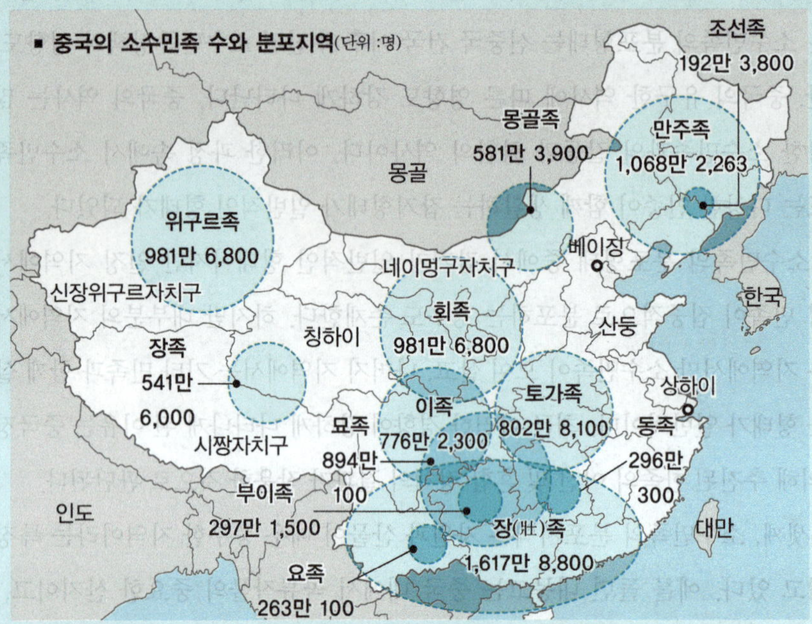


출처 : 중국공산당 중앙통일전선공작부

### (3) 소수민족의 언어와 문자

55개 소수민족은 자신들의 언어를 가지고 있다. 하지만 이들 중 21개 민족만이 자신들의 문자를 가지고 있다. 소수민족 중에서 조선족, 몽고족, 티벳족, 좡족, 시버족, 다이족, 위구르족, 키르기스족, 다다르족, 러시아족 등 11개 민족은 자신의 고유문자를 가지고 있고, 통용 문자도 사용하고 있다. 하지만 이족, 나시족, 먀오족, 징퍼족, 리수족, 라후족, 와족 등 7개 민족은 자신의 문자는 가지고 있지만 별로 많이 사용하지 않는다.

중국에서는 21개 소수민족을 제외한 나머지 34개 민족은 자신들의 문자를 사용하지 않는다. 이들 중 후이족, 만주족, 서족은 자신의 문자가 아닌 한문(漢文)을 사용한다.

### 3) 소수민족 정책

한족은 인구수 기준으로 압도적 다수를 차지하고 있다. 하지만 이들이 차지하고 있는 국토면적은 전체의 40~50%에 불과하다. 사람들은 중국을 두고 인구가 많고 땅이 넓은 나라라고 표현한다. 이 표현에서 "인구가 많다"라는 말은 한족을 의미하고 "땅이 넓다"라는 말은 소수민족에 해당되는 부분이다.

소수민족이 거주하고 있는 지역은 대단히 광범하게 분포되어 있다. 소수민족이 집중적으로 거주하고 있는 지역은 가스와 석탄 등과 같은 지하자원뿐 아니라 삼림 및 수력자원 등과 같은 자원이 집중되어 있는 전략적 요충지로 평가받고 있다. 이 때문에 일부의 소수민족 거주지역에서 나타나고 있는 소수민족의 분리·독립 움직임은 중국정부나 한족의 입장에서 보면 국가의 핵심이익에 대한 위협으로, 절대 양보할 수 없는 영역으로 판단될 수 있다.

중국 내에서 한족 이외의 소수민족 문제는 대단히 중요한 문제이다. 중국정부는 소수민족도 시간이 지나면 언젠가는 중국화가 될 수밖에 없다고 보고 있다. 하지만 현재로서는 소수민족에 대한 특별정책을 통해 이들이 분포하고 있는 지역에서 발생할 수 있는 혼란을 방지하는 것을 최상의 전략으로 보고 있다.

중국의 소수민족 우대정책은 1952년에 제정된 '중국민족구역자치실시강요'와 1984년에 공포된 '중국 민족구역자치법'을 그 근간으로 하고 있다. 소수민족 우대정책은 그 후 다양한 정책적 지원을 통해 오늘날과 같은 모습으로 발전하였다. 현재 중국에서 시행되고 있는 소수민족에 대한 우대정책의 내용을 간단히 요약하면 다음과 같다.

> 첫째, 민족평등을 견지하고 민족멸시와 압박을 반대한다.
>
> 둘째, 민족 지역자치를 시행한다.
>
> 셋째, 소수민족 간부를 적극 양성한다.
>
> 넷째, 낙후된 구제도를 폐지하고 민주개혁을 실행한다.
>
> 다섯째, 소수민족이 자신들의 언어와 문자를 사용하는 것을 장려한다.
>
> 여섯째, 소수민족의 풍속 습관을 존중한다.
>
> 일곱째, 종교의 자유를 보장한다.

중국과 같은 다민족 국가에게 민족단결을 유지하는 것은 국가의 통일과 안정에 매우 중요한 의미로 취급된다. 역사적으로 볼 때에도 중국에서는 최대 민족인 한족을 중심으로 대한족주의(大漢族主義)가 끊임없이 제기되고 있다. 이에 따라 민족협애주의(民族狹隘主義) 등을 명분으로 갈등이 발생하고 있다. 한족과 소수민족 또는 어떤 소수민족들 사이에서는 어느 정도의 민족 압박, 민족 멸시, 민족장벽 등과 같은 현상이 발생했다. 이로 인해 소수민족과 한족 또는 소수민족들 사이에서는 상호불신과 갈등, 더 크게는 전쟁 등이 발생하게 된 것이다.

중국정부도 민족문제의 중요성을 인식하여 소수민족에 대한 우대와 민족평등과 단족단결을 지원하는 민족정책을 실시하게 되었다. 중국에서 실시된 다양한 형태의 소수민족 우대정책은 많은 소수민족들의 환영과 지지를 받았다. 소수민족 우대정책의 성공적 운영으로 오늘날의 중국은 다민족 국가임에도 불구하고 민족문제가 심각하게 부각되지 않고 있다.

일부 지역에서는 민족분열 또는 독립의 움직임도 나타나고 있지만, 그들의 움직임은 전체 민심을 얻지 못하고 실패로 끝나고 있다. 이는 중국정부가 최대 민족인 한족중심의 국가운영 구조를 잘 보완하는 소수민족 우대정책을 성공적으로 운영했기 때문이다. 하지만 그 과정에서 부작용도 발생하고 있다. 소수민족 우대정책 시행에 따른 부작용은 다음과 같은 두 가지 방향으로 나타나고 있다.

첫째, 소수민족 차원에서 가질 수 있는 중국 지배층에 대한 반감문제이다. 중국 소수민족 중 일부는 한족에 밀려 변방에서 경제적 차별을 받으며 2등 시민으로 살고 있다는 생각을 갖고 있다. 이에 따라 이들 소수민족 사이에서는 중국 지배층에 대한 반감이 커지면서 중국정부와의 마찰이 심화되고 있는 상황이다.

중국정부는 표면적으로 그동안 대학입학시험 및 간부시험에서 소수민족에 대한 가산점을 주고, 소수민족자치구와 자치주의 행정수반으로 해당 지역의 소수민족을 임용하는 등과 같은 유화정책을 펴고 있다. 하지만 정부 차원에서 소수민족에 대한 감시와 뿌리 깊은 차별 등은 여전히 존재하고 있다. 이 과정에서 이들 지역에 대한 분리 움직임도 사라지지 않고 있는 것도 사실이다.[20]

둘째, 소수민족 우대정책에 따른 한족의 역차별이라는 시각도 존재한다. 한족 중에는 소수민족 우대정책 때문에 역차별을 받고 있다는 시각을 갖고 있는 사람들도 상당수 있다. 소수민족의 자녀에게는 대학지원 시 가산점이 부여된다. 과거 소수민족은 '한 가구 한 자녀' 출생 제한을 받지 않았다. 그리고 소수민족이 사는 특정 지역이나 극소수민족에 대해서는 출산 장려금도 지원되었다.

또한 소수민족은 각 단위의 당서기는 못 되지만 자치구 주석, 자치주 주장, 자치 현장 등을 맡을 수 있다. 인민대표대회 대표를 선출하는 선거구의 인구수도 소수민족에게는 훨씬 적게 적용된다. '중국 민족구역자치법'에서는 자치지역의 경제발전과 투자확대 등을 위해 소수민족 거주지역에는 별도의 감세가 가능하도록 되었다. 중국의 형법이나 형사소송법을 보면 소수민족에 대한 '양소일관(兩少一寬)'이란 정책이 있다. 이는 소수민족 범죄자는 '사형과 체포를 적게 하고(少殺少捕), 사건 처리를 일반적으로 관대하게 한다(一般從寬)'는 정책이다.

중국 내에서 소수민족에 대한 우대정책의 결과로 소수민족은 국가엘리트 계층에 자신들의 비중보다 더 많은 수의 간부를 가질 수 있다.[21] 한족 중에서는 이

---

20 해마다 두 자릿수로 증가하고 있는 중국의 치안예산과 안면인식 등과 같은 첨단기술의 도입은 신장위구르 · 티베트 자치구 등의 지역에서 생활하고 있는 소수민족에 대한 감시 강화와 맞물려 있다는 평가도 존재하고 있다.

21 17기 전국인민대표대회 대표 2987명 중 소수민족은 411명으로 13.8%다. 이는 전체 인구 중 소수민족의 비율인 9.4%(2005년 기준)보다 높다.

러한 소수민족 우대정책 때문에 오히려 역차별을 당한다고 보는 사람도 적지 않다. 즉, 한족의 입장에서는 소수민족에 대한 우대정책이 오히려 역차별로 인식된다는 의미이다.

### 중국 소수민족의 상대적 박탈감과 민족적 자존심

중국의 신장과 우루무치 지역에서는 분리독립을 요구하는 위구르족을 중심으로 하는 유혈 테러가 발생하기도 한다. 하지만 신장지역은 중앙아시아와 중국을 잇는 교통 요지로 새로운 성장거점으로 떠오르는 지역이다.

중국정부는 현재와 같은 신장의 발전에는 서부 대개발 등 정부의 지원도 한몫을 했다고 주장한다. 하지만 신장지역의 이러한 경제성장에도 불구하고 신장, 특히 우루무치의 위구르족 비율은 10%에 불과해 개발과 경제성장으로 인한 과실은 이 지역으로 밀려드는 한족에게 돌아간다는 불만이 나타나고 있다. 1953년 첫 인구조사 때 신장의 한족 비율은 6%에 불과했으나 지금은 41%까지 높아졌다. 따라서 최근 발생되는 우루무치 지역의 위구르족을 중심으로 하는 분리독립 요구는 시위대들이 요구하는 명분보다는 보이지 않는 차별금지와 상대적 박탈감에 대한 불만 등을 원인으로 볼 수도 있다.

신장과 티베트는 1949년과 1951년 각각 중국에 편입되기 전에 독립국가의 신분을 갖고 있었다. 따라서 민족, 언어, 종교 등이 다른 중국의 지배로부터 벗어나 분리독립하겠다는 욕구가 상대적으로 높다. 중국정부의 소수민족에 대한 우대 및 유화 정책에도 불구하고 중국의 소수민족 내부에서는 민족적 자존심이 휴화산처럼 자리하고 있다.

향후 중국의 민족정책의 운영과 그 성패는 중국의 미래와도 직결되는 문제이다. 따라서 중국 소수민족의 우대와 관련된 민족정책의 변화 등에 대해서는 지속적으로 주목할 필요성이 있다.

## 2.2 인구 분포와 이동

### 1) 인구분포

중국은 연해로 갈수록 인구가 많고 내륙으로 갈수록 희소하다는 특징을 가지고 있다. 서고동저형의 지형은 중국의 인구분포에도 그대로 영향을 미치고 있다. 동남부 지역은 평지가 많고 기후가 온난하여 인구가 밀집되어 있다. 서북부 지역은 높은 지형과 한랭 건조한 기후가 작용하여 인구 자체가 적다. 그리고 이러한 추세는 동남부를 중심으로 한 도시화의 강화로 인하여 향후 더욱 강화될 것으로 전망되고 있다.

실제로 헤이룽장(黑龙江)성의 헤이허(黑河)에서 윈난(云南)성의 텅충(腾冲)을 일직선으로 연결한 지역은 중국 전체에서 차지하는 면적이 42.9%에 불과하다. 하지만 그 거주인구는 중국 전체 인구의 94.3%나 된다. 동남부 지역은 서북부 지역에 비해 약 21배나 높은 인구밀도를 가지고 있다. 중국 전체 면적의 57.1%를 차지하는 서북부 지역의 경우 전체 인구의 5.7%밖에 거주하지 않고 있다. 전체 면적의 1/10에 달하는 장베이(藏北) 고원과 타클라마칸 사막 등과 같은 지역은 사람이 거의 살고 있지 않은 지역이다.

서고동저형의 지형과 함께 중국의 인구분포에 영향을 미치는 요소로 해발고도가 있다. 중국 내에서 나타나고 있는 해발과 인구분포에 따른 결과를 정리해 보면 다음과 같다.

- 전국의 해발 200m 이하의 지역에 전국 인구의 64.9%가 집중
- 해발 200~1,000m의 지역에는 24.8%(5,222/km$^2$)
- 해발 1,000~2,000m의 지역에는 8.9%
- 해발 2,000~3,000m의 지역에는 1.1%
- 해발 3,000m 이상의 지역에는 0.3%(1.6/km$^2$)

## 2) 인구이동

### (1) 호구제

중국정부는 1950년 말부터 농촌 거주자의 도시이주를 막기 위한 고육지책으로 호구제를 실시했다. 호구제는 1958년 1월 '호구등기조례'가 공포되면서 공식 도입되었다. 호구제의 도입으로 인해 농민과 비농민이 구별되기 시작했고, 공민[22]의 거주지 이전이 엄격하게 통제되기 시작했다.

호구제는 중공업의 성장을 지원하기 위하여 도시공업 부분이 손쉽게 자본을 축적할 수 있도록 구축한 도농 간의 부등가 교환체계에 대한 확립 지원제도이다. 중국정부가 호구제 정착을 강제하기 시작하면서 도시 공업부문에 대해서는 일자리와 각종 도시형 생활 인프라, 식량 등에 대한 지원이 강화되었다. 그리고 그러한 과정에서 농촌에 대한 지원은 자연스럽게 국가정책의 우선순위에서 제외되게 되었다.[23]

호구제는 거주지와 사회경제적 자격의 인증이라는 두 가지 기능을 하고 있다. 하나는 도시, 농촌 등과 같은 호구의 소재지, 즉 행정단위를 밝히는 기능이고, 다른 하나는 농업과 비농업 등 정책적 신분을 인증하는 기능이다. 호구제 이동에 대한 심사주체는 각 지방정부(산하 공안당국)가 담당한다. 다른 지역에 비해 상대적으로 양호한 거주 및 기업경영 환경을 갖춘 지방정부의 경우 외지인의 전입에 대해 지역의 한정된 도시 인프라를 고려하여 엄격하고 배타적인 심사경향을 나타낸다. 이러한 과정에서 호구제는 도시화와 함께 중국의 도농격차를 만들어 내는 주요한 원인이 되었다.

---

22 중국 국적을 가지고 있으며, 이에 따라 의무와 권리를 누리는 법적 주체를 뜻한다.

23 이를 위해서 거주지 이동이 통제되었고, 출생에서부터 취학, 생업종사, 사회보험 등에 대해서도 차별이 가해졌다.

### (2) 개혁 · 개방 이후의 인구 이동

개혁 · 개방 정책의 추진에 따라 도시지역에서는 많은 노동인구가 필요하게 되었다. 중국정부도 이러한 상황을 인식하여 호구제에 따른 인구이동 제한을 완화했다. 그 결과 1984년부터 주민의 임시적 이주가 허용되었고, 농촌 노동력의 도시지역 이동이 가능해졌다. 이로 인해 중국에서는 과거에 비해 많은 성 내 및 성 간 인구 이동이 나타나게 되었다.

과거 중국의 인구는 주로 동남부에서 서북부로, 연해에서 내륙으로 이동한 것으로 나타났다. 하지만 신중국 성립 이후 개혁 · 개방 정책의 적극적 추진으로 인해 동남부로의 이동과 내륙과 변경, 또는 연해로의 인구 이동이 두드러지게 나타났다. 개혁 · 개방 정책의 추진 이후에 나타난 인구 이동의 주요 원인으로는 지역 간 경제적 차이(경제발전 정도차이) 등이 있다.

개혁 · 개방 이후에 나타난 인구 이동은 첫째, 비농업 산업화와 도시화를 촉진시켰다. 연해지역의 경제성장에 필요한 노동력의 수요를 이동노동자들이 충족시켜 주었다. 둘째, 역사적 과정에서 존재했던 내륙의 과중한 인구 압력을 해소함으로써 거시적 차원에서의 국가경제 발전에 기여했다. 셋째, 중국의 인구수를 조절하고 인구소질을 개선하는 데 도움이 되었다.

그러나 개혁 · 개방 정책의 추진 이후 나타난 인구 이동이 가지는 문제점도 존재한다. 첫째, 과거에 비해 인구 이동의 움직임은 증가했지만 그 유동총량은 여전히 낮은 수준이다. 이렇게 증가한 수준도 미국과 같은 선진국에 비해 훨씬 낮은 수준일 뿐만 아니라 개발도상국들과 비교해도 낮은 편이다.

둘째, 특정 지역에 인구 이출입 현상이 과다하게 나타남으로써 여러 가지 사회경제적 문제를 발생시키고 있다. 예를 들면 인구 이동의 증가는 관련 지역의 성별 구성에 영향을 미침으로써 심각한 사회문제를 발생시키고 있다. 그 결과 지역에 따라 특정 성비가 높거나 낮은 지역이 생겨났으며, 빈곤지역과 부유지역, 산촌과 평지 지역 간의 성비 차이가 더욱 확대되었다. 또한 높은 소질의 인재를 일정

방향으로 이동시킴으로써 지역별 문화수준의 차이가 더욱 확대되었다.

## 2.3 인구정책

### 1) 인구억제정책의 전개 이전

중국은 세계 최대의 인구 대국으로 세계 총인구의 약 1/5을 가진 국가이다. 중국은 12세기 초 북송시대에 이미 1억을 넘었으며, 18~19세기 초 청나라 시대에는 2억~4억을 기록하였다. 그 후 새로운 중국이 건국될 당시인 1949년 기준으로는 5.4억의 인구(연평균 1.1%의 인구증가율)를 가진 것으로 나타났다. 하지만 당시 중국의 국가총생산은 높은 출생률에도 불구하고 사망률도 함께 높았기 때문에 그리 높지 않았다.

사회주의 체제가 성립된 이후 나타난 사회 · 경제적 환경 변화로 사망률의 대폭적인 하락을 들 수 있다. 1949~1959년에는 내전이 종결되고 사회보장이 안정됨으로써 베이비 붐이 일어났다. 이에 따라 중국의 인구가 급속히 증가하였다. 그 후 1959~1961년의 기간은 대약진 정책의 시기로 대기근과 함께 출생률이 급속히 감소되고 사망률도 함께 빠른 속도로 증가했다. 1961~1971년에는 출생률이 다시 반등하고 사망률이 저하되면서 인구증가율이 회복되었다.[24] 1949~1973년의 인구성장률을 정리해 보면 연평균 21.0%씩 증가한 것으로 나타났다.

1971~1979년은 정부의 인구억제정책이 일부 발표되기 시작하면서 출생률이 다시 저하되기 시작한 시기였다. 1979년 이후부터는 정부 차원의 강력한 인구억제정책이 실시되면서 출생률이 안정되고 인구증가율이 낮은 수준으로 하락했다. 이에 따라 중국의 출생률은 1975년 기준으로 23.0%였던 것이 1995년 기준으

---

24 1963년에는 출생률이 43.4%를 기록하면서 사상 최고를 기록하였다.

로 17.1%로 하락했다.[25]

### 2) 인구억제정책의 전개

강력한 인구통제정책이 실시된 배경을 살펴보면 다음과 같다. 첫째, 국가 인구총량이 많아 약 1.5~2억 명에 달하는 잉여노동력이 지속적으로 발생했다. 그리고 그 비중 또한 지속적으로 증가함으로써 많은 사회적 문제가 발생하게 되었다.

둘째, 빠른 인구증가는 1인당 소비수준의 증가에 불리하게 작용했다. 1952~1995년 동안 전체 국민소득 중에서 소비부문의 증가는 13.8%에 불과한 것으로 나타났다. 하지만 이 증가분의 45%는 중국 내에서 새로 증가한 인구의 수요를 만족시키기 위한 것이었고, 기존 인구의 생활수준 제고를 위해 사용된 것은 55%에 불과했다.

셋째, 급속한 인구증가율은 전체 인구의 소질을 제고하는 데 불리하게 작용했다. 급속한 인구증가는 장애인에 대한 사회복지사업의 전개나 사회보장제도의 강화 부분에서 많은 장애와 한계를 제공했다.[26]

넷째, 높은 인구증가율은 자원과 환경에 대한 압력을 증가시킴으로써 자연 및 생태 분야에서 여러 가지 문제점을 노출시켰다. 중국은 자원대국이지만 1인당 자원량은 평균 이하인 국가이다. 1인당 세계평균의 기준으로 살펴보면, 삼림자원은 세계평균의 15%, 수자원은 26%, 경지는 30%, 초지자원은 44%, 광산자원은 67%에 불과한 것으로 나타나 경제성장에 불리했다.

---

25 박인성 · 문순철 · 양광식, 『중국경제지리론』, 한울 아카데미, 2005, p. 57.

26 문화대혁명(1966~1976년) 기간 동안 중국 사회보장제도는 전반적으로 심각한 피해를 입었는데, 장애인 복지사업도 예외는 아니었다. 1960년 수립된 장애인단체인 중국 망 · 농아인협회도 문화혁명 기간 여러 가지 압박으로 인해 일시적으로 업무를 중단해야만 했다.(김병철 · 장건평, "중국 장애인 복지제도의 현황과 과제", 국제노동브리프, 한국노동연구원, 2012, p. 73.)

정부도 인구증가가 가지는 문제점을 인식하여 1979년 '계획생육정책(计划生育政策)'을 발표함으로써 강력한 인구제한정책을 실시하기 시작했다. 계획생육정책이란 급격히 증가하고 있는 인구를 억제하기 위한 산아제한정책 또는 '1가구 1자녀' 출산정책을 의미한다.

중국정부가 추진한 인구억제정책의 주요 내용을 요약하면 첫째, 소수민족에 대해서는 일가족 2자녀가 허락되지만 한족에게는 일가족 1자녀만 허가되었다. 둘째, 두 번째 아이를 호적에 올리기 위해서는 3만 위안 정도의 벌금으로 지불해야 했다. 셋째, 단, 농업에 종사하는 가정은 첫 아이가 여자일 경우 한 명을 더 가질 수 있다.

만약 인구억제정책을 어기고 출산을 한 경우에는 지역에 따라 다르게 규정되어 있는 벌금 등이 부과된다. 인구억제정책을 위반하면 무상교육 등과 같은 사회보장제도의 혜택을 박탈하고, 공직에 대한 불이익, 해고 등과 같은 강력한 처벌도 부과했다.[27]

### 3) 인구억제정책의 완화

2011년 4월 28일, 중국의 제6차 인구센서스 결과가 발표되었다. 이에 따라 중국 정치권과 학계에서는 산아제한정책의 존폐 여부에 대한 찬반 격론이 벌어졌다. 당시 중국정부는 산아제한정책의 폐지가 통제불능의 인구급증 사태를 초래할 수 있다는 부분을 우려해 기존의 정책을 유지하는 등과 같이 신중한 접근이 필요하다고 판단했다.

---

27 중국의 인구억제정책은 강제낙태 문제 등으로 인해 국제적인 비난을 받아왔으며 홍콩이나 미국으로 원정 출산을 떠나는 일들이 만연하고, 남아선호사상으로 인해 심각한 성비 불균형 등을 발생시켰다. 그리고 아이를 낳고도 공식적으로 벌금을 낼 경제적인 여건이 되지 않아 세상에 내놓지 못하는 '불법아이(黑孩子)' 등과 같은 사회적 문제를 발생시켰다. 중국 국가통계국 발표에 따르면 2011년 한 해 동안 무호적자로 적발된 사람이 약 1,300만 명이나 되었다고 한다.

하지만 2013년에 개최된 18기 3중전회에서는 '계획생육'을 기본 국책으로 하되, 부부 중 한 명이 독자일 경우 두 자녀를 가질 수 있도록 하는 '단두얼하이즈(单独二孩子)' 정책을 결정하였다. 그동안 중국에서는 30년이 넘도록 한 자녀 정책이 시행되어 왔다. 당시 결혼 적령기인 1980년대 출생자들 기준으로 살펴보면 대다수가 외동이었다. 따라서 중국정부가 결정한 '단두얼하이즈(单独二孩子)' 정책은 '1가구 1자녀' 정책의 사실상 폐지라고 볼 수 있다.

중국정부가 인구억제정책을 완화한 이유는 최근 나타나고 있는 생산가능인구 감소현상과 노령화 사회의 대두 우려 때문이라고 볼 수 있다. 산아제한정책의 완화는 노동가능인구(15~64세)에서 고령인구의 비중 증가에 따른 노령화 사회의 등장과 이의 확대를 막고 중국경제의 잠재성장률을 높힐 수 있는 대안으로 인식되었다. 그리고 노인인구의 급증이 노령인구에 대한 양로 부담을 청년층에게 지나치게 부담시킨다는 것도 정책 완화의 중요한 이유가 되었다.

### 중국의 제6차 인구센서스

2011년 4월 28일 중국 인구통계국은 제6차 인구센서스를 실시했다. 조사 결과 총인구(2010년 기준)는 13억 3,900만 명인 것으로 확인되었다. 2000년 이래 10년간 연평균 인구증가율(2001~2010)은 0.57%로 나타났다. 시대별 인구증가율을 정리하자면 1985~1990년의 2.63%에서 1990~1995년의 2.01%, 1990~2000년에는 1.11%로 하락한 것으로 나타났다.

만약 이러한 저출산 추세가 지속된다면 총인구 부분에서 중국은 2025년경에는 인도에 추월당할 것으로 전망되었다.[28] 2025~2030년부터 중국의 전체 인구는 감소세로 줄어들 것으로 전망되었다. 조사결과를 정리하자면 1990~1995년 사이의 인구증가율은 인구대체 수준을 처음으로 밑돈 이래 줄곧 하락세를 이어 왔다. 인구대체 수준이란 인구를 동일한 규모로 유지하는 데 필요한 출산율 수준을 의미하며, 통상 2.1명이 기준이 된다. 중국 국가통계국은 2010년 기준으로 중국의 합계출산율이 지연 · 누락 부분을 포함하면

28 2011년 5월 3일 발표된 『UN의 인구전망 2010년』 개정판(UN World Population Prospects, the 2010 Revision)의 전망임.

1.3~1.5명 수준이 되는 것으로 추정했다.

제6차 인구센서스 결과, 중국은 생산가능인구가 감소하고 있고, 고령화 사회로 전환하고 있는 것으로 나타났다. 2010년 기준으로 중국의 생산가능인구(15~64세 인구)는 9억 9,849만 명(전체 인구의 74.5%)인 것으로 나타났다. 생산가능인구의 증가 추세는 1980년대에 정점을 찍은 이후 감소세를 보이고 있다. 5년마다 보고되는 UN의 장기 인구전망을 근거로 추정해 보면, 중국 전체 인구에서 생산가능인구가 차지하는 비율은 2010~2015년에 72.7%로 최고치에 달한 이후 하락세로 접어들 것으로 전망되었다. 이는 중국정부의 인구억제정책이 강력한 효과를 발휘하면서 저출산의 영향이 시차를 두고 반영되어 생산가능인구가 점차 줄어들고 있는 것으로 판단되었다.

중국은 현재 고령화 사회로 접어들고 있는 것으로 나타났다. 2000년 전후로 노인인구 비율이 7%를 상회하면서 '고령화 사회'에 접어들었다. 2025년을 전후로 노인인구 비율은 14%를 상회할 것으로 전망되었다. 따라서 2025년을 전후해서 중국은 완전한 고령사회로 진입하게 될 것으로 전망되었다. 그리고 2020년대 초에는 노인인구가 유년인구보다 많아질 것으로 전망되었다. 이러한 추세가 지속된다면 향후에는 한 명의 자녀가 2명의 부모님과 4명의 조부모를 모시는 4-2-1 가족구조가 될 것으로 전망되었다.

CHAPTER 3

# 경제체제 개혁과 사회주의 시장경제

1. 경제체제 개혁
2. 중국식 사회주의시장경제
3. 경제체제 개혁에 대한 평가

# 1. 경제체제 개혁

## 1.1 개혁 · 개방 이전

### 1) 신중국 성립 이전

19세기 이전의 중국은 전 세계에서 가장 발달한 국가 중 하나였다. 실제로 청나라가 시작된 1600년대 초부터 경제 규모면에서 미국이 중국을 추월하기 시작한 1875년대까지 중국은 경제 규모면에서 세계 최대 국가였다. 중국은 기원 이후 지금까지 최근 두 세기를 제외하고 18세기 동안은 세계 최대의 경제대국으로 위치하고 있었다.

『이코노미스트(The Economist)』에 따르면 15세기까지의 중국은 경제대국이었을 뿐 아니라 1인당 국민소득이 가장 높은 국가였으며, 최신 기술을 보유한 기술 선진국이었다.[1] 1625년부터 1825년까지의 경제 규모로 국가를 평가하자면 중국, 인도, 프랑스의 순이었고, 1850년대에는 중국, 미국. 영국, 인도의 순이었다. 그리고 1850년대부터는 미국이 세계 2위의 경제대국으로 자리했지만 세계 최대의 경제대국은 여전히 중국이었다.

그러나 1875년을 기준으로 경제 규모의 순위가 미국, 중국. 영국, 독일, 인도의 순이 되면서 미국이 세계 최대의 경제대국이 되었다. 산업혁명(1865) 이후 서구 국가들은 경제개발과 경제구조의 변화를 적극적으로 받아들여 빠른 성장을 구가했다. 하지만 중국은 서구 국가들과의 여러 차례에 걸친 전쟁에 패배함으로써 반식민지의 신세로 전락하게 되었다.

---

1 *The Globalist, China in History–From 200 to 2005*. Accessed November 8, 2018, http://www.theglobalist.com/countryoftheweek/sample.htm

그 후 중국은 청조의 중앙권력이 붕괴되면서 정치와 경제가 혼란상태에 빠져들게 된다. 그로 인해 1900년 이후 중국의 총생산량 규모는 미국의 약 50%에 불과한 상태가 되었다. 중국은 전쟁 패배의 결과로 영국과 일본, 러시아 등 20여 개의 국가들에게 치외법권 지역(무역항)을 양보하게 되었다. 그 결과 일부 개방지역에 대한 관세수입마저도 외국인들이 통제하는 상황에 직면하게 되었다.[2]

그 후 중국 내에서는 많은 지식인들을 중심으로 다시 예전처럼 강력하고 존경받는 국가가 되기 위해 양무운동(洋務運動) 등과 같은 자강운동을 전개되었지만 별다른 성과를 거두지 못하였다. 이렇게 추락하던 중국의 경제적 위상은 1949년의 신 중국의 성립 이후에도 크게 변화되지 않았다.

### 2) 신중국 성립 이후

#### (1) 초기의 사회주의 개혁

국공내전의 과정에서 1949년 10월 1일 공산주의 중심세력의 마오쩌둥(毛泽东)을 국가수반으로 하여 베이징(北京)에서 중화인민공화국이 건국되었다. 당시 중국의 국가상태를 평가하면 마오쩌둥이 "5억 중국 인민이 분연히 일어나 혁명을 달성한 만큼 국가 건설의 과제를 달성하는 데 매진해야 한다"라고 선언할 만큼 온전한 국가의 틀을 갖추지 못한 상태였다.

내전과정에서 농촌을 근거지로 사회주의 개혁을 추구하여 새로운 중국의 건국에 성공한 공산당 정권은 신중국 건국 이후에는 토지개혁에 집중하게 된다. 중국에서는 가장 먼저 지주가 소유하고 있던 토지 및 건물을 무상으로 몰수하여 농민에게 배분하는 토지개혁이 실시되었다. 그 결과 농민에게 부과되던 각종 부담은 대폭 경감되어 농민들의 수입이 증대되었다. 이로써 농민의 노동의욕은 고취

2 중국은 아편전쟁(1840)에서 패배한 후 청나라는 영국에 굴복하여 난징조약을 체결하였고, 그 배상금의 지불과 홍콩 할양 및 상하이와 광저우 등지의 개항도 받아들이게 되었다.

되어 식량 생산량은 1949년의 1.1억 톤에서 1952년에는 1.6억 톤으로 증가하게 된다. 도시지역에서도 사회주의 개혁은 꾸준히 추진되어 구(舊) 재벌자본과 외국계 기업의 국유화가 추진되었다. 그러나 이와는 달리 사기업과 개인기업 등 다양한 형태의 기업경영은 그대로 인정되었다.

3년의 부흥기를 거쳐 1953~1957년 동안 추진된 제1차 5개년 계획에서는 사회주의적 개조와 중공업화가 국가발전계획의 가장 중요한 목표가 되었다. 이 기간 동안 도시지역에서는 사기업에 대한 국영기업화가 시작되었으며, 개인기업에 대한 제한도 대폭 강화되었다. 중국의 정부기관은 이러한 과정에서 국영기업의 경영자를 대신해 최종 의사결정자 역할을 담당하게 되었다. 대규모의 국영기업들은 노동자의 고용보장과 함께 노동자의 주택과 병원, 복지 등의 생활 및 노후보장도 지원하는 역할을 담당하게 되었다. 이때부터 중국 전역에서는 '정기합일(政企合一)의 관습'이 만들어지게 되었다.[3]

한편 당시에 나타난 큰 변화로는 인민공사의 설립을 들 수 있다. 당시 농촌에서는 생활수단의 사유화를 막는 방법으로 200~300호 농가를 단위로 농업합작사가 설립되었다. 그 후 농업합작사의 규모와 수는 빠르게 증가하여 1956년에는 전 농가의 96%가 포함되었다. 1958년에는 몇 개의 농업합작사가 합병하여 2,000~3,000호 농가 규모의 인민공사(人民公社)가 설립되었다.

하지만 이때부터 농업경영을 위한 일상적인 의사결정은 농민에 의해 이루어지는 것이 아니라 인민공사 간부에 의해 만들어지는 문제점이 발생되었다. 말단의 농민들에게는 생산과정에서 획득한 수익 중에서 생활비, 세금, 인민공사의 공과금 등을 공제한 잔액이 각자의 노동시간에 비례해 분배되었다.

인민공사의 내부에서도 도시 국영기업과 마찬가지로 노동자의 고용과 함께 생활과 노후를 보장하는 기능과 시설이 확립되었다. 이를 위해 인민공사뿐만 아니라 공공식당, 학교, 탁아소 등의 일상생활과 관련된 시설이 공사 내부에 설립되

3 이러한 과정에서 나타난 '정기합일(政企合一)적 관습'은 향후의 중국정부가 추진하는 사회주의 개혁의 추진과정에서도 최대의 기업개혁과제로 자리 잡게 되었다.

었다. 하지만 이율배반적으로 이때부터 농민들의 생활은 인민공사에 의해 점차 사회적 제약을 받게 되었다.

한편 농촌지역에 설립된 인민공사는 정부가 추진하는 중공업화 정책의 자금원 역할을 담당하였다. 인민공사가 생산한 식량이나 농산물의 일정량만이 농촌으로 환원되었고, 잉여분에 대해서는 저가의 형태로 정부에 공출되었다. 국유기업은 저가로 제공된 잉여생산분을 가공하여 고가로 소비자들에게 판매함으로써 수익을 얻게 되었다. 그리고 그 잉여금은 다시 중공업 건설사업에 우선적으로 투입된다.

### (2) 대약진 운동과 문화대혁명

초기의 사회주의 개혁과정에서 마오쩌둥은 빠른 시간 내에 완전한 국가형태를 갖추기 위한 조급증에 시달려 '이데올로기 우선정책'을 실시했다. 전면적인 사회주의경제체제로의 전환을 위한 '대약진 운동'이 전개된 것이다. 대약진 운동은 국가 및 경제체제의 대약진을 위해 인민공사의 설립(1958)을 전면적으로 확대 실시한 사회주의 운동이다.

**중국현대사의 비극 1.**

#### 중국의 대약진 운동

: 대약진을 위한 인민공사 설립(1958)

최고 권력자 마오쩌둥은 1958년에 경제건설을 기치로 전면적인 '인민공사'의 설립을 결정했다. 인민공사는 농업을 기본으로 공장 · 상점 · 병원 등을 경영하고 교육기관과 자체 민병대까지 갖춘 종합조직이다. 인민공사의 주축은 농민으로 군대식으로 만들어진 전국가 차원의 거대조직이었다.

인민공사의 조직체계는 수십 가구로 된 '생산대' → '생산대대' → '인민공사'로 이어진 피라미드식 구조를 가지고 있었다. 대약진 운동의 추진으로 인해 농촌의 대부분 토지와 농기구는 물론 가축도 인민공사 것이 되었다. 이 때문에 중국의 농촌에서는 보이는 모든 것은 인민공사 소유라는 말이 생겼다.

인민공사의 건설로 인해 중국의 농업생산은 집단화가 되었다. 전국에서는 대약진 운동의 구호가 넘쳐나게 되었다. 당시 중국에서는 건국을 전후해서 이미 수백만 명을 처형함으로써 일차적 사회주의 사상개조를 마친 상태이었다. 따라서 대약진 운동의 초기에는 농민들의 지지가 절대적이었다.

농민들의 적극적 지지에 힘입어 대약진 운동의 전개 3개월 후에는 약 2만 6,000개의 인민공사가 생겨나게 되었다. 인민공사의 건설을 통하여 대량의 노동력을 징용 · 동원하여 수리시설 및 경지조성사업을 진행할 수 있었고, 식림(植林) 등의 활동으로 향후 경제개발에 필요한 고정자본의 건설을 추진할 수 있었다.

하지만 급조된 개혁은 탈이 날 수밖에 없었다. 특히 함께 일하고, 함께 분배한다는 '균등'의 원칙에 문제가 발생했다. '소유'라는 기본적 욕구가 사라진 농촌의 생산현장은 점차 생기를 잃어 갔다. 인민공사를 통한 잉여금이 농촌 내부의 축적에 소요되지 않고 공업부문으로 유출되었다.

인민공사의 활동이 확대된 이후 중국의 농업지역에서는 오히려 농업지역 내부의 투자재 건설이 날로 증가하는 문제점이 발생했다. 그 과정에서 해당 투자재 건설비용을 농민이 부담하는 현상이 발생했다. 하지만 더한 문제는 투자재 건설과정에서 건설자재나 철 등의 부족 현상이 더욱 심각해졌다는 부분이다.

당시 근대적 제철시설이 부족했기 때문에 정부는 소규모 영세 고로를 만들어 부족한 철강생산을 제고하도록 했다. 이러한 과정에서 건설된 소규모 고로는 전국에서 300만 기나 되었고, 동원된 농민은 1억 명이 넘었다. 하지만 농촌지역의 생산성은 제고되지 않고, 오히려 철을 획득하는 과정에서 국토의 황폐화만이 확산되는 결과를 가져왔다. 이 과정에서 농업을 포기하는 농민이 속출했고, 공공식당제도하의 과잉소비로 인해 다음 해 심을 종자까지 먹어버리는 현상이 발생했다.

그 결과 대약진 운동의 과정에서 건설된 인민대대의 생산량은 날로 감소했다. 하지만 대약진 운동의 사업보고서는 매번 생산량이 증가했다는 결과를 발표했다. 그 과정에서 중국을 구성하는 대부분의 농민들에게 부과되는 세금은 급속히 상승했으며, 민생은 그만큼 고달파졌다.

대약진 운동의 기간에, 특히 1959년부터 4년간 약 1,500만 명에서 2,000만 명의 중국인들이 굶어 죽었다. 중국의 경제성장률은 1960년도부터 향후 3년간 연속하여 마이너스를 기록하게 되었다. 그 결과 대약진 운동은 중국 현대사에 기록된 가장 비극적인 사건 중 하나가 되었다.

대약진 운동은 노동축적을 통해 생산량 증가와 자본 건설을 추진했던 운동이다. 하지만 그 결과는 비참했다. 대약진 운동의 실패로 인해 이데올로기와 정치를 중시하던 마오쩌둥의 노선은 류샤오치(刘少奇)와 덩샤오핑(邓小平) 등이 지도하는 경제중시체제로 전환되었다.

류샤오치와 덩샤오핑의 경제중시체제의 영향으로 그동안 추진되어 오던 설비투자는 축소되었다. 그리고 중공업보다 농업 및 경공업 중시 방침이 채택되었다. 대약진 과정에서 중국 전역에 나타났던 식량부족 현상에 대처하기 위하여 중국정부는 그동안 도시지역의 건설에 동원되었던 농민들을 강제적으로 귀농시켰다. 이러한 과정에서 대학입학과 병역을 제외한 농민들의 도시 이동이 금지되었다. 중국경제는 점차 회복되어 1966년에는 대약진 운동 전의 GDP를 회복하게 되었다.

하지만 그 후 대약진 운동의 실패로 정치의 일선에서 물러나 있던 마오쩌둥에 의한 복권투쟁과 사상개조운동이라고 할 수 있는 문화대혁명이 일어났다. 문화대혁명의 확산으로 중국은 정치 · 경제적으로 극심한 혼란에 빠지게 되었다. 문화대혁명의 결과로 류샤오치와 덩샤오핑은 지도부에서 물러나고 마오쩌둥이 다시 권력을 잡게 되었다. 이에 중국경제는 1967~1968년 동안 2년 연속 마이너스 성장을 기록하게 되었다.

1970년대 초 중국경제는 저우언라이(周恩来) 총리의 주도하에서 일시적인 안정을 찾기 시작했다. 하지만 마오쩌둥의 부인인 장칭(江青)과 구 4인방이 정치적 주도권을 잡고 문화대혁명을 다시 부활시킴으로써 경제는 다시 침체되게 된다.

저우언라이와 마오쩌둥의 사후(1976년) 화궈펑(华国锋)이 총리와 당주석, 중앙군사위원회 주석에 올랐다.[4] 화궈펑 정부는 서구의 근대 기술을 적극적으로 도입하는 근대화 노선을 채택했다. 하지만 당시 화궈펑 총리가 추진했던 현실을 무

4 그 후 화궈펑은 정치적으로 구4인방을 중심으로 한 정치적 대립을 극복하고 중국의 지도자로 자리매김하게 되었다.

시한 급속한 근대화정책은 수입시설의 활용 문제를 발생시켰다. 당시의 근대화 노선 추구과정에서 외화부족의 문제가 발생했다. 화궈펑은 근대화 노선의 정책실패에 대한 책임을 지고 추방되었다. 이에 따라 덩샤오핑이 세 번째로 다시 권력의 자리에 복귀하게 되었다.

**중국현대사의 비극 2.**

## 문화대혁명

### 1. 류샤오치와 마오쩌둥

류샤오치와 덩샤오핑은 실사구시에 기반을 둔 개혁정책을 펼쳐나갔다. 당시 대약진 운동의 결과로 나타난 기근으로 인해 국가가 경제위기에 직면하게 되었다. 류샤오치는 생산보다 구매가 더 좋고, 구매보다는 대여가 더 좋다는 유명한 격언을 남기며 새로운 경제정책을 추진했다. 이는 마오쩌둥의 자급자족 경제관과는 상반된 것이었다. 이에 따라 마오쩌둥과 류샤오치 간의 갈등은 점차 심화되었다.

하지만 류샤오치의 개혁이 성공을 거두며 대약진 운동에 따른 대기근이 사라졌다. 류샤오치는 중국 인민들뿐만 아니라 고급 당원들 사이에서도 신망을 얻게 되었다. 그러나 류샤오치의 경제개혁 성공은 마오쩌둥과의 정치적 갈등을 더욱 심화시켰다. 이때부터 마오쩌둥은 덩샤오핑과 함께 류샤오치를, 류사오치는 마오쩌둥을 정계에서 끌어내리고 스스로 최고 실권자로 올라서려는 생각을 하기 시작한다.

출처 : 腾讯新闻(http://news.qq.com/a/20111212/000808.htm)

[그림] 마오쩌둥과 류샤오치

## 2. 마오쩌둥의 공산주의 교육운동과 홍위병

마오쩌둥은 자신의 권력을 회복하고 정적을 제거하기 위해 1963년부터 '공산주의 교육운동'을 전개하기 시작했다. 쉽게 말해 부르주아 세력이 중국 공산사회에 이미 침투해 있는 현실을 비판하며, 청소년들이 현실에 눈을 뜨고 급진적인 행동을 할 것을 주문했다. 즉, '감성에 호소한 오도된 교육논리'의 주입운동을 전개했던 것이다.

공산주의 교육운동의 핵심내용은 '인민을 위해 복무하라', '자신보다 타인을 먼저 생각하라', '함께 고생하고 함께 이겨 나가자' 등과 같은 내용이었다. 하지만 인간이 이성이 아닌 감상적으로만 행동하게 되면 급진적이고 과격하게 변하게 되며, 교조화되는 경향이 나타난다. 그 결과 중국에서는 마오쩌둥을 중심으로 한 교조주의가 강화되고 과격파가 형성되는 현상이 발생했다.

그 결과 마오쩌둥의 감성호소 교육에 세뇌당한 아이들은 대약진 운동의 원인인 마오쩌둥에게 비난의 화살이 돌리기보다는 이 재앙의 원인을 중국공산당, 특히 당의 수뇌부로 돌리게 되었다. 이 운동은 원래 학교에 다니는 아이들을 대상으로 진행된 것이기 때문에 현행 정치와는 별로 상관이 없었다. 하지만 이 아이들은 몇 년 후 마오쩌둥의 주된 지지세력, 즉 홍위병으로 자라났다.

## 3. 조반유리(造反有理)와 문화대혁명

1959년 말, 역사가이자 베이징 부시장인 우한(1515~1587)이 역사희곡인 "해서파관(海瑞罢官 ; 해서가 파면되다)"을 발표했다. 이 희극은 명나라 때 실존했던 청렴 관리인 해서(1515~1587)가 폭군인 가정제에게 파면된다는 내용이었다. 마오쩌둥은 원래 이 작품을 매우 높게 평가하였다.

1965년, 마오의 부인인 장칭과 그녀의 피후견인인 야오원위안(姚文元)은 "이 희곡이 마오를 폄하하기 위한 것이고, 황제는 마오, 해서는 펑더화를 은유한 것"이란 논평을 발표했다. 이 논평은 전국적으로 주목을 받았고, 많은 논란을 야기하며 홍위병이 들고 일어나기 시작한 계기가 되었다.

1966년 5월 25일 베이징대학 철학과의 젊은 여성 당서기인 네위안쯔(聶元梓)는 대학당국과 다른 교수들을 우파 또는 반당분자라고 고발하는 대자보를 붙였다. 마오쩌둥은 며칠 후 이 대자보를 전국적으로 회람하라는 명령을 내렸다. 마오쩌둥은 이것을 "중국의 첫 번째 마르크스주의 대자보"라고 칭했다.

5월 29일, 칭화대학 부속중학교에서 마오쩌둥의 적과 지식분자를 응징하고 무력화 시키려는 목적으로 첫 번째 홍위병이 결성되었다. 1966년 6월 1일, 중국공산당의 공식

기관지인 인민일보는 자본주의자와 그들의 주구, 그리고 자본주의적 지식인들을 반드시 숙청해야 한다고 주장했다. 이에 따라 대학 총장과 다른 저명한 지식인을 겨냥한 대대적인 숙청운동이 시작되었다.

1966년 7월 27일, 홍위병의 대표단은 마오쩌둥에게 공식적인 서한을 보내 조반유리(造反有理 : 모든 반항과 반란에는 나름대로 정당한 도리와 이유가 있다), 즉 사회와 정치를 뒤집어 엎고 대량 숙청하는 것은 정당화될 수 있다는 주장을 했고, 마오쩌둥은 이에 대한 전폭적인 지지와 동의를 표했다. 1966년 8월 8일의 인민일보에는 마오쩌둥의 "사령부를 폭격하라—나의 대자보"라는 짧은 논평이 게재되었다. 여기에서 마오는 반혁명, 우파(실질적으로 류샤오치와 덩샤오핑을 의미)에 대한 투쟁을 전 인민에게 호소했다. 이에 따라 문화대혁명이 본격화되었다.

### 4. 문화대혁명의 결과

홍위병을 중심으로 불같이 번지던 문화대혁명은 '4개의 낡은 것'을 척결하는 데 그 목표를 두었다. 4개의 낡은 것이라는 4구(舊)는 ① 낡은 사상, ② 낡은 문화, ③ 낡은 풍속, ④ 낡은 관습을 의미한다. 마오쩌둥은 천안문 광장에 상경한 홍위병들을 북돋아 주며 그들의 행동을 칭찬했다.

하지만 이 4구 파괴운동은 진시황의 분서갱유에 비유된다. 홍위병들은 소위 '반혁명 세력'에게 고문, 폭행, 집단 린치, 그리고 공개처형 등을 가했을 뿐만 아니라 모든 종교 활동을 억압하고 문화재를 파괴했다. 또한 사회지지 계층이라고 할 수 있는 지식인, 정치인, 교수를 4구로 간주하여 구타와 폭행, 고문 등을 자행했다. 이러한 과정에서 아버지를 신고해서 살해하는 패륜까지도 발생했다.

빛나던 중국의 유교사상은 낡은 사상으로 간주되어 점차 소멸되어 갔다. 당시 홍위병들이 활개칠 수 있었던 것은 마오쩌둥의 강력한 지지 덕분이었다. 당시 홍위병들의 행위를 저지할 경우 공안도 '반혁명 세력'으로 간주되어 숙청을 당할 수 있었기 때문에 홍위병의 만행을 막을 만한 세력은 없었다.

이 과정에서 류사오치는 카이펑(開封)으로 유배되었다. 하지만 당시 의사가 류사오치를 부르주아 세력으로 간주하여 치료를 거부하는 바람에 류사오치는 감옥에서 치료도 받지 못한 채 쓸쓸히 생을 마치게 되었다(1969). 덩샤오핑은 재교육과정을 세 번이나 거친 후 엔진공장에서 일을 하게 되었다. 이는 홍위병과 마오쩌둥이 보기에는 류사오치와 덩샤오핑은 모두 반혁명분자이자 우파였기 때문이었다.

1968년이 되어도 홍위병들은 중국의 교육, 종교, 문화 등 다방면에서 여전히 위세를 떨쳤다. 하지만 홍위병의 확산에도 불구하고 내부적인 갈등이 심화되었다. 이 결과 홍위병의 세력은 몇 개의 분파로 분열되었고, 그 과정에서 집단 패싸움도 빈번하게 발생했다.

마오쩌둥은 2년에 걸친 홍위병 활약으로 인하여 자신의 권력을 다시 찾았다. 그 후 그는 홍위병의 해체를 고려하기 시작했다. 마오쩌둥의 입장에서도 이미 목표를 달성했기 때문에 더 이상의 사회 · 정치적 혼란은 필요하지 않았다. 1968년 7월 홍위병의 활동은 공식적으로 종료되었다. 마오쩌둥을 대신해 중국정부는 홍위병들에게 "지식청년들은 농촌으로 가서 다시 배우라"는 운동을 전개했다. 홍위병들은 결국 토사구팽이 되어 모두 도시에서 농촌으로 보내졌다.

문화대혁명 시기에는 대입 시험이 취소되었다. 대학은 폐교되었으며, 대학교수들은 노동교화소에서 재교육을 통하여 농민이 되었다. 모든 정규교육은 폐지되었고 오로지 공산당의 선전교육만이 진행되었다. 중국의 교육은 1979년이 되어서야 재개될 수 있었다.

### (3) 개혁 · 개방 이전 시기에 대한 평가

개혁 · 개방 이전의 중국은 사회주의적 명령경제의 성격과 행정적 분권화가 공존하던 시기였다. 개혁 · 개방 이전의 시기에 중국은 사회주의 체제 개혁을 통하여 도시 상공업의 국유화와 농촌의 집단화 등을 확립하는 데 성공했다. 특히 집단농장 체제하에서 대규모 인력동원을 통한 관개시설 등의 확충은 향후 개혁 · 개방 정책의 추진과정에서 생산성 제고를 이룩할 수 있는 기초 여건이 되었다. 그리고 각 지방에서 전개되었던 중소형 농촌기업이나 공업 건설사업은 향후 농촌 공업화의 근간이 되었다.

사회적 측면에서 보면 지역 간 언어 통일을 위해 간체자의 사용이 일반화되면서 문맹률은 획기적으로 하락했다.[5] 그리고 영아 사망률이 하락하고, 평균수명

5 1949년 중화인민공화국 설립 당시 중국의 문맹률은 80% 이상이었다. 중국 통계국이 2000년에 실시했던 제5차 인구조사 결과 발표에 따르면 만 15세 이상 인구 중에서 문맹 인구는 8,507만 명으로 성인 문맹률은 9.1%로 하락하였다. 이는 1990년의 22.2%보다는 많이 낮아진 결과이다. (『Chindia Journal』, "그래픽으로 보는 친디아", 2010. p. 40.)

이 증대되는 등과 같이 사회적 여건이 개선되면서 향후 경제발전의 기초 여건이 만들어졌다.

하지만 당시의 중국은 정교한 중앙계획체제가 잘 갖추어지지 못한 명령경제 국가였다. 당시 정교한 중앙계획체제가 확립되지 못한 이유로는 ① 광활한 국토 면적, ② 지역별 여건 차이, ③ 교통·통신의 미발달, ④ 중앙계획 수립과 실행에 필요한 통계 및 행정체계 미비 등이 있다.

개혁·개방 정책 이전에 추진되었던 행정적 분권화는 지방정부 간 중복투자 문제를 발생시켰다. 그리고 이데올로기 중심의 사회주의적 경제운용은 지나치게 '자력갱생'을 강조하는 사회분위기를 만들어 내었다. 이에 따라 대외무역의 발전이 소홀하게 되었다.

마오쩌둥이 추진한 두 가지 사회운동(대약진 운동과 문화대혁명)이 실패하면서 중국은 사회·경제적 침체시기에 접어들게 되었다. 1979년도 기준으로 중국은 전 세계 GDP에서 차지하는 비중이 5% 수준까지 감소하는 상황에 직면했다.

당시 나타난 중국경제의 문제점을 정리해 보면 첫째, 소련식 외연성장의 추구 과정에서 광범위한 범위에 국가 자원을 동원하여 중공업 부문에 집중 투자함으로써 고축적·고투자의 문제점을 발생시켰다. 둘째, 상당 수준의 경제성장에도 불구하고 총요소생산성과 투자의 한계효율이 정체·하락하면서 국민의 생활수준 향상이 정체되는 저효율, 저소비의 문제가 발생했다. 셋째, 앞의 두 가지 문제점이 시간이 지남에 따라 심화되면서 유휴자원의 소진과 생산성 증대를 위한 국민들의 동기상실 문제가 발생했다.

## 1.2 경제체제의 개혁

마오쩌둥의 사후 신구 4인방의 대립과 구(舊) 4인방의 축출과정을 통해 덩샤오핑을 중심으로 하는 실용주의 지도층이 재등장하게 되었다. 새롭게 등장한 덩샤오핑 정부는 1978년부터 마오쩌둥이 추진한 대약진 운동과 문화대혁명의 실패로 나타난 여러 가지 경제적 문제점들을 극복하기 위한 본격적인 경제체제 개혁

### 신구 4인방의 대립

구 4인방은 문화대혁명 기간 동안 마오쩌둥의 주위를 맴돌며 중국의 권력을 장악한 4명의 사람을 의미한다. 마오쩌둥의 부인이자 정치국 위원이었던 장칭, 중국공산당 중앙위원회 부주석인 왕훙원(王洪文), 국무원 부총리였던 장춘차오(张春桥), 마지막으로 정치국 위원이었던 야오원위안을 의미한다.

신 4인방은 기존의 구 사인방과 대립이 심했던 급진파 4인방으로 당시에는 상해방으로 불렸다. 공산당 제1부주석 겸 국무원 총리였던 화궈펑(华国锋), 당 부주석 예젠잉(叶剑英), 군부지도자 리센녠, 천시롄을 칭한다. 이들은 마오쩌둥의 사망 27일 만인 1976년 10월 6일 구 4인방 인사를 유인하여 체포했다. 마오쩌둥의 사망으로 인해 고립된 상황에서 탈피하기 위해 쿠테타를 일으켜 장칭을 공산당 중앙위원회 주석으로 왕훙원을 전국인민대표자대회 위원장으로, 장춘차오를 국무원 총리로 세울 것을 계획했다는 것이 체포의 이유였다.

구 4인방 인사들은 1980년 7월 초 당적과 모든 직책을 박탈당한 채 감옥으로 이송될 때까지 6개월 동안 외부와 격리된 상태에서 조사를 받았다. 그리고 1980년 11월 20일부터 공개재판을 시작하여 77일에 걸친 재판 끝에 구 4인방의 시대는 끝나게 되었다.

1981년의 결심에서 장칭과 창춘차오는 사형, 왕훙원은 무기징역, 야오원위안은 20년형을 각각 선고받았다. 장칭과 창춘차오는 2년 후 무기징역으로 감형되었다. 구 4인방의 쿠데타 실패로 인한 체포와 재판은 문화대혁명파에 대한 대대적인 숙청으로 연결되었다.

구 4인방 재판과정에서 마오쩌둥이 말년에 저지른 과오가 드러나고 인정되었다. 그 결과 마오쩌둥의 마지막 후계자였던 화궈펑 주석의 지위가 흔들리게 되었다. 이와는 반대로 구 4인방 재판은 덩샤오핑이 중국의 실권을 장악하는 계기가 되었다.

을 실시하게 되었다.

중국의 경제체제 개혁은 단계적이고 점진적으로 진행되었다. 경제체제에 대한 개혁과정은 다음과 같이 4단계로 구분된다. : 제1단계 경제체제 개혁기인 농촌 개혁기(1978~1984), 제2단계 개혁기인 도시 개혁기(1984~1988), 제3단계 개혁기인 치리정돈의 시기(1989~1991), 제4단계인 경제개혁 심화기(1992~ ).

이하에서는 중국의 경제체제 개혁과정을 살펴보기로 한다.

### 1) 농촌 개혁기(1978 ~ 1984)

중국정부는 1978년 12월 공산당 제11기 3중전회(3中全會)[6]를 통하여 경제체제 개혁을 시작하게 된다. 제11기 3중전회의 주요 결정내용을 살펴보면 첫째, 당과 국가의 정책운영 목표를 이데올로기 중심에서 분권화와 물질적 유인(material incentive)의 제공을 중심으로 한 경제건설 중심으로 전환하였다. 둘째, 경제체제 개혁의 방향을 사회주의체제의 특징을 그대로 계승하는 중앙집중식 경제관리방식으로 결정하였다.

중국정부는 먼저 집단농장의 해체와 이를 대체하는 '농가생산청부제'와 '농가경영청부제'를 실시했다. 농가생산청부제란 농촌개혁 시기의 초기에 시행된 시범사업으로 농업생산에 대해 개별농가가 책임을 지며, 생산증가분의 일부 또는 전부에 대해 개별 농가가 자유로이 처분할 수 있는 권한을 가지는 제도였다.

농가생산청부제 이후, 이 제도를 보다 일반화한 농가경영청부제가 실시되었다. 농가경영청부제란 농가에 토지를 분배하되, 분배된 토지에 대해서는 15년의 경작권(자율적 경영이 가능)을 인정하는 제도이다. 토지경영 청부농가는 농업세 및 축적기금의 납부와 농업수확량 중 일부를 국가가 지정한 가격에 판매하는 의무를

6 중국공산당 제11기 삼중전회라 함은 1977년에 개최된 제11기 전국당대회(5년마다 개최됨)에서 구성된 당 중앙위원회의 제3차 전체회의를 지칭한다.

지닌다. 하지만 농업수확으로 인한 잉여수익이나 잉여생산물은 개별 농가가 향유한다.

정부 차원에서 추진된 농촌개혁을 위한 여러 조치들은 농가의 생산성을 어느 정도 향상시키는 결과를 가져왔다. 농촌개혁이 추진되는 동안 농업생산액의 연평균 증가율은 8.5%에 달하였고(이전의 2.5배 이상), 곡물 생산량도 연평균 8%나 되었다.

농촌개혁 또는 농가개혁의 성공은 농업생산성 증대와 함께 농촌 및 농가 소득의 증대로 연결되었다. 농촌개혁의 성공으로 인하여 당시 중국에서는 농촌의 잉여노동력 방출이 가능해졌다. 그 결과 여러 경로의 농가수입이 만들어지면서 해당 농가와 농촌의 자본축적이 가능해졌다.

결론적으로 농촌개혁의 성공적 추진으로 인하여 농촌과 그 주변 지역에서는 기업가적 에너지의 현실화와 이의 축적이 가능해졌다. 농촌개혁의 성공은 결국 농촌의 공업화와 농촌 내 비국유기업 성장에 기여하게 되었다.

### 2) 도시 개혁기(1984 ~ 1988)

1984년 10월 중국공산당 제12기 3중전회에서는 도시 상공업 부문에 대한 개혁을 결정했다. 도시 상공업 개혁을 위해 추진된 조치는 두 가지이다. 첫째, 기업 활력을 제고하기 위해 정부와 기업의 직능분리를 추구하는 국유기업 개혁이 시작되었다. 둘째, 합리적 가격체제를 확립하여 시장의 자원배분 기능을 확대하는 조치가 추진되었다.

하지만 이 시기에 추진된 도시개혁 조치도 근본적으로는 '중국 특색 사회주의'의 건설을 근간으로 하고 있다. 이는 도시 상공업의 개혁이 사회주의를 부정하고 시장경제체제로 이행하는 것이 아니라는 의미이다. 즉, 도시 상공업 개혁의 근본적 목표는 계획경제와 시장경제의 시장조절 기능의 결합[7]과 공유제를 기초로 하는 계획적 상품경제 도입 등과 같은 사회주의적 성격에 기초한다는 것이다.

하지만 사회주의적 성격의 기초에도 불구하고 이 시기에 이루어진 도시개혁의 핵심 조치는 자본주의적 조치의 핵심이라고 할 수 있는 기업소유제의 다양화였다. 기업소유제의 다양화는 생산수단 공유화의 근간이 되는 국유기업의 소유제 개혁의 성격을 가진다. 기업의 소유제 개혁에 따라 중국에서는 개인기업, 사영기업, 외자계 기업과 향촌(진)기업 등과 같은 다양한 형태의 기업이 등장하게 된다.

하지만 기업소유 형태의 다양성을 인정했음에도 불구하고 당시 추진된 국유기업의 소유제 개혁에서 중국정부는 사유화 개혁에 대해 매우 신중한 입장을 취하였다. 즉, 도시 상공업 개혁과정에서도 국가의 근본이 되는 사회주의적 성격이나 체제에 대한 도전 또는 위협에는 단호한 입장을 견지했던 것이다.

도시 상공업 개혁에서 기업의 소유제 개혁이 추진된 이유는 경성예산제약과 같은 비국유기업의 장점에 주목했기 때문이다. 당시 중국의 비국유기업은 주로 경공업과 서비스 분야 등과 같은 노동집약 분야에 집중되어 있었다. 따라서 소유제 개혁은 당시 중국경제가 가지는 요소부존도(노동집약)에 따른 비교우위를 실현할 수 있는 근간이 되었다.

도시 상공업 개혁과정에서 향 · 촌(진) 등과 같은 지방정부가 기업의 설립과 운영에 적극적으로 개입하면서 이윤추구의 주체로 등장했다. 더 나아가 이 시기의 향진기업은 제1의 발전기를 구가하면서 중국경제 특히 지방경제의 발전을 견인하는 주제로 성장한다.

한편 도시 상공업 개혁의 핵심 조치로 국유기업의 개혁이 적극적으로 추진된다. 특히 정부와 기업의 직능분리는 당시 추진된 국유기업 개혁의 핵심 조치였다. 국유기업의 직능분리는 국유제를 유지한 상태에서 정부와 기업의 직능이 분리되고, 계약을 통해 소유와 경영이 분리되는 방식으로 추구되었다.

---

7 이는 시장과 계획이 병존하는 이중체제의 성립을 근거로 하고 있었다.

국유기업의 직능분리과정에서 국유기업의 책임경영이 증대되었고, 일부 분야에서는 국유기업 매각현상도 나타나게 되었다. 이후 추진된 국유기업에 대한 개혁조치들을 시간순으로 정리해 보면 방권양이(放權讓利) 개혁[8], 발개대(撥改貸) 개혁[9], 이개세(利改稅) 개혁[10], 청부경영책임제나 공장장책임제의 도입순 등이다. 특히 방권양이와 이개세 개혁조치 등은 당시 국유기업에 대한 개혁조치의 일환으로 도입된 조치이다.

한편 도시 상공업 개혁의 시기에는 국유기업의 개혁 추진과 함께 과거 중앙이 독점하였던 권한을 지방 및 기업으로 이양하는 '분권화 개혁'도 함께 추진되었다. 대표적인 분권화 조치로 지방정부에 대한 재정청부제가 도입되었다. 재정청부제란 각 지방정부로 하여금 중앙과의 계약을 통해 일정 기간 동안 해당 지역에서 징수한 재정수입의 일부분을 중앙에 납입하고 나머지는 지방재정으로 유보시킴으로써 지방정부의 자체 지출이 가능하도록 한 제도이다. 분권화 과정에서 지방대외무역공사 설립이 허용되었고, 일부 외자도입에 대한 승인권한도 지방으로 이양되었다.

도시 상공업의 개혁과정에서 금융, 재정 및 세제, 대외무역, 외자도입 등과 같은 분야에서 시장경제적 요소가 광범위하게 도입되었다. 또한 중앙은행 중심의 관치금융에서 시중 상업은행이라는 새로운 은행들이 도입 및 확대되기 시작했고 비은행기관의 설립도 허용되었다.

당시 추진된 도시 상공업 개혁에 대한 초기의 평가를 내린다면 비교적 성공적이었다고 볼 수 있다. 즉, 국가가 시장을 조절하고 시장이 기업을 어느 정도 인도하는 근간이 형성되기 시작했다고 볼 수 있다. 그러나 성공적으로 보였던 도시

8 이는 정부가 가진 권한을 풀어 기업에게 넘겨줌으로써 기업의 경영자주권을 확대시키며, 기업이윤의 일부를 기업에게 할양하는 제도를 의미한다.

9 이는 투자금의 무상사용을 유상사용으로 전환하는 제도를 의미한다. 국영기업이 투자금을 사용하려면 원금과 이자를 기간 내에 갚아야 하므로 기업으로 하여금 효과적인 방법을 채택하여 생산함으로써 이익을 증대시켜 그 투자금 회수를 빨리 하도록 만든 제도이다.

10 기업의 국가에 대한 이윤 상납을 조세납부로 전환시키는 조치를 의미한다.

상공업 개혁은 예상치 않은 부문에서 문제가 발생해 새로운 상황에 직면했다.

당시 도시 상공업 개혁의 핵심 조치는 가격개혁에 있었다. 1988년까지 완성하기로 한 가격개혁 조치는 가격체제의 합리화를 통한 시장의 자원배분 기능을 확대를 하기 위해 추진된 것이다. 하지만 개혁의 완료시점으로 목표했던 1988년을 전후로 심각한 경제적 부작용이 발생하기 시작했다. 가격개혁의 실시로 인해 중국 전역에서 인플레 기대심리가 확산되기 시작했다. 중국 전역에서 심한 사재기 현상과 저축의 인출, 높은 인플레 등이 발생하기 시작했다. 지방정부에서는 경쟁적인 투자확대 현상이 발생했고, 국유기업의 연성예산 제약에 따른 투자기아증(investment hunger) 현상 또한 심화되었다. 가격개혁의 추진에 따른 여러 가지 부작용 때문에 1988년 말로 예정되었던 가격개혁의 완성 시기는 무기한 연기되었다.

그리고 가격개혁 과정에서 나타난 예측하지 못했던 여러 가지 부작용과 광범위한 부정부패 현상 등이 맞물리면서 1989년에는 천안문 사태가 발생했다. 이에 따라 중국의 경제체제 개혁은 치리정돈(治理整頓)의 시기로 넘어가게 된다.

### 3) 치리정돈의 시기(1989~1991)

가격개혁 추진에 따른 기대심리와 이에 기인한 고인플레이션(1988~1989)의 발생, 1989년에 발생한 '천안문사태' 등으로 인해서 중국은 사회적 및 경제적으로 매우 불안정한 시기를 보내게 된다. 이에 따라 중국정부가 추진하던 경제체제 개혁은 그 속도를 조정할 수밖에 없었다. 이때부터 중국경제는 안정적 개혁을 위한 정리정돈의 시간이라고 할 수 있는 '치리정돈(治理整頓)의 시기'를 보내게 된다.

치리정돈의 시기에는 고인플레이션을 억제하기 위한 강력한 긴축정책이 실시되었다. 가격통제와 '대출억제'라는 행정적 수단을 통해 강력한 금융긴축조치가 실시되었다. 고인플레이션의 원인이 되었던 가격개혁의 목표시기(1988) 연기와 함께 금융긴축과정에서 비국유기업에 대한 통제가 강화되었다.

하지만 비국유기업에 대한 통제강화는 비국유기업 부문에서 기업들 간의 희소자원 확보경쟁을 심화시켰다. 당시 비국유기업들 사이에서 확보경쟁이 심하게 발생했던 대표적 희소자원으로는 자금, 전력, 주요 원자재 등이 있다. 치리정돈의 시기는 그동안 중국정부가 야심차게 추진했던 사회주의체제 내에 제한적으로 도입하던 시장경제질서와 제도의 파괴 결과를 만들어 내었다. 이는 당시 추진되고 있었던 국유기업 개혁에서도 여러 가지 악영향을 발생시켰다.

중국경제 개혁의 흐름 측면에서 치리정돈의 시기를 평가해 보면 경제체제 개혁의 기본 흐름은 지속되었던 시기였다고 볼 수 있다. 가격자유화는 연기라는 형식으로 취소되었지만 가격구조를 합리화하려는 노력은 지속되었다. 하지만 치리정돈의 과정에서도 주요 물자의 가격은 합리적으로 조정되었다.

치리정돈의 시기에서도 일정 기간이 지난 후부터 비국유기업에 대한 통제는 크게 완화되었다. 이에 따라 비국유기업이 가지는 장점이 다시 발휘되기 시작했고, 중국 내에서 시장경제적 요소가 다시 장점을 발휘하기 시작한다.

### 4) 경제개혁 심화기(1992~ )

3년간의 치리정돈 시기를 통해 중국사회는 사회 · 경제적 안정을 찾게 된다. 하지만 치리정돈의 조정과정에서 개혁의 둔화로 인해 경제성장도 둔화되었다. 그리고 실업률 상승으로 인해 사회 전반에 실업압력이 강화되어 사회주의체제 개혁 차원에서 실시되던 경제개혁의 동력이 상실되었다는 비판이 제기되었다.

이에 따라 그동안 중국의 경제체제 개혁을 지휘하던 덩샤오핑은 경제체제 개혁의 재추진을 위한 새로운 계기를 찾게 되었다. 1992년 1월 18일부터 2월 22일까지 덩샤오핑은 개혁 · 개방 정책의 추진에 의해 어느 정도 성과를 나타내었던 남쪽의 우한(武汉), 선전(深圳), 주하이(珠海), 상하이(上海) 등과 같은 지역을 시찰하게 되었다. 그러한 과정에서 덩샤오핑은 치리정돈 과정에서 나타나던 개혁 · 개방에 대한 우려 등을 불식시키는 연설인 '남순강화(南巡講話)'를 발표했다.

덩샤오핑은 '남순강화'를 통해서 중국은 향후 계속해서 개혁 · 개방 정책을 실시할 것이라고 공포하였다. 남순강화의 주된 내용은 "자본주의에도 계획은 있고, 사회주의에도 시장은 있다"라는 것이다. 남순강화로 인해 그동안 일시 중단 되었던 중국의 개혁 · 개방 정책은 다시 시작되었다. 사영기업의 육성과 400여 개가 넘은 규제개혁(규제완화) 조치 등이 다시 추진되면서 경제에 대한 개혁 · 개방 정책은 다시 속도를 내게 된다.

이때부터 소비재 시장은 물론 생산재 및 중간재 시장과 노동시장, 자본시장 활성화 조치가 본격적으로 추진되었다. 구체적으로 상하이와 선전을 중심으로 주식시장을 개장했고, 사영기업을 중심으로 재산권 시장도 확립되었다. 또한 국유기업의 개혁과정에서 현대기업제도의 도입과 확립이 적극적으로 추진되었다. 이에 따라 기업에 대한 재산권이 명확화되고 기업의 독립법인화가 추진되었다. 그리고 중소형 국유기업의 매각과 임대 등과 같은 경영혁신 조치도 확대되었다.

이 밖에도 금융개혁을 통해 중국의 4대 국유상업은행들이 가지던 정책금융업무가 정책은행에게 이전되었다. 그리고 1990년대 중반 이후 도시신용합작사들이 심각한 경영난에 직면하자 이러한 문제를 해결하기 위해 정부 차원에서 도시신용합작사에 대한 정책지원이 추진되었다. 또한 환율개혁을 통하여 그동안 시행되어 오던 이중환율제도가 단일화되었다.

한편 이 시기부터 외국인 직접투자에 대한 개방이 지역과 산업분야를 중심으로 진행된다. 그동안 중국의 대외개방은 점(4개 경제특구, 1979), 선(14개 연해개방도시, 1984), 면(산동반도 및 요동반도를 포함한 전면 개방계획의 수립, 1988)으로 점진적으로 확대되었다. 개혁 · 개방 정책이 본격화되면서 그동안 부분적으로 확대되던 대외개방 조치가 전면적으로 확대(1992)된다. 그리고 이러한 과정에서 대외무역의 자율화 조치도 확대된다.

# 2. 중국식 사회주의시장경제

## 2.1 도입과정

사회주의시장경제는 덩샤오핑이 재집권하기 시작한 1970년대 말부터 표방되었던 새로운 경제체제이론이다. 이는 기본적으로 사회주의체제를 유지하면서 국가경제의 운용 면에 시장경제적 방법을 도입한 것이다. 전통적 농업국가였던 중국이 사회주의계획경제 시스템만으로는 경제의 비생산성과 비효율성을 극복하기는 어려웠다. 중국정부는 시장경제를 도입해 기존의 사회주의 계획경제가 갖고 있는 문제점을 극복하려고 했다.

하지만 사회주의시장경제체제로의 전환은 결코 쉽지 않은 실험이었다. 개혁의 추진 초기에는 여러 가지 개혁 및 개방조치가 단순한 구호에 그치는 문제점도 발생했다. 궁극적으로는 시장경제적 조치를 도입하는 과정에서 기존의 사회주의 정책 노선과 정치체제 등과의 갈등도 심화되었다.

출처 : 和讯新闻—http://news.hexun.com/2012-03-01/138846536.html

[그림 3-1] 중국 개혁 · 개방 정책의 설계자 덩샤오핑

중국 내부에서는 향후 국가체제 차원에서 사회주의 노선을 유지할 것인지 또는 자본주의 노선을 채택할 것인지에 대한 논란이 발생했다. 이러한 과정에서 발생한 정치적 사건 중 하

나가 천안문사건(1989)이다. 천안문사건으로 인하여 1978년 이후 중국정부가 추진하던 경제체제 개혁은 치리정돈(治理整頓)이라는 명분하에서 멈추어질 수밖에 없었다.

경제체제 개혁과정에서 사회주의시장경제로 전환하기 위해 달리던 중국의 '개혁호' 기차를 다시 움직이게 한 것은 덩샤오핑의 '남순강화(南巡講話)'였다. 덩샤오핑은 남순강화를 통하여 "계획경제가 사회주의와 동일시될 수 없으며, 시장경제 또한 자본주의의 고유제도가 아닌 하나의 경제수단으로서 사회주의와 양립이 가능하다"고 발표했다. 또한 그는 "자본주의에도 계획은 있고 사회주의에도 시장은 있다"고 주창했다.

하지만 한 명의 노회한 정치 거목의 연설로 중국의 국가경제체제가 사회주의 시장경제체제로 전환될 수는 없었다. 1992년 6월, 장쩌민 국가주석은 덩샤오핑의 발언을 공식적으로 인용하면서 남순강화를 지지했다. 남순강화는 1992년 9월에 개최된 제14기 중국공산당 중앙전체회의를 통해 구체화되었다. 이때부터 중국의 경제구조는 공식적으로 사회주의시장경제를 향해 급속히 변화했다. 그 후 약 1년간의 연구 끝에 1993년 11월 중공중앙 3중전회에서는 국가의 거시적 통제하에 시장이 자원배분에 작용하는 경제라는 기본 틀로 사회주의시장경제를 확정했다.

## 2.2 이론적 배경

### 1) 전통적 시장사회주의 모형

사회주의시장경제는 덩샤오핑에 의해 처음 제기된 것처럼 보이지만 이는 사실이 아니다. 사회주의이론 내에서 '시장사회주의'라는 명칭을 통해 사회주의시장경제의 기초연구가 이미 진행되고 있었다. 그 대표적인 이론이 랑게(Lange)의

시장사회주의 모형이다(1938).[11]

랑케의 시장사회주의는 다른 사회주의이론과 마찬가지로 생산수단의 공유를 근간으로 한다. 시장사회주의에서 공유기업의 경영자는 기본적으로 이윤극대화와 동일한 결과를 낳게 될 '지침'에 따라 의사를 결정한다. 시장사회주의에서 생산재 시장의 가격과 균형이자율 등은 국가 또는 중앙계획기구가 결정한다. 하지만 소비재 및 노동시장에서 가격과 자원의 배분은 시장의 수요와 공급에 따라 결정된다.

하지만 시장사회주의 모형은 현실성이 결여되어 있다는 비판이 존재한다. 가장 대표적인 비판으로 재화는 특히 생산재의 경우 비표준성이 강하기 때문에 재화와 가격에 대한 개념 · 정의가 어렵다는 것이다.[12] 정보전달의 어려움과 여러 가지 한계가 존재하기 때문에 국가가 시장기능을 모방하는 데 상당한 한계가 존재한다는 비판도 있다. 또한 시장사회주의체제에서도 주인-대리인문제와 연성예산 제약의 문제는 여전히 존재한다는 비판 등도 존재한다.

### 2) 새로운 시장사회주의 모형

중앙집권적 계획경제체제나 시장사회주의체제에서 중앙에 의한 계획이 완전하게 작성되고 적용될 수 있다면 그 효율성은 매우 높다고 볼 수 있다. 하지만 중앙집권적 계획경제하에서는 통계의 불완전성과 정보 왜곡, 기타 요인들 등에 의해 중앙의 계획 자체가 불완전해질 가능성이 매우 높다. 또한 주인-대리인 문제와 연성예산 제약 등과 같은 각종 운용상의 문제점도 제기될 수 있다. 이와 같이 전통적 시장사회주의나 중앙계획경제 국가에서는 자원배분의 효율성이 상대적으로 하락할 가능성이 높아진다.

11 Lange, O. & F.M. Taylor(1938) On the Economic Theory of Socialism, Macgraw Hill Paper Back ed., 1964.
12 Hayek, F.(1945) "The Use of Knowledge in Society" in Hayek(1948) Individualism and Economic Order, The University of Chicago Press(Midway Reprint), 1980.

이러한 이유 때문에 시장사회주의나 중앙계획경제가 가지는 문제점을 극복하기 위한 노력이 필요하다. 이를 위해 사회주의 내에서 시장경제적 요소를 도입하고 확대하는 방안이 고려되었다. 시장경제적 요소의 도입을 확대해야 하는 또 다른 이유로 시장경제를 중심으로 하는 자본주의의 문제점이 자본주의의 장점을 상쇄시킬 정도로 크지는 않다는 부분도 있다.

새로운 시장사회주의 모형에서는 자원배분의 수단으로 시장을 기존의 범위보다도 훨씬 광범위하게 도입하려고 했다. 시장의 도입범위에 대해서는 약간의 이견은 존재하지만 기존의 랑케(Lange) 모형에서 허용되는 소비재 시장과 노동시장뿐만 아니라 생산재 시장도 허용된다.

하지만 새로운 시장사회주의 모형에서의 자본재 시장의 도입에 대한 입장은 유보적이다. 새로운 시장사회주의 모형에서는 시장경제 시스템이 항상 효율적으로 자원을 배분하는 것은 아니라는 부분에 주목한다. 대표적 예가 시장실패(market failure)이다.[13] 새로운 시장사회주의 모형에서는 시장실패의 요인을 보다 넓게 해석한다.

일반적으로 시장실패는 불완전경쟁, 공공재, 외부효과 등이 존재하는 경우에 발생한다.[14] 새로운 시장사회주의 모형에서는 시장실패의 위험이 큰 분야를 제외하고 시장을 도입하는 것이 자원배분의 효율성을 강화하는 데 도움이 된다고 본다. 시장실패의 위험이 큰 경우나 분야에서는 중앙집중적 계획경제를 유지하는

---

13 시장경제체제에서 보면 어떤 때에는 최대 이익이 발생하는 수준보다 많은 생산을 함으로써 자원이 낭비되는 경우도 존재한다. 그리고 이와는 반대로 자원이 필요 이상으로 적게 사용됨으로써 생산의 비효율성이 발생할 수도 있다. 즉, 시장이 자유롭게 기능함에도 불구하고 자원의 비효율적 배분이 발생할 수 있는 것이다. 이러한 경우를 시장실패라고 한다.

14 시장실패의 대표적 유형으로 다음과 같은 3가지 경우가 존재한다.

① **불완전경쟁** : 과점시장이나 독점시장이 존재하는 경우, 생산자가 가격과 공급량, 품질 등을 마음대로 결정함으로써 시장실패의 악영향이 소비자 전체에 미칠 수 있음

② **공공재**(公共財) : 공공재는 비경합성과 비배제성을 가지고 있기 때문에 시장이 제 기능을 하지 못할 수 있음(무임승차의 문제가 발생)

③ **외부효과** : 외부경제나 외부불경제가 존재하는 경우

것이 도움이 된다고 본 것이다.

새로운 시장사회주의 모형에서는 시장을 보완하는 차원에서 일정한 계획기능을 보유하는 것도 필요하다고 보았다. 즉, 과도한 중복투자의 방지를 위해서 또는 외부효과가 존재하는 경우 투자나 금융의 효율성 추구를 위해 일정한 정도의 계획이 필요하다고 보았던 것이다.

새로운 시장사회주의 모형은 전통적 시장사회주의 모형과 마찬가지로 생산수단의 공유화를 근간으로 한다. 하지만 소유제에 대한 보다 유연한 시각을 갖고 있다. 새로운 시장사회주의 모형에서는 시장도입의 확대를 바탕으로 민족자본을 확충하기 위해 혁신적 기업가의 적극적 활동을 유도해야 한다고 보았다. 이를 위해 다양한 형태의 사기업에 대한 자유로운 시장진입이 허용되어야 한다고 본 것이다.

하지만 앞에서 언급했다시피 새로운 시장사회주의도 생산수단의 공유제를 근간으로 한다는 부분에서 기존의 시장사회주의와 크게 다르지 않다. 따라서 민족자본의 확충에 필요한 각종 사기업이 다양한 시장에 자유롭게 진입하여 일정 규모 이상으로 성장하게 되면 순수한 사유제를 넘어 광의의 공유제 형태로 전환해야 했다.

## 2.3 사회주의시장경제의 주요 내용

중국식 사회주의시장경제에서 기본적인 자원배분기능은 시장이 수행한다. 중국식 사회주의시장경제체제란 국가의 거시적 통제하에서 다양한 시장이 기본적인 자원배분 기능을 수행하는 혼합형 경제체제를 의미한다. 현재 제시되고 있는 중국식 사회주의시장경제의 주요 틀은 다음과 같다.

첫째, 사회주의시장경제는 공유제 경제를 중심으로 다양한 소유제 경제가 함께 발전하는 형태의 기본 경제제도를 갖고 있다. 따라서 사회주의시장경제는 다양한 형태의 소유제 기업을 허용하고는 있지만 궁극적으로 볼 때에는 공유제 경제를 지향한다는 의미이다.

중국식 사회주의시장경제의 핵심 틀은 헌법 제15조에도 분명히 규정되어 있다. 중국 헌법 제15조 ①항에는 “국가는 사회주의시장경제를 실행한다”라고 규정되어 있다. 그리고 ②항에는 “국가는 경제입법을 강화하고 거시조절통제를 개선한다”라고 규정되어 있다.

하지만 중국 헌법 제1조에는 “사회주의제도는 중화인민공화국의 근본제도이다”라고 규정되어 있다. 이는 중국이 사회주의시장경제를 채택하고 있지만 근본적으로는 사회주의제도를 채택한다는 의미이다. 헌법 제6조에는 “사회주의경제제도의 기초는 생산수단의 사회주의 공유제이다”라고 규정하고 있다. 그리고 여기서 공유제는 전 인민의 소유나 노동군중집단의 소유를 의미한다.

둘째, 중국의 사회주의시장경제에서 다양한 소유제가 인정된다. 먼저 사유재산이 인정된다. 헌법 제13조에는 중국 공민의 합법적인 사유재산은 침범할 수 없다고 규정되어 있다.[15] 개인경제나 사영경제 등은 비공유경제로 표기되며 사회주의시장경제의 중요 구성부분이다. 사실 비공유제경제는 새로운 중국의 건국 초기와 개혁 · 개방 정책의 실시 초기에는 사회주의 공유제 경제의 보충제도로 인식되었다. 하지만 개혁 · 개방 정책이 본격적으로 심화되면서 그 내용이 달라지게 된다. 1997년 10월, 중공중앙 전체회의에서는 비공유경제에 대한 평가를 ‘사회주의시장경제의 주요 구성부분’으로 변경했다. 그 후부터 중국정부는 비공유경제의 합법적인 권리와 이익을 보호하기 위한 각종 조치를 강화하기 시작했다.

셋째, 공유제 기업에 대해서는 과학적 관리를 시행하는 현대기업제도를 도입한다. 여기서 현대기업제도는 주식제 기업체제, 즉 주식회사 제도를 의미한다. 현대기업제도를 도입해야 하는 주체는 공유제 경제로 전환이 필요한 규모가 일정 수준 이상이 된 기업을 의미한다. 따라서 사회주의시장경제에서 규모가 일정 수

15 단지 국가는 공공이익의 필요를 위해서 법률에 의해서만 공민의 사유재산에 대한 수용과 보상을 할 수 있다. 그 외에는 불가한다.(중화인민공화국 헌법 제13조 ③항)

준 이상의 기업은 일반적으로 사영기업 중에서 규모의 경제를 달성한 기업이나 대부분의 대형 국유기업이 된다.

국유기업은 중국 내에서 생산수단의 공유제를 실현하는 국유경제의 대표적 형태이다.[16] 중국정부는 사회주의시장경제의 확립과정에서 기존에 존재하던 많은 국유기업에 대해 주식회사제 전환을 추진했다. 국유기업은 정부와 기업의 기능분리과정에서 과학적 관리를 시행하는 현대기업제도를 도입했다. 국유기업의 주식회사 전환과정에서 비국유자본의 참가도 인정되었으며, 경영과 소유의 분리와 함께 권한과 책임에 대한 명확화가 이루어졌다.

넷째, 사회주의시장경제에서는 소비재와 노동재, 생산재에 대한 시장이 도입되었을 뿐만 아니라 다른 다양한 분야에서도 시장의 도입과 육성이 지속적으로 추진되었다. 사회주의시장경제의 도입과정에서 새롭게 도입된 시장으로는 금융시장과 기술시장 등이 있다.

다섯째, 중국식 사회주의시장경제에서는 비공유경제에 속하는 각종 소유제 경제에 대한 인정과 함께 노동에 따른 분배를 중심으로 각종 분배제도를 운영할 수 있도록 했다.[17] 중국식 사회주의시장경제체제에서는 이러한 원칙 위에 기업의 각종 임금체계를 인정했다.

하지만 중국식 사회주의시장경제는 정치적 차원에서 보면 4가지의 사회주의적 특성을 분명히 갖고 있다. 중국정부도 중국식 사회주의시장경제의 추진과정에서 사회주의의 핵심 성격이라고 할 수 있는 ① 사회주의 노선의 견지, ② 인민민주주의 독재의 견지, ③ 중국공산당 영도의 견지, ④ 마르크스 · 레닌주의와 마오쩌둥 사상의 견지를 분명히 했다.

또한 생산수단의 소유제 측면에서는 사유제가 아니라 '공유제(公有制)'가 중심

16 중국 헌법 제7조에서는 국유경제, 즉 사회주의 전인민소유제경제는 국민경제의 주도력이고, 국가는 이러한 국유경제의 강화와 발전을 보장한다고 규정하고 있다. 중국정부는 이 조항을 근거로 국유기업 개혁추진의 핵심주체가 된 것이다.

17 중화인민공화국 헌법 제6조 제②항

이 된다라는 것을 분명히 하였다. 국유기업의 개혁과정에서 공유제가 중심이 되는 경제원칙을 유지하기 위하여 '조대방소'의 원칙하에 국유기업의 주식회사제 전환이 추진되었다. 국유기업의 주식회사제 전환과정에서 많은 국유기업 부문이 민간부문으로 이양되었다. 하지만 일부 전략업종(군수, 에너지, 통신, 철강, 은행 등)에서는 '국유제' 원칙이 분명히 유지되었다.

人民日報
RENMIN RIBAO

中共十四届三中全会在京举行

中央政治局主持会议　中央委员会总书记江泽民作重要讲话

通过《中共中央关于建立社会主义市场经济体制若干问题的决定》

全会强调，各级党委和政府要用党的基本理论和基本路线统揽全局，把更大的精力集中到加快改革上来。全会号召，全党同志和全国各族人民更加紧密地团结在以江泽民同志为核心的党中央周围，在邓小平同志建设有中国特色社会主义的理论和党的十四大精神指引下，为在本世纪末初步建立起社会主义市场经济体制，实现国民经济和社会发展第二步战略目标而努力奋斗。

출처 : 人民日報(http://www.people.com.cn/)

[그림 3-2] 사회주의시장경제의 시작(1993. 6. 1.)

# 3. 경제체제 개혁에 대한 평가

## 3.1 개혁에 대한 평가

1978년에 시작된 경제체제 개혁은 아직까지 진행 중이다. 지금까지 진행되어 온 중국의 경제체제 개혁을 평가해 보면 다음과 같은 특징이 존재한다. 첫째, 중국의 경제체제 개혁은 점진적 방식으로 추진되었다. 중국의 경제체제 개혁은 먼저 특정 부문이나 지역에서 개혁조치가 시범적으로 실시된다. 그 후 시범실시를 통해 어느 정도 성공이 확인된 조치들은 보완과정을 거쳐 전면적으로 실시되거나 전국적으로 실시된다. 경제체제 개혁조치의 점진적 도입이 추진되었던 이유는 시장경제제도의 도입과정에서 발생할 수 있는 체제 위험을 어느 정도 막을 수 있다는 장점이 있기 때문이다.

둘째, 중국의 경제체제 개혁은 시장화를 추구하고 있지만 전면적인 사유화에 대해서는 부정적인 방향으로 추진된다. 사회주의시장경제는 경제 효율성 제고를 위해 시장경제적 요소를 도입하고는 있지만, 그 근간에는 사회주의체제 건설이라는 목표를 분명히 하고 있다.

사회주의시장경제에서는 시장경제적 요소의 적극적 도입에도 불구하고 중앙집중적 계획경제가 핵심적인 역할을 담당한다. 따라서 사회주의시장경제체제에서는 시장의 역할도 국가의 거시적 통제하에서 제한적으로 작용할 수밖에 없다.

셋째, 중국의 경제체제 개혁은 분권화 방향으로 추진된다. 분권화에는 중앙권한의 지방이양, 국유부문의 핵심 요소라고 할 수 있는 국유기업의 개혁조치 등이 포함된다. 국유기업의 개혁조치에는 정기분리와 조대방소 등과 같은 조치들이 있다. 국유기업의 조대방소 정책이란 군수, 에너지, 통신, 철강, 은행 등과 같은 전략 업종은 국유제를 유지하고 나머지 분야에서는 민간 부문으로 권한과 지분을 이양하는 것을 의미한다.

넷째, 대외지향적 경제개혁을 추진한다는 특징을 가지고 있다. 대외지향적 경제개혁은 사회주의국가의 전유물이라고 할 수 있는 자력갱생정책을 폐기하고 개혁・개방 정책과 수출주도형 경제성장 등을 통해 경제발전을 추구한다는 의미를 포함하고 있다.

먼저 중국은 적극적인 외자도입을 통한 연해지역 개발과 같은 대외개방정책을 적극적으로 추진함으로써 국가경제의 발전을 추진하였다. 중국정부는 경제체제 개혁을 위하여 개방조치의 도입과 더불어 자국의 요소부존도와 합치하는 노동집약적 경공업의 성장을 적극적으로 지원했다. 즉, 노동집약적 경공업의 성장과 발전을 통해 자국의 산업구조 조정을 적극적으로 유도했고, 이를 통해 수출경쟁력과 국가경쟁력을 강화하는 정책을 추진했던 것이다.

하지만 중국의 경제체제 개혁과정 중에서 여러 가지 문제점들도 노출되었다. 첫째, 분권화의 과정에서 중앙정부의 거시적 조정능력이 약화되었다는 문제점이 도출되었다. 둘째, 지속적인 대중형 국유기업 개혁에도 불구하고 국유기업의 효율성이 뚜렷이 개선되고 있지 못했다. 셋째, 지역 간 경제력 및 경쟁력 격차가 여전히 크게 발생하고 있다. 넷째, 재산권의 명확화에도 불구하고 정부와 기업 부문의 분리가 여전히 불분명하고, 이를 근거로 하는 심각한 수준의 부정부패가 여전히 많이 발생하고 있다.

## 3.2 중국식 사회주의시장경제에 대한 평가

중국의 경제체제 개혁과정은 공산당 일당독재를 중심으로 한 사회주의 공유경제의 확산과정이라고 볼 수 있다. 중국정부도 이를 위해 사회주의시장경제를 도입하여 중앙집권적 통제 하에서 시장화 정책들을 도입 및 확산시켰다. 하지만 사회주의시장경제의 도입 확대 움직임에는 중국정부가 목표로 하고 있는 사회주의체제의 건설과는 상반되는 측면이 존재한다.

현재 중국정부가 추진하고 있는 사회주의시장경제화는 이미 불가역적인 흐름으로 인정받고 있다. 이에 따라 공유제와 공산당 중심의 사회주의체제 건설과 관련된 정치이념도 점차 변화되고 있다. 예를 들면 2002년 11월 중국공산당 중앙위원회 전체회의에서 장쩌민(江泽民) 총서기는 사영기업가의 공산당 입당을 허용했다. 이는 자본가의 입당을 엄격히 제한했던 기존의 공산당 내부 방침과는 많이 변화된 당의 방침이다.

하지만 분명한 사실은 현재 중국정부가 추진하고 있는 중국식 사회주의시장경제는 정치체제의 민주화를 동반하지 않은 수단으로써 시장경제를 도입하고 있다는 점이다. 따라서 중국식 사회주의시장경제는 자본주의 국가에서 실현되고 있는 민주주의제도의 바탕 위에서 확산되고 심화되는 시장경제체제와는 다른 측면에서 이해해야 한다.

중국식 사회주의시장경제에 대한 세계 제국들의 시각도 여전히 이러한 측면을 반영하고 있다. 중국의 세계무역기구(WTO) 가입은 2001년 11월 10일 승인되었고 12월 11일부로 발효되었다. 가입 당시 중국은 WTO 회원국들로부터 비시장경제국가로 인식되었다. 그 결과 중국은 각종 무역 관련 통상협정에서 불리한 조건을 적용받게 되었다.

비록 지금까지 중국은 사회주의시장경제제도를 바탕으로 많은 시장경제적 제도를 도입 · 확대하고 있지만 여전히 많은 WTO 회원국들은 중국을 비시장경제국가로 인식하고 있다.[18] 이는 세계 제국들이 비록 중국이 WTO에 가입하고 시장경제적 조치를 도입하고 있지만 여전히 불충분한 시장경제화 전환과정을 거치고 있는 것으로 본다는 의미이다.

18 미국과 EU는 2016년 12월 기준으로 중국의 WTO 가입 후 15년이 지났음에도 시장경제국지위를 인정하지 않는다.

따라서 사회주의와 공산당 일당독재 체제의 유지라는 정치적 틀 속에서 중국식 사회주의시장경제를 어떻게 양립시킬지 하는 부분은 향후 중국정부가 해결해야 하는 핵심과제이다. 세계 제국들의 입장에서는 중국의 사회주의시장경제의 도입은 민주주의의 바탕 위에 진정한 의미의 시장경제를 어느 수준까지 사회주의체제에 도입할 것인지를 중국정부가 향후에 결정해야 한다는 의미이다.

CHAPTER 4

# 중국 경제성장의 의미와 도전

1. 중국 경제성장의 의미
2. 중국 경제성장의 도전(문제점)

# 4

# 1. 중국 경제성장의 의미

## 1.1 중국의 경제성장

### 1) 개혁 · 개방 이후 초기 30년

1978년부터 시작된 개혁 · 개방 정책과 그에 따른 성과는 경이로운 수준이었다. 서브프라임모기지 사태가 발생한 시점인 2008년까지 약 30년 동안 연평균 GDP 성장률이 9.9%를 넘어섰고, 무역증가율은 16.3%를 기록했다.

개혁 · 개방 정책의 설계자였던 덩샤오핑은 개혁 · 개방 정책의 시작시점인 1978년에 20세기 말까지 중국의 GDP를 4배까지 성장시키겠다고 목표를 제시했다. 대부분의 경제학자들은 이러한 성장목표가 달성 불가능한 지표라고 판단했다. 이러한 목표를 달성하기 위해서 중국의 연평균 경제성장률은 7.2% 이상을 유지해야 했다. 하지만 당시까지 일반적으로 인정되었던 경제성장이론에서는 어떤 국가도 7% 이상의 경제성장률을 장기적으로 유지할 수 없다고 보았다.[1] 1979년부터 2009년까지의 중국의 연평균 경제성장률은 9.9%를 기록했다. 이는 당초 목표인 7.2%보다 2.7%나 높은 수치였다. 이는 중국정부가 개혁 · 개방 정책의 발표시점에서 표방했던 목표치보다 약 2배나 높은 결과였다.

중국은 대외지향적 경제성장을 추구했던 국가 중 하나였다. 1978년 이후 중국의 대외무역은 연평균 16.3%나 성장했다. 이는 앞에서 언급되었던 GDP의 연평균 성장률 9.9%보다도 6.4%가 높은 수치였다. 중국의 대외무역 규모는 개혁 ·

---

1 사실 경제학자들은 7.2% 이상 경제성장률의 장기적 유지는 거대한 규모로 발생한 전쟁이나 자연재해 이후에만 발생 가능한 결과로 예외적인 상황으로 인식하는 경향이 강했다. 대표적 사례로 1960년대 이후 일본을 포함한 아시아의 네 마리 용이라고 명명된 4개국은 약 20여 년 동안 7% 이상의 경제성장률을 유지해야 했으나 이는 기적이라고 표현할 정도로 예외적인 사례로 인정된다.

개방 정책의 추진 이래 30년 동안 107배나 증가했다. 2009년 기준으로 2조 2,070억 달러를 기록했다.

개혁 · 개방 정책의 성공적 추진으로 인해 중국은 이제 국민소득 면에서 중진국으로 성장하고 있다. 국민소득을 기준으로 경제성장을 살펴보면 1979년 당시 210달러[2]였던 1인당 국민소득이 2009년 기준으로는 3,744달러 수준으로 성장했다. 그리고 가장 최근인 2017년 기준으로 1인당 국민소득은 8,660달러에 달하였다.[3]

[그림 4-1] 중국의 GDP 성장률(1992~2015)

### 2) 중국경제의 국제적 위상 변화

중국은 2010년을 기준으로 일본을 밀어내고 세계 2위의 경제대국으로 성장했다. 2018년 명목 GDP를 기준으로 중국은 14조 925억 달러로 세계 2위를 기록했다. 하지만 중국의 경제 규모를 PPP GDP 기준(2016년 기준)으로 다시 정리해 보면 21조 2,690억 달러로 세계 1위로 평가된다.

2 이는 당시 사하라 사막 남쪽의 아프리카 최빈국들의 1인당 소득 평균의 1/3밖에 되지 않는 수준이었다.

3 네이버 국가별 경제통계 기준.

〈표 4-1〉 중국의 경제적 위상

| | | 규모 | 순위 |
|---|---|---|---|
| 국내총생산(GDP) | | 12조 2,377억 47만 5,507달러 | 2위 |
| 1인당 국내총생산 | | 8,826.99달러 | 65위 |
| 국민총소득 | | 12조 2,065억 4,554만 628달러 | 2위 |
| 1인당 국민총소득 | | 8,660.09달러 | 57위 |
| 경제성장률 | | 6.9% | 16위 |
| 수출 | 세계 전체 | 17조 1,225억 6,637만 1천 달러 | |
| | 중국 | 2조 2,803억 6,679만 2천 달러 | 2위 |
| 수입 | 세계 전체 | 17조 4,990억 6,544만 6천 달러 | |
| | 중국 | 1조 8,459억 7,490만 8천 달러 | 3위 |
| 외환보유고(2016) | | 3조 105달러 | 1위 |

**출처** : 2017년 통계청 KOSIS 기준

중국은 2010년부터 독일을 제치고 세계 1위의 수출대국이 되었다. 무역규모로 볼 때 2015년 기준으로 중국은 4조 2,350억 달러로 세계 1위를 기록했다. 2008년을 기점으로 대중국 해외직접투자 유입(FDI inflow 기준)은 6,920억 달러를 기록함으로써 중국은 미국에 이어 세계 2위의 투자대상국이 되었다.[4]

중국인의 실질임금(인센티브 포함)은 2016년 기준으로 4,216위안/월(약 635달러)으로 말레이시아(538달러), 태국(438달러), 베트남(206달러), 인도(136달러) 등 동남아 국가들보다 높은 것으로 나타났다. 1994년도 전국 평균 중 가장 높았던 상하이의 월평균임금(619위안)을 기준으로 보면 중국인의 실질임금은 12년 동안 6.8배 증가한 것으로 나타났다.[5]

개혁 · 개방 초기 중국의 제조업은 전 세계의 약 2%에 불과했었다. 그 후 중국경제는 낮은 인건비를 바탕으로 빠르게 성장했다. 2017년 기준으로 중국의 임

4 하지만 유럽 재정위기 이후 FDI 유입 증가세가 크게 둔화되어 2016년부터 FDI의 유입 순위는 세계 3위로 하락했다.

5 하지만 상하이의 임금이 다른 지역에 비해 1.5배 이상 높은 것을 고려하면 12년 동안 실질적인 증가율은 9~10배 이상이라고 추측해 볼 수 있다.

금은 미국의 20%, 태국의 145%의 수준까지 빠르게 성장했다.[6](1978년 기준으로 중국의 임금은 미국의 3%에 불과했고, 태국보다도 낮았다.)

개혁·개방 정책의 성공적 추진에 힘입어 산업구조의 고도화가 심화되었다. 주요 업종별로 중국이 세계 생산에서 차지하는 비중과 위상이 매우 빠르게 상승했다. 주요 업종 중에서 수입의존도가 높은 일반기계나 석유화학 등과 같은 소재산업이나 식품산업 분야는 세계 2위의 수준으로까지 성장하였다. 선진기업들이 세계적인 독과점구조를 형성하고 있는 반도체나 디스플레이 등과 같은 산업분야에서 중국의 세계 생산은 3, 4위를 기록하고 있다.

중국의 주요 산업이 세계 생산에 차지하는 비중을 살펴보면 〈표 4-2〉와 같다.

〈표 4-2〉 중국의 주요 업종이 세계 생산에 차지하는 비중

| | 비중(%) | 세계 순위 |
|---|---|---|
| 자동차(2015) | 26.8 | 1위 |
| 조선(건조량, 2015) | 35.2 | 1위 |
| 일반기계(2013) | 11.7 | 2위 |
| 철강(2015) | 49.5 | 1위 |
| 석유화학(에틸렌, 2015) | 13.3 | 1위 |
| 섬유(2014) | 69.1 | 1위 |
| 식품(2015) | 16.7 | 2위 |
| 가전(TV, 2015) | 44.2 | 1위 |
| 통신기기(2015) | 47.3 | 1위 |
| 디스플레이(2015, 매출) | 13.9 | 4위 |
| 반도체(2014) | 14.6 | 3위 |

주 : ( )안은 통계수치의 연도 및 해당 제품

출처 : 산업연구원, 「중국의 산업구조 고도화가 한국 주력산업에 미치는 영향과 대응전략」, 2017, p. 8.

6 이윤식, "2016년 중국 지역별 평균임금 발표", Kotra 해외시장뉴스, https://news.kotra.or.kr(2019. 1. 21 방문)

출처 : 腾讯网(http://new.qq.comcmsn20160203201602030 4154)

[그림 4-2] 중국 野马汽车 현대화 생산 현장

중국의 외환보유고는 지속적인 경제성장과 무역의 확대로 인해 3조 달러(2019년 1월 기준)를 넘어선 것으로 나타났다. 그중 미 국채는 2018년 7월 기준으로 1조 1,710억 달러(약 1,310조원)에 달함으로써, 전체 미 국채의 18.7%를 중국이 보유하고 있는 것으로 나타났다. 이로써 중국은 세계 1위의 미 국채 보유국이 되었다. 미 재무부 통계를 기준으로 미 국채 보유 국가의 순위를 살펴보면 1위인 중국 다음은 일본(1조 355억 달러), 아일랜드(3,002억 달러), 브라질(2,997억 달러), 영국(2,717억 달러)의 순으로 나타났다.

미 달러 국채를 기준으로 세계 제국들의 경제수준을 평가해 보면 일본을 제외한 다른 나라는 중국과 경쟁이 되지 않는다. 중국의 외환보유고와 미 국채 보유량은 중국이 정치 · 경제적으로 미국과 밀접한 관계를 가질 수밖에 없음을 보여주는 간접적 증거이다.

지금까지의 경제성장세를 유지할 수 있다면 중국은 2030년 이전에 경제 규모면에서 세계 최고의 경제대국으로 성장할 것으로 전망된다. 하지만 미국을 포함한 선진국들의 밀어내기 압력이 본격화됨으로써 향후 무역전쟁이나 관세전쟁 등과 같은 경제마찰이나 갈등이 점차 격화될 것으로 전망된다.

결과적으로 2030년 전후로 중국이 과연 세계 최고의 경제대국으로 성장할 수 있을지는 현재 전개되고 있는 선진국의 밀어내기 압력과 그 속에서도 중국경제가 여전히 과거와 같은 능력을 보여 줄 수 있는지에 달려 있다고 볼 수 있다.

## 1.2 중국 경제성장의 의미

중국은 지금까지 전무후무한 눈부신 경제성장을 이룩해 왔다. 중국경제의 급성장은 중국의 대내외적 부문에 많은 영향을 미쳤다. 중국 경제성장의 의미를 평가해 보면 다음과 같다.

첫째, 중국의 경제성장은 중국 국민의 삶의 질을 극적으로 향상시켰다. 눈부신 경제성장은 국민의 삶의 질, 특히 빈곤층의 삶의 질을 빠른 속도로 향상시켰다. 개혁 · 개방 정책이 시작된 1978년을 기준으로 2억 5,000만 명(전체 인구의 30% 이상)의 농민이 사회계층 분류상 극빈층에 속했다. 하지만 개혁 · 개방 정책이 시행된지 30년이 지난 2009년을 기준으로 빈곤층 수는 3,600만 명으로 감소했다. 이는 중국경제의 성장이 2억 명 이상의 사람들을 빈곤상태에서 벗어나게 했다라는 것을 보여주는 증거이다.

둘째, 중국의 경제성장은 전 세계적인 소비후생 증대효과를 발생시켰다. 중국의 경제성장은 국제분업의 전 세계적인 확산과정을 통해 생산제품의 가격하락과 이로 인한 전 세계적인 소비증대 효과를 발생시켰다. 결과적으로 중국의 경제성장은 중국 소비자뿐만 아니라 전 세계 소비자의 후생증대에도 기여하였다.

저렴한 중국산 소비재와 생필품의 수출은 이를 소비하는 세계 제국들의 많은 국민들로 하여금 실질적인 소득증가 효과를 향유하게 만들었다. 특히 중국의 고도 경제성장은 중국산 제품의 집중 소비층인 여러 국가의 저소득층 주민들의 생활수준과 실질소득 향상에 크게 기여하였다.

셋째, 중국의 경제성장은 세계경제 성장의 엔진역할을 하였다. 중국의 경제성장은 국가경제 규모의 증대와 국민소득의 증가로 이어졌고, 이는 다시 중국으로 하여금 세계의 공장과 시장의 역할을 수행하게 함으로써 세계경제 성장에 기여하게 했다.[7] 특히 중국의 장기적인 고도성장은 국제분업과 특화과정을 통해 자원배분의 국제적 효율성을 증대시킴으로써 세계경제의 성장엔진으로 작용했다.

구체적으로 중국의 경제성장은 아프리카 및 남미 국가들의 경제성장에 기여하였다. 예를 들어 2000~2007년까지 아프리카의 국가 중 2/3가 5.5% 이상의 경제성장률을 기록하였고, 1/3의 국가들은 7% 이상의 성장률을 기록한 것으로 나타났다. 이러한 아프리카 국가들이 경제적으로 급성장할 수 있었던 이유는 중국이 경제성장 과정에서 필요한 원자재를 대량으로 수입하면서 국제원자재 가격이 상승했기 때문이다. 이러한 과정에서 아프리카 자원부국의 부존자원에 대한 국제가격이 상승함으로써 이들 국가들의 경제성장에 유리한 환경이 조성되었던 것이다. 그리고 이러한 성장과정은 아르헨티나와 브라질, 칠레 등과 같은 라틴아메리카 국가들 사이에서도 유사하게 나타났다.

중국의 경제성장이 세계 제국들의 경제성장에 필요한 엔진으로 작용했다는 부분은 아시아 국가들에도 그대로 적용된다. 일본의 신일본제철은 1950~1960년 사이에는 국가경제 성장의 엔진으로 작용하였다. 그러나 1970년대 이후부터는 기업의 수익성이 급속히 악화되기 시작했다. 하지만 2000년대 이후 나타난 중국으로부터 발생한 철강의 대량수입은 철강재의 국제가격을 상승시켜 신일본제철을 포함한 철강산업의 수익성을 급속하게 개선시킴으로써 일본의 국가경제 회복에 기여하였다.

넷째, 중국의 급속한 경제성장은 세계경제의 안정화에 기여하였다. 중국경제의 급성장은 중국경제의 세계적 위상을 G2의 지위로까지 상승시켰다. 중국은 자국의 경제성장을 바탕으로 전 세계적으로 발생한 국제경제 위기를 안정화시키는 데 핵심적인 역할을 수행했다.

중국은 1997년에 발생한 '동아시아 금융위기'의 극복과정에서 주변국의 경쟁

7 IMF는 2017년 기준으로 중국경제가 세계경제 성장의 1/3 이상을 기여했다고 평가하고 있다.

적 평가절하 속에서도 위안화의 평가절하를 허용하지 않음으로써 동아시아 국가들의 빠른 경제회복에 기여하였다.[8] 그리고 2008년 '리먼 브라더스'의 파산 이후에 발생했던 세계적인 금융위기의 극복과정에서도 중국은 재정적 여유와 충분한 외환보유고를 바탕으로 6,850억 달러에 달하는 경기부양정책을 실시했다. 이러한 중국의 대응조치는 세계경제의 회복에 필요한 중요한 동력을 제공하였다.

8 당시 한국의 원화는 달러당 770원에서 1,700원까지 절하했고, 태국의 바트화는 달러당 25바트에서 54바트로 절하했고, 인도네시아의 루피는 1달러당 1,203루피에서 10,950루피로 절하했다. 동아시아 국가들의 경제발전단계나 국가의 성장단계, 수출상품의 구성단계 등은 중국과 유사하다는 평가를 받고 있었다.

# 2. 중국 경제성장의 도전(문제점)

## 2.1 양극화

### 1) 소득양극화의 심화

지니계수(Gini's Coefficient)란 소득 불평등을 측정하는 계수로 인구분포와 소득분포와의 관계를 나타내는 수치이다. 지니계수는 0에 가까울수록 평등하고 1에 가까울수록 불평등하다. 세계은행이 발표한 2010년도 전 세계 평균 지니계수는 0.44였다. 당시 선진국 중에서 지니계수가 비교적 높은 국가였던 미국은 0.46(상위 1%의 소득이 전체 소득의 20%를 점유)이었다.

한국은 상위 1%의 소득이 전체 소득의 11%를 차지하고 있다고 나타났다. 2006년도 통계청 기준으로 한국의 지니계수는 0.305에서 2009년에는 0.320으로 증가했다. 그 뒤 2011년도에는 0.313, 2012년에는 0.307, 2013년에는 0.353으로 변화되었다.[9]

지니계수는 중국정부가 공개를 가장 꺼려하는 통계지표 중 하나이다. 중국 국가통계국은 2000년의 지니계수를 0.412라고 발표한 이후 12년 동안 발표하지 않았다. 하지만 2013년 1월 중국통계국은 2000년 이후 발표하지 않았던 2012년까지의 지니계수를 모두 소급해서 발표했다. 이렇게 지니계수를 오랫동안 공개하지 못했던 이유는 사회적 파장이 너무 커서 심각한 체제 불안이 생길 수 있다고 판단했기 때문으로 보인다. 당시 국가통계국이 발표된 2003~2012년까지의 지니계수와 그 이후 지수를 모두 정리해 보면 다음과 같다.

---

9 2013년 기준으로 OECD 회원국 평균은 0.313이었음.

〈표 4-3〉 중국의 지니계수 변화

| | |
|---|---|
| 1981년 0.310 | 2009년 0.490 |
| …… | 2010년 0.481 |
| 2003년 0.479 | 2011년 0.477 |
| 2004년 0.473 | 2012년 0.474 |
| 2005년 0.485 | 2013년 0.473 |
| 2006년 0.487 | 2014년 0.469 |
| 2007년 0.484 | 2015년 0.462 |
| 2008년 0.491 | 2016년 0.465 |

중국의 지니계수는 2003년부터 2008년까지 상승추세를 보이다가 2008년에는 0.491로 정점을 찍은 것으로 나타났다. 하지만 2009년부터 하락하기 시작했고, 그 후로는 비교적 안정적 추세를 보였다.

국가통계국에서 발표된 지니계수를 근거로 중국의 소득 불평등을 평가해 보면 시진핑 체제 이후에는 조금 안정된 것으로 나타났다.[10] 중국정부는 시진핑 체제 이후 소득재분배 정책의 시행과 명목 임금의 지속적 인상 등으로 인해 소득격차가 줄어들고 있다고 발표하였다. 하지만 현재까지 발표된 중국의 지니계수만으로도 중국의 소득불평등이 심각한 수준임을 알 수 있다. 이는 소득 불평등이 향후 빈부의 대물림이나 악순환 등과 함께 사회불안의 핵심 요인으로 작용할 가능성이 높다는 것을 의미한다.

지니계수로 본 소득불평등의 증가는 중국 부유층 비중의 변화 추세를 통해서

10 중국정부의 통계발표와는 다른 여러 조사를 보면 중국의 소득불평등이 정부가 발표한 지니계수보다 더 높은 것으로 나타났다. 쓰촨성 청두(成都)의 서남재경대학(西南财经大学)과 중국인민은행 금융연구소가 공동으로 설립한 중국 가정금융조사연구센터의 조사에서 2010년 중국 지니계수는 0.61로 나타났다. 이 밖에도 유엔개발계획(UNDP)에서는 중국의 지니계수를 2005년에는 0.45, 2007년에는 0.496, 2012년에는 0.55로 추정했다. 베이징대 중국사회과학조사센터가 전국 25개 성시, 1만 4,960개 가정을 대상으로 조사한 '2015중국 민생발전보고서'의 조사결과에서 2015년 지니계수는 0.73로 나타났다. 동 조사에서는 상위 1% 가구가 국내 재산의 3분의 1 이상을 보유하고 있는 반면, 하위 25% 가구의 자산은 국내 자산의 1% 정도를 보유하고 있다고 밝히고 있다. 본서는 중국의 소득불균형에 대한 이러한 많은 통계에도 불구하고 중국정부의 발표 통계를 근거로 중국의 소득불평등 현황을 제시했다.

도 알 수 있다. 중국 알리바바 그룹 산하의 시장조사업체인 알리리서치(阿里研究院)의 보고서를 근거[11]로 살펴보면 중국 부유층 가구의 비중은 2010년 기준으로 전체 가구의 7%에 달하는 것으로 나타났다. 하지만 2015년 기준으로는 이 비중은 전체 가구의 17%, 2020년에는 30%로 증가할 것으로 전망되었다.

이중 2015~2020년 사이의 도시 부유층 연평균 증가율은 9%, 약 3,000만 가구에 달할 것으로 전망되었다. 동 보고서는 2015년 기준으로 4조 2,000억 달러 규모였던 중국의 소비시장 규모가 2020년 기준으로는 6조 5,000억 달러 규모로 증가할 것으로 전망했다. 그리고 2015~2020년의 소비시장에 대한 평균 성장률은 9%로 예측되었다. 이 기간의 중산층 소비시장은 5% 증가했지만 부유층은 17% 증가한 것으로 나타났다. 즉, 부유층의 소비시장 증가율이 중산층 증가율에 비해 높은 것으로 나타났다.

결국 중국의 지니계수와 부유층의 비중 증가는 모두 중국의 경제성장으로 인해서 소득불균형이 커지고 있는 것을 보여준다. 중국 내에서 나타나는 이러한 소득불균형은 향후 사회불안 요소로 작용할 가능성이 높을 것이다.

### 2) 지역 양극화

중국 국가통계국은 2016년도 전국 도시취업인원의 평균임금과 관련된 통계를 발표했다. 2016년 기준으로 지역별 평균임금을 지역별로 살펴보면 비사영기업의 경우 동부의 평균임금이 가장 높고, 그 다음이 서부, 중부, 동북부의 순으로 나타났다. 2016년 사영기업의 평균임금을 기준으로 지역별 순위를 살펴보면 동부, 서부, 중부, 동북부로 나타났다. 사영기업의 평균임금 순위는 비사영기업의 지역별 순위와는 크게 차이를 보이고 있지 않는 것으로 나타났다.

11 김성애, "중국 소비시장의 3대 핵심계층은?", Kotra 해외시장뉴스, https://news.kotra.or.kr(2019. 1. 21 방문)

〈표 4-4〉 지역별 평균임금

| 구분 | 동부 | 중부 | 서부 | 동북부 | 전국 평균 |
|---|---|---|---|---|---|
| 도시 비사영기업 평균임금(위안) | 77,031 | 55,299 | 62,453 | 54,872 | 67,569 |
| 명목 증가율(%) | 9.1 | 8.8 | 9.0 | 7.5 | 8.9 |
| 도시 사영기업 평균임금(위안) | 47,347 | 35,000 | 39,047 | 33,184 | 42,833 |
| 명목 증가율(%) | 9.0 | 6.8 | 7.0 | 3.1 | 8.2 |

출처 : 중국 국가통계국(2016), 이윤식, "2016년 중국 지역별 평균임금 발표", Kotra 해외시장뉴스, https://news.kotra.or.kr(2019. 1. 21 방문)

서부지역의 임금이 중부와 동북부에 비해 빠르게 증가한 이유는 다음과 같다. 첫째, 서부대개발정책의 전개로 중앙재정지출이 서부지역에 많이 투입됨으로써 평균임금 수준이 제고되는 효과가 발생했다. 둘째, 서부지역의 산업이 광업과 원재료 공업 분야에 편중되어 대기업의 비중이 상대적으로 많아 다른 경쟁지역에 비해 급여가 상대적으로 빠르게 상승했다. 셋째, 서부지역의 인력이 동부지역으로 많이 이동하여 서부지역에서 노동력 공급부족 현상이 발생하면서 서부지역에서 평균임금 상승효과가 발생했다.

〈표 4-5〉 2016년 중국의 지역별 평균임금 통계

| 구분 | 베이징 | 저장 | 광둥 | 장쑤 | 푸젠 | 하이난 |
|---|---|---|---|---|---|---|
| 도시 비사영기업 평균 임금(위안) | 119,928 | 73,326 | 72,326 | 71,571 | 61,973 | 61,663 |
| 명목 증가율(%) | 7.7 | 10.0 | 9.9 | 8.1 | 7.5 | 7.1 |
| 순위 | 1 | 2 | 3 | 4 | 11 | 12 |
| 도시 사영기업 평균 임금(위안) | 65,881 | 45,005 | 48,236 | 47,156 | – | 40,675 |
| 명목 증가율(%) | 12.3 | 9.0 | 7.6 | 7.9 | – | 9.7 |
| 순위 | 1 | 5 | 2 | 4 | – | 6 |

| 구분 | 산시(山西) | 허난 | 칭하이 | 구이저우 | 닝샤후이주 자치구 | 충칭 |
|---|---|---|---|---|---|---|
| 도시 비사영기업 평균 임금(위안) | 53,705 | 49,505 | 66,589 | 66,279 | 65,570 | 65,545 |
| 명목 증가율(%) | 3.7 | 9.0 | 9.0 | 11.0 | 8.6 | 8.3 |
| 순위 | 22 | 23 | 5 | 6 | 7 | 8 |
| 도시 사영기업 평균 임금(위안) | – | 33,312 | 34,908 | 39,058 | 37,926 | 47,345 |
| 명목 증가율(%) | – | 9.1 | 8.2 | 8.4 | 4.4 | 7.1 |
| 순위 | – | 18 | 16 | 8 | 9 | 3 |
| **구분** | **허베이** | **산둥** | **안후이** | **후난** | **장시** | **쓰촨** |
| 도시 비사영기업 평균 임금(위안) | 55,334 | 62,539 | 59,102 | 58,241 | 56,136 | 63,926 |
| 명목 증가율(%) | 8.7 |  | 7.2 | 11.2 | 10.2 | 8.5 |
| 순위 | 21 | 10 | 16 | 17 | 19 | 9 |
| 도시 사영기업 평균 임금(위안) | 36,507 | – | 39,110 | 34,582 | 36,868 | 37,763 |
| 명목 증가율(%) | 7.1 | – | 5.3 | 4.7 | 10.6 | 7.5 |
| 순위 | 12 | – | 7 | 17 | 11 | 10 |
| **구분** | **네이멍구 자치구** | **윈난** | **산시(陝西)** | **광시** | **지린** |  |
| 도시 비사영기업 평균 임금(위안) | 61,067 | 60,450 | 59,637 | 57,878 | 56,098 |  |
| 명목 증가율(%) | 6.9 | – | 8.4 | 9.2 | 8.8 |  |
| 순위 | 13 | 14 | 15 | 18 | 20 |  |
| 도시 사영기업 평균 임금(위안) | 36,114 | – | 35,676 | 36,089 | 30,184 |  |
| 명목 증가율(%) | 1.7 | – | 7.4 | – | 8.7 |  |
| 순위 | 13 | – | 15 | 14 | 19 |  |

**출처** : 중국 국가통계국(2016). 이윤식. "2016년 중국 지역별 평균임금 발표", Kotra 해외시장뉴스. https://news.kotra.or.kr(2019. 1. 21 방문)

한편 중부지역은 다른 지역에 비해 노동의 과잉공급 현상이 나타나는 데다 농민공의 비율이 높기 때문에 임금이 다른 지역에 비해 낮았다(평균 이하의 임금). 이에 따라 중부지역의 임금상승 속도는 다른 지역에 비해 늦었다. 실제 중부지역 대부분의 도시지역 비사영기업[12]의 임금은 평균임금 이하 수준인 것으로 나타났다. 그리고 중부지역에서 사영기업의 비중이 제일 높았던 안후이성도 비사영기업의 임금수준이 전체 성(省) 중에서 7위에 불과했고, 허난(河南)성은 전체 지역 중에서 최하위로 나타났다.

### 소득분배 개선을 위한 중국정부의 노력

1. 국유기업의 개혁
   - 국유기업 자본수익에 대한 국가 납부비율을 현재 수준보다 5% 인상
     - 증액된 부분의 일정액을 민생개선에 사용
   - 국유기업 간부가 받는 고액연봉제도를 수정해 간부들의 연봉 인상률을 전체 직원의 평균 인상률보다 낮게 함

2. 경제제도의 개혁
   - 지역의 최저임금을 2015년까지 현재 수준보다 40% 이상 인상
   - 민영기업의 임금단체협상제도 등을 적극 도입함

3. 거주환경 개선과 빈민구제 노력
   - 열악한 환경에 거주하는 농촌 빈민층 인구 240만 명을 이주시킴
   - 빈민구제에 주력해 연간 소득 2,300위안 이하의 빈민층 수를 8,000만 명 정도를 줄이는 계획

12 중국에서는 기업의 유형은 국유기업, 집단소유제 기업, 개인 사영기업, 기타 기업(외자계 기업, 주식제 기업, 국유 및 집단소유제와의 합작 기업 등)이 존재한다. 따라서 비사영기업이란 개인 사영기업 이외의 국유기업과 집단소유제 기업, 기타 기업을 의미한다고 볼 수 있다.

## 2.2 자원부족과 환경문제

### 1) 자원부족 문제

중국경제의 급성장은 에너지 자원과 다른 많은 자원의 고도 소비를 바탕으로 한 것이다. 중국은 인구대국이어서 인구 대비 자원은 부족한 국가이다. 하지만 일국이 가진 자원 자체의 부존량만을 기준으로 하면 중국은 비교적 풍부한 천연자원을 가진 자원부국이라고 할 수 있다.

그러나 중국에서는 개혁·개방 정책의 성공에 따라 고도성장에 필요한 산업용 원유 수요와 산업생산에 필요한 각종 자원의 수요가 폭발적으로 증가하게 되었다. 이에 따라 국제적인 자원확보 경쟁이 치열해지면서 중국의 인구 대비 자원부족은 두드러지게 된다.

중국은 1993년 이전까지만 해도 원유분야에서 자급자족을 하던 국가였다.[13] 하지만 지속적인 경제개발과 고도의 경제성장을 위해 1993년부터 석유를 수입하고 있다. 2003년도부터 중국은 일본을 제치고 미국에 이어 세계 2위의 석유수입국이 되었다. 중국의 대외석유 의존도는 점차 증가하여 2020년도 경에는 연간 5억 톤의 석유를 소비하고 이중 57%를 수입할 것으로 예상되고 있다.

2009년 2월 중국 국토자원부는 '전국광물자원규획(2008~2015년)'에서 고도 경제성장에 따른 광물자원에 대한 초과수요가 지속됨으로써 향후 자원수급에 차질이 발생할 것으로 예상했다. 그 결과 2020년 경의 중국에서는 주요 광물자원의 50% 이상이 부족할 것으로 예상되었다.

2020년까지 석탄 소비량은 35억 톤을 초과하여 2008~2020년 누계 수요량 기준으로 430억 톤을 넘어설 것으로 전망되었다. 그리고 석유 소비량은 5억 톤, 누계 수요량은 60억 톤, 철광석 소비량은 13억 톤, 누계 수요량은 160억 톤을 초

13 석유의 경우 중국의 확인된 매장량은 전 세계의 2.1%이고 산유량도 세계의 4.4%에 달하는 것으로 나타났다.

과할 것으로 전망되었다. 따라서 향후 아무런 대응조치를 취하지 않을 경우, 중국 내에서 생산되는 45종류의 광물 중, 19종류가 결핍될 것으로 전망되었다. 그리고 결핍광물 중에서 11개 광물은 국민경제의 지주성(支柱性) 광물에 속한다. 이에 따라 석유의 대외의존도는 60%, 철광석의 대외의존도는 40% 수준까지 상승할 것이고, 동과 칼륨의 대외의존도는 70% 수준을 유지할 것으로 전망되었다.[14]

〈표 4-6〉 중국의 주요 에너지 지표 전망

| | 1차 에너지 수요 (백만 toe) | 순에너지 수입비중(%) | 순석유 수입의존도(%) |
|---|---|---|---|
| 2002년 | 1,118.6 | 0 | 22 |
| 2010년 | 1,776.7 | 6 | 44 |
| 2020년 | 2,345.1 | 11 | 57 |
| 2030년 | 3,096.4 | 18 | 70 |

**출처** : APERC(Asia Pacific Energy Research Centre), *APEC Energy Demand and Supply Outlook 2006 Economic Review*, 2006

중국정부는 자원부족문제를 해결하기 위하여 해외자원개발과 관련된 업체를 인수 · 합병하여 자원 메이저 기업을 육성한다는 전략을 수립 및 실행하고 있다. 대표적인 예로 중국의 철광석 수출입을 담당하는 국영기업인 중국오광(中國五鑛)은 2009년 호주의 철광석 생산업체인 'OZ 미네랄스'를 17억 1,000만 달러에 인수하였다. 그리고 2012년에는 캐나다 광산업체인 앤빌(ANVIL)을 인수했으며, 2014년에는 페루 라스밤바스 구리광산을 인수했다.

2008년 12월 중국의 3대 아연 생산업체인 중금(中金)은 호주 아연 채굴업체인 페릴야의 지분 50.1%를 3,200만 달러에 사들였다. 그리고 같은 시기에 중국 2위 석유회사인 중국석화(시노펙)는 5억 6,100만 달러를 투자해 호주 'AED 오일'의 지분 60%를 매입했다. 이 밖에도 2008년 10월에는 중국 원자바오(溫家寶) 총리

14 오영주, "중, 광물자원 부족에 대응 움직임", Kotra 해외시장뉴스, https://news.kotra.or.kr/user/globalBbs/kotranews/3/globalBbsDataView.do?setIdx=242&dataIdx=88313(2019. 1. 23 방문)

가 러시아를 방문했을 때 차관 250억 달러를 제공하고 이를 향후 20년간 원유(현물)로 상환받는 계약도 체결하였다.

자원부족에 대비하는 중국정부와 관련 기업들의 움직임을 '자원외교'라고 표현한다. 자원외교란 국내소비량이 일정 수준에 이른 자원에 대해 국내업체가 직접 개발에 참여함으로써 자원의 안정적 공급에 기여하게 하는 것, 또는 이를 위해 국가가 외교력을 동원하는 것을 의미한다. 중국정부의 대표적 자원외교는 2000년 이후 아프리카 및 라틴아메리카 국가들과의 경제협력을 진행하는 과정에서 뚜렷하게 나타난다. 중국은 1991년 이후 외교부 장관이 매년 아프리카 국가를 첫 해외순방지로 선택할 만큼 아프리카와의 협력을 중시했다. 또한 중국은 시리아의 발전소 건설사업에 4억 유로를 지원했고, 카스피해 연안에 매장된 석유를 자국으로 가져오기 위해 3,000km가 넘는 송유관도 건설했다.

중국의 아프리카 국가에 대한 지원은 투자와 공적개발원조(ODA)가 결합된 형식의 지원에서 출발했다. 하지만 현재 진행되고 있는 정부 차원의 아프리카 국가 지원은 단순 대출뿐만 아니라 자원과 인프라를 개발하는 분야에 대한 투자까지도 포함한 다양한 형태의 경제협력으로 확대되었다.

정부 차원에서의 투자 · 협력 뿐만 아니라 기업을 중심으로 한 다양한 민간차원의 협력도 진행되고 있다. 중국은 현재 미국주도의 세계 석유시장에서 안정된 석유 수급을 확보하기 위해 CNPC, Sinopec, CNOOC 등과 같은 석유기업들을 중심으로 아프리카에 적극적으로 진출하고 있다.

이 밖에 중국정부는 라틴아메리카에의 진출에도 박차를 가하고 있다. 미국이 'Pivot to Asia' 전략을 통해 아시아 진출에 힘쓰고 있을 때, 중국은 남미국가에 대한 적극적 외교전략을 전개했다. 중국의 남미지역에 대한 자원외교는 주로 브라질, 아르헨티나. 칠레, 페루, 콜롬비아 등 5개 국가를 중심으로 진행되었다.

### 2) 환경문제

2013년 4월에 발표된 유엔환경계획(UNEP)의 보고서는 중국경제의 급성장과 고도발전이 급속한 자원고갈과 대규모 환경악화를 초래하고 있다고 지적했다.[15] 아힘 슈타이너 사무총장은 동 보고서에서 "지난 수십년간 중국의 극적 경제성장은 중국 안팎에서 전례 없는 방식으로 천연자원 수요를 증가시켰다"면서, "중국의 경제성장은 수백만 명을 가난에서 벗어나도록 했지만, 이와 함께 환경적인 도전도 발생시켰다"라고 지적했다.

중국의 경제성장에 따른 환경문제는 크게 대기오염과 수질오염, 황사 및 사막화 문제 등으로 정리할 수 있다.

#### (1) 대기오염

중국의 가장 핵심적인 환경문제로 대기오염을 들 수 있다. WHO는 전 세계 인구 중 약 100만여 명이 매년 대기오염으로 인해 사망한다고 발표했다. 중국의 대기오염은 심각한 상황으로 평가받고 있다. 중국의 대기오염 문제는 경제성장과 산업화 과정에서 석탄과 철강산업 분야에 존재하는 국영기업 등의 과잉생산이 계속되면서 더욱 심화되고 있다. 이러한 상황에서 중국 내의 자동차 구입 대수 급증은 대기오염의 문제를 더욱 가속화시키고 있다. 2011년 말 기준으로 중국의 자동차 보유 대수는 1억 대를 돌파함으로써 미국에 이어 세계 2위의 자동차 보유국이 되었다.

대기질 개선 노력으로 중국정부는 2013년부터 '대기오염 방지 행동계획'을 발표하고, 석탄 사용량을 줄이기 위해 노력하고 있다. 우선 중국경제의 3대 핵심지역(베이징-톈진-허베이, 양쯔강 삼각주, 주강 삼각주)에서 신규 석탄화력발전소 건설을 금지시켰다.

15 중국의 광대한 영토와 많은 인구, 급속한 경제성장, 무분별한 개발이 합쳐져서 최악의 대기오염이 발생하고 있다.

2014년 3월 중국정부는 '대기오염과의 전쟁'을 선포하고 이에 대한 개선 노력을 강화하였다. 도시지역의 미세먼지 농도를 최소 10% 정도를 줄일 것을 목표로 대기질 또는 공기질 개선 계획을 발표했다. 이 계획에 따라 베이징은 대기질 내의 미세먼지를 25% 정도 줄이는 계획에 1,200억 달러(128조원)의 예산을 배정했다.

그 후 중국정부는 더욱 강력한 대기오염대책과 석탄 소비량 감축목표를 발표했다. 중국정부의 이러한 노력으로 석탄 소비량은 2.9% 감소했고 이산화탄소 배출량은 1% 감소했다. 중국정부는 이 밖에도 2030년까지 1차 에너지 총 소비량의 20%를 대체 에너지로 전환하기로 했다. 그 과정에서 중국정부는 철강 생산능력도 감소시키고 석탄 광산의 폐쇄도 시작하였다. 베이징, 상하이, 광저우 등의 대도시에서는 차량의 운행 대수를 통제하기 시작하였다.[16]

대기오염에 대한 또 다른 대책으로 탄소배출량 감축을 통한 미래경쟁력 강화를 위해 전기차 산업의 육성이 발표되었다. 중국정부는 이를 위해 2025년까지 신차 판매의 5분의 1을 전기차로 대체하겠다고 발표했다. 전 세계 휘발유의 11%를 사용하고 있는 중국의 상황을 고려해 볼 때 정부의 전기차 육성정책이 어느 정도 성과를 거둘 경우 조금 과장해서 이야기한다면 조만간 화석연료의 시대가 끝날 것이라는 예측도 할 수 있다.

중국정부의 대기오염 저감노력은 어느 정도 효과를 보이고 있다. 뉴욕타임즈(NYT)는 2018년 3월 12일의 'Four Years After Declaring War on Pollution, China Is Winning' 기사를 통해 "도시지역에서 미세먼지 농도가 지난 4년 동안 평균 대비 32% 줄었다"라고 보도하면서 중국정부가 대기오염과의 전쟁에서 승리하고 있다고 평가했다.

하지만 중국의 대기질 문제는 최근 미세먼지의 국적 논란과 함께 국제갈등

---

16 이러한 과정에서 중국정부에서 실행하고 있는 일부 환경개선조치들이 지나치게 엄격하게 적용됨으로써 일부 문제를 발생시키고 있다. 예를 들어 중국의 환경부가 2017년 발표한 공기질 개선 계획에 따라 석탄 보일러가 제거되었다. 하지만 이를 대신할 난방기구가 없어서 몇몇 가정집과 사업장, 학교 교실은 2017년 겨울을 난방 없이 버텨야 했다.

의 중요요인으로 증폭되고 있다. 중국의 대기오염이 바람을 타고 다른 국가로 전이되면서 국제환경분쟁을 발생시키고 있는 것이다. 바람은 보통 기온이 낮은 곳에서 높은 곳으로 이동하는 공기의 흐름이다. 기압과 기온의 차이가 클수록 바람도 세진다. 그리고 고위도 지방의 기온이 상승하면 고위도와 저위도 지방 간의 온도차는 줄어들게 되고, 이에 따라 바람은 고위도에서 저위도 지역으로 불게 된다. 중국에서 시작된 대기흐름은 산업화 과정에서 대규모로 건설된 동부 연해안 지역의 공장에서 배출된 유해금속과 합류하면서 전 세계로 퍼져 국제 간 문제로 증폭된 것이다.[17]

출처 : 新华社(http://www.xinhuanet.com/)

[그림 4-3] 중국의 대기오염

### (2) 수질오염

중국의 수질오염도 심각한 상황에 직면하고 있다. 중국에서는 매년 1,700여 건의 수질오염사건이 발생하고 있고, 주요 하천의 75%가 어류 생존이 불가능하

17 초봄 황사바람이 시작되면 동부 연안지역에 설립된 공장에서 배출한 유해 중금속이 포함되기 시작하면서 국제문제화되기 시작한 것이다.

다고 평가받고 있다. 이 결과 현재 약 2억 8천여만 명의 중국인들이 안전하지 않은 중금속과 유해물질이 잔뜩 들어있는 식수를 제공받고 있다고 평가된다.

중국 환경보호부의 통계를 근거로 수질오염의 정도를 살펴보면 2014년 기준으로 7대 수계(水系)[18] 가운데에서는 주장(珠江)과 창장(長江)의 수질만이 양호한 상태이다. 나머지 5개 수계의 수질은 오염이 이미 상당 수준으로까지 진전된 상황으로 평가받고 있다. 그중에서도 베이징, 톈진, 허베이 지역을 거쳐 흐르는 하이허(淮河)의 경우에는 이미 수자원의 37.5%가 이미 심각한 오염상태에 있다는 평가를 받고 있다.

### (3) 토지의 황막화 문제

토지의 황막화 문제도 중국의 환경문제를 대표하는 문제라고 볼 수 있다. 황막화 문제란 토지의 사막화 문제와 황폐화 문제를 통칭하는 용어이다. 중국 국가임업국은 2015년 12월 29일 제5차 전국 황폐화 및 사막화 토지 감측결과를 발표했다. 국가임업국의 감측결과에 따르면 2014년 말 기준으로 중국의 황폐화 및 사막화 토지면적은 전국의 약 45%를 차지하는 것으로 나타났다. 2014년까지 중국의 황폐화 토지면적은 261만 1,600평방킬로미터, 사막화 토지면적은 172만 1,200평방킬로미터로 각기 전국 국토면적의 27.2%와 17.93%를 차지하는 것으로 나타났다.[19]

사막화란 환경의 황폐화로 토지의 생산성이 저하되는 현상으로, 본래는 사막이 아니었던 지역에서 사막과 유사한 광경이 출현하는 환경변화 과정을 의미한다. 지금까지 중국 토지면적의 27%에 달하는 거대한 지역이 사막화되었으며, 매년 3,500여 킬로미터에 달하는 지역이 사막화되고 있는 것으로 전해지고 있다.

18 주장(珠江), 창장(長江), 쑹화장(松花江), 황허(黃河), 화이허(淮河), 랴오허(遼河), 하이허(海河) 등

19 이는 5년마다 실시되는 감측결과로 지난 감측은 2009년에 실시되었다. 제5차 감측결과는 2009년에 실시된 제4차 감측결과에 비해 중국의 황막화와 사막화 현상은 전반적으로 억제되었고 그 면적 또한 줄어들고 있는 것으로 나타났다.

사막화가 빈번하게 일어나는 대표적 지역으로는 전체 사막화 토지의 95%를 차지하는 신장(新疆), 네이멍구(內蒙古), 티베트(西藏), 간수(甘肅), 칭하이 등 서부 지역의 5개 성이 있다. 토지의 황폐화(land degradation)는 기후변화 및 인류활동 등과 같은 각종 요인에 기인하여 토지의 황폐화가 진행되는 것을 의미한다. 토지의 황폐화는 토지의 생물과 경제의 잠재생산력이 감소하기 때문에 심각한 국가적 문제로 인식된다.

중국정부는 2020년까지 매년 2만 평방킬로미터에 달하는 토지를 사막화로부터 복원시키는 계획을 수립했다. 중국정부가 추진하고 있는 황막화 토지에 대한 과학적 복원방법으로 항공파종과 육림 · 육초, 인공조림과 결부해 복원하는 것과 교목 · 관목과 결부해 복원하는 방법이 있다. 즉, 조건이 허락되는 경우 항공파종을 통해 조림을 진행하고, 조건이 매우 좋아 인공조림이 가능한 경우에는 인공조림을 진행한다. 그리고 강유량이 적고 지하수의 수위가 매우 깊은 곳에 존재하는 등과 같이 개발조건이 열악한 지역에는 교목을 심고, 그렇지 않은 대다수 지방에서는 관목 위주로 육림을 진행하고 있다. 관목은 가뭄에 잘 견디고 뿌리가 발달해 풍사를 막는 효과가 크다.

## 2.3 글로벌 불균형과 세계경제위기

장기간 지속된 고도의 경제성장은 글로벌 불균형(global imbalance) 문제를 발생시키고 있다. 고도의 경제성장을 통해 중국인들의 삶의 질과 중국경제의 세계 경제적 위상은 급속히 상승했다. 하지만 이러한 과정에서 세계의 부가 한쪽으로 흘러가는 경제적 쏠림현상이 발생했다.

글로벌 불균형이란 미국의 경상수지 적자가 유례없이 커진 반면 미국 외 국가, 특히 중국을 필두로 한 아시아 국가들의 경상수지 흑자는 대폭 증가해 글로벌 시장에서 지역별 불균형이 심화된 현상을 의미한다. 중국은 이러한 '글로벌 불균형'의 핵심 유발국가로 지목을 받고 있다. 이에 따라 세계 제국으로부터 중국의 경상수지 흑자에 대한 개선요구가 강화되고 있는 상황이다.

미국을 비롯한 많은 국가들은 오늘날과 같은 중국경제의 급성장과 이로 인한 글로벌 불균형 현상이 자연스러운 경제현상이 아니라 중국정부의 인위적인 개입에 의해 만들어졌다는 생각을 갖고 있다. 특히 미국은 중국 대미무역수지 대규모 흑자 원인을 1994년도에 이루어진 위안화에 대한 평가절하 때문이라고 판단하고 있다.[20] 미국은 중국이 위안화의 인위적인 대규모 평가절하를 바탕으로 막대한 대미무역수지 흑자를 기록했고, 그 후 미국 국채의 적극적인 매입을 통해 미국에 대한 최대 채권국가로 자리매김하였다고 보고 있다.

글로벌 불균형은 2008년에 발생한 '글로벌 금융위기' 등과 같은 세계금융위기의 주요 원인 중 하나로 지목받음으로써 세계적으로 중요한 경제문제가 되고 있다. 중국의 장기적 무역흑자는 미국이나 관련국 (달러)자금의 신흥경제국에 대한 대규모 이동을 만들어 내었다. 이렇게 유입된 자금은 다시 달러채권 매입 등과 같은 방식을 통해 미국 등과 같은 선진국 금융시장으로 유입되었다. 그리고 이는 부동산 매입 등과 같은 자산매입의 거품현상을 발생시켰다. 결국 그 과정에서 글로벌 금융위기가 발생하게 되었다고 평가받고 있다.

글로벌 불균형이 유발할 수 있는 또 다른 경제문제로 세계적 국가부채 위기를 들 수 있다. 사실 일국의 고도 경제성장을 위한 과도한 무역수지 흑자정책은 교역상대국들에게는 과도한 무역수지 적자를 강요함으로써 국가부채 위기에 직면하게 만든다. 더 나아가 글로벌 불균형의 심화는 이들 국가가 국가부채의 위기에서 벗어날 수 있는 기회조차 박탈해 버릴 수 있다. 특히 중국과 같이 대외무역을 중심으로 한 외향적 경제성장을 추구하거나 빠른 속도의 경제성장을 추구하는 국가일수록 이러한 경향은 강하게 나타난다.

그리고 대외지향적 경제성장방식의 지속은 정부의 인위적인 외환시장 개입과 같은 경제갈등도 발생시킨다. 미국과 유럽의 선진국들은 중국이 자국의 수출

---

20 1994년 1월 1일 중국정부는 위안화의 환율을 30% 인상하여 대폭적인 환율조정을 행하였다.

경쟁력을 높이기 위해서 인위적으로 외환시장에 개입하여 자국의 화폐가치를 하락시킴으로써 자신들의 무역수지 적자가 해소되지 않는다고 보고 있다.

미국은 이러한 이유 때문에 2011년 환율감독개혁법을 제정하여 인위적인 환율조작국에 대한 보복을 가능하도록 했다.[21] 미국의 경우 중국의 인위적 환율개입을 통한 무역수지 흑자 확대를 막기 위해서 G-20을 통한 환율공조를 확대했고, 미·중 간 경제대화도 강화하고 있는 상황이다.

## 2.4 부패문제[22]

개혁·개방 이전의 중국에서는 사람들이 단일한 소득원만을 가지고 있었기 때문에 부패는 쉽게 발각되었다. 따라서 자연스럽게 부정부패를 방지할 수 있었다. 하지만 개혁·개방 정책의 추진과 고도의 경제성장이 추진되는 과정에서는 금전적 인센티브가 사회적 효용성을 높이는 가장 중요한 수단이 되었다.

그로 인해 중국인들의 소득원은 점차 분산되었고, 다양한 음성 소득원이 증가하면서 부패를 파악하기가 힘들어졌다. 현재 중국에서는 광범위한 관료사회의 부패가 소득격차를 더욱 확대시킴으로써 여러 사회계층의 분노를 야기시키고 있다. 부패란 불법적이거나 부당한 방법으로 물질적·사회적 이득을 취하는 것을 의미한다. 부패로 인한 경제적·사회적 비용은 공공영역으로 확산될수록 증대된다는 특징을 가지고 있다. 부패는 공공투자와 관련된 정책결정과정을 왜곡시키거나, 또는 민간투자의 활력을 저하시키는 등과 같은 다양한 방식으로 해당국의 경제성장을 저해시킬 수 있다.

---

21 미국 정부는 동 법의 제정을 통해 특정 국가가 인위적으로 환율시장에 개입하여 조작함으로써 무역수지 흑자를 확대했다고 판단하는 경우, 이러한 정부의 행위를 보조금 지급행위로 간주함으로써 이에 대한 보복 또는 상계관세를 부과할 수 있도록 했다.

22 이하의 내용은 우수근, 『중국을 이해하는 9가지 관점』, 살림지식총서, (주)살림출판사, 2008.을 참고·보완하였음을 밝힌다

중국의 지니계수는 2008년 기준으로 최고치인 0.491을 기록하면서, 한때 폭동이 발생할 수 있는 수준까지 높아진 적이 있었다. 중국에서는 관리들의 만연된 부정부패 문제를 개탄하는 차원에서 한자의 부패(腐敗) '부(腐)'자를 현대식으로 바꿔야 한다는 풍자가 나돌았다. 부패할 '부'자는 정부(政府)를 나타내는 '부(府)' 자 밑에 고기를 의미하는 '육(肉)'자가 결합된 글자이다.[23] 하지만 요즘은 뇌물로 고기보다는 주로 돈과 여자가 활용된다. 따라서 중국에서는 이러한 상황을 고려하여 부(府)자의 밑에다가 육자 대신에 '금(金)'자와 '여(女)'자를 붙인 신종 문자를 만들자고 비꼬고 있는 것이다.

사실 관료나 정치인들의 부패는 중국뿐 아니라 다른 모든 국가에서도 발생하는 현상이다. 그럼에도 불구하고 부정부패의 문제가 중국에서 특히 심각하게 받아들여지는 것은 중국의 부정부패 종류나 정도가 너무 심하기 때문이다. 중국사회에서는 관료나 정치인들의 뇌물거래, 공갈협박, 연고주의 등이 너무 만연되어 있고, 끊임없이 표출됨으로써 국가의 존망에 위험을 줄 정도로 인식되고 있다.

중국정부도 이러한 이유 때문에 부패척결 노력을 강화하고 있다. 중국의 부패현상에는 몇 가지 특징이 있다. 첫째, 부패사건 관련 금액이 상상하기 힘들 정도로 엄청나다. 한국 돈으로 환산하여 10억 단위의 금액과 관련된 오직사건(汚職事件)[24]이 계속 발생하며, 그 금액 또한 날로 증가하고 있는 상황이다. 과거 1995년 베이징시의 전 서기였던 천시통(陳希同)은 3,521만 위안의 오직사건과 관련되었다. 하지만 그 10년 후인 2006년 9월 상하이시 전 서기였던 천량위(陳良宇)가 관련된 사건에서는 관련 액수가 약 30억 위안으로 증가하였다. 이 두 사건은 모두 중국을 대표하는 베이징과 상하이의 당서기가 관련된 오직사건이다. 하지만 금액 면에서 80배 이상의 차이가 난다. 그리고 더욱 주목할만한 것은 공무원과

---

23 이는 이 문자가 만들어질 당시의 고기는 매우 비싼 음식이어서 관료들에게 뇌물을 줄 때면 주로 고기가 사용되었기 때문이라고 한다. 이로 인해 부(府)에 육(肉)자를 붙여 부패의 부(腐)자가 탄생한 것이다.

24 공권력 또는 공직상의 직권을 불법 · 부당하게 이용해 개인적인 이익을 추구하는 공무원 부패를 말한다.

관련된 부패사건에서 관련 금액은 중국정부의 최고수뇌부가 부패척결 노력을 강화할수록 커진다는 것이다.

둘째, 중국에서 부정부패는 믿기 힘들 정도로 넓은 영역에서 발생하고 있다. 중국 사정당국의 조사 결과, 중국 각지의 무기고에 보관되어 있어야 할 각종 군수장비가 장부의 수치와 현저하게 차이가 났다. 더욱 심각한 것은 사라져 버린 군수장비의 종류에 전투기, 탱크, 장갑차, 소총, 전략용 연료, 대량의 야전침대, 군화 등과 같은 전략물자도 포함되었다는 것이다.

인민해방군의 총참모부, 총장비부, 군사규율위원회 등으로 구성된 '특수안건조사팀'의 조사를 통해 산시성, 윈난성, 쓰촨성, 후난성, 광시 치완족 자치구 등의 각 군수창고에 보관되어 있어야 할 대량의 군수 물품이 사라졌다는 것이 확인되었다. '폐기처분'되었던 탱크나 항공기가 알루미늄 합금의 형태로 기업에게 전매되었고, 소총은 암거래 시장에서 마피아 등에게 판매되었다. 특히 중국이 자랑하는 미그 전투기 360기도 알루미늄 합금으로 전매된 사실이 드러났다. 탱크 1,800량은 비밀리에 분해되어 부품으로 판매되었고, 쓰촨성의 군수창고에 있던 소련제 'T48' 및 'T50' 탱크와 장갑차도 산산이 분해되어 밀매되었다.[25]

셋째, 부패관리의 배후에 여성들이 존재하고 있다. 중국의 신문보도에 의하면 부패간부의 95% 정도가 '애인'을 두고 있었다.[26] 이는 부패가 얼마나 여성과 밀접하게 관련되어 있는지를 알려주는 단적인 예다.[27] 부패관리들 또한 애인들의

25 당시 탱크나 장갑차의 모터는 1기에 10,000위안 정도에 팔렸다. 철강판은 제철회사에 팔려나갔고 'T55' 탱크 700량은 아시아 각국으로 홀연히 그 자취를 감추었다. 이러한 군수물품의 판매대금은 지방부대 간부들의 부수입으로 채워졌다. 이에 대해 보고서는 '전형적인 야쿠자식 상거래로 국가자원을 갉아먹은 것'이라고 평가하고 있다. 군과 지방정부가 결탁하여 군수장비 및 물자를 '폐기처분' 명목으로 전매하고 있는 것이다.(우수근, 『중국을 이해하는 9가지 관점』, (주)살림출판사, 2008.)

26 더욱 심각한 것은 이들 부패관리들에게는 여러 명의 애인이 있다는 점이다. 중국의 신문보도에 따르면, 중국의 한 지방 국장에게는 15명의 애인이 있었다고 발표되었다.

27 부패적발의 계기도 부패관리의 애인들과 밀접하게 연관되어 있는 경우가 많았다. 결국 부패한 관리의 여자들이 자기의 '나으리'를 고발함으로써 드러나는 경우가 많았던 것이다. 부패관리들은 그들의 애인들을 위해 돈과 귀금속 등을 제공해 왔지만, 그 욕망이 충족되지 않을 때 애인들이 배신하기 때문이었다.

욕망을 채워주기 위해서 부패의 정도를 더 심화시켰다.

글로벌 경제 시대에서 청렴(integrity)은 국가브랜드와 경쟁력 향상에 영향을 미치는 중요한 요소로 평가받고 있다. 전 세계 국가들도 이러한 이유 때문에 OECD 뇌물방지협약(1999년), 유엔반부패협약(UNCAC, 2003년), G20 반부패 행동계획(2010년) 등을 제정하여 전 세계적 차원에서 부패를 감시하고 공정경쟁을 추구하고 있는 것이다.

이젠 부패한 정부나 관리가 존재하는 국가는 국제거래에서 직접적인 불이익과 경제성장에 대한 제약을 받을 수 있는 상황이 되었다. 중국정부도 부패와 경제성장, 국가경쟁력 간의 관계를 인지하여 국가 청렴도의 제고를 위한 반부패정책 도입을 강화하고 있다.

현재 추진되고 있는 중국정부의 반부패정책에는 다음과 같은 특징이 나타나고 있다.[28] 첫째, 부정부패를 척결하는 데 끝까지 추궁하며, 척결과정에는 상한선이 없다. 중국 내에 존재했던 이전 정권들의 반부패 조사는 대부분 하급 간부나 지방간부들만을 대상으로 진행되었고, 중앙 간부의 처벌 사례는 극히 드물었다. 하지만 시진핑 정권에서 처벌받은 간부들은 저우융캉(周永康), 쉬차이허우(徐才厚), 쑤룽(蘇榮), 링지화(令計劃) 등과 같은 중앙급 간부들이었다.

상한선을 두지 않는 대규모 반부패 척결운동은 과거 장쩌민 정권과 후진타오 정권에서는 찾아보기 힘든 일이었다. 특히 과거엔 정치국 상무위원의 부패연루 사건이 드러나도 주변 인물만 조사를 받는 경우가 대부분이었다. 하지만 시진핑 정권에서는 '호랑이급 부패 사범'이라 언급하며 집중 조사를 했다.[29]

둘째, 부패척결에 관한 조사와 행동이 집중적이고 빨라졌다. 최근 이루어진 반부패 척결의 과정을 살펴보면, 중앙규율검사위원회가 조사 대상자들이 인지하

28 중국학 위키백과, "반부패운동", SinoWiki의 재구성(http://chinesewiki.uos.ac.kr/wiki/index.php/반부패_운동 : 2019. 3. 22. 방문)

29 예를 들면 저우융캉의 경우 전 정치국 상무위원임에도 불구하고, 본인과 본인의 가족 및 측근을 포함한 10여 명의 인원들이 일거에 낙마했다.

〈표 4-7〉 부패에 대한 중국정부의 개선노력

| 실시 시기 | 법률, 법규, 제도 | 주요 내용 |
|---|---|---|
| 2007. 1. | 돈세탁 방지법 | - 금융기구의 돈세탁 방지 관련 규정 제정 (고객신원확인, 신고의무 등) |
| 2007. 9. | 국가예방부패국 설치 | - 국무원 직속기구로 고위공직자 부정부패 조사기구 |
| 2010. 10. | 행정감찰법(수정) | - 1997년 법률 제정<br>- 공무원 및 행정기관, 행정부 파견인원 및 조직 감찰·감사 규정 |
| 2010. 12. | 공산당청렴건설책임제 실시규정 | - 1998년 규정에 대한 1차 수정<br>- 당원 및 고위공직자 부정부패에 대한 책임자 처리 강화 |
| 2010. 12. | 청렴을 위한 '8항규정' | - 허례허식, 형식주의 금지를 명문화 (공산당 중앙정치국 공포) |
| 2012. 12. | 반부패청렴건설백서 | - 중국 최초로 국무원이 공포 |
| 2013. 9. | 공직자 비위제보 사이트 | - 중앙규율검사위원회, 감찰부가 개설 |
| 2014. 1. | 2013 반부패보고서 | - 중앙규율검사위원회가 최초로 공포 |
| 2014. 11. | 베이징 반부패 선언 채택 | - 제26회 APEC 베이징 회의에서 시진핑 국가주석은 향후 중국의 중요한 개선 목표 중 하나는 반부패로 이에 대한 척결에 주도적 역할을 할 것을 표명<br>- 회의·출장 간소화 및 근검절약 등 8개항 규정을 실시 |
| 2017. 1. | 국가적 반부패단속조직의 신설방침 확인 | 중국중앙규율검사위원회 전체회의 |
| 2018. 3. | 국가감찰위원회의 공식출범 (이를 뒷받침하기 위한 '감찰법'이 제정됨) | - 기존의 국무원 감찰부, 국가예방부패국과 인민감찰원의 반부패 조직을 통합하여 출범한 거대 사정기구<br>- 국가기구 내 서열은 국무원과 중앙군사위원회 다음(최고인민법원과 최고인민검찰원보다 상위 기구) |

지 못할 정도의 빠른 속도로 부패 사범들을 척결하고 있다. 예를 들어 완칭량(萬慶良) 광저우시위원회 서기는 성 정부의 회의 시간에 체포되었으며, 탄리(潭力) 하이난(海南) 부성장은 골프를 치다가 체포당했다. 이는 시진핑 정권의 부패척결에 관한 조사와 행동이 성급 서기조차 조사 흐름을 파악하지 못할 정도로 은밀하고 철저하며 신속하다는 것을 말해준다.

하지만 중국정부의 반부패 노력에도 불구하고 부패지수는 뚜렷하게 개선되고 있지 못하다. 세계반부패운동단체인 국제투명성기구(Transparency International ; TI)가 발표한 국가별 청렴도 비교수치인 '2017 국가별 부패인식지수(Corruption Perception Index)'에 따르면 중국은 2013년에 100위[30]였던 것이 강력한 반부패정책의 실시 이후인 2016년에는 79위, 2017년에는 77위 정도로 개선되었다.

결과적으로 중국의 부패지수는 개선되고 있으나 여전히 높은 수준이라는 것을 보여준다. 그리고 급속한 경제성장에 따른 부정부패의 심화는 결국 중국의 경제성장과 국가경쟁력 제고에 대한 도전과제로 작용할 가능성이 높다는 것을 보여준다.

## 2.5 교육문제

고도 경제성장은 중국민의 삶의 질과 교육수준을 눈부시게 향상시켰다. 하지만 중국에서는 이러한 교육수준의 향상이 표면적으로만 개선되었을 뿐 오히려 빈부격차를 악화시키는 구조로 작용하고 있다는 평가를 받고 있다.

중국의 교육체계는 취학 전 교육, 초등교육, 중등교육, 고등교육의 4단계로 구성된다. 학제를 살펴보면 초등교육 6년, 중등교육(중학교 3년, 고등학교 3년) 6년, 고등교육 4년으로 운영된다. 이 중에서 초등교육과 중등교육(중학교)은 의무교육이다.

하지만 의무교육의 강화를 통한 교육불균형 해소정책은 실질적인 측면에서 평가해 보면 교육불균형을 확대시키고 있는 것으로 평가되고 있다. 1993년 통계를 기준으로 중국에서는 대학생의 40% 이상이 시골 농가나 공장 노동자 가정의 자녀였다. 하지만 최근에는 부유층의 자제만이 대학 캠퍼스를 채우고 있다는 분석이 나오고 있다. 21세기교육연구원이 2014년 5월에 발표한 '중국교육발전보고

30 시진핑 정부 취임 전 2012년에는 80위를 기록했다.

2014'에 따르면 2012년의 '평생교육기간' 조사에서 베이징(11.8년), 상하이(10.7년), 텐진(10.5년)과 시짱(5.1년), 구이저우(7.6년), 칭하이(7.6년) 등의 지역들 사이에 큰 교육격차가 존재하는 것으로 나타났다. 이러한 결과는 지역들 간의 교육격차가 10년 전보다 더욱 악화되었음을 보여준다. 베이징의 '교육지니계수'(0~1. 수치가 높을수록 불균형)는 2002년도 기준으로 0.193이었던 것이 2012년에는 0.174로 하락했다. 하지만 같은 기간 시짱은 0.449에서 0.453으로 상승했다. 이는 시장의 교육불균형이 10년 전보다 더 심화되었다는 것을 보여준다.[31]

중국 내에서 나타나는 이러한 교육불균형은 교육기회의 불평등에 기인한다. 중국에서 고중학교(한국의 고등학교)에 진학하는 시골지역 학생은 10% 미만에 불과하지만 도시지역 출신은 70%나 된다. 교육불균형에 대한 총계 결과는 대학진학을 기준으로 보면 그 격차가 더 벌어진다. 즉, 도시지역 학생들은 3분의 1이 대학에 진학하는 데 비해 시골지역 학생들은 8%만이 대학에 진학하는 것이다.[32]

교육불평등의 원인으로 첫째, 도농 간 이원화된 구조이다. 이로 인해 정책과 제도의 차별화가 발생해 결과적으로는 도농 간 교육불균형이 발생되었다. 도농 간 이원화 구조는 이원화 호적제도로부터 시작되어 차츰 사회 전체에서 이원화된 관리체제를 고착화시켰다. 도농 간 이원적 관리체계는 다양한 분야에서 각종 지원이 도시지역에 집중되게 함으로써 농촌의 기초시설과 교육 등에 대한 지원을 부족하게 만들었다. 그리고 이러한 불균형은 결과적으로 도시와 농촌 간의 경제 및 사회 발전의 양극화를 초래하게 되었다.

도농 간의 이원화된 사회관리체제는 교육분야에서도 마찬가지로 나타났다. 도농 간 교육분야에 대한 이원적 관리체계는 결과적으로 도농 간 교육격차를 더욱 크게 만들었다. 우수한 교육자원의 도시집중현상이 조성되면서 도농 간 교사(校舍)·설비·교원·교육의 질 등과 같은 분야에서 양극화를 만들어 내었던 것

31 연합뉴스, "경제대국 중국의 그늘…심화하는 교육격차", 2014. 7. 22.

32 국민일보, "중국의 교육 불평등 계층사다리 걷어찼다", 2016, 6. 5.

이다.

둘째, 의무교육 정책이 교육 불평등을 발생시켰다. 중국에서는 초・중학교에 대한 의무교육만을 실시하고 나머지 과정에 대해서는 개별 가계가 교육에 대한 비용을 부담하도록 하고 있다. 『이코노미스트』는 "구매력 대비 중국의 고등학교 교육비용은 세계 최고 수준이다. 그 결과 생계가 급한 가정의 학생들이 초・중학교 과정에서 자퇴하는 사례가 부지기수로 나타나고 있다"고 보도했다. 빈혈과 회충 등 기본적인 위생과 영양부족에 시달리는 시골지역 학생들의 학업성취도가 떨어지는 것도 당연한 결과라고 볼 수 있다.

셋째, '중점학교'로 불리는 역점학교 제도도 문제가 된다. 오랫동안 실시된 도시지역 학교에 대한 운영보장과 중점학교 정책 등으로 인해 제한된 재정과 자원이 도시, 특히 중점학교에 집중되면서 농촌지역 교육이 점점 낙후되는 결과가 나타났다. 일반학교에 비해 월등히 좋은 교육환경이 제공되는 '중점학교' 제도 하에서 도시지역의 학생은 농촌지역의 학생에 비해 당연히 높은 성적을 받는 것이다.

중국정부는 경제성장과정에서 만들어진 교육불균형의 문제가 심각한 사회갈등을 초래할 수 있다는 것에 주목하였다. 그래서 교육불균형을 해소하기 위하여 첫째, '2010~2020 국가중장기교육개혁 및 발전전략'을 발표하였다. 동 개혁 및 발전전략은 공평한 교육 기회의 부여, 질적 제고를 통한 지역 간 교육격차의 완화, 혁신적 인재 양성 등을 목표로 하고 있다. '교육개혁 및 발전전략'의 실행을 통해 중국정부는 고등학교 진학률을 90%까지, 대학진학률을 2010년의 26.5%에서 궁극적으로는 40%까지 올릴 계획이다.

둘째, 중국정부는 2000년부터 도농 간 이원화 체제를 개혁하여, '도농일체화' 정책을 확립함으로써 도농 간 교육격차를 해소하려고 노력하고 있다. 국무원은 2015년 '도농 의무교육 경비보장기제 완선에 관한 통지'를 발표했다. 이 통지는 농촌지역에 대한 교육지원이 국가지원의 중심이 되게 함으로써 농촌과 도시 교육평등을 추구하게 하였다.

동 통지에서는 농촌지역 아이들도 도시지역 아이들과 같은 대우를 받을 수 있도록 했다. 2016년부터 의무교육제도를 정비하여 교육자원의 도농 간 균등 분배를 실시해 의무교육이 지속적으로 발전할 수 있도록 만들었다. 그리고 2006년부터 실시해 온 '도농 간 의무교육 경비보장기제'를 보완하여 의무교육을 공공재정 범주에 더 많이 포함시킴으로써 의무교육의 균형적 발전을 강화하도록 했다.

하지만 새로운 도시의 출현과 호적제도 개혁에 따라 학생의 도시 유입이 더 빠르게 진행되면서 의무교육 경비보장제도의 개선이 시대적 변화를 따라가지 못한다는 비판에 다시 직면하고 있다.

셋째, 중국정부는 개혁·개방 이후 크게 벌어진 도농 간 교육격차를 해소하기 위해 농촌지역에 대한 기초교육투자를 증가시켰다. 그리고 농촌지역 교육을 견인하기 위한 '일비제', '양면일보'[33], '무상 의무교육' 등과 같은 다양한 정책을 제시하였다. 하지만 이들 조치의 실행만으로는 도농 간 교육격차를 완전히 줄이기에는 여전히 부족한 상황이다.

---

33 양면일보란 중국정부가 농촌 의무교육단계(초등학교 및 중학교) 저소득층 학생을 대상으로 실시하는 지원 정책으로 농촌 학생들에게 교과서를 무료로 제공하고, 학잡비를 면제하며, 기숙사 생활을 하는 학생에게 일정 금액의 생활비를 지원하는 제도이다. 이 제도는 2001년부터 실시되었는데, 교과서 대금은 중앙정부가, 학잡비와 생활비 지원은 지방정부가 분담하고 있다. 2005년 중앙 및 지방정부는 양면일보 정책을 위해 70억 위안(약 1조 2,000억 원)을 책정하고, 중서부 빈곤지역 3,400만 명 학생에 대해 재정지원을 하였다. 2006년 서부지역부터 시작하여 모든 의무교육단계 학생의 학잡비를 면제하기 시작하였고, 2007년부터는 전국 농촌 의무교육단계 가정경제 곤란 학생들이 모두 양면일보 정책의 혜택을 누릴 수 있도록 하였다.

CHAPTER 5

# 토지 및 노동시장 환경

1. 토지정책 및 제도적 환경
2. 노동시장 환경

# 1. 토지정책 및 제도적 환경

## 1.1 토지정책의 변천

중국공산당이 사회주의국가를 건설할 수 있었던 핵심 이유는 토지문제에 대한 적극적이고 성공적인 대응 때문이었다. 중국인들에게 토지는 빈곤의 탈출과 생활 및 문화적 근거로서 중요성을 가지고 있었다. 과거 중국공산당은 토지문제가 갖는 중요성을 인식했고, 이를 적절히 활용함으로써 사회주의국가 건설에 성공할 수 있었다. 만약 당시의 국민당 정부가 토지개혁을 성공적으로 실행할 수 있었다면 대륙의 정권을 차지하기 위해 진행되었던 공산당과의 전쟁은 그 결과가 달라졌을 것이다.

중국의 토지정책과 제도는 3단계 변화과정을 거쳐 오늘날과 같은 모습으로 변했다. 첫 번째 단계는 무상몰수와 무상분배 방식을 통한 빈곤농(貧農)과 고용농(雇農)을 중심으로 하는 '농민의 토지에 대한 균등소유원칙'과 이를 바탕으로 하는 토지 사유화의 추진단계이다. 두 번째 단계는 합작사와 인민공사 설립과 확산을 통해 확립된 토지제도로 농촌토지의 집체소유제(集體所有制)와 도시토지의 전민소유제(全民所有制) 단계이다. 세 번째 단계는 개혁 · 개방 정책이 본격화된 1980년대 이후에 나타난 농촌과 도시 토지재산권 제도 확립의 단계이다. 중국 토지정책에 대한 변천과정을 정리해 보면 다음과 같다.

### 1) 토지 사유화 추진단계(1921 ~ 1952)

중국공산당은 국민당과의 혁명전쟁의 시기부터 신중국 건국 초기까지는 토지사유제를 인정했다. 토지사유제를 인정한 이유는 혁명전쟁에 승리하기 위해서는 군중의 지지가 필요한 데다 인력을 동원하기 위해서는 인구의 절대다수를 차지하고 있는 농민계층의 지지가 필수적이었기 때문이다.

중국공산당은 창당 이후 당의 강령상으로는 토지 및 기타 생산수단의 사회소유 원칙을 고수했다. 하지만 실질적으로는 '경자유전(耕者有其田)', 토지의 무상몰수, 빈농(貧農)과 고용농(雇農)에 대한 토지의 우선 무상분배, 농민의 채무 탕감 등과 같은 정책을 기치로 내걸고 농민의 토지사유제를 인정했다.

그러나 중국 내에서 수천년 동안 이어온 토지에 대한 지주제나 봉건토지소유제 등과 같은 요소를 완전히 제거하는 것은 힘든 일이었다. 이러한 이유 때문에 혁명전쟁 중에는 부농과 대지주의 토지소유를 인정하는 등과 같은 정책도 기존의 여러 가지 정책과 함께 실시되거나 인정되기도 했다.

1949년 사회주의 정권이 출범하면서 지주계급의 봉건 착취적 토지소유제를

출처 : 观风闻(http://suser.guancha.cnmaincontentid=66213&s=zwyess)

[그림 5-1] 중국 토지법 대강 발표

폐지하는 방향으로 토지개혁법이 제정 · 발표되었다. 그 뒤 1950~1952년 동안에는 지주소유제 요소가 남아 있던 토지소유방식을 빈농과 고용농 우선의 평균토지소유제로 전환하는 개혁작업이 계속되었다.

1952년에는 토지소유제 개혁이 완료되었다. 토지소유제 개혁의 완료 이후 중국정부는 토지를 새롭게 분배받은 농민에게 토지소유증을 발급하였다. 이에 따라 모든 토지소유자의 자유경영과 그 토지에 대한 매매 및 임대의 권리가 승인되었다. 그리고 그 과정에서 중국 내에 존재하던 기존의 모든 토지계약은 폐기되었다.

토지 사유화 토지개혁의 결과, 전체 경지의 90% 이상이 빈농과 중농의 소유가 되었다. 이로 인해 농민들의 생산동기와 적극성이 제고되기 시작했다. 그 결과 1952년 기준으로 전국의 양식 생산량이 1949년에 비해 42.8%나 증가했다.[1]

### 2) 토지 국 · 공유제 전환단계기(1953~1978)

#### (1) 농업합작사 설립(1953~1957년)

1953년 이후 그동안 유지되던 토지사유제를 '협력화 운동(合作社运动)'을 통한 '집체소유제' 토지로 바꾸는 소유제의 변화를 시도하게 된다. 그 과정에서 1955년과 1956년에는 초급농업생산협력사시범장정(初级农业生产合作社示范章程)과 고급농업생산협력사시범장정(高级农业生产合作社示范章程)이 제정되었다. 중국정부가 제정한 이 2가지 장정은 모두 농민 소유의 토지를 농업협력사 또는 농업합작사의 소유로 전환시키기 위한 것이다.

초급농업생산합작사는 1953년 농민이 공산당의 지도 아래 호조조(互助組)를 기초로 하여 건립한 최초의 반사회주의적 성격의 집단경제조직을 의미한다. 초급농업생산합작사는 초급사, 초급합작사라고도 불리기도 한다. 농업생산합작사의

1 박인성, "중국의 토지정책 변천과정과 통일한국에 주는 시사점", 부동산포커서, Vol. 88, pp. 34~35.

생산방식은 먼저 사원 소유의 사유지와 농경용 가축, 농기구 등 주요 생산도구들을 투자자본으로 하여 투자한 후 이를 집단적으로 사용하여 공동 경작하는 방식이다. 농업생산합작사에서 사원은 합작사의 일괄적인 계획하에 노동을 제공하고, 이러한 노동의 보수는 임금 형식으로 지불된다. 수확물 분배는 노동시간, 토지의 수량과 질, 생산도구의 출자 정도에 따라 이루어진다.

결국 농업생산합작사는 토지사유제도를 인정한 상태에서 공동 경작의 형태를 취한 제도이다. 따라서 이 제도는 토지에 따른 분배와 노동에 따른 분배가 병행되는 형태라고 볼 수 있다. 농업생산합작사에서는 생산비용, 농업세, 공익기금, 공동 적립금을 공제한 나머지 잉여분을 사원의 노동, 토지, 생산도구 등의 보수로 분배한다.[2]

1956년 6월에는 '고급농업생산합작사 시범장정(示範章程)'이 통과되었다. 이로써 중국은 토지사유제를 완전히 부정하는 사회주의체제로 이행했다. 이때부터 초급농업생산합작사는 '반사회주의적 경제조직'으로 간주되어 고급농업생산합작사에 흡수되었다. 고급농업생산합작사는 생산수단에 대한 집단소유의 형태를 취하고 있으며, 그 산출은 노동에 따라 분배하는 시스템으로 집단농장 시스템이라고도 불린다.

결국 이는 이 시기를 기점으로 중국의 토지제도가 '토지사유제'에서 '집체소유제'로 (점진적) 전환되었다는 것을 의미한다. 토지의 집체소유제 방식으로 설립된 농업합작사는 '공분제(工分制)'라는 보수분배방식을 채택하였다. 공분제는 협동조합의 내부 구성원이 제공한 공공생산노동의 참여량에 따라 구성원의 노동보수를 결정하는 방식이다.

농업합작사 설립에 따른 토지자원의 이용방식은 제도 도입 초기에는 공분제에 따른 공평한 소득분배를 어느 정도 달성하면서 상당 수준의 경제적 성과도 달성했다. 하지만 그 후 전국적인 차원에서 정부 주도의 협동조합 설립이 추진되면

---

2 네이버 지식백과, 초급농업생산합작사(初級農業生産合作社), http:/lterms.naver.com/entry.nhn?docId=812902&cid=43133&categoryId=43133

서 토지경영의 집체화에 따른 문제점이 나타나기 시작했다.

농업합작사에 의한 토지경영이 전국적으로 시행되자 토지에 대한 농민의 집착을 무시했다는 문제점이 부각되었다. 농민의 생산의욕이 저하되었고 노동의 관리 감독 비용은 증가했다. 그 후 추진된 전국적인 수준의 협동조합 설립은 토지의 임대 및 매매 자체를 어렵게 만들었다. 결국 이러한 과정에서 농민의 농가경영 규모는 소규모화되고 생산도구나 기타 생산재료가 빈약하거나 부족해지는 문제점이 발생하기 시작했다.

### (2) 인민공사화 추진(1958~1978년)

1958~1978년의 시기는 '인민공사화운동(人民公社化运动)'이 시작되어 농민소유 및 집체경영이라는 토지제도가 통일적으로 운영되기 시작한 시기였다. 하지만 농업합작사를 통한 토지경영방식을 무리하게 도입하다 보니 앞에서 언급한 부작용들이 나타나기 시작했다. 중국정부는 이러한 문제점의 해결을 위하여 보다 과감한 집단농장체제를 도입할 것을 결정하였다. 이러한 과정에서 도입된 제도가 인민공사제도이다.

인민공사에 대한 최초 규정으로는 1962년에 제정된 '농촌의 인민공사 건립문제에 관한 결의(关于在农村建立人民公社问题的决议)'가 있다. 이 결의의 제정으로 인하여 농업생산 전문관리기구로 인민공사(人民公社)가 농촌에 설립된다. 인민공사는 정부를 대리하여 농민소유 · 집체경영의 원칙을 실현하며, 농촌을 경영하는 주체가 된 것이다.

인민공사는 인민공사, 생산대대, 생산소대의 3단계 형식으로 구성되었다. 인민공사는 앞에서 언급한 순서대로 집체경영의 규모와 공유성 정도가 점차 축소된다. 최고 단위인 인민공사는 20~30호로 구성된 생산소대가 기본 정산(核算) 및 생산경영 단위가 되는 조직이다. 농민은 주택지와 자유경작지 등에 대해서만 도급권을 행사할 수 있었다. 그리고 생산대(생산대대 또는 생산소대)가 소유하는 토지는 매매와 임대를 할 수 없었다.

인민공사의 설립 및 확산 시기에는 농민의 집체토지 사용권, 수익권, 양도권이 부정되었다. 그 과정에서 집체토지 및 관련 생산수단에 대한 일체의 공유화가 추진되었다. 따라서 농촌의 노동력은 인민공사 또는 생산대에 의해 지휘, 조정 및 배분, 사용되었다. 집체구성원인 농민의 입장에서는 자신의 사유재산은 물론, 자신의 노동력에 대한 지배권까지도 부정당하는 상황에 직면하게 된 것이다.

인민공사의 노동성과는 공사와 생산대가 국가통일규정에 따라 정산 · 분배를 진행하는 형태로 운영되었다. 그 결과 중국의 전역에서 시간이 지남에 따라 노동동기와 적극성이 더욱 하락하는 현상이 나타났다. 그리고 시간 때우기, 무임승차 등과 같은 기회주의적 노동행태와 태업, 절도 등의 행위가 빈발하게 되었다.

### (3) 개혁 · 개방 이후(1979~)

#### ① 농촌토지 재산권제도의 개혁

1979년도부터 농촌토지 개혁이 시작되면서 도시 국유토지 개혁도 함께 병행되었다. 먼저 농촌토지 개혁으로 농가생산 · 경영책임제(家庭联产承包责任制)가 도입됨으로써 '농촌토지 재산권제도'가 형성되기 시작하였다.

중국정부는 1978년 중국공산당 제11기 중앙위원회 제3차 전체회의를 기점으로 기존에 전개되었던 양개범시(两个凡是)[3]의 착오를 인정했다. 그 후 개혁 · 개방 정책의 실천방침으로 실사구시(实事求是) 사상을 채택했다. 이로써 중국에서 농촌토지 재산권제도의 개혁이 실시된다.

농촌토지 재산권제도의 개혁방안으로 농가생산책임제가 도입되었다. 농가생산책임제는 농민들이 국가로부터 빌린 땅을 책임지고 농사를 지어 자유롭게 경영하는 제도이다. 농가생산책임제를 실시하는 과정에서 생산되는 농산물 가운데 일정량은 세금으로 국가에 납부하고, 잉여생산물은 개별적으로 판매함으로써 농가

3 2가지, 즉 마오쩌둥 주석이 말한 것과 마오쩌둥이 지시한 모든 사항은 옳다는 의미의 사자성어로 1977년 마오쩌둥의 뒤를 이어 주석에 오른 화궈펑이 자신의 권력기반을 강화하기 위해 본격적으로 제기한 명제로 마오쩌둥이 말하고 지시한 것은 모두 마땅히 실천해야 한다는 것을 의미한다.

소득을 확보하는 제도이다. 농가생산책임제의 시행으로 인해 농민은 토지로부터 직접적인 이익을 얻을 수 있기 때문에 업무태만에 대한 감시나 감독이 불필요해지고 생산의 효율성을 높일 수 있게 되었다.[4] 농가생산책임제는 보통 5가지 형태

〈표 5-1〉 농가생산책임제의 형태

| 형태 | 주요 내용 |
|---|---|
| **정액포공**<br>(定額包工) | - 평균 20~30호를 단위로 하는 생산대 규모의 집단경영방식<br>- 농민이 생산대로부터 작업을 청부받아 성과에 따라 정해진 기준을 바탕으로 노동점수를 획득<br>- 노동점수에 비례하여 생산대로부터 소득을 분배받음 |
| **연산도조**<br>(聯産到組) | - 농림업, 목축업, 어업, 부업의 업종별로 10명 전후의 농민들을 기본 단위로 작업조가 구성되고, 이들 작업조는 생산대로부터 생산을 청부받아 작업을 하고 그 생산량에 연동되어 보수가 계산되는 제도<br>- 작업조는 생산대로부터 노동점수에 의한 소득분배 이외에도 생산고의 일정비율을 추가소득으로 분배받을 수 있음 |
| **연산도로**<br>(聯産到勞) | - 농민이 직접 생산대로부터 생산을 청부받음<br>- 그룹 내에서의 소득분배가 없어진다는 점이 '연산도조'와 다름 |
| **포산도호**<br>(包産到戶) | - 생산대가 통일지도, 통일생산계획, 통일채산, 통일분배를 행함<br>- 경지를 개별농가에 분배하고, 이에 따른 생산량과 생산비를 청부하여 그 결과에 따른 노동점수를 배정<br>- 계약된 공출량보다 초과 생산한 농가에게 장려금을 주고, 감산된 농가에게는 변상을 요청<br>- 3~5년 단위로 농가와 계약 |
| **포간도호**<br>(包幹到戶) | - 개별 농가는 행정부와의 계약을 근거로 경영을 청부받은 후, 국가에 대한 의무로 국가수매용 농산물 공출 및 농업세 납부, 생산대에게는 공익금과 공적금을 현물로 납입하고, 그 잉여분은 농가에서 향유함<br>- 농가는 화학비료, 농약, 종자, 농업용 비닐 등의 농업생산재를 모두 시장에서 구입<br>- 토지가 집단소유인 것을 제외하면 이 제도는 자본주의 사회에서 일반적으로 볼 수 있는 정액소작제와 형태 면에서 동일<br>- 현재 전체 농가의 99%가 이 제도를 채택하고 있음 |

4 1978~1984년 사이 식량 생산량의 연평균 증가율은 4.95%, 농업 총생산액의 연평균 증가율은 7.73%, 농민 개인 수입의 연평균 증가율은 17.71%에 달했고, 농촌 빈곤수준 이하의 인구도 31.6%에서 14.8%로 크게 하락했다.(KIEP 베이징사무소, "중국 토지제도의 개혁과정과 향후 방향", 대외경제정책연구원, 2014, p. 7.)

로 나타나게 되는데 이를 정리해 보면 〈표 5-1〉과 같다.

② 도시토지 재산권제도의 개혁

개혁 · 개방 정책이 본격적으로 추진됨에 따라 도시 국유토지에서 토지사용권을 분리해서 상품화하고, 이에 부응할 수 있는 토지시장을 육성하기 위한 토지사용제도에 대한 개혁조치가 추진되었다. 도시 국유토지에 대한 개혁과정은 크게 3단계로 구분된다.

도시토지재산권 개혁의 첫 번째 단계(1978~1990년)로 토지 개혁의 탐색 및 실험이 진행되었다. 도시토지재산권에 대한 개혁과정은 토지사용료의 징수과정에서 시작된다. 도시지역에서 토지사용료 징수는 경제특구지역에서 외자기업(외국기업과 중 · 외 합영기업 등)을 대상으로 공장용지의 사용료를 징수하는 것을 의미한다.

도시토지 사용료 징수를 위해서 먼저 1982~1987년 동안 선전(深圳), 푸순(撫順) 등의 도시지역에서 토지사용료의 징수 실험이 진행되었다. 1987~1988년 동안에는 선전경제특구에서 토지사용권의 유상양도와 관련된 실험이 진행되었다. 그 후 1990년까지는 도시지역의 국유토지에 대한 유상 및 유기한 사용이 제도화되었다.

도시토지개혁의 두 번째 단계(1990~2000년)로 토지의 유상사용이 전면적으로 추진되었다. 이러한 과정에서 토지사용권에 대한 유상 출양과 관리에 관한 업무가 규범화되었다. 이때부터 토지사용료의 징수 범위가 특정 도시지역뿐만 아니라 전국 도시지역으로 확대되었다. 이와 함께 농촌의 주택용지(宅基地)에 대한 유상사용도 허가되었다. 그리고 국유토지 사용권에 대한 임대와 주식화 출자 등에 대한 실험도 시작되었다.

한편 이 시기에는 토지사용권 시장에 대한 혼란을 막기 위한 여러 가지 조치들이 연구되기 시작했다. 그리고 국유기업용지 개혁, 토지비축방안 탐색, 집체건설용지의 유통, 토지징용관리와 경지보호 관련 제도 정비 등과 관련된 개혁 및 실험이 계속해서 진행되었다.

도시토지 개혁에 대한 세 번째 단계(2001년부터 현재)로 토지시장 전반에 대한 규범화 및 질서 확립이 추진되었다. 2001년에는 국유토지에 대한 공개(公開), 공평(公平), 공정(公正) 거래를 위해 '국유토지자산관리 강화에 관한 통지'가 제정되었다. 동 통지의 제정 이후 입찰, 경매, 공시경매 등과 같은 지방정부의 토지사용권 거래에 출양계약이 도입되고 확산되기 시작했다. 국토자원부의 '토지시장 질서의 정돈 및 규범에 관한 통지'(2001.6)는 이를 구체화하기 위한 규범이다. 2006년에는 '물권법'이 제정되었는데, 그 안에는 주택용지에 대한 출양계약이 만료되는 경우 자동으로 재연장된다는 규정이 포함되었다. 중국에서는 이러한 과정을 통해 국유토지 사용권 사유화가 더욱 심화되었다.

출처 : 搜狐财经(http://www.sohu.com/a/229905834_355840)

[그림 5-2] 토지 및 부동산 사용증 견본

### ③ 최근 토지개혁의 문제점과 정부의 개선노력

토지시장에서 재산권의 명확화는 또 다른 문제점을 만들어 내었다. 부동산시장에서 지가 거품화, 투기, 주택가격 상승 등과 같은 문제점들이 나타났다. 특히 문제가 되는 부분으로 국유토지 사용권의 매각대금을 일시불로 받는 출양계약이 확산되는 현상이 나타났다. 토지사용 지대를 일시불로 납부한 토지사용권자인 부동산 개발회사나 개인이 이를 재임대하거나 매매함으로써 불로소득을 추구하는 현상이 심화·확대된 것이다. 중국정부는 이러한 문제점을 개선하기 위하여 국유토지에 대한 유상사용방식을 변경하여 토지사용료를 일시불이 아닌 매년 내는 연조제(年租制) 방식을 도입하였다.

최근의 토지정책으로 2008년 8월 13일, 국무원은 경작지 감소상황에 대한 개선과 토지이용의 효율을 향상시키기 위하여 '전국토지이용 총규획요지(全国土地利用总体规划纲要, 2006~2020)'를 발표하였다. 이 규획안은 18억 무에 달하는 경작지의 보호를 위하여 2010년과 2020년의 경작지 보유량을 각각 18.18억 무 및 18.05억 무 수준으로 유지한다는 것이다. 이 규획 안에서 제시하고 있는 토지이용의 5대 방향은 다음과 같다.

첫째, 기본경작지의 보호 및 경작지의 종합이용효율을 높이기 위하여 경작지를 건설용지로 점용하는 부분에 대해 엄격히 통제한다. 경작지를 건설용지로 점용하기 위해서는 경작지에 대한 보충조치가 반드시 이루어져야 한다. 이는 경작지를 건설용지로 점용하기 위해서는 경작지와 관련된 법적 의무화 조치가 시행되어야 함을 전제한다는 의미이다. 둘째, 도시토지 사용에 대한 내부구조의 조정을 통하여 도시 및 주변 지역의 건설용지 확장을 통제하고, 농촌주택용지 관리를 강화한다. 셋째, 천연수림·천연초원 등과 같은 기초생태용지 보호를 강화한다. 그리고 지역별 특징에 따라 토지생태환경을 개선한다. 넷째, 지역별로 토지자원 조건과 이용현황, 토지자원의 잠재력 등을 고려하여 차별화된 토지이용정책을 시행한다. 다섯째, 경작지 보호 및 토지집약, 토지절약 등에 대한 목표책임제를 실시한다. 이를 위해서 토지이용규획의 입법화를 추진하고 엄격한 토지사용 표준과 토지공급 정책을 마련한다.

## 1.2 토지제도

### 1) 토지 종류와 토지사용권

#### (1) 토지의 종류

중국은 토지에 대해 국가 소유와 집체소유를 원칙으로 하고 있다. 헌법 제10조에서는 "도시토지가 국가 소유에 속한다"고 밝히고 있다. 그리고 농촌과 도시 근교의 토지는 법률로 국가 소유로 규정된 것 외에는 모두 집체소유라고 분명히 했다. 토지관리법 제2조에도 같은 맥락으로 토지에 대해서 사회주의 공유제, 즉 전 인민적 소유와 근로대중집단의 소유제가 실시된다고 규정되어 있다.

국유토지란 국가(구체적으로 시 · 현 · 인민정부의 토지관리부서)가 소유하고 있는 토지로 전 인민 소유의 토지를 의미한다. 일반적으로 국유토지는 국가가 생산 · 생활 · 문화 · 경제 등의 발전계획에 따라 전 인민 소유제 사업단위나 집체소유제 사업단위에게 행정 배당한 토지를 의미한다. 따라서 국유토지는 외상투자기업이 일반적으로 사용할 수 있는 가장 적법하고 문제 없는 토지이다.

집체토지는 집체소유의 토지를 의미하며, 중국적 특색이 강한 토지이다. 집체토지는 농민들로 구성된 지방 경제조직(소조(小組), 촌(村) 또는 향(鄕))이 소유권을 보유하고 있는 토지이다. 집체토지의 소유권은 국가징용절차를 거쳐 국유토지로 바뀌거나 토지소유권을 포기해 자동적으로 국유토지로 변경되는 경우를 제외하고는 변경되지 않는다. 이러한 이유 때문에 집체토지는 근로대중집단소유토지 또는 농민집단소유토지라고도 불린다.

### (2) 토지사용권

중국에서 토지소유권은 인정되지 않는다. 따라서 토지 자체의 양도, 임대, 저당은 불가능하다. 토지는 기본적으로 국가와 집단의 소유이기 때문에 외국기업이 토지를 사용하기 위해서는 '토지사용권'을 취득해야 한다. 중국 헌법에서는 토지소유권은 국유 또는 집체소유만이 인정된다고 규정하고 있다.

토지소유권도 사용토지의 성격에 따라 국유토지 사용권과 집체토지 사용권으로 구분된다. 국유토지의 사용권을 이용하려면 국유토지 사용권을 국가로부터 구입하거나 임대받아야 한다. 구입된 국유토지 사용권은 타인에게 매매, 임대 또는 저당할 수 있다. 국유토지 사용권은 ① 국가가 여러 가지 발전계획에 따라 토지를 관련 사업단위에 배당하거나 ② 국가의 유상양도나 재양도, ③ 사업단위 간의 양도, ④ 사업단위의 개인에 대한 양도 등의 방식을 통해 사용된다.

집체토지 사용권은 향 · 진 · 촌 기업, 국가사업 단위, 촌민 또는 주민 등과 같은 개인이 법에 따라 농촌집체 경제조직의 토지를 취득함으로써 농 · 임 · 목 · 어업의 생산에 종사하거나 기타 비농업건설(자택기지)에 이용할 수 있는 권리를 의미한다. 집체토지란 국가가 농민을 위하여 토지사용권을 농촌정부에게 위임한 토지를 의미한다.

하지만 농촌집체토지는 국가가 필요한 경우 언제든지 사용목적을 변경할 가능성이 있는 토지이다. 그러므로 농촌집체토지의 사용권 거래는 매우 신중할 필요가 있다. 2003년 이후 중국정부도 농촌집체토지에 대한 관리를 강화하고 있다. 농촌토지를 개발할 경우 지역 농민들이 중심인 촌민위원회의의 동의를 받아야 한다. 국유토지는 사용권만 확보되면 출양 또는 매매, 임대가 가능하지만 집체토지의 경우 이러한 절차가 불가능하다. 집체토지는 집체 내부(한 농촌 내)에서만 양도가 가능하고 비집체조직에 대한 양도는 불가능한 토지이다.

토지사용권은 국가 혹은 농촌집체로부터 구입 또는 임대절차를 통해 획득이 가능하다. 국가소유토지의 최대 사용기간은 사용용도에 따라 70년(주거용), 50년

(공업용), 40년(서비스) 등으로 구분된다. 토지사용권의 사용은 정부의 토지관리부문과 토지출양계약을 체결하여 약정한 용도를 근거로 이루어진다. 출양받은 토지사용권은 양도, 임대, 저당이 가능하다.

국유토지의 사용기간이 만료된 경우 해당 토지에 대한 사용연장 절차가 필요하다. 국유토지의 사용자가 이를 재사용하고자 한다면 사용기한 만료 1년 전에 해당 토지의 사용연장을 신청해야 한다. 토지관리국은 국유토지의 연장신청에 대해서 도시계획 등의 특별한 이유가 없는 한 다시 연장해 준다.

### 2) 토지사용계약의 종류와 계약방법

#### (1) 출양과 획발

국유토지의 사용권 거래는 출양(出让)이나 획발(划拨) 계약 또는 이의 양도를 통해 이루어진다. 출양이란 현금 이상 정부의 토지관리부문에서 출양계약을 통해 일정 기간 토지사용자에게 국유토지 사용권을 이전하는 계약을 의미한다. 출양토지에 대해서는 사용, 양도, 저당, 임대, 교환 등 모든 법적 권리가 보장된다. 따라서 출양토지의 법적 권리는 이름만 토지사용권이지 한국에서 일반적으로 거래되는 소유권을 가진 토지와 거의 차이가 없다고 볼 수 있다.

출양계약을 체결한 토지사용자는 일정 금액의 '토지출양금'을 지불해야 한다. 경우에 따라서는 원주민들에 대한 보상, 안치비용(있는 경우 지급, 없는 경우도 있음) 등을 추가로 부담해야 할 때도 있다. 출양토지의 최대 사용기간은 주택용지의 경우 70년, 상업 · 관광 · 오락용지는 40년, 공장용지는 50년까지이다.

국유토지의 출양과정에서 많은 비리가 반복적으로 발생하자 중국정부는 이에 대한 개혁을 추진했다. 중국정부는 2002년부터 주택용지와 상업용지에 대한 출양계약 시 입찰이나 경매 절차를 거치도록 했다. 하지만 이러한 과정에서 또 다른 문제점들이 나타났다. 해당 토지의 입찰 및 경매과정에서 부동산개발업자들

간의 경쟁이 치열해져 토지출양금이 가파르게 상승한 것이다.

획발은 현급 이상 인민정부가 토지사용자에게 보상, 안치 등의 비용을 납입받은 해당 토지를 사용하게 하거나 혹은 무상으로 토지사용권을 사용자에게 교부하는 행위를 의미한다. 획발계약은 일반적으로 국가기관의 용지, 군사기지, 도시 인프라 부지, 공공사업부지, 국가 중점 인프라 부지 등에 적용된다.

획발에는 조건이 부가된 획발과 무비용 획발 등이 있다. 조건이 부가된 획발은 토지사용자가 규정된 보상(농경지 사용 시 농임들에 대한 보상)이나 안치비용을 지급해야만 토지사용권을 획득할 수 있는 계약이다. 무비용 획발은 아무런 비용을 납입하지 않고도 토지사용권을 획득할 수 있는 계약을 의미한다.

### (2) 토지거래 방법

중국에서 토지의 출양이나 획발을 결정할 수 있는 주체는 현급 이상 인민정부의 토지관리부문이다. 따라서 중국 측 비즈니스 파트너와 토지 관련 계약을 체결하는 경우 계약당사자가 정부관리부문 또는 토지의 출양이나 획발 권리를 위임받은 당사자인지에 대한 확인이 반드시 필요하다.

따라서 중국에서 집체토지를 출양받기를 원한다면 그 소유자인 향 · 진 · 촌 등의 경제조직을 먼저 설득해야 한다. 농촌경제조직을 설득하여 그 토지를 국가에 반환하도록 한 다음에 해당 토지를 출양받아야만 한다. 즉, 집체토지는 그 소유자를 설득해 국유토지로 전환시킨 후 다시 출양절차를 진행해야만 계약이 가능한 토지인 것이다.

농촌 촌민이 집체토지에 주택을 짓기 위해서는 집체조직에 주택건설용 토지의 사용허가를 신청해야만 한다. 현이나 시급 인민정부는 이러한 신청을 검토하고 허가를 결정한다. 허가를 받은 후에도 다시 현이나 시급 토지행정주관부문에 다시 토지사용권의 등기를 신청해야 한다. 토지사용자는 토지사용권의 등기절차가 끝난 후 발급된 집체토지 사용증을 가지고 나서야 비로소 집을 지을 수 있다. 중국 측 비즈니스 파트너가 회사이고 정부부문에게 토지를 출양받은 상태에서 출양토지를 개발구 입주사들한테 재양도하거나 무상 임대하는 경우라면, 중국 측이 '국유토지 사용권증'을 갖고 있는지에 대한 확인이 반드시 필요하다. 만약 개발구의 토지가 농민들의 집체토지를 징수해서 개발된 것이라면 집체토지를 국유토지로 변경하는 과정에서 여러 가지 보상비용이 지급되었는지에 대한 확인이 필요하다.

중국 현지인의 토지사용권에 대한 출자제의를 받은 경우라면 해당 토지의 '국유토지 사용증'을 반드시 확인해야 한다. 국유토지 사용증 확인은 관할 토지관리국에서 할 수 있다. 국유토지 담보권의 설정이나 임대 내용은 모두 토지사용증에 등기된다. 따라서 토지관리국에 가면 토지사용권자와 담보권의 설정 여부나 임대 여부를 확인할 수 있다.

우리나라에서는 누구라도 등기부등본, 토지대장, 건축물관리대장 등을 확인해 볼 수 있다. 하지만 중국에서는 공문서를 발급받아야만 토지사용에 대한 내용을 확인할 수 있다. 중국에서 토지의 사용에 대한 세부 내용을 확인하기 위해서는 직접 토지관리국에 가서 '토지사용증'을 보이면서 내용을 확인할 수밖에 없다. 만약 토지사용증이 없다면 이를 확인하는 것은 거의 불가능하다고 볼 수 있다. 토지사용증이 없는 경우에는 중국 변호사의 도움을 받을 수밖에 없다. 일반적으로 중국 변호사는 소송과 관계없이 토지와 관련된 여러 가지 변동사항을 토지관리국에서 확인해 볼 수 있다. 하지만 일부 지역에서는 소송과 관련이 없다면 토지 관련 정보를 확인하게 해주지 않는 경우도 있다.

# 2. 노동시장 환경

## 2.1 노동인구의 변화와 노동문화

### 1) 노동인구의 변화

#### (1) 노동인구의 추세 변화

중국은 세계 최대의 인구보유국으로 만성적인 노동력 초과공급국가로 주목을 받고 있다. 중국정부는 일자리 증가율이 출생률을 따라가지 못하는 문제를 해결하기 위하여 강력한 인구억제정책을 실시했다. 1970년대 중반 이후 추진된 강력한 인구억제정책, 즉 산아제한정책의 영향으로 인하여 저출산과 아동인구 비중의 감소현상이 나타났다.

제6차 인구센서스(2010)에 따르면 2020년까지 23~28세의 가임여성 수는 44.3% 감소할 것으로 전망되었다. 만약 2010~2020년 사이의 출산율이 급격하게 증가하지 않는다면 0~14세 사이의 유소년 인구비중은 10% 이하로 감소할 것으로 전망되었다.[5]

중국에서는 노동연령인구(15세~64세)의 비중과 고령인구의 비중이 매우 빠르게 증가하고 있는 것으로 나타났다. 1970년대 후반 이후 증가 추세에 있던 중국의 노동가능인구는 2010년을 기점으로 다시 하락하기 시작했다. 2010~2020년 사이의 노동가능인구는 약 3천만 명가량 감소할 것이라는 전망이 발표되었다.

중국의 인구 중에서 60세 이상의 인구가 전체 인구 중에서 차지하는 비중은 2015년 말 기준으로 16.1%(2억 2,200만 명)으로 나타났다.[6] 하지만 이 비중은 매

5 황경진, "중국의 노동시장 상황 : 평가 및 전망", 국제노동브리프, 한국노동연구원, 2016, pp. 48~49.

6 이 수치는 2014년 말 기준보다는 0.6%포인트 증가한 수치이다.

년 0.8%포인트씩 증가할 것으로 예측되어 2020년에는 19.3%, 2050년 38.6%로 증가할 것으로 전망되었다. 중국인들은 현재의 고령화 현상에 대해 부유해지기 전에 먼저 늙어간다는 의미로 '미부선노(未富先老)'라는 단어를 사용하고 있다.

### (2) 여성의 노동시장 참여

1949~1970년대 말까지 중국정부는 계획과정에서 남녀 노동자의 임금 불평등이 존재하지 않도록 여러 가지 노력을 지속적으로 전개해 왔다. 마오쩌둥도 1955년에 발표한 "여성의 노동전선 진출에 부쳐"라는 글에서 "위대한 사회주의 사회건설을 위해 많은 여성 대중들이 생산활동에 참가할 수 있도록 한 것은 큰 의미가 있다. 생산에서 반드시 남녀의 동일노동, 동일임금을 실현되어야 한다. 참된 남녀의 평등은 사회주의 개조를 위한 전체과정에서 제일 먼저 실현될 수 있다"라고 주장했다. 물론 이 글은 남녀 평등이나 여성 해방과 같은 의미를 위해 쓰여진 것은 아니다. 이는 중국이 생산성 높은 성공적인 사회주의국가로 전환하기 위해서는 여성 노동력의 활용을 강화해야 한다는 전략적 차원에서 제안된 말이다.

중국에서는 대약진 운동의 시작과 함께 인민공사(1959년)의 운영이 본격화되면서 전국 여성의 95%가 인민공사에 소속되어 남성 노동자들과의 구별 없이 노동활동에 참가하게 되었다. 여성의 가사노동을 줄여 노동력으로 활용하기 위해 공동 식당, 공동 세탁소, 공동 탁아소 등이 설치되었다. 그리고 여성을 노동현장으로 유인하기 위하여 전역에서 "시대는 변했다, 남녀는 평등하다, 남성 동지가 할 수 있는 것은 여성 동지도 할 수 있다"는 등과 같은 주장이 널리 확산되었다.

1978년, 인민공사의 전면적 해체와 시장경제체제의 도입이 본격화되면서 여성의 노동참여에 대한 인식도 변화되기 시작했다. 중국 사회 전반에서 여성에 대한 차별과 편견이 다시 확산 및 심화되기 시작했다. 폭발적인 인구증가와 함께 1970년대 중 · 후반부터 보다 강화된 산아제한정책이 실시됨에 따라 중국여성의 노동시장 참가율도 변화되기 시작했다.

강력한 산아제한정책의 시행에 따라 한 가구 한 자녀 정책과 '계획출산' 정책이 장려되고 시행되었다. 이에 따라 여성과 여성 노동자의 처지는 남녀평등보다 경제적 상황에 더욱 종속되는 상황이 발생하였다. 그 과정에서 1980년대 중반, 중국 사회에서는 '부녀회가(妇女回家)' 논쟁이 발생한다. '부녀회가' 논쟁의 핵심은 중국에서 노동력은 많아졌지만, 일자리는 충분하지 않아 여성들은 가정으로 돌아가야 한다는 의미가 포함된 논쟁이었다.[7] 부녀회가 논쟁은 중국 내에서 많은 찬반 논쟁을 발생시키며 사라졌지만, 이는 당시 중국 내에서 여성 노동자의 일자리 상황이 그리 좋지 않다는 것을 보여주고 있는 부분이었다.

2000년도에 접어들면서 세계경제의 불황에도 불구하고 중국경제는 비약적인 발전을 기록했다. 중국에서는 다시 경제도약을 위한 많은 노동력이 필요하게 되었다. 새로운 노동수요를 농촌의 잠재적 실업자(농민공)와 여성 노동력이 충족시키는 현상이 다시 나타났다. 이러한 현상의 재등장은 결국 중국경제의 발전 이면에는 저임금 여성 노동자와 농민공들의 희생이 존재하고 있다는 사실을 짐작할 수 있게 한다.

여성 노동자의 저임금 여부와 관계없이 1980년대와 1990년대 사이의 중국여성의 경제활동참가율은 70% 이상으로 나타났다.[8] 하지만 그 후 시장화 개혁이 심화되는 과정에서 국가 이외에 사기업 부분이 점차 확산되면서 상대적으로 여성의 노동참여율은 점차 감소하게 된다. 이에 따라 2010년에 실시된 제6차 인구센서스에서는 여성고용이 44.7%로 나타났다. 이러한 수치는 일부 선진국보다는 높지만 급격한 감소라는 측면에서 보면 충격적인 수치라는 부분은 부인할 수 없다.[9]

---

7 1988년 전국부녀연합회가 발간한 『중국부녀』는 시장개혁으로 부유해진 농촌에서 여성이 전업주부로 전향해야 한다는 주제의 글을 자주 실으며 부녀회가를 강조했다.

8 당시 이러한 중국의 여성의 경제활동참가율은 다른 아시아 지역이나 개발도상국 또는 다른 사회주의국가에 비하면 상대적으로 높은 수치였다.

9 NEWS 코리아, "중국이 시장경제로 나아갈수록 여성 차별은 더 심해졌다", 2018. 2. 27.

## 2) 노동문화의 특징

### (1) 노동문화의 특징

중국 노동문화의 특징을 살펴보면 다음과 같다.[10]

첫째, 중국은 사회주의 노동문화의 영향으로 상하관계에 대한 인식이 부족한 편이다. 사회주의체제에서 가장 일반적인 특징은 평등의식이다. 평등의식은 고용과 근로의 평등, 남녀 근로자의 평등 등과 같은 사회의 순기능적 요소를 갖고 있다. 하지만 평등의식이 근로현장에 잘못 적용되는 경우 오히려 책임의식의 부재와 근로자세 해이 등과 같은 문제를 초래하는 요인으로 평가받기도 한다. 근로자는 회사 구성원의 일원으로서 조직의 지시와 관리를 받아야 한다. 하지만 평등의식이 지나치게 강하면 오히려 조직 차원의 업무지시에 불복하고, 불만과 불이행을 하는 경우가 나타날 수도 있다.

둘째, 중국의 근로자는 자신의 회사나 기업에 대해 운명공동체보다는 노동의 대가를 받는 장소 및 자신의 능력 향상에 필요한 장소로 인식하는 경향이 강하다. 한국이나 일본 등에서는 기업을 하나의 공동체로 인식하는 경향이 강하다. 이러한 이유 때문에 우리나라에서는 삼성, 현대 등의 기업에 근무하는 사람들을 삼성맨, 현대맨 등으로 부른다. 결국 중국의 근로자는 직장을 공동체라기보다 경쟁장소로 보는 것이다. 이러한 이유 때문에 중국 노동자는 기업에 대한 주인의식이 상대적으로 한국이나 일본 등의 국가 노동자에 비해 부족한 경향이 나타난다. 따라서 중국의 노동자들은 타 회사로부터 이직 요청이 있고, 조건이 좋은 경우 주저함이 없이 이직을 한다. 그리고 이러한 이직과 관련 기업의 이직 제의에 대해서도 본인의 능력이 좋기 때문이라고 생각하는 경향이 강하다.

셋째, 개인 이기주의가 팽배해 있다. 중국의 노동자들은 사회주의 관리체제에 익숙해져 있기 때문에 본인의 업무 외에는 추가적인 업무를 하지 않는 경향이

---

10 김종득 외 3, 『최신 중국무역환경론』, 두남, 2019, pp. 388~389.

강하다. 결과적으로 다른 사람들의 업무에는 관심을 가지지 않는 경향이 매우 강하다. 그러므로 중국의 노동문화는 협동이나 팀웍(team work)을 중시하는 오늘날의 기업문화와는 많은 차이가 존재한다.

넷째, 신세대 기업문화가 확산되고 있다. 현재 중국에는 농촌지역에서 도시지역으로 이주해 온 농민공들이 많은 편이다. 이들 농민공들은 인터넷과 핸드폰 등과 같은 SNS 사회관계망을 활용하는 경향이 높다. 따라서 문자전송 등과 같은 방법으로 노동자의 요구사항을 말하고 이러한 요구가 반영되지 않을 경우 여러 가지 방법을 동원해서 유언비어를 전파하는 경향이 강하게 나타난다.

### (2) 농민공 문제

중국의 노동시장은 외형적인 안정세에도 불구하고 구인난과 구직난이 병존하는 이중구조를 갖고 있다. 이러한 과정에서 농민공 문제가 심각한 사회적 문제로 대두되고 있다. 농민공이란 호적이 농촌에 소속되어 있지만 도시지역의 비농업 분야에서 일하는 노동자를 의미한다.

개혁 · 개방 정책의 성공적 수행으로 인하여 농업생산력이 증가하면서 농촌지역에서 잉여노동력이 증가하게 되었다. 농촌지역의 잉여노동력 중 일부는 해당 지역의 향진기업으로 유입되었지만 나머지 노동력은 도시지역으로 이동하기 시작하였다. 농민공의 도시이동이 시작된 이유는 도시지역을 중심으로 사(영)기

〈표 5-2〉 2008～2014년 중국 전국 농민공 규모 및 추이

(단위 : 만 명)

| 구분 | 2008 | 2009 | 2010 | 2011 | 2012 | 2013 | 2014 |
|---|---|---|---|---|---|---|---|
| 총 농민공 수 | 22,542 | 22,978 | 24,223 | 25,278 | 26,261 | 26,894 | 27,395 |
| 1. 타지 진출 농민공 | 14,041 | 14,533 | 15,335 | 15,863 | 16,336 | 16,610 | 16,821 |
| 1) 본가 출퇴근 농민공 | 11,182 | 11,567 | 12,264 | 12,584 | 12,961 | 13,085 | 13,243 |
| 2) 이주 농민공 | 2,859 | 2,966 | 3,071 | 3,279 | 3,375 | 3,525 | 3,578 |
| 2. 현지 농민공 | 8,501 | 8,445 | 8,888 | 9,415 | 9,925 | 10,284 | 10,574 |

출처 : 中国国家统计局(2015)

업이나 외국기업 등과 같은 비국유 부문에서 비숙련 노동에 대한 수요가 증가했기 때문이다. 2015년 기준으로 중국의 농민공 숫자는 2억 7,744만 명에 달하는 것으로 나타났다. 2008년부터 2014년 사이의 전국 농민공 규모와 추이를 살펴보면 〈표 5-2〉와 같다.

중국 노동시장에서 농민공의 문제는 차별 대우의 문제로 직결된다. 농민공들은 일반적으로 도시 출신 노동자에 비해 교육수준이 낮고 호적상의 제약 등이 존재함으로 인해 직업과 근무조건, 급여 등의 부분에서 직·간접적인 차별대우를 받아왔다. 따라서 농민공들은 도시 출신 노동자들에 비해 3D 분야에 종사하는 경우가 상대적으로 높다.

농민공들은 도시호구 노동자에 비해 민간 영세기업에 근무하는 경우가 많고, 대부분이 판매직이나 서비스직에 종사하는 경향이 강했다. 그리고 도시호구 노동자에 비해 월평균 임금수준이 낮았으며 주당 근무시간 또한 길었다. 더 큰 문제는 건축업과 숙박·요식업, 서비스업, 도소매업 등에 종사하는 농민공의 경우 노동계약을 맺지 않는 경향이 강하다는 것이다. 농민공은 이러한 이유 때문에 노동 관련 법규에 따른 보호를 받을 수 있는 공간이 적어 상대적으로 취약한 위치에 있을 수밖에 없었다.

농민공 문제는 중국의 높은 경제성장과 노동자의 빠른 임금상승에도 불구하고 그 임금 및 근로조건이 도시 출신 노동자들에 비해 불리하고 고용안정성 면에도 불안정하기 때문에 대두되었다. 그 결과 도시지역에서 농민공들은 일을 구하고 유지하기 위해 지속적인 노력을 경주해야 했다. 즉, 농민공들은 임시거주증을 발급받고 유지하기 위해서 지속적인 비용지출이 필요했다. 농민공들이 도시지역의 임시거주증을 유지하기 위해서 지속적으로 비용을 들여서 지역 간 출입증명, 미혼증명, 신분증명, 출생증명, 임시 거주 허가, 고용허가 등 다양한 증빙을 준비해야 했다.

사회적 측면에서 농민공들은 호구 때문에 해당 도시에서 제공하는 사회보험의 적용대상자가 될 수 없었다. 그리고 농민공들은 해당 도시의 보건, 자녀 교육

서비스, 공공 주택 등의 혜택에서 제외되는 경우도 많았다.[11] 특히 호구지역에 따라 제한적으로 제공되는 의무교육 서비스 때문에 농민공의 자녀들은 도시지역에서 제공되는 의무교육을 받기 힘들다.

## 2.2 주요 노동 관련 규범

### 1) 개관

노동정책에 대한 역사적 근거는 개혁 · 개방 정책의 실시 이후 줄곧 추진되어 오던 선부론(先富論)에서 찾아볼 수 있다. 선부론은 1985년 덩샤오핑이 주창한 개혁 · 개방의 기본 추진전략으로 경제적 여건이 상대적으로 양호한 동부연해지역을 우선적으로 발전시키자는 국가개발전략의 일종이다.

하지만 정부 차원에서 추진된 선부론은 동부연해지역과 내륙지역 간의 경제적 격차를 확대시키는 결과를 발생시켰다. 동부연해지역과 내륙지역 간 경제적 격차의 중심에는 노동임금과 노동조건의 차이가 있다. 이러한 이유 때문에 본서에서는 선부론을 중국의 노동정책에 영향을 미친 핵심 정책이라고 보고 있는 것이다.

선부론의 추진이 지역 간 빈부 및 경제력 격차의 심화라는 문제점을 대두시킴에 따라 중국정부는 2003년 이후 기존의 선부론을 포기하고 균부론(均富論)을 국가개발정책의 핵심기조로 확정했다. 균부론이란 선부론의 부작용을 해소하기 위하여 국가의 균형발전을 추구하는 국가개발 및 경제발전전략이다. 균부론 차원에서 추진된 대표적 개발정책이 서부대개발, 중부굴기, 동북진흥 등과 같은 지역대개발정책이다.

11 현재 중국에서 농민공들이 입주 가능한 분양주택은 농민공들의 수입으로 임대 혹은 구매하기가 매우 어렵다.

국가발전정책의 기조가 균부론으로 변경됨에 따라 중국의 노동정책도 기업 중심의 정책에서 노동자 중심의 정책으로 변화하기 시작했다. 2004년에는 최저임금법이 개정되어 근로자의 권익보호를 강화하는 규정들이 많이 만들어졌다. 그러한 과정에서 최저임금제가 전국적으로 확대·실시되었다. 최저임금 수준은 최소 2년에 1회 이상 변경하도록 했다.

2008년을 전후로 노동계약법, 고용촉진법, 노동쟁의조정중재법(劳动争议调解仲裁法) 등과 같은 3대 노동입법이 제정되었다. 그리고 2011년에는 사회보험법이 제정됨에 따라 과거에 비해 노동자의 권익보호를 훨씬 더 강하게 추진할 수 있게 되었다. 이하에서는 중국 노동자의 권익보호와 관련되는 주요 규범에 대한 내용을 살펴보려고 한다.

## 2) 주요 노동 관련 규범

### (1) 노동계약법

노동계약법의 제정으로 인해 노동자계급이 사회적 약자로 규정되면서 이들의 권익을 대폭적으로 보호할 수 있게 되었다. 노동계약법의 제정 이후 달라진 변화로 첫째, 무고정 기한의 노동계약이 촉진되었다. 이로써 10년 이상 근속자에 대한 노동계약 재갱신 시에는 의무적으로 무고정 기한 노동계약으로 자동 전환되게 되었다. 2회 연속 고정기한 노동계약을 체결한 노동자가 노동계약을 재갱신할 때 노동계약 기간은 무고정 기한 계약으로 의무적으로 변경되었다.

둘째, 노동계약의 만기 시(종료 시)에는 경제보상금이 지급된다. 물론 본인이 자발적으로 노동계약을 종료한 때에는 경제보상금의 지급이 면제된다. 하지만 노동계약에 대한 이행 하자[12]를 이유로 노동계약기간 중에 사직한 경우 경제보상금

12 예를 들면 노동계약을 체결하지 않거나 무기한 노동계약을 체결해 놓고 사직을 강요 또는 노동자를 위법하게 해고하는 경우이다.

은 의무적으로 지급되어야 한다.

셋째, 노동계약에 대한 서면 체결이 의무화되었다. 노동계약이 체결된 지 1개월 내에는 반드시 서면계약을 체결해야 한다. 노동계약법에서는 노동계약의 미체결에 따른 벌칙규정이 강화되었다.

넷째, 노조(公會)의 권한이 강화되었다. 기업에서 내부적인 노동규칙을 제정할 때에는 반드시 노조(또는 직공대표)와 협의를 해야 한다. 이는 기업이 노동규칙을 제정할 때에는 기업과 노조 간의 평등협상을 통해 집단계약을 체결해야 한다는 의미이다.

다섯째, 노동자의 해고요건이 엄격하게 변했다. 시험채용 기간 중에는 채용조건에 대한 미부합 경우나 법정 해고사유 이외에는 노동자에 대한 해고가 금지된다. 또한 노동자의 해고 시 노조에 대한 사전 통지가 의무화되었다. 그리고 이때에 노조의 의견 제출이 가능하도록 노조에 의견제출권을 부여하였다. 20인 이상의 정리해고 시 노조와의 협의가 의무화되었다. 이러한 경우 사회적 약자에 대한 우선 잔류원칙이 적용된다.

여섯째, 노동자의 직업선택권을 제한하는 행위에 대한 규제조치가 만들어졌다. 노동계약 만료 전에 노동자가 사직하더라도 이에 따른 위약금을 부과하는 것은 불허된다. 그리고 이러한 노동자 사직과 위약금 부과와 관련된 약정에 대한 엄격한 제한도 함께 마련되었다. 또한 인력채용 시 보증금을 수취하거나 담보를 요구하는 행위 등도 금지된다.

일곱째, 노무파견 형태의 고용에 대한 규제가 강화되었다. 파견노동계약은 최소 2년 이상 체결할 것이 의무화되었다. 파견노동자의 권익침해가 발생했을 경우, 노무파견회사와 파견공 사용업체에 연대 배상책임이 부과된다.

여덟째, 사용자 측의 위법행위에 대한 각종 배상금과 벌금이 보다 명확하게 규정되었다. 이로써 중국의 노동계약에서 그 이행과 관련된 처벌이 강화되었다.

### (2) 노동쟁의조정중재법

노동쟁의조정중재법은 사용자와 노동자 사이의 노동분쟁이 발생한 경우 적용하는 규정이다. 동 법의 적용을 받는 노동분쟁은 크게 다음과 같은 여섯 가지 경우에 해당된다.

- 노동관계(노동계약 여부)의 확인으로 인해 발생한 분쟁
- 노동계약의 체결 · 이행 · 변경 · 해지 · 종료로 인한 분쟁
- 노동자에 대한 제명, 해고와 사직, 이직으로 발생한 분쟁
- 근로시간, 휴게휴가, 사회보험, 복리, 직업훈련 및 노동보호로 인하여 발생한 분쟁
- 노동보수, 산재의료비, 경제보상금 또는 배상금 등으로 인하여 발생한 분쟁
- 법률, 법규가 규정한 기타 노동분쟁 등

노동쟁의조정중재법은 노동분쟁의 발생 시 상당한 시간이 소요된다는 문제점을 해결하기 위하여 소액사건이나 국가 노동기준과 관련된 분쟁의 경우 중재위원회의 판정을 통해 분쟁을 해결하도록 했다. 이러한 경우 중재에 드는 비용은 무료화되었다. 중국정부는 노동중재위원회의 경비를 정부재정 예산에 편입함으로써 관련 당사자의 노동분쟁에 따른 경제적 부담을 경감시켰다. 그리고 만약 노동자가 중재위원회의 판정에 불복하는 경우 인민법원에 소송을 제기할 수 있다.

사용자는 이 두 가지 유형의 사건에 대해 법원에 소송을 제기할 수 없다. 하지만 중재위원회의 재의결정에 하자가 있고, 이를 증명할 수 있는 경우 사용자는 중재결정에 대한 재의 취소를 구하는 소송을 인민법원에 신청할 수 있다.

중재위원회를 통한 노동분쟁의 중재는 권리침해 당사자가 노동분쟁이 발생한 날로부터 1년 이내에 위원회에 서면으로 중재를 신청하는 것으로 시작된다. 중국의 초기 노동법에서는 노동분쟁에 대한 중재신청을 분쟁발생일로부터 60일

이내에 신청하도록 했다.[13] 이는 노동분쟁을 가능한 신속하게 처리함으로써 사용자에게는 빠른 시간 내에 정상적인 업무수행을 가능하도록 하며 노동자에게는 빠른 시간 내에 합법적 권익을 보호해 주려는 목적이었다. 하지만 노동분쟁의 원인과 관련 정황이 점차 복잡해지면서 시효 경과로 인해 노동자 구제기회가 상실되는 경우가 점차 많아졌다. 이에 따라 노동자의 법률구제기회를 확대하는 차원에서 노동분쟁의 중재신청 가능일이 연장된 것이다.

노동분쟁 중재위원회는 중재신청을 받은 날로부터 45일 이내에 조정결정을 해야 한다. 다만 분쟁의 사안이 매우 복잡하여 기한 연장이 필요한 경우, 위원장의 비준을 얻어 중재기간을 최대 15일까지 연기할 수 있다. 하지만 중재기간의 연장은 반드시 서면으로 당사자에게 통보해야 한다. 이렇게 볼 때 노동분쟁에 대한 중재조정은 중재 신청일로부터 최대 60일 이내에 결정된다고 볼 수 있다. 만약 기한 내에 중재 재결이 나지 않는 경우 당사자는 해당 노동분쟁 소송을 인민법원에 제기할 수 있다.

민사소송법에서는 노동분쟁이 발생한 후 당사자는 자기가 제기한 주장에 대한 증거제공의 책임을 지게 된다. 하지만 노동분쟁에서 노동자가 얻을 수 있는 자료는 대부분 가해자인 사용자 측에 존재한다는 문제가 존재한다. 따라서 민사소송법상의 일반원칙을 그대로 적용할 경우 피해자인 노동자는 침해당한 권리를 구제받는데 매우 큰 어려움에 직면하게 된다. 이러한 이유 때문에 노동분쟁조정중재법에서는 사용자가 지배하고 있는 증거를 노동자가 제공할 수 없는 경우, 중재위원회는 사용자에게 일정 기한 내에 해당 증거를 제공할 것을 요구할 수 있게 했다.[14] 사용자가 지정된 기간 내에 해당 증거를 제공하지 않는 경우 사용자는 불리한 결과에 대한 책임을 져야 한다.

13 그 후 노동법 시행 전에 반포법 기업노동분쟁처리조례에서는 당사자의 권리가 침해된 때를 안 날로부터 또는 알 수 있었던 날로부터 6개월 이내에 신청하도록 하였다.

14 중국 노동쟁의조정중재법 제39조 제2항

### (3) 사회보험법

사회보험은 국가가 입법을 통해 사회보험기금회를 만들고 근로자의 활동능력 상실과 소득감소 등이 발생하는 경우 보험방식을 통하여 보장하는 제도이다. 중국의 사회보험은 크게 양로보험, 의료보험, 산업재해보험(또는 공상보험), 실업보험, 출산육보험(또는 생육보험) 등 5개로 나누어진다.

중국 사회보험제도에서 특이한 것은 지역마다 사회보험의 부담이 상이하다는 것이다. 양로보험은 근로자가 국가가 규정한 노동연령의 제한으로 인해 일할 기회를 상실한 경우(은퇴 후)에도 기본 생활여건을 조성할 수 있도록 만든 사회보험제도이다. 양로보험의 수급대상은 법정 퇴직연령(남자 60세, 여자 55세)에 도달하거나 누계 납부연수가 만 15년을 초과하는 경우에 해당된다. 양로보험금은 개인이 8%를 부담하고 회사가 22%를 부담하며(베이징 기준), 개인구좌에 적립된다. 양로보험의 수급대상자가 중도에 중국을 떠나는 경우 개인구좌는 보류되고, 중국에 재취업하는 경우 다시 누적 계산이 된다. 중국을 떠난 경우 보험금은 당사자의 서면 신청을 통해 개인구좌 적립액(8%) 부분만을 본인에게 지급할 수 있다. 하지만 이러한 경우에 대한 지불방법과 시기 등은 명확하지 않다.

의료보험은 질병으로 인한 의료비 지출부담을 줄이기 위해 시행되고 있는 사회보험제도이다. 노동자의 의료비는 기업의 부담을 줄이기 위해 국가와 기관, 개인이 공동으로 부담하고 있다. 의료보험은 개인이 납부금의 2%를 개인구좌 의료보험에 납부하고, 회사는 12%를 납부하며, 이중 30%는 개인구좌 의료보험에, 그리고 70%는 지역 통일운영기금에 납부한다. 개인 및 회사가 적립한 개인구좌 의료보험은 개인의료카드에 적립된다.

산업재해보험은 근로자가 업무상 부상 또는 질병으로 인해 노동능력을 일시적 또는 영구적으로 상실한 경우, 신속한 사회복귀를 돕기 위해 국가에서 시행하는 사회보험제도이다. 만약 종업원이 소속된 사용단위에서 납부금을 납부하지 않은 경우, 산업재해보험료는 산재보험기금에서 선 지급하고, 그 후에 사용단위에 보험금 상환청구를 진행한다. 이러한 경우 사용단위는 산재보험기금의 보험금 상환청구에 응해야 한다.

실업보험은 일시적으로 실업상태에 놓인 근로자에게 기본 생활보장을 통해 생활안정을 도모하며 재취업을 지원함으로써 고용복지를 실현하고자 마련된 제도이다. 실업보험은 개인부담이 1%이고 기업은 개인부담의 2배인 2%를 부담한다.[15] 외국인의 경우 실업과 동시에 체류자격이 박탈되기 때문에 실업보험금의 수급이 불가능하다.

출산육아보험은 종업원의 출산과 육아를 위해 기업이 납부하는 출산육아보험료와 관련된 제도를 의미한다. 이때 종업원은 출산육아보험료를 납부하지 않는다. 베이징지역에서 산업재해보험과 출산육아보험에 대한 고용기업의 부담률은 각각 0.5%이다.

## 2.3 국민소득과 임금체계

### 1) 국민소득 수준의 변화

중국은 개혁 · 개방 정책이 본격화된 이래 눈부신 경제성장을 해 왔다. 눈부신 경제성장의 결과는 1인당 국민소득의 변화로 나타났다. 1978년에는 200달러에 불과했던 1인당 국민소득이 2017년에는 8,600달러로 약 43.3배나 증가했다. 이러한 1인당 국민소득 증가는 중국 노동자의 1인당 노동생산성의 성장을 반영하고 있다.

노동자의 1인당 국내총생산(GDP)은 1978년에 156달러에서 2017년에는 8,826달러 정도로 증가했다. 중국 노동자의 1인당 국민소득은 자국의 1인당 국내총생산을 약간 하회하는 수준으로 나타났다. 일국 노동자의 임금수준이 해당 국

15 상하이를 기준으로 함

가 노동자의 노동생산성에 비례한다는 것을 전제로 중국의 임금증가 추세를 평가해 보면 노동생산성의 증가와 비교적 일치한다고도 볼 수 있다.

〈표 5-3〉 중국의 주요 경제지표의 변화

(단위 : 달러)

| 구분 | 1978 | 1990 | 1995 | 2000 | 2005 | 2010 | 2015 | 2017 |
|---|---|---|---|---|---|---|---|---|
| GDP | 156 | 317 | 609 | 959 | 1,753 | 4,560 | 8,069 | 8,826 |
| GNI | 200 | 330 | 540 | 940 | 1,760 | 4,423 | 7,950 | 8,660 |
| 1인당 GDP(PPP) | – | 986 | 1,869 | 2,933 | 5,092 | 9,333 | 14,450 | 16,806 |

출처 : 세계은행

1인당 국민소득의 변화를 물가변동(PPP)을 기준으로 정리해 보면 중국의 1인당 총생산의 증가추세는 더욱 눈부시다고 볼 수 있다. 구매력 평가(PPP)를 고려한 중국의 1인당 GDP는 1990년 기준으로 986달러에 불과했다. 하지만 그 후 눈부신 성장을 기록하면서 2017년에는 16,806달러로 증가했다. 1990~2017년 동안 중국 노동자의 총생산(구매력 평가 반영)은 약 17배나 증가한 것이다.

## 2) 임금체계

### (1) 개혁 · 개방 이전

개혁 · 개방 전까지 중국은 사회주의국가체제의 영향으로 전국적으로 통일된 임금체계를 구축한 국가라고 볼 수 있다. 당시의 임금체계는 기본급, 상여금 및 각종 수당으로 구성되어 있었다. 이중 기본급이 가장 큰 비중을 차지하고 있었고, 상여금과 수당은 보조적 성격을 가지고 있었다. 이때 적용된 기본급 체계는 '등급임금제(等級工資制)'였다. 이는 임금의 등급계수를 8개로 구분하고 각 등급마다 표준 임금을 정해 등급 간 임금 차이를 만든 제도이다.

이러한 이유 때문에 이 제도를 '8급임금제'라고도 부른다. 8급임금제에서 각 등급 간 차이는 대략 17% 정도이며, 최저 수준인 1급과 최고 8급 사이에는 보통 3배 정도의 임금 차이가 발생하도록 설계되었다. 동 제도에서는 직종에 따라 등급 상한선을 부여해 단순 작업의 최고점이 4~5급까지만 오를 수 있도록 설정했다.

### (2) 개혁 · 개방 이후 : 임금제도의 선택권을 기업에 이전(1985)

개혁 · 개방 이후의 임금결정방식은 큰 도전에 직면하게 된다. 중앙정부가 임금을 강력히 통제하는 등급임금제 하에서 노동자의 임금이 상승하려면 자신의 임금등급이 상승하거나 물가 인상 등으로 표준임금 자체가 상승해야만 한다. 하지만 당시의 중국에서는 정기승급이 중단되는 경우가 많았고, 표준임금 또한 거의 인상되지 않는 경향이 높았다. 이런 이유 때문에 당시의 중국에서는 시간이 경과될수록 노동자의 실질임금이 하락하는 현상이 발생했다.

하지만 사회주의의 평균주의적 분배 관행이 존재했기 때문에 당시의 임금체계에서는 노동자의 노동성과에 따른 임금의 차등 지급에 한계가 존재했다. 중국정부는 기존의 임금제도가 가지는 이러한 문제점을 해결하기 위하여 개혁 · 개방 정책의 시행 이후에는 임금의 동기부여 기능을 회복시키는 데 정책변화의 초점을 맞추게 된다.

이에 따라 중국정부는 표준 임금에 성과급을 도입하고, 보너스 제도를 개편했다. 하지만 이러한 개편 방식도 국가가 표준임금을 통일적으로 관리한다는 부분에서 보면 기존의 제도와 차이가 없다고 볼 수 있다. 따라서 변경된 임금체계도 중앙 정부의 영향력이 크다는 문제점이 여전히 존재했다.

1985년부터 임금체계 자체를 개혁하려는 움직임이 일어났다. 중앙정부는 임금제도의 선택권을 기업에 넘겨주는 방식을 채택하였다. 그 대신 중앙정부는 노동자의 임금수준을 거시적으로 조정하는 역할을 담당하게 되었다. 이런 취지로 만들어진 제도가 가변임금제(浮動工資制)와 구성임금제(結構工資制)였다. 가변임금제란 임금의 일부 또는 전부를 개인의 기여도나 기업의 경영성과와 연계해 지급하는 임금제도를 의미한다. 구성임금제란 기본급을 중심으로 하는 기존의 임금제도를 개혁하여 임금을 기본급, 직무급, 근속급, 장려급의 4가지 요소로 구성하는 제도를 의미한다.

구성임금제에서 기본급은 기본 생활을 보장하는 최소 액수를 지급하는 제도이다. 직무급은 직무평가와 결합해서 각 직무에 맞게 지급되는 급여를 의미한다. 근속급은 근속 연수를 기준으로 1년당 근속급을 지급하는 형태를 의미한다. 장려급은 회사에 대한 기여도에 따라 중요한 기여를 한 사람에게 지급하는 급여이다. 이때 만들어진 구성임금제도는 현재 국유기업이 일반적으로 채택하고 있는 직무기능임금제(崗位技能工資制)로 연결된다.

### (3) 국유기업의 직무기능임금제

국유기업의 직무기능임금제에서 임금항목은 기능임금, 직무임금, 보조임금으로 구분된다. 기능임금은 노동기능에 상응하는 임금으로 기술직, 관리직, 연구직 등 해당 직무에서 요구하는 기능수준에 따라 책정된다. 직무임금은 노동책임과 노동강도, 노동조건 등과 같은 3가지 요소를 평가해 표준임금으로 설정된다. 기본급은 기능급과 직무급을 합친 것이다.

보조임금은 연공급과 성과급, 특수급으로 구분된다. 이중에서 연공급은 근속연수에 따라 추가로 지급하는 임금을 의미하며, 성과급은 기업성과에 따라 지급된다. 특수급은 특수한 노동 조건을 적용받는 노동자에게 특별히 지급되는 임금으로 근로자의 생리적 · 심리적 위해 요소에 대한 임금성 보상을 의미한다.

국유기업의 직무기능임금제는 원칙상 시장경제원리에 입각하여 국유기업이 자율적으로 운영한다. 하지만 국유기업은 여러 가지 여건상 완전한 자율권을 행사하지는 못하고 국가가 임금수준이나 표준의 설정에 상당한 영향력을 행사하고 있다.

국가는 개별기업에 대해 임금지도를 하지 않는다. 국가는 임금분야에 대해 거시적이고 전체적인 조정만을 담당한다. 국가가 조정하는 거시적이고 전체적인 조정사항들로는 ① 임금 총액 가이드라인, ② 임금과 성과 간의 합리적인 연계 유도, ③ 국유기업 경영자 연봉제 실시, ④ 최저임금제 도입 등이 있다. 사후조정 조치로 국가가 수행하는 사항에는 임금감독 감사, 세금징수의 관리, 개인수입 신고 등이 있다.

### 3) 최저임금제

최저임금제는 노동자와 그 가족의 기본생활 보장을 위하여 외국인 투자기업을 포함한 모든 기업을 대상으로 1994년부터 도입되었다. 최저임금이란 노동자가 법정근무시간 동안 정상적인 노동을 제공하는 것을 전제로 기업이 반드시 지급해야 하는 보수를 의미한다. 중국정부는 2004년 최저임금제 관련 규정을 개정하여 최소 2년에 1회 이상 최저임금 수준을 변경하도록 하였다.

중국에서 전국적으로 통일된 최저임금은 정해지지 않는다. 단지 개별 지방정부가 지역 간 경제발전 수준이나 격차, 해당 지역의 노동자 본인과 평균 부양가족의 최저생활비용, 노동생산성, 사회적 평균 임금수준, 고용상황 등을 고려하여 최저임금과 관련된 규정을 제정 · 공포하도록 하고 있다. 따라서 최저임금은 지역별로 차이가 있으며, 또한 지역 내 도심, 주변부, 농촌 등의 급지에 따라서도 차이가 발생한다.

최저임금은 일반적으로 월 최저임금기준과 시간 최저임금기준으로 구분된다. 월 최저임금기준은 일반적으로 전일제 취업근로자에게 적용되고, 시간제 최저임금기준은 파트타임 취업근자들에게 적용된다. 최저임금에는 상여금과 수당 일부가 포함되며, 최소 2년에 한 번씩 조정되는 것이 보통이다. 하지만 최저임금에서 시간 외 근무수당, 잔업수당, 식비, 주택수당, 야근, 고온작업, 유해 · 유독작업 등 특수 작업에 대해 지급하는 수당과 기타 법규에 의해 규정된 복지보험금 등은 제외된다. 지역별 월 최저임금 기준을 정리해 보면 〈표 5-4〉와 같다.

〈표 5-4〉 중국의 지역별 최저임금

(단위 : 위안)

| 최저임금기준(最低工资标准) | | | | | |
|---|---|---|---|---|---|
| **지역** | **실행날짜** | **월 최저임금기준** | | | |
| | | 第一档 | 第二档 | 第三档 | 第四档 |
| **上海**(상하이) | 2017. 4. 1. | 2,300 | | | |
| **深圳**(선전) | 2017. 6. 1. | 2,130 | | | |
| **浙江**(저장) | 2017. 12. 1. | 2,010 | 1,800 | 1,660 | 1,500 |
| **天津**(톈진) | 2017. 7. 1. | 2,050 | | | |
| **北京**(베이징) | 2017. 9. 1. | 2,000 | | | |
| **江苏**(장쑤) | 2017. 7. 1. | 1,890 | 1,720 | 1,520 | |
| **山东**(산둥) | 2017. 6. 1. | 1,810 | 1,640 | 1,470 | |
| **吉林**(지린) | 2017. 10. 1. | 1,780 | 1,680 | 1,580 | 1,480 |
| **内蒙古**(내몽고) | 2017. 8. 1. | 1,760 | 1,660 | 1,560 | 1,460 |
| **湖北**(후베이) | 2017. 11. 1. | 1,750 | 1,500 | 1,380 | 1,250 |
| **河南**(허난) | 2017. 10. 1. | 1,720 | 1,570 | 1,420 | |
| **福州**(푸저우) | 2017. 7. 1. | 1,700 | 1,650 | 1,500 | 1,380 |
| **山西**(산시) | 2017. 10. 1. | 1,700 | 1,600 | 1,500 | 1400 |
| **陕西**(산시) | 2017. 5. 1. | 1,680 | 1,580 | 1,480 | 1380 |
| **贵州**(구이저우) | 2017. 7. 1. | 1,680 | 1,570 | 1,470 | |
| **黑龙江**(흑룡강) | 2017. 10. 1. | 1,680 | 1,450 | 1,270 | |
| **江西**(장시) | 2018. 1. 1. | 1,680 | 1,580 | 1,470 | |
| **宁夏**(닝샤) | 2017. 10. 1. | 1,660 | 1,560 | 1,480 | |
| **甘肃**(간쑤) | 2017. 6. 1. | 1,620 | 1,570 | 1,520 | 1,470 |
| **辽宁**(랴오닝) | 2018. 1. 1. | 1,620 | 1,420 | 1,300 | 1,120 |
| **湖南**(후난) | 2017. 7. 1. | 1,580 | 1,430 | 1,280 | 1,130 |
| **青海**(칭하이) | 2017. 5. 1. | 1,500 | | | |

**출처** : 中国新闻网, 2017. 12. 6.

〈표 6-4〉 중국의 지역별 최저임금

(단위: 위안)

| 지역 | 실행날짜 | 최저임금기준(最低工资标准) 월 최저임금기준 第一档 | 第二档 | 第三档 | 第四档 |
|---|---|---|---|---|---|
| 上海(상하이) | 2017. 4. 1. | 2,300 | | | |
| 深圳(선전) | 2017. 6. 1. | 2,130 | | | |
| 浙江(저장) | 2017. 12. 1. | 2,010 | 1,800 | 1,660 | 1,500 |
| 天津(톈진) | 2017. 7. 1. | 2,050 | | | |
| 北京(베이징) | 2017. 9. 1. | 2,000 | | | |
| 江苏(장쑤) | 2017. 7. 1. | 1,890 | 1,720 | 1,520 | |
| 山东(산둥) | 2017. 6. 1. | 1,810 | 1,640 | 1,470 | |
| 吉林(지린) | 2017. 10. 1. | 1,780 | 1,680 | 1,580 | 1,480 |
| 内蒙古(네이멍구) | 2017. 8. 1. | 1,760 | 1,660 | 1,560 | 1,460 |
| 湖北(후베이) | 2017. 11. 1. | 1,750 | 1,500 | 1,380 | 1,250 |
| 河南(허난) | 2017. 10. 1. | 1,720 | 1,570 | 1,420 | |
| 福州(푸저우) | 2017. 7. 1. | 1,700 | 1,650 | 1,500 | 1,380 |
| 山西(산시) | 2017. 10. 1. | 1,700 | 1,600 | 1,500 | 1400 |
| 陕西(산시) | 2017. 5. 1. | 1,680 | 1,580 | 1,480 | 1380 |
| 贵州(구이저우) | 2017. 7. 1. | 1,680 | 1,570 | 1,470 | |
| 黑龙江(헤이룽장) | 2017. 10. 1. | 1,680 | 1,450 | 1,270 | |
| 江西(장시) | 2018. 1. 1. | 1,680 | 1,580 | 1,470 | |
| 宁夏(닝샤) | 2017. 10. 1. | 1,660 | 1,560 | 1,480 | |
| 甘肃(간쑤) | 2017. 6. 1. | 1,620 | 1,570 | 1,520 | 1,470 |
| 辽宁(랴오닝) | 2018. 1. 1. | 1,620 | 1,420 | 1,300 | 1,120 |
| 湖南(후난) | 2017. 7. 1. | 1,580 | 1,430 | 1,280 | 1,130 |
| 青海(칭하이) | 2017. 5. 1. | 1,500 | | | |

출처: 中国新闻网, 2017. 12. 6.

CHAPTER 6

# 대외무역 관련 제도

1. 외환관리제도
2. 관세제도
3. 수출입통관절차
4. 주요 수출입관리제도

# 6

# 1. 외환관리제도

## 1.1 환율제도

무역거래 및 국제금융거래에서는 타국의 통화를 사용하기 때문에 환율의 영향이 매우 중요하다. 일국의 경제거래는 한 국가의 외환 유출입으로 표시될 수 있으며, 이에 따라 외환보유량도 변동한다. 환율은 다른 통화로 표시된 특정국 통화의 가격으로 외환시장에서 거래되는 통화들 간의 교환비율을 의미한다. 따라서 환율의 변화는 국가 간의 무역거래 또는 수출입거래에 많은 영향을 미칠 수밖에 없다. 예를 들어 일국에서 자국통화의 가치상승(평가절상)이 발생하면 수출상품의 해외수요는 감소하고, 자국통화의 가치하락(평가절하)이 발생하면 수출상품의 해외수요가 증가한다.

따라서 일국의 환율변화를 조정할 수 있는 환율제도 선택문제는 국가의 거시경제정책의 운영에서 대단히 중요한 요소가 된다. 이하에서는 중국 환율제도의 변천과정을 정리해 보려고 한다.

### 1) 개혁 · 개방 이전

건국 이후 중국의 환율결정방식은 소련의 루블(ruble)화에 대한 연동방식이었다. 하지만 위안화 환율은 소련의 루블화로 표시된 것이 아니라 스위스 프랑으로 표시되었다. 당시 위안화 환율은 사회주의 계획경제체제에서 이루어지는 정부 간 내부거래에서만 사용되었다. 따라서 당시 중국에서는 공식환율이 발표되지 않았을 뿐 아니라, 공식적으로도 환율은 활용되지 않았다. 환율제도가 운용되지 못했던 공식적인 이유는 당시 정부가 채택했던 자력갱생의 국가경제 운영원칙이 외

환거래에도 적용되었기 때문이다.[1]

하지만 중국정부도 국가경제의 적절한 운용을 위해서 대외경제거래 필요성을 인정하지 않을 수 없었다. 이에 따라 대외경제거래를 지원하기 위한 환율제도를 도입하지 않을 수 없었다. 그 결과 1957~1971년 동안 중앙집권적 계획경제를 바탕으로 완전고정환율제도가 공식 환율제도로 채택되었다. 당시 위안화의 환율은 $1 = 2.4618元에 고정되었다.

하지만 지나치게 오랫동안 고정되었던 환율 때문에 국내 및 국제 경제상황의 변화에 적절히 대응할 수 없었다. 이에 1971~1980년에는 위안화에 대한 인위적인 평가절상이 가능한 관리고정환율제도가 채택되었다. 그 결과 위안화에 대한 달러 환율은 매년 평균 5.3% 이상 평가절상되었다.

## 2) 개혁 · 개방 이후

### (1) 이중환율제도(1981~1994)

1978년 이후 개혁 · 개방 정책이 본격화됨에 따라 중국정부는 점차 시장환율 도입 필요성을 인식하게 되었다. 그 과정에서 이중환율제도(1981년)가 채택된다. 이중환율제도는 기존의 중국인민은행이 결정하는 '공식환율'과 '외환조절센터[2]'를 중심으로 '조절환율'이 동시에 운영되는 환율 시스템을 의미한다. 당시 중국에서는 내부적인 차원에서 이루어지는 대부분의 기업 간 외환거래는 외환조절센터에서 결정된 조절환율이 사용되었다.

이중환율제도에 대한 보완책으로 1986년부터 국가의 외환조절업무가 중국은행에서 '국가외환관리국'으로 이전되었다. 국가외환관리국이 전문적으로 외환을

1 즉, 자력갱생 중심의 국가경제 운영원칙이 외환거래에도 적용되었기 때문에 공식적인 대외거래를 인정하지 않았다.

2 실질적인 외환시장의 역할과 기능을 담당했다.

관리하면서 외환시장은 해외투자기업에게 개방되기 시작했다. 이때부터 환율결정(외환조절가격)과 관련된 여러 가지 규제들도 완화되기 시작했다.

출처 : 红动中国(http://sucai.redocn.com/jianzhu_6373923.html)

[그림 6-1] 중국의 외환관리국

1988년부터는 국가외환관리국의 관리 · 감독 하에서 각 성, 자치구, 직할시 및 경제특구, 연해개방도시 등과 같은 지역에 외환시장과 같은 역할을 하는 '외환조절센터'가 설립되었다. 각 지역마다 외환조절센터가 설립됨으로써 중국에 외환의 수급에 따라 외환조절가격이 결정되는 전국 규모의 외환조절시장이 형성되기 시작했다.

### (2) 관리변동환율제도(1994~2005)

1981년에 채택된 이중환율제도는 몇 가지 제도적 보완이 이루어지면서 계속 유지되었다. 하지만 1990년대 초 이후 중국의 외환시장에서는 외환조절센터에서 결정되는 시장조절환율과 정부에서 지정한 공정환율 간에 격차가 점차 크게 벌어지는 등과 같은 문제점이 발생했다.[3] 그 결과 외환조절센터를 통한 외환시장 지원구조는 왜곡되기 시작했고, 암거래 시장이 비대해짐으로써 외환질서가 혼란해졌다. 수출기업에 조절환율을 적용하고 원자재 수입 시에는 공정환율을 적용함으로써 수출에 대한 편법적인 보조금 정책을 쓴다는 국제적 비난도 받게 되었다.

중국정부는 이중환율제도의 문제점을 제거하기 위하여 1994년 1월부터 단일관리변동환율제도를 도입하였다. 단일관리변동환율제는 환율결정에 대한 책임을 시장의 외환수급에 맡기는 제도이다. 단일관리변동환율제도는 중국인민은행의 시장개입을 통해 환율 변동폭을 일정 범위 내로 제한함으로써 급격한 환율변동에 따른 시장충격을 방지하려는 목적에서 실시된다. 단일관리변동환율제도에서는 인민은행이 전 영업일의 거래가중평균환율을 기준환율로 발표하고 그 다음날의 환율변동 폭을 ±0.3%까지 허용했다.

### (3) 복수통화바스켓제도(2005. 8~ )

중국정부는 2005년 7월 22일부터 복수통화바스켓제도를 채택했다. 복수통화바스켓제도는 주로 고정환율제를 채택했던 국가들이 변동환율제로 전환하기 전의 중간단계에서 채택하는 관리변동환율제의 한 종류이다. 복수통화바스켓제도란 자국과 교역 비중이 큰 나라의 통화(예를 들어 달러, 유로, 엔화, 파운드 등)를 바스켓(basket)으로 묶고, 이들 통화의 가치가 변할 경우 각국의 교역가중치를 통화의 환율에 반영하여 환율을 결정하는 제도이다.

복수통화바스켓제도가 시행되기 전에는 미 달러화 페그제 또는 달러연동제에 가까운 관리변동환율제도가 운영되었다. 위안화의 가치는 미 달러화에 연동되어 위안화-달러화 기준환율이 매일 아침에 고시되고, 하루 변동폭이 ±3% 또는 ±5%가 되었다. 그러므로 당시 위안화의 가치는 중국의 무역수지와 관계없이 미

3 예를 들면 1993년 6월 말 기준으로 중국의 외환조절센터에서 발표한 공정환율은 1달러에 5.7위안인데 시장조절환율은 1달러에 10.8원으로 2배의 격차가 발생했다.

달러화의 대외가치 변동에 따라 움직였다. 따라서 이때의 위안화 환율은 달러가치가 상승하면 위안화의 가치도 같이 상승하고 달러화가 약세일 때는 미국의 대중국 무역수지가 적자임에도 불구하고 위안화의 가치는 약세를 유지하게 된다. 결국 당시 중국의 환율제도는 당시 중국의 무역수지 흑자를 더욱 심화시켰다.

중국정부는 달러연동제와 관련된 여러 가지 문제점을 극복하고, 변화된 국내외 경제상황을 반영하기 위하여 복수통화바스켓제도를 도입하였다. 복수통화바스켓제도는 특정 통화가치의 급격한 상승이나 하락에 따른 충격을 완화할 수 있고, 물가상승률 등 국내 경제변수를 반영할 수 있다는 장점이 존재한다. 복수통화바스켓제도의 실시 이후 위안화의 환율은 US$1가 8.28元에서 8.11元으로 상승하였다. 그 후 기준환율에 대한 하루 변동폭은 과거 ±0.3%에서 ±0.5로, 다시 ±1%로 상승했다.[4]

하지만 복수통화바스켓제도의 시행 이후 중국정부의 환율제도 선택에 혼란이 발생했다. 복수통화바스켓제도가 도입되면서 위안화의 가치가 지속적으로 절상되었고 그 결과 중국 수출기업의 부담이 강화되었다. 2008년 7월, 중국정부는 위안화에 대한 더 이상의 절상을 막기 위하여 복수통화바스켓제도를 포기하고 환율을 달러당 6.82~6.83위안에 고정하는 고정환율제도를 다시 채택하게 되었다.

하지만 고정환율제도로의 복귀는 오래 지속될 수 없었다. 2008년 발생한 미국발 금융위기의 영향으로 인하여 세계경제는 심각한 침체 상황에 직면하게 되었다. 세계 금융위기 극복과정에서 미국정부는 소비 및 투자 방면에서의 부진을 무역을 통해 만회하기 위하여 위안화에 대한 평가절상 압력을 강화했다.[5] 2010년 6월, 중국정부는 환율을 둘러싼 미국과의 분쟁을 해결하고 물가를 포함한 거시경

4 중국은 대규모의 무역흑자, 풍부한 외환보유고 보유로 인해 위안화에 대한 평가절상의 압력이 강화됨에 따라 대미 달러화에 대한 일일변동폭을 2007년 5월 21일자로 ±0.5%로 인상했고, 2012년 4월 16일부터 위안화의 일일 변동폭을 1%로 확대했다.

5 이때부터 미국의 경제학자들은 위안화의 저평가 문제를 더욱 강력하게 제기하기 시작했다. 심지어 미국의 어떤 국책연구소는 당시 중국의 위안화가 달러화에 비해 40%까지 저평가되었다고 주장했다.

제의 안정을 도모하기 위해 복수통화바스켓제도로 복귀했다.

2012년 4월에는 환율의 일일변동폭이 ±0.5%에서 ±1.0%로 확대되었다. 그 결과 위안화의 가치는 2012년 12월 기준으로 달러당 6.23위안으로 절상되었다. 이는 2005년 초에 비해서 24.8%, 2010년 초에 비해서는 8.7% 절상된 결과이다.

하지만 현행의 복수통화바스켓제도에도 여전히 여러 가지 문제점들이 존재한다. 첫째, 복수통화바스켓 내의 통화 종류와 가중치를 정확히 알지 못한다. 둘째, 실질적 차원에서는 여전히 달러연동제의 형식을 띠고 있다. 셋째, 위안화 환율이 여전히 중앙은행의 시장개입을 통해서 유지되고 있다.[6]

#### (4) 평가

중국은 국제사회의 위안화 평가절상 압력에도 불구하고 정부 차원에서 위안화의 환율변동폭을 제한하는 고정환율제도 형태의 환율제도를 운영하는 국가이다. 중국이 달러연동제 형태의 고정환율제(극히 제한적인 범위 내에서 운용되는 관리변동환율제)에 가까운 환율제도를 운영하는 근본적인 이유는 다음과 같다. 첫째, 이러한 제도가 해외부문의 통화공급량과 금리 변동의 영향력을 최소화 시킬 수 있다. 둘째로는 인민폐의 대외적 가치를 안정시키는 데 유리하다.

## 1.2 외환관리제도

### 1) 외환등록제와 외환집중제

중국은 외환등록제를 실시하고 있다. 외환등록제는 국내에서 이루어지는 모든 개인과 기업 간의 경상거래와 자본거래에 대해서 국가외환관리기구나 이로부

---

6 한때 국제사회에서는 중국인민은행이 매일 평균 6억 달러 이상의 달러자산을 매입하여 중국 외환시장에서 인민폐에 대한 달러화의 가치 하락(인민폐의 평가절상)을 막고 있다는 주장도 제기되었다.

터 권한을 위임받은 하부 금융기관의 외환등록증을 발급받아야만 거래가 가능한 제도이다.

이 밖에도 외환집중제도 실시되고 있다. 외환집중제는 기업이 수출입 등으로 벌어들인 외화는 별도로 허가받은 보유 한도액 외에는 정해진 기한 내에 외국환 은행에 의무적으로 매각해야 하는 제도이다. 외환집중제는 국가적인 차원에서 대외적인 지급능력을 확보함으로써 보유외환을 효율적으로 활용하기 위해 운영되는 외환관리제도 중 하나이다.

**중국에서 외화계좌의 관리방법**

중국에서 외화계좌를 개설하려면 외환관리국의 '사전허가'를 반드시 받아야 한다. 외국기업의 연락사무소나 중국기업은 외화 현찰계좌를 개설할 수 없다. 따라서 기업의 외화계좌는 그 자금원천과 용도에 따라 경상 외화계좌와 자본 외화계좌로 구분 · 관리된다. 구체적으로 경상 외화계좌는 경상항목 관련 대금의 입금과 그 지급을 위한 계좌이다. 그리고 자본 외화계좌는 외자기업의 자본금 입금 및 자본/경상 관련 계좌이다.
중국에서는 개인의 경상 외화 수입에 대한 처리도 금액에 따라 외국환 은행의 확인을 받거나 외환관리국의 승인을 받은 후 인출을 하거나 환전할 수 있다. 개인의 외화 자본 수입은 외환관리국의 승인 없이는 인출되거나 환전될 수 없다.

### 2) 최근 외환관리제도의 방향

외환등록제와 외환집중제는 모두 중국이 선진경제로 성장하기 위해서 폐지하거나 완화해야 하는 제도이다. 그리고 이러한 제도를 완화하는 과정에서 다른 국가들에 의한 위안화 평가절상 압력도 완화될 수 있다.

현재 중국에서는 급속한 경제성장과 외환관리제도의 성공적 수행에 따라 외환보유액의 정도가 과도하게 증가하는 현상이 발생하고 있다. 이에 따라 위안화에 대한 국제적인 평가절상 압력이 다시 높아지고 있다. 중국정부도 국제적인 평가절상 압력을 해소하기 위해 외환의 해외유출을 확대하는 일련의 조치를 취하고 있다. 즉, 외국 금융기관이나 기업에 의한 외환의 국내유입을 억제하고, 중국기업의 해외투자 및 진출을 장려하며, 개인송금의 한도를 상향조정하는 조치를 취하게 된 것이다.

### 3) IMF 8조국으로의 이행

IMF 제8조에서는 IMF 회원국에 대해 ① 경상지불에 대한 외환 제한 철폐, ② 차별적 통화조치의 철폐, ③ 다른 외국보유 잔고에 대한 교환성 부여 등과 같은 3가지 의무를 부여하고 있다. 따라서 IMF 8조국이란 국제통화기금(IMF) 제8조에서 제시하고 있는 3가지 의무를 수락 · 이행하는 국가를 의미한다.

중국정부는 1996년 12월부터 IMF 8조국으로 전환하기 위해 경상거래에 관한 지급 제한을 대부분 폐지하고 자유태환을 허용했다.[7] 하지만 경상거래에 관한 지급 제한의 자유화를 추진한 중국정부도 자본시장에 대해서는 점진적인 개방태도를 취하고 있다.

## 1.3 위안화 국제화

### 1) 위안화 국제화의 개념

위안화 국제화는 경상거래 자유화와 함께 시행된 금융 및 자본 자유화 확대 조치의 일환으로 시행된 조치이다. 통화 국제화란 일국의 통화가 본위화폐(standard money)로서 기능을 발휘함과 동시에 해당국 상품과 서비스의 대외거래를 반영하여 경상 및 자본 계정을 통하여 해외에서도 자유롭게 유통되는 것을 의미한다. 결국 통화 국제화는 일국의 화폐가 국경을 벗어나 다른 지역이나 국가에서

7 한국의 경우 1988년 11월에 IMF 8조국이 되었다.

점차 자유롭게 태환되고, 유통 및 결제, 가치저장 수단으로 사용되며, 각종 거래에서도 계산단위로서의 기능도 담당하는 것을 의미한다.

위안화 국제화란 통화 국제화의 일환으로 중국의 본위통화인 위안화가 중국 내의 본원통화로서의 기능을 함과 동시에 국제거래에서도 계산단위 및 결제, 가치저장의 수단으로서 기능하며 자유롭게 유통되어 가는 것을 의미한다. 중국정부는 WTO 가입을 전후로 자국경제의 급성장과 개방화를 바탕으로 선진경제로의 도약을 위해 경상거래의 자유화 조치를 강하게 실시했다. 하지만 경상거래의 자유화만으로 중국경제의 위상을 제고하기 어려웠다. 이에 따라 중국정부는 금융 및 자본거래의 자유화 확대조치를 병행하여 실시했다. 위안화 국제화 조치는 이 중 자본거래의 자유화 조치의 일환으로 실시되는 조치로 이해될 수 있다. 위안화 국제화조치도 다른 개혁 · 개방 정책과 마찬가지로 점진적이고 단계적인 방법으로 실행 및 확대되었다.

### 2) 정책추진 현황

중국정부는 환율제도를 복수통화바스켓제도로 전환하였고, 환율의 일일 변동폭도 2012년부터는 1%의 수준까지로 확대하였다. 그리고 위안화에 대한 무역결제의 확대를 위하여 2008년부터는 국경무역에 대한 위안화 결제가 허용되었다. 위안화 결제에 대한 허용과정에서 중국 내 허용기업과 지역은 점차 확대되어 2012년 3월부터는 완전 개방되었다. 2017년 10월 기준으로 위안화는 세계무역의 결제 비중에서 1.46%를 차지하고 있고, 세계 주요통화 중 그 비중이 7위로까지 상승하였다.[8]

자본항목에 대한 위안화의 자유태환 범위를 확대하여 국내투자자의 해외투자(FDI) 제한을 완화하였으며, 2012년부터는 해외자본의 자본계정에 대해서 위

8 이는 2012년 0.29%, 전 세계 17위였던 것에 비하면 비약적으로 상승한 것이다.

안화의 태환 제한조치도 완화했다. 위안화의 국제적 사용을 지원하기 위한 조치로 위안화 표시채권 및 위안화 금융거래가 2007년부터 딤섬본드(Dimsum bond)와 판다본드(Panda bond)를 바탕으로 확대되고 있다.

### 딤섬본드와 판다본드

딤섬본드(Dimsum bond)란 외국계 기업이 홍콩 채권시장에서 발행하는 위안화 표시채권을 말한다. 이는 2010년 2월 중국정부가 홍콩 금융시장 확대를 위해 외국계 기업의 위안화 표시 채권 발행을 허용함으로써 도입됐다. 외국인 투자자들은 중국정부의 엄격한 자본통제 때문에 본토에서 발행되는 위안화 표시 채권을 살 수 없지만 이 '딤섬본드'에는 아무런 제한 없이 투자가 가능하다.

이 밖에도 외국계 기업이 중국 본토에서 발행하는 위안화 채권을 "판다본드(Panda bond)"라고 한다.

이 밖에도 중국정부는 위안화 표시 채권에 대한 확대 지원조치와 함께 아시아 채권시장 확립을 위한 노력도 강화하고 있다. 2015년 6월 말 기준으로 중국의 채권시장 규모는 동아시아 전체 채권시장의 35%를 차지하여, 동아시아 채권시장의 성장을 견인하고 있다고 평가받고 있다.[9]

중국정부는 위안화의 국제준비자산으로서의 지위를 확보하기 위하여 아세안 일부 국가들 및 세계 여러 국가들과 위안화 통화스와프협정을 체결하고 있다. 2017년 7월 말 기준으로 중국의 통화스와프는 3조 590억 위안이 정도의 규모로 나타났다. 그리고 홍콩(4,000억 위안)과 영국(3,500억 위안) · 유럽중앙은행(ECB · 3,500억 위안), 일본(2,000 위안) 등 32개국 중앙은행들의 통화스와프협정도 체결했다.[10]

중국정부는 위안화를 IMF SDR 구성통화에 편입시키려는 노력을 진행하여

---

9 자본시장연구원, 「최근 동아시아 국가의 채권시장 현황」, 2015-40호, 2015, p. 1.

10 한국은 중국와 560억 달러 규모의 한 · 중 통화스와프협정을 체결하고 있다.

2015년 10월에는 위안화가 IMF SDR 바스켓에 포함되는 성과를 얻었다. 이러한 조치들이 모두 위안화 국제화를 추진하기 위해 취해진 조치라고 볼 수 있다.

### 3) 위안화 국제화의 결정요인

위안화 국제화의 결정요인으로 중국의 경제력, 위안화의 국제적 사용도, 중국의 국제 정치 · 경제적 공헌의지, 외부 경제적 요인 등이 있다. 이 중 중국의 경제력은 지금까지뿐만 아니라 향후에도 안정적이고 지속적인 성장을 할 가능성이 높은 것으로 평가받고 있다. 그리고 위안화의 국제적 사용도는 현재 전 세계 무역의 1.46% 수준까지로 확대되고 있다. 하지만 위안화의 국제적 사용도는 개선의 여지가 높은 것으로 전망되고 있다.

중국정부의 국제 정치 및 경제에 대한 공헌의지는 그 결과가 불확실한 것으로 전망된다. 위안화 국제화는 중국이 미국의 역할을 대체하기 위한 정치 · 경제적 전략이기보다는 중국 자체의 독자적인 역량과 의지를 바탕으로 추진되는 국가전략이라고 볼 수 있다. 중국정부는 모든 정책을 채택할 때 현실주의를 근간으로 결정하는 국가이다. 중국정부는 정부 차원에서 G2라고 하는 용어의 사용도 인정하고 있지 않다. 대외적으로 중국정부는 중국이 여전히 1인당 GDP가 8,600달러에 불과한 개발도상국에 불과하다는 입장을 갖고 있다. 이는 정부 차원에서 지나치게 이상이나 미래에 치우침으로써 정책과잉의 우를 범하지 않기 위해 취하는 정책운용의 기준이다. 결국 중국정부의 정책 기준을 고려할 경우 위안화 국제화의 확대를 위한 중국의 국제 정치 · 경제적 공헌 의지는 여전히 시간이 필요한 요소라고 볼 수 있다.

위안화 국제화에 영향을 미치는 외부요인으로 미국경제의 미래와 달러화 가치의 변화 방향도 중요하다. 사실 미국경제의 오늘날과 같은 국제적 리더십 위기는 장기적 차원에서 나타나고 있는 쌍둥이 수지 적자에서 기인한다고 볼 수 있다. 미국경제의 위상 약화와 달러화의 평가절하가 현재와 같은 미국의 리더십 위기를 발생시키고 있는 것이다. 최근 트럼프 정부 집권 이후 달러화에 대한 일시적인 평가절상이 나타나고 있다. 하지만 이는 단기적 경향이 강하고, 장기적인 측면에서 보면 위안화에 대한 달러화가 평가절하하거나 이를 억제하기 위해 미 · 중 간의 극단적 경제마찰이 나타날 가능성이 높은 것으로 전망된다.

결론적으로 위안화 국제화는 위안화의 국제적 사용도를 확대하는 각종 자유화 조치의 확대 및 심화와 함께 향후에도 지속적으로 강화될 가능성이 높은 것으로 전망된다.

### 4) 위안화 국제화의 위험요인

하지만 위안화 국제화에 대한 위험성도 존재한다. 먼저 중앙은행의 통화 및 금융정책의 국내 경제목표와 관련된 위험성이 존재한다. 위안화 국제화의 추구는 국내경제현실과의 괴리 문제를 발생시켜 중앙은행으로 하여금 통화 및 금융정책의 목표와 방향에 혼선을 발생시킬 수 있다. 특히 중국정부가 아직까지는 국제적인 정치 경제적 공헌을 할 준비가 되어 있지 않다는 것을 고려한다면 이러한 위험성은 더욱 커진다고 볼 수 있다.

이 밖에도 위안화 국제화는 위안화의 평가절상을 목표로 하는 단기성 해외투기자금의 중국 내 유입을 확대시킬 가능성이 높다. 그리고 위안화 국제화의 강화가 의도하지 않게 수출입의 방향과 위안화의 사용지역에 대한 편중현상을 나타낼 수 있다. 이에 따라 위안화 국제화는 국내 통화자산의 버블현상뿐만 아니라 전국적인 통화정책의 운영을 어렵게 만들 수 있다. 마지막으로 위안화 국제화의 추진은 아시아지역에서의 통화패권 문제를 발생시켜 현재 진행되고 있는 동아시아 금융 · 통화 · 자본 협력에 악영향을 발생시킬 수 있다.

# 2. 관세제도

## 2.1 관세정책

### 1) 개혁 · 개방 이전

신중국 건설 이후 관세정책의 전개는 1949년 9월에 제정된 "대외무역관리와 함께 보호무역정책을 병행하여 시행한다"라는 중국인민정치협상회의 공동강령 제37조를 근거로 한다. 그 후 1950년 1월 정무원의 제17차 정무회의는 '정무원 관세정책 및 세관업무결정'을 제정하여 국가산업을 보호하고 외국상품과의 경쟁에서 국내상품을 보호하기 위한 세관세칙과 관련된 기본원칙을 마련했다. 당시 제정된 세관세칙과 관련된 기본원칙은 다음과 같다.

〈표 6-1〉 개혁 · 개방 이전의 중국의 관세적용 원칙

| | 관세율 적용원칙 | 주요 내용 |
|---|---|---|
| 수입 | 고율관세 | ▪ 국내에서의 대량생산 또는 일시적 대량생산이 불가능한 상황에서 국내산업 발전을 위해 동종 상품을 수입할 때 |
| | | ▪ 사치품과 비필수품 |
| | 저율 또는 관세면제 | ▪ 국내소비가 많고 생산이 불가능한 생산설비자재, 공업원자재, 농업기계 등 |
| | 면제 또는 감세 | ▪ 필수 과학도서의 수입<br>▪ 농업병충해 방지를 위한 물품 수입<br>▪ 국내생산이 불가능한 물품 수입<br>▪ 국내에서 대체 불가능한 물품 수입 등 |
| | 협정세율과 고율관세 | ▪ 중국과의 무역협정이 존재하는 경우 협정세율을 적용하고 그렇지 않은 경우에는 고율의 세율을 적용 |
| 수출 | 저세율 또는 수출세 감면 | ▪ 수출화물생산의 확대와 반제품 및 가공원자재의 수출을 장려하기 위함 |

보호무역의 기본 정책방침은 1984년 12월까지 중국관세정책의 기본원칙으로 작용하였다. 또한 정부 차원에서 보호무역정책의 시행과 이를 위한 보호관세의 적용은 당시 농업 중심 국가였던 중국의 유치산업을 보호 · 발전시킴으로써 제국주의적 침략이나 전 세계적으로 확산되던 무차별주의에 대한 국가적 대응전략 차원에서 추진되었다고 볼 수 있다.

### 2) 개혁 · 개방 이후

#### (1) 관세정책의 기본원칙 변화

중국의 관세정책은 개혁 · 개방 정책의 실시 이후 큰 폭의 변화를 맞게 된다. 중국정부는 개혁 · 개방 정책과 국가경제 상황의 변화를 반영하여 34년 동안 적용되던 '세관수출입세칙'을 전면 수정하였다. 1984년 12월 국무원 세관세칙위원회는 8장 42개조로 구성된 '중화인민공화국 수출입세관조례(1985년 3월 7일 공포)'를 제정하였다.

이때 제정된 수출입세관조례는 다음과 같은 목적을 갖고 있다. 첫째, 개혁 · 개방 정책의 실시에 따른 수출의 촉진과 필수품의 수입 확대를 추진한다. 둘째, 이와 동시에 적절한 보호정책의 전개를 통해 국민경제의 발전을 도모한다. 국가의 관세수입을 증대시킨 당시의 수출입세관조례에서 제시된 관세부과 및 적용 원칙은 〈표 6-2〉와 같다.

중국정부는 수출입세관조례를 실시하면서 당시 국제거래에서 통용되던 관세협력이사회(CCC)의 상품분류목록방식을 수용하여 사용하게 되었다. 수입화물에 대한 관세부과기준은 세관이 심사 결정한 거래가격을 기초로 한 CIF 가격을 납세가격의 기준으로 했다. 그리고 수입화물에 대한 수입관세 이외에도 증치세(增值稅, 부가가치세)와 소비세가 함께 부가되었다.

당시의 관세제도에서 특이할 만한 부분은 관세행정에서 보통세율 또는 우대

〈표 6-2〉 개혁 · 개방 이후의 중국의 관세적용 원칙

| | 관세율 적용원칙 | 주요 내용 |
|---|---|---|
| 수입 | 면제 또는 저율 관세 | ▪ 경제발전과 국민생활에 필수적인 제품<br>▪ 중국에서는 생산이 불가능하거나 공급이 부족한 품목<br>(동식물 종자, 사료, 비료, 약제, 정밀기계, 계측기계, 주요 기계설비 및 양곡 등) |
| | 원자재 | ▪ 반제품 또는 완제품에 비해 보다 낮게 부과<br>(특히, 단기간 내에 생산이 불가능한 원자재일 경우 더욱 낮게 책정) |
| | 완제품보다 낮은 세율 | ▪ 중국 내에서 생산이 불가능하거나 품질 수준이 일정한 수준에 도달하지 못한 기계설비 및 기기용 부품 |
| | 고율 | ▪ 중국 내에서 생산이 가능한 비필수품 |
| | | ▪ 중국 내에서 생산 공급이 가능하고 자국산을 보호할 필요가 있는 제품 |
| 수출 | 면제 | ▪ 수출장려용 제품 |
| | 수출세 부과 | ▪ 국제시장에서 수요가 제한되어 있고 경쟁이 치열한 상품과 수출을 제한할 필요가 있는 일부 원자재, 반제품 |

적용 등과 같이 이중세율구조를 적용할 수 있게 된 것이다. 이로 인해 중국과 호혜협정을 맺은 국가에 대해서는 보통세율보다 세율등급이 1~2등급 낮은 우대세율을 적용하고, 그렇지 않은 국가나 지역의 수입화물에 대해서는 보통세율을 적용하는 관세부과 시스템을 가지게 되었다.

당시 중국의 관세정책에서 나타난 또 다른 특징으로는 수입상품에 대한 관세율 조정이 상품의 용도나 국가정책에 따라 비교적 자주 이루어졌다는 부분이다. 실제로 중국에서는 각종 정책상의 필요성과 여러 가지 이유로 많은 수입제품에 대해 국무원이 매년 관세세칙의 형태로 대상품목과 적용세율을 공포하였다.

### (2) 관세정책의 변천

#### ① GATT 가입작업반 활동시기(1986~1991년)

관세정책에서 공식적이고 적극적인 변화는 GATT 복귀 노력의 전후로 만들

어지게 된다. 중국은 1982년에 GATT 가입을 위한 활동과정에서 옵저버 자격을 획득했고, 1986년도에는 GATT 회원가입을 신청하게 된다. 중국은 과거 국제무역기구(ITO)의 설립협상에 참가하였고, 1948 관세와 무역에 관한 일반협정(GATT)에 대한 체약국 중 하나였다. 하지만 국민당 정부가 대만으로 자리를 옮김으로써 양안 간의 정치적 문제 때문에 1950년 5월 5일 중국정부는 GATT를 공식 탈퇴하게 된다.

그 후 36년 동안 중국은 GATT체제 내에서 활동하고 있지 않다가 세계경제, 특히 통상분야에서 GATT의 영향력이 점차 강화되자 회원국 복귀를 희망하게 된 것이다. 또한 중국정부는 국제사회에서 영향력이 점차 강화되면서 중국지역에서 중국만이 유일한 합법정부라는 주장과 함께 GATT의 체약국 지위 회복을 다시 신청했다.

하지만 GATT에서 중국의 체약국 지위 회복 요청은 받아들여지지 않았다. 이에 따라 중국정부는 GATT에 신규가입을 신청하게 되었다. 중국정부는 그 후 오랜 시간 공식적인 차원에서 GATT 가입(나중에는 WTO)에 집중하게 된다. 그러한 과정에서 중국의 관세와 무역에 관련된 많은 제도 및 정책들이 개선되었다. 중국정부는 1986년 GATT에 가입신청을 정식으로 하게 되었고, 이에 따라 GATT 내부에 가입작업반이 설치되었다. 1986~1991년 시기의 중국 관세정책 변화를 살펴보면 이러한 GATT 가입작업반의 활동을 반영하려는 움직임이 적극적으로 나타난다.

우선 중국정부는 몇 차례에 걸친 수입관세 조정을 통해 83개 품목의 수입관세를 인하하였다. 하지만 이러한 인하에도 불구하고 1991년 기준으로 중국의 평균 관세율은 43.2%에 달해 당시 주변 선진국이나 개발도상국에 비해 높은 수준으로 나타났다. 당시 면세품목을 제외하고는 일반세율은 8~270%의 관세가 부과되었고, 우대세율은 2~220%의 관세가 부과되었다. 이 밖에도 주목할 만한 정책으로 상하이에 처음으로 보세구역이 설치되었고, 그 후 12개 보세구역과 창고설치로 확대되었다.

하지만 1989년에 발생한 천안문사건의 영향으로 중국의 GATT 가입 활동과 협상은 일시적으로 중단되었다. 천안문사건 전후로 관세정책 부문에서 큰 변화는 만들어지지 않았다. 1986~1991년에는 개혁·개방조치의 도입에 따라 외자우대 정책이 적극적으로 도입되면서 많은 관세감면조치가 만들어졌다. 하지만 국가의 관세정책 자체로는 별다른 큰 변화는 만들어지지 않은 시기였다.

**② 관세정책의 규범화 개혁기**(1992~1995년)

중국 관세정책의 주목할 만한 변화는 1992~1995년 동안에 만들어졌다. 이 시기는 천안문사건의 정치경제적 충격을 어느 정도 극복하고 관세정책부문에서 대폭적인 개혁이 시작된 시기라고 볼 수 있다. 주목할 만한 변화로는 관세정책에 대한 예측 가능성을 제고하기 위한 규범화가 시작되었다는 부분이다. 중국정부는 GATT 가입을 위해 1992년 이후 3~5년 동안 평균 관세율을 1992년의 절반 수준으로 인하하였고, 2000년도까지는 개도국의 평균 수준인 15%의 수준까지 인하할 것을 약속하였다.

그동안 중국정부의 관세정책은 규범화 과정을 통해 예측 가능하도록 운영된 것이 아니라 매년 국가의 정책적 필요성과 국가의 대내외적 경제상황에 따라 관세율을 빈번하게 변경하는 형태로 운영되었다. 하지만 1992년부터 관세율은 장기적인 국가전략과 경제상황을 반영하여 세계제국들이 예측 가능하도록 규범화되어 운영되기 시작했다.

관세정책 부문에서 나타난 또 다른 큰 변화로는 1992년부터 조화방식(HS Code)이 상품분류방식으로 채택되었다는 부분이다. HS 방식의 도입으로 인해서 중국의 관세율은 다른 세계제국들과의 비교가 가능해졌고, 정부에서 추진하고 있는 관세인하도 이 분류방식을 근거로 진행되었다.

한편 관세인하 과정에서 일부 중점상품과 중국에서 장기적으로 수입하는 원자재, 국제시장에서 경쟁력이 있다고 판단되는 상품들이 관세인하 품목으로 포함되었다. 그 과정에서 농약 등 많은 상품들이 관세인하 품목에 포함되게 되었다.

③ WTO 가입을 위한 관세 인하기(1996~2001년)

하지만 정부 차원에서의 노력에도 불구하고 중국은 1995년 WTO의 출범을 전후해 WTO 회원국이 되는 데 실패했다. 이에 따라 중국정부는 WTO 가입을 위해 큰 폭의 추가적인 관세인하를 단행하지 않을 수 없게 되었다. 그 결과 중국정부는 WTO 가입을 위해 중국의 관세정책을 글로벌 기준에 맞추기 위해 노력한다.

이 때에는 WTO 가입을 위해 매우 높은 수준의 가입조건을 맞추기 위한 노력이 집중적으로 행해졌다. 구체적으로 장쩌민(江澤民) 국가주석은 1995년 APEC 오사카 회의에서 1996년까지 4,994개 품목의 관세를 26% 인하하기로 약속했다. 그 결과 1996년 말 기준으로 중국의 평균 관세율은 17% 수준으로 인하되었다. 그 후에도 정부 차원의 지속적인 관세인하 노력은 지속된다. 1999년 1월에는 1,014개 품목의 관세율이 다시 인하됨으로써 평균 관세율은 16.8%의 수준으로 인하되었다. 중국 평균 관세율은 그 후에도 지속적으로 하락해 2000년에는 16.4%, 2001년에는 15.3%로 인하되었다.

정부 차원에서의 지속적인 관세인하 노력을 통하여 중국은 2001년 11월 10일 카타르 도하에서 개최된 세계무역기구(WTO) 각료회의를 통해 143번째 WTO 회원국이 되었다.

④ 관세정책의 선진화 시기(2002~ )

중국정부는 WTO 가입을 전후로 가입의무 이행을 위해 무역 관련 국내 법령의 개정을 진행했다. 이를 위해 국무원 산하에 특별기구를 설립하여 중앙정부의 2,000여 개 법령을 검토하였고 WTO 규범과 일치하지 않은 500여 개 법령 폐지를 추진했다. 그리고 지방정부의 90,000여 개 법령과 규제를 재검토해 각종 정책의 선진화를 추진했다.

관세정책도 이러한 과정에서 선진국 수준의 제도로 점차 변화되어 가고 있다. 먼저 평균 관세율은 2001년 15.3%에서 2010년 기준으로 9.8%로 인하되었다. 그리고 반덤핑관세와 관련된 규정을 개정했고, 가입 이후 12년간 유지되었던 대중국 특정 상품 특별 세이프가드 조치에 대해서도 이행이 완료되었다(2013년 12월 10일 종료). 그리고 가입 후 8년 간 지속된 대중국 방직품 특별 세이프가드(2008년 12월 31일 종료) 등에 대한 이행도 완료되었다.

중국정부는 2001년부터 새롭게 시작된 도하개발아젠더(DDA)에서 개도국을 대표하는 국가로 적극적인 입장을 제기하고 있다. 중국은 2001년 DDA 출범 당시에는 바로 직전까지 WTO 가입협상에 임했던 국가다. 따라서 DDA 협상 이전까지 중국은 새로운 다자간 무역협상의 주역국가로 주목받지는 못했다.

하지만 2003년 멕시코 캔쿤 협상에서부터 중국은 DDA 협상에 본격적으로 참여하고 있다. 그러나 농산물 수출보조금 부분 등에서 미국과 EU 간의 입장 차가 워낙 컸기 때문에 중국의 역할이 크게 두드러지지 않았다. 하지만 2008년부터 중국은 DDA 협상의 중심국가인 G5(미국, EU, 중국, 인도, 브라질)에 포함되면서 자국의 무역이익을 지키기 위한 적극적 입장을 개진하고 있다.

DDA 협상에서 중국정부의 입장은 중국은 비록 세계 2위의 경제대국으로 부상하였지만, 여전히 많은 문제를 가진 개도국이라는 입장이다. 그래서 중국은 지재권, 환경 등의 분야에서는 어느 정도 보호받아야 하고, 개도국으로서 책임분담의 완화도 보장받아야 한다는 입장을 가지고 있다. 지금까지 DDA 및 무역 관련 각종 국제협상에서는 중국의 이러한 입장과 선진국의 입장이 대립되면서 긍정적 신호가 나타나지 않았다. 하지만 분명한 것은 중국이 WTO 가입 이후 수동적인 형태의 무역 및 관세정책을 전개하는 것이 아니라 자국 중심의 적극적인 정책을 국제협상에 반영하려는 전략을 전개하고 있다는 것이다.

최근 가장 두드러지는 관세정책으로는 2017년부터 실시하고 있는 '해관통관 일체화' 정책이 있다. 이는 중국의 전국 어느 해관에서나 통일적인 법 집행을 보장받게 하려는 정책으로 일선 예속해관의 재량권을 축소시킴으로써 통관 편리화와 관세부과의 통일성을 보장하려는 정책이다.

## 2.2 관세평가 방법

### 1) 과세 기준

수입화물 관세는 중국 해관에서 심사, 결정한 거래가격을 기초로 한 CIF 가격을 과세가격으로 한다. CIF 가격은 수입물품이 중국 내의 수입지점에 도착·인도될 때까지 소요된 모든 비용이 포함된 가격을 의미한다. 과세가격에는 물품가격에다가 수입자가 국내에서 생산, 제조, 출판 또는 발행목적으로 외국에 지불된 특허료, 상표이용료, 저작권 사용료, 전문 기술료 및 수입중계 수수료, 하역시까지의 포장비, 운임, 기타 노무비용, 보험료 등을 포함한 가격이다. 따라서 중국 해관에서 결정한 과세가격(CIF 가격)은 무역거래에서 통상 사용되는 CIF 가격과는 많은 차이가 날 수도 있다.

- 해당 수입물품과 같은 수출국 또는 지역에서 중국이 구입한 동일물품에 대한 거래가격
- 해당 수입물품과 같은 수출국 또는 지역에서 중국이 구입한 유사한 물품의 거래가격
  - ▪ 유사한 물품 : 원리나 구조, 특징, 구성재료가 비슷하고 기능면에서 상업적으로 교환이 가능한 물품을 뜻함
- 해당 수입물품과 같은 또는 유사한 물품의 국제시장 거래가격
- 해당 수입물품과 같은 또는 유사한 물품이 국내시장에서 거래되는 도매가격에서 수입관세, 수입과정에서 부과된 기타조세, 수입후의 운임, 보관료, 영업비 및 이윤이 공제된 가격
- 상술한 규정으로 물품의 거래가격을 확정할 수 없을 경우 납세가격은 해관이 합리적 방법으로 결정

한편 해관이 수입물품의 거래가격을 확정할 수 없을 경우, 다음과 같은 순서를 기초로 수입물품에 대한 과세표준을 결정한다.

하지만 수입물품의 거래가격이 다음의 사항 중 하나에 해당하면, 중국해관은 수입신고에 대한 접수를 거부하거나 해관의 판단에 따라 가격결정 방법을 채택하여 관세를 부과한다.

- 신고가격이 국내업체 간의 대량거래 가격과 비슷하거나 낮으나, 그 증거나 정당한 사유를 제시하지 못하는 경우
- 신고가격이 해관이 알고 있는 같거나 비슷한 물품의 국제시장 거래가격보다 낮으나 그 증거나 정당한 사유를 제시하지 못하는 경우
- 거래 쌍방 간의 특수한 경제적 관계 또는 물품에 대한 특수한 관계로 인해 매매쌍방의 거래가격에 영향을 준다고 판단되는 경우

납세가격을 구성하는 요소는 화물가격과 국제운송료 및 보험비용 등으로 구분할 수 있다. 해관법 제55조에는 "수입화물의 납세가격은 화물의 가격과 중화인민공화국 경내 수입장소로부터 하역전까지의 운송 및 비용 보험을 포함한다"라고 명시되어 있다.

### 2) 납세기준액 확정

해관검사를 통하여 수입화물이 관세부과를 위한 제반준칙에 부합된다고 판단되는 경우, 일반수입화물의 납세가격은 확정된다. 여기서 일반수입화물은 해관이 수입화물의 전체 가치에 대해 한 번에 관세부과가 가능한 화물을 의미한다. 하지만 해관검사과정에서 수입화물의 가격이 제반조건에 맞지 않는다면, 해관은 다음과 같은 순서에 따라 한 가지 가격준칙을 적용하여 수입화물과 가장 유사한 화물가격을 납세기준액으로 결정한다.

- 동일국가 혹은 동일지역에서 수입되는 동일제품의 거래가격
- 동일국가 혹은 동일지역에서 수입되는 유사제품의 거래가격
- 국제시장에서의 공개 거래가격
- 여러 가지 요인을 고려하여 합리적으로 산정한 거래가격

한편 수입화물이 한 번에 전부 수입되는 것이 아니라 여러 차례 나누어 부분적으로 수입되는 특수 입국화물[11]인 경우도 존재한다. 이러한 경우 중국 해관은 납세가격을 확정하기 위해 수입화물의 전체 가치를 한 번에 평가해서 관세를 부과하면 안 된다.

### 3) 관세액 계산방식

#### (1) 관세결정 및 납부

수출입화물은 관련 수출입세칙에 따른 상품분류 후 원산지를 근거로 하여 적용세율과 납세가격을 확정하여 징수금액을 결정한다. 관세액이 확정되면 해관은 관세에 대한 납입청구서를 납세인에게 발행한다. 납세인은 발행된 납입청구서를 근거로 납부기간 내에 지정은행에 관세를 납부하면 된다.

수입화물의 관세는 수입물품이 CIF 가격으로 정상적으로 거래된 경우라면 이 가격이 납세가격이 된다. 일반적으로 수입화물에 대한 관세의 계산은 다음의 □ 안에 제시되어 있는 방법에 따라 산출되고 인민폐로 징수되는 것이 원칙이다.

11 특수입국화물은 임대용 입국화물, 가공 또는 보수 후 반입한 화물, 가공 후 재반입하는 화물, 보수 후 재반입하는 화물, 기한을 초과 후 재반출을 하지 않은 임시허가 입국화물, 입국화물과 계약규정이 부합하지 않는 화물 등이 여기에 해당된다.

수입관세 = 납세가격(CIF 가격) × 관세율

수입화물의 거래가격이 외화로 계산된 경우 해관은 납세청구서의 발급일자를 기준으로 국가외환관리부문이 발표한 외환매매 중간가격에 따라 인민폐로 환산하여 계산한다. 인민폐 외환환율에 포함되지 않은 국가의 통화는 국가외환관리부문에서 규정한 환율에 따라 환산하여 계산한다. 납세가격은 위안(元) 단위까지 계산하고 그 이하는 반올림하여 계산한다. 그리고 관세액은 펀(分) 단위까지 계산하고 그 이하는 반올림한다. 건당 화물의 관세액이 10만 위안 이하일 경우에는 세금이 면제된다.

### (2) 국내세금의 병행 부과

수입화물이 해관검사 및 납세수속을 완료한 후에는 통관과정을 거쳐 국내에 유통된다. 원칙상 수입화물에 대해서는 관세납부 후에 국내 세금이 부과된다. 하지만 수입화물에 대한 국내세금의 부과절차를 간소화하기 위하여 해관에서 수입화물의 통과 시에 국내세금을 함께 부과하고 있다. 해관이 수입과정 중에 징수하는 국내세금은 소비세와 증치세(부가가치세)이다.

소비세의 경우, 중국에서 거래되는 대부분의 상품은 종가세를 기준으로 징수된다. '중화인민공화국 소비세 잠정규정(中華人民共和國消費稅潛行規定)'에 따라 11가지 제품에 대해 소비세가 징수된다. 그중에서 4가지 화물은 종량세에 해당되며 나머지는 모두 종가세가 적용된다.

소비세 제품의 종류 구분과 세율계산은 '중화인민공화국 소비세 잠정규정(中華人民共和國消費稅潛行規定)'의 '소비세세목세율표(消費稅稅目稅率表)'에 따라 진행된다. 종가세 방식의 소비세 납세대상은 담배, 술과 알콜, 화장품, 피부 및 모발 보호용품, 귀금속 장신구 및 보석, 폭죽, 휘발유, 디젤유, 자동차 타이어, 오토바이와 소형 자동차 등 11가지 제품이다. 이들 제품에 대한 소비세율은 최저 3%~최고 45% 사이에서 부과된다.

종가세 제품의 납부세액과 세액산출 기준 계산방식은 다음과 같다.

- 납부세액 = 세액산출 기준가격 × 소비세율
- 세액산출 기준가격 = $\frac{(\text{관세납세가격} + \text{관세})}{(1 - \text{소비세세율})}$

종량세 방식의 소비세 납세대상 제품은 황주, 맥주, 휘발유, 디젤유 등 4가지이고 정액으로 징세된다. 황주의 경우에는 톤당 240위안, 맥주는 톤당 220위안, 휘발유는 리터당 0.2위안, 디젤유는 리터당 0.1위안의 소비세를 부과하는 것이 원칙이다.[12] 종량세 제품의 소비세액에 대한 계산은 (단위세액 × 수입수량)의 방식으로 진행된다.

증치세(부가가치세)는 거래단계별로 재화나 용역에 생성되는 부가가치(마진)에 부과되는 간접세이다. 중국의 부가가치세는 분기별로(매3개월) 납부하는 한국과는 달리 매월 신고 · 납부하는 것이 원칙이다. 하지만 수입화물의 증치세는 수입신고 시에 관세와 함께 납부된다. 증치세는 간이과세자에 대해서는 모두 3%의 세율이 적용된다. 상품별로 서비스(컨설팅/식당 등) 분야는 6%, 농산물과 석유, 식용유 등은 11%, 나머지 대부분의 제품들은 17%로 적용된다.

### (3) 원산지 적용기준에 따른 수입관세율

중국은 WTO 가입 후 수입화물에 대해서는 최혜국세율(MFN Rate), 협정세율(Agreement Rate), 특혜세율(Special Preference Rate), 보통세율(Gemeral Rate) 등

12 종량세 적용 소비세에서 화물계량단위의 환산표준은 맥주 1톤은 988ℓ가 되고, 황주 1톤은 1,399ℓ가 되며 디젤유 1톤은 1,176ℓ로 환산된다.

과 같은 4가지 관세율을 적용한다. 하지만 2004년 1월 1일부터는 기존의 관세분류에 홍콩 · 마카오 특별행정구를 원산지로 하는 상품에 대한 무관세가 추가되면서 수입화물의 원산지별 관세율은 모두 5가지의 기준에 따라 적용된다.

수입화물의 원산지를 기준으로 대상국이나 지역별 적용세율은 〈표 6-3〉과 같다.

〈표 6-3〉 수입화물의 원산지 기준 적용대상과 관세율

| 구분 | 수입품 원산지 기준 적용 대상 | 관세율(%) |
|---|---|---|
| **최혜국세율** (MFN Rate) | 최혜국 대우의 적용을 받는 다음의 경우<br>▪ WTO 회원국이나 지역<br>▪ 중국과 쌍무협정을 맺은 국가 및 지역 | 0~55.9 |
| **협정세율** (Agreement Rate) | 중국과 관세우대조항을 포함하는 무역협정을 체결한 다음의 경우<br>▪ 방콕협정가입국(한국, 스리랑카, 방글라데시, 인도, 라오스)의 902개 품목<br>▪ 정보기술협정(ITA) 체결국의 특정정보기술제품 15개품목 | 평균 9.9<br>평균 0.0 |
| **특혜세율** (Special Preference Rate) | 중국과 특혜관세협정을 체결한 다음의 경우<br>▪ 방글라데시 20개 품목<br>▪ 중국-아세안 자유무역협정(CAFTA)을 위한 아세안 국가(별도의 쌍무협정을 체결한 필리핀 제외) HS 1~8장의 571개 세목,<br>▪ 상기협정의 태국, 인도네시아, 말레이시아, 싱가포르, 브루나이에 대한 HS 1~8장 이외의 22개 세목 | 평균 9.9<br>평균 0~10<br>평균 0~10 |
| **무관세** (Free Rate) | 특정 국가 또는 지역에 대한 다음의 경우<br>▪ 태국의 HS 192개 세목<br>▪ 홍콩산 약품, 화장품, 플라스틱, 피혁, 방직의류, 장신구 및 일부 전기제품 등 374개 세목<br>▪ 마카오산 식품, 음료수, 화공제품, 약물 등 311개 세목 | 0 |
| **보통세율** (Gemeral Rate) | 이상의 4가지 경우를 제외한 모든 수입품 | 8~180 |

**출처** : 서갑성 · 김종득, 『중국무역환경론』, 두남, 2019, p. 244.

## 2.3 해관

해관은 한국의 세관과 동일한 조직으로 중국의 수입 및 수출품목의 검사를 진행하고 수입물품에 대한 관세를 부과 및 징수하며, 수출입의 허용 여부를 판단하는 조직이다. 해관조직은 중앙 수직적 관리 시스템을 채택하고 있으며, 조직기구상 3층 구조로 되어 있다.

해관의 가장 상부에는 해관총서가 있다. 해관총서는 국무원 직속기관이자 장관급 중앙행정기관으로 베이징에 위치하고 있으며, 전국의 해관과 그 업무를 통일적으로 관리한다. 이 밖에도 해관총서는 중국해관학회, 중국항구협회, 중국통관협회, 중국보세구역수출가공구역협회 등과 같은 4개의 사회단체를 관리하고 있다.[13] 중간 조직으로 광동분서와 천진, 상하이 2곳의 특파원 판사처, 그리고 41개의 '직속해관'과 2개의 해관학교가 있다.

해관업무는 최상위 기관인 해관총서의 지도하에서 직속해관 단위로 관리된다. 즉, 해관총서의 지도를 받아 직속해관이 예속해관에 대해 관리감독을 진행하는 구조로 수출입 통관업무 및 관세 관련 업무가 진행된다. 직속해관은 중국의 수출입통관업무 중 신고서류 심사를 주로 담당한다.

서류에 대한 집중심사는 전자세관신고를 접수 후 신고기업과 신고인의 자격을 컴퓨터를 통하여 인증한 후 자동심사를 진행한다. 직속세관의 집중심사로 제출서류의 규범성 심사와 전문성 심사가 있다. 규범성 심사는 제출서류의 외형심사로 전자신고에 필요한 신고요건이 구비되었는지 여부를 판단하는 것이다. 만약 구비요건이 충족되지 않은 경우 서류를 반려하거나 보완을 요구하게 된다. 전문화 심사는 세관업무 전문요원에 의한 심사를 의미한다. 직속세관 서류심사센터에서 HS Code에 따라 전산으로 컴퓨터에서 전문심사 단위센터에 분배되어 전문요원이 전문화 심사를 진행하게 된다.

---

13 이 밖에도 해관 총서는 미국이나 유럽연합, 러시아 등과 같은 지역에 해관 주재기구를 파견하고 있다.

심사를 통해 신고 내용에 오류가 발견되는 경우 신고인에게 내용 수정을 요구하게 된다. 내용의 수정방법은 수정 내용을 설명하는 수정통지서를 발송하는 방식으로 진행된다. 그리고 최초의 전자문서 신고는 철회된다. 다만 세관신고에서 밀수나 다른 법률위반 혐의가 있다고 판단되는 경우 이의 철회나 수정은 불가능하다. 해관의 전산상에 신고자 오류가 자동으로 기록되며, 신고인은 규정에 따라 전자신고서의 내용을 수정할 수 있다.

해관의 가장 하부조직으로는 약 600여 개의 예속해관이 존재한다. 예속해관은 직속해관의 지휘를 받으며 해관 수출입 통관업무 및 관세부과 및 징수의 업무의 기본 집행단위가 된다. 예속해관은 공항이나 항구 등이 설치되어 있는 지역이나 해관업무가 집중되어 있는 지역에 설치된다.[14] 예속해관은 관할 지역이 정해져 있으며, 수출입 통관신고가 최초로 접수되며, 통관과정에서 실질적인 현장검사를 진행하는 역할을 담당한다.

출처 : 新浪 (http://blog.sina.com.cn/u/2671917297)

[그림 6-2] 중국 해관

14 예속 해관은 업무상황에 따라 약간의 과(科), 실(室)이 설치되어 있고 인원은 적게는 십몇 명에서 많게는 2~3백 명 정도인 곳도 있다.

# 3. 수출입통관절차

## 3.1 수입절차

### 1) 수입 전 준비절차

일반적으로 수입물품의 통관절차를 시작하기 전에 기업 차원에서는 물품수입을 위한 준비절차가 필요하다. 수입 전 준비절차로 먼저 수입계획을 수립하고, 수입된 물품의 수요처를 조사하며, 수입에 적합한 수입업자를 선정해야 한다. 수입업자 선정이 완료되면 수입상담 절차와 신용조회 과정 등을 거쳐 수입계약을 체결한다.

수입계약이 완료된 이후에는 이행을 시작한다. 이를 위해 수입을 위한 선박 또는 운송수단의 확보가 필요하고, 무역금융 신청이 필요하다. 이때 수입을 위한 신용장(L/C)이 개설된다. 수입계약의 조건에 따라 선결제 후 수입 및 수입통관절차를 진행될 수도 있고, 계약에 따라 대금결제가 사후에 진행될 수도 있다. 기업이 일반적으로 행하는 수입 전 준비절차를 요약해 보면 [그림 6-3]과 같다.

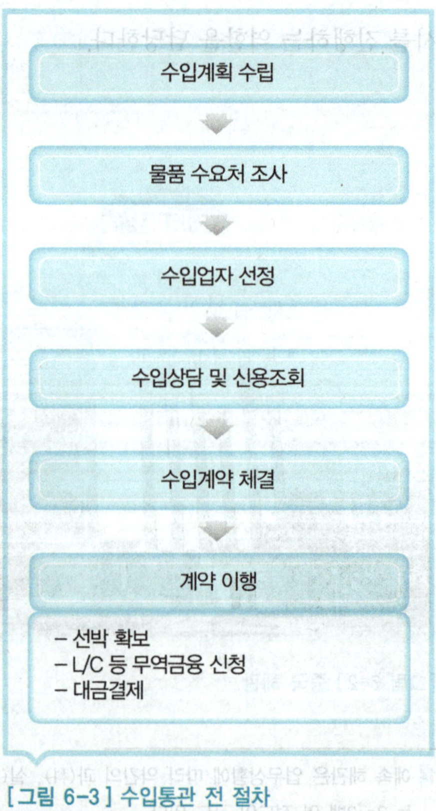


[그림 6-3] 수입통관 전 절차

### 2) 수입통관절차

중국에서 물품을 수입하는 경우 수입물품의 통관절차는 ① 수입신고 전 절차와 ② 수입신고절차, ③ 물품검사절차, ④ 관세 납부 및 통관절차 등의 4단계 과정을 거친다.

〈표 6-4〉 중국의 수입통관절차

| 통관 절차 | 수입신고 전 → | 수입신고 → | 물품검사 → | 관세납부 및 통관완료 → |
|---|---|---|---|---|
| 주요 내용 | ▪ 통관고유번호 발급<br>▪ 적하목록 제출 | ▪ 수입신고서 제출<br>▪ 수입신고의 심사 및 처리 | ▪ 물품검사 | ▪ 관세납부<br>▪ 통관완료 |

#### (1) 수입신고 전 절차

수입업자는 수입물품 신고를 하기 전에 해관으로부터 통관고유번호(CR Number)를 발급받아 해당 물품을 수입한다. 그렇지 않을 경우, 수입업자는 통관고유번호를 발급받은 수입 에이전트와 계약을 맺고 수입을 진행해야 한다. 통관고유번호의 발급은 수입업자가 각 관할 세관에 직접 신청한다.

통관고유번호의 발급절차가 끝난 수입업자는 수입신고를 위해 선박회사의 적하목록(Manifest)을 입력해야 한다. 적하목록이란 선박 또는 항공기에 적재된 화물의 총괄목록을 의미한다. 적하목록은 화물의 선적이 완료된 후 선박회사가 적하수취서 또는 선하증권(B/L)을 근거로 작성한다. 선박회사 측은 적하목록의 전자데이터를 세관에 입력하는 방식으로 도착한 화물의 적재상황을 신고한다. 적하목록의 데이터가 부정확할 경우, 수입통관 시에 많은 애로사항이 발생할 수 있다.

적하목록은 해상운송의 경우 선적 24시간 전까지 제출되어야 한다. 항공운송의 경우 이륙 전(4시간 이하 단거리 항공)이나 목적항 도착 4시간 전(장거리 항공)까지 제출되어야 한다. 육상운송의 열차인 경우, 목적역 도착 2시간 전까지 제출되어야 하고, 차량의 경우 목적지 도착 1시간 전까지 제출하면 된다.

적하목록이 제출되지 않은 경우 해관은 운송수단의 입국신고절차 수행을 일시 정지할 수 있다. 그리고 만약 적하목록에 신고되지 않은 화물이 반입되었음을 확인한 경우 해관은 이러한 화물의 반송을 명령할 수 있다.

### (2) 수입신고절차

통관고유번호를 발급받고 적하목록을 제출한 수입업자는 세관신고절차를 진행한다. 세관신고절차는 관할 해관에 관련 증빙서류와 함께 수입신고를 하는 것이다. 수입신고절차는 수입화물의 소유자나 대리인이 진행하는 것이 일반적이다. 신고는 EDI를 통한 신고와 EDI를 통하지 않은 서면신고 두 가지가 있다.

2000년부터 중국의 수출입 통관절차에서도 전자정보관리체계가 구축되었다. 대부분의 수입신고도 EDI를 통해 진행되는 것이 일반적이다. 수입신고는 세관에 수출입화물의 상황을 신고하고 세관의 심사를 신청하는 과정이다. 이러한 수입신고절차는 통관신청에 대한 진실성을 담보로 진행된다.[15]

수입신고를 위해서 수입화물의 수하인이나 위탁 통관기업은 EDI 전산시스템을 통해 해관에 수입신고서(전자자료)를 전송하고 관련 증빙서류를 제출해야 한다. EDI 수입신고는 특정 사이트를 통한 신고가 아닌 통관기업이 통관 관련 수입신고 S/W를 설치해야만 가능하다. 그리고 해관 신고지에 따라 필요한 서류나 기재항목은 달라질 수 있다. 하지만 EDI를 통하지 않은 신고 시에는 수입화물의 수하인이나 위탁통관기업이 수입신고서 3부를 작성하고 관련 증빙서류를 구비하여 세관에 제출하면 된다. 일반적으로 수입신고 시 필요한 증명은 다음과 같다.

---

15 따라서 수입신고절차는 세관심사의 전제과정이 되는 진실성을 담보하기 위한 수입업자의 책임이 수반되어야 하는 법률행위라고도 볼 수 있다.

1. 신고인 자체 작성 또는 전자시스템 사전 신고 후 인쇄한 신고서
2. 수입계약서
3. 수입화물인보이스, 포장명세서(Packing list)
4. 수입적하목록
5. 수입화물 B/L 또는 적재증명(육로)
6. 세관신고위임계약서
7. 국가가 제한 또는 통제하는 물품인 경우 대외경제관리부문(상무부 등)이 발급한 수입화물 허가증 또는 기타 승인 문건
8. 상품검사검역, 문화재감정, 동식물검역, 식품위생검역 또는 기타 관리물품의 경우 관련 부서가 발급한 증명
9. 세관이 요구하는 가공무역(징수유예)수책(수류 또는 전자데이터 방식) 또는 감세, 면세 또는 검사검역면제 증빙서류
10. 세관에서 필요하다고 판단한 무역계약서, 원산지증명 및 기타 관련 서류와 장부 등
11. 기타 관련 서류

수입화물의 세관신고 기한은 해당 화물을 적재한 운수기관의 입항 후 14일 이내이다. 마지막 날이 법정 휴일이거나 휴일인 경우에는 익일까지 순연된다. 14일 이내에 신고를 하지 않은 경우 해관은 일할 계산된 과태료를 징수한다.[16] 전자수입신고에 대해서 통관지 관할 해관은 서류심사를 진행한다. 관할 해관의 서류심사는 다음과 같은 부분에 중점을 두어 진행된다.

- 제출된 서류의 구비요건 충족 여부와 제출 서류의 완전성 여부
- 수입신고물품이 수입금지품목이나 제한품목에 해당하는지 여부
- 운송인이 제출한 적하목록과 수입신고인이 제출한 통관서류 간의 상세물품 내역이 일치하는지 여부
- 신고가격의 결정이 적절한지의 여부 등

16 과태료는 입항 후 15일부터 계산하여 신고일까지 매일 CIF 가격의 10,000분의 5를 징수한다.

통관지의 관할 해관은 수입신고인이 제출한 전자수입신고서와 관련 증빙서류를 심사한 후 수입신고서를 처리한다. 만약 특별한 문제가 발견되지 않는다면 신고물품의 반출허가를 수입업자나 통관기업에게 통지한다. 수입신고서 심사 후 반출허가를 통지하는 화물은 일반적으로 수입신고인의 신용이 높거나 수입화물에 대해 세금을 징수할 필요가 없는 물품이다. 그리고 관할 해관에서는 수입신고와 관련된 서류 제출심사를 통보할 수 있다. 만약 서류 제출심사가 수입업자에게 통보되면 수입업자는 통보일로부터 10일 이내에 관련 서류를 관할지 해관에 제출해야 한다.

해관은 필요한 경우 수입업자에게 납부세액에 상응하는 담보제공을 요구할 수 있다. 담보기한은 통상 20일을 초과하지 않으며 특수한 경우 담보기한 내에 관할 해관에 가서 연기신청을 해야 한다. 임시수입화물의 담보기한은 수입일로부터 6개월이 된다.

해관이 담보제공이 필요하다고 인정하는 일반적인 경우는 다음과 같다.

- 화물의 종류 및 가격이 불명확하여 수입통관이 지체되고 있는 상황에서 신고인이 화물의 반입이 필요한 경우
- 수입신고 시 관련 증빙서류의 미비로 수입통관이 지체되는 상황에서 화물의 반입이 필요한 경우
- 신고인이 관세 등의 추후납부를 신청한 경우
- 감면세 대상물품으로서 담보제공이 필요한 경우
- 가공무역방식의 보세수입화물
- 수입신고수리되지 않은 화물을 세관감독 외 장소에 보관하는 경우
- 위법 혐의가 있는 수출입화물

#### (3) 물품검사

수입신고와 심사가 끝난 화물에 대해서 관할 해관은 물품검사를 할 수 있다.

관할 해관의 물품검사는 모든 수입화물에 대해 시행하고, 해관에서 정한 시간에 해관관리구역이나 감독구역에서 실시되는 것이 원착이다. 검사방법은 전수검사(Through Inspection), 표본추출검사(Sampling Inspection), 외장검사(Packing Inspection) 등이 있다.

전수검사는 법규위반 가능성이 높은 물품에 대해 실시되는 것이 원칙이다. 그리고 전수검사는 해관이 전량을 검사할 필요성이 있다고 인정하는 화물을 대상으로 한다. 수작업 또는 기계를 이용하여 진행되는 표본추출검사는 세관이 임의로 추출한 샘플화물을 개봉, 검사함으로써 전수검사를 갈음하는 방법이다. 그리고 외장검사는 화물을 개봉하지 않고 화물의 겉포장의 개폐 여부, 파손흔적 및 수량 등을 검사하는 방법이다.

검사는 해관의 관리구역 내에서 진행되는 것이 원칙이다. 먼저 원유, 곡물, 철강재 등 산적 화물이나 화학품 등 위험물에 대한 검사는 적재된 운송수단 내에서 진행된다. 하지만 화물의 특성상 부득이한 경우에는 해관에 신청하여 별도 구역에서 해관 검사직원이 파견 나와 실시한다.

해관의 관리구역 내에서 이루어지는 검사비용은 수입업자가 부담하지 않는다. 하지만 해관의 관리구역 외에서 검사하는 경우에는 수입업자가 검사비용을 부담해야 한다. 해관 관리구역에서의 검사로 인해 발생하는 화물개봉이나 재포장, 이동 등의 비용에 대해서는 수입업자가 부담하는 것이 원칙이다.

### (4) 관세납부 및 통관완료

관세납부는 해관의 서류심사 완료 후, 납부고지서가 수입신고인에게 발급된 날로부터 15일 이내에 납부되어야 한다. 관세 납부는 납세의무자가 해관에서 정한 은행에 납부하는 현장납부 방식과 전자납부 방식(e-payment system)이 있다. 전자납부 방식은 납부고지서에 따른 지정은행의 계좌에 관세를 납부하는 방식을 의미한다.

수입신고에 따른 관세납부가 완료되면 수입물품에 대한 통관은 완료된다.

## 3.2 수출절차

### 1) 수출 전 준비절차

중국에서 대외수출을 할 때 수출 전 준비사항도 수입절차와 유사하게 진행된다. 즉, 수출 전 준비단계로 수출계획을 수립하고 해외시장조사를 실시하며, 상표등록 등과 같은 내부 절차가 진행해야 한다. 이러한 사전준비가 끝나면 수출을 위한 상담을 진행해야 하고, 수출대상이 정해지면 수출대상에 대한 신용조회를 실시한다. 그리고 제반조건 확인이 끝난 후에는 수출계약을 체결하고 이들 계약이행을 위한 물품을 제조하고 포장 및 물품에 대한 각종 증명을 준비해야 한다.

본격적인 수출을 하기에 앞서 수출업자는 수출을 위한 운송수단을 확보해야 한다. 운송수단 확보와 함께 수출업자는 수출물품이 운송과정 중에 입을 수 있는 운송위험에 대비하기 위해 보험에 가입해야 한다. 보험가입이 끝난 물품은 해당 운송수단에 적재한다.

### 2) 수출통관절차

#### (1) 수출신고 및 심사

수출화물의 송하인은 화물의 선적이나 적재를 한 후 24시간 이내에 해관에 직접 수출신고를 하거나 수출통관기업에 수출허가증과 관련 증명서를 첨부하여 수출통관신고를 한다. 중국에서 해관등록을 통하여 직접 수출통관수속을 할 수 있는 기업으로는 외국투자기업, 수출입 권한을 가진 제조기업 등이 있다.

수출물품의 수출신고는 EDI 시스템을 통해 진행한다. 관할 해관에서는 수출신고서 심사를 진행한다. 관할 세관은 신고서류의 합법성과 규범성에 관해 심사한다. 수출신고에 필요한 증명서류는 다음과 같다.

1. 신고인 자체 작성 또는 전자시스템 사전 신고 후 인쇄한 신고서
2. 수출계약서
3. 화물인보이스, 포장명세서
4. 수출적재목록
5. 운송적하목록
6. 수출대리신고 위탁계약서
7. 국가가 제한 또는 통제하는 물품인 경우 대외경제관리부문(상무부 등)이 발급한 수출화물 허가증 또는 기타 승인 문건
8. 상검(상품검사측정) 증명 등
9. 수출대금 회수용 서류
10. 기타 관련 서류

### (2) 수출품 검사

서류심사가 완료되면 수출물품 검사를 진행한다. 수출검사의 신고대상 물품으로는 생산가공 및 포장, 상표 도색이 완성되어 운송준비가 완료된 물품이 해당된다. 검사대상 수출품은 생산기업 공장검사를 통과함으로써 공장검사합격증이 있는 기업에서 생산된 물품이어야 한다. 그리고 수출물품이 품질허가제도의 적용을 받는 경우, 물품검사기구가 발급한 품질허가증 또는 위생등록증 등이 있어야 한다[17].

송하인은 수출물품 관련 수출입 계약서 또는 신용장을 접수하여 수출준비를 마친 후 통관신고를 진행한다. 그렇지 않으면 화물운송 10일 전에 화물생산지에 있는 물품검사기구에 수출예비검사화물에 대한 구비서류와 출국화물 구비서류를

17 이때 발급되는 검사검역증서는 공증기관 또는 생산자가 발급하는 수출화물의 품질, 수량, 중량, 위생상태 등에 대한 증명서를 의미한다. 각종 검사검역증명서는 계약조건의 변경 시 전체 화물가격의 계산기준이 되고, 운임과 하역비 및 관세의 산정자료가 되며, 수출통관의 중요한 증빙이 되고, 분쟁발생 시 중요한 증거로서의 기능을 한다.

첨부하여 검사신고를 해야 한다.

수출물품검사의 신고물품에 대해서는 표본검사나 수출검사가 진행된다. 표본검사는 생산지의 물품검사기구에 의해 진행되는 것이 일반적이다. 표본검사는 일반적으로 통계표본추출방식에 의한 표본추출 후 물품의 표지, 외관, 수량, 보관현장 등에 대한 검사가 진행된다. 표본검사과정에서는 오감검사, 물리검사, 화학검사, 계측검사, 생물검사 등도 함께 실시될 수 있다. 수출검사는 생산지 물품검사기구의 예비검사에서 합격을 받은 물품에 대해 수출 전 개항지에서 실시되는 개항지까지의 운송과정 중에 발생될 수 있는 화물의 파손 등을 검사하는 것이다.

### (3) 외국투자기업에 대한 수출검사

외국투자기업이 다음과 같은 품목의 제품을 수출하는 경우, 관련 물품검사기관의 감독 및 관리를 받아야 한다.

- 물품검사기구가 시행하는 종류표 또는 지방종류표에 속하는 품목
- 계약에 의하여 검사를 받아야 하는 품목
- 안전관리와 위생검사를 받아야 하는 품목
- 중국상표를 부착하거나 중국산인 것을 표기해야 하는 품목 등

외국투자기업이 생산 · 수출하는 제품이라도 중국상표를 부착하거나 중국산임을 표기하지 않아도 되는 품목은 허가를 받아야 검사를 면제받을 수 있다. 앞에서 제시된 품목을 제외한 나머지 품목에 대해서는 해당 기업이 자체적으로 수출물품검사를 실시하거나 물품검사기관에 감정을 의뢰할 수도 있다.

이 밖에도 외국투자기업은 다음과 같은 품목을 수출하는 경우 중국의 물품검사기관이 수입업자를 대신하여 품질검사를 실시할 수 있다. 그리고 계약서 또는 신용장상의 품질조건 변경이 있을 경우, 계약서, 신용장 등을 근거로 중국의 물품검사기관이 수입업자를 대신하여 검사를 실시할 수 있다.

- 물품검사기구가 시행하는 종류표 또는 지방종류표에 속하는 품목
- 국제관례에 따라 외국수입자가 중국에 와서 품질검사를 실시하는 품목 등

### (4) 수출통관

해관의 수출검사과정에서 별다른 문제점이 발견되지 않을 경우, 통관허가가 내려지고 수입업자에 대한 선적 통지가 진행된다. 선적통지가 끝난 수출품에 대해서는 대금결제가 진행된다.

# 4. 주요 수출입관리제도

## 4.1 수입허가증제도와 수입쿼터제도

### 1) 수입화물의 분류

중국에서 수입화물은 수입금지화물, 수입제한화물(수량 제한, 기타 제한), 수입자유화물, 수입쿼터관리화물로 분류된다. 이들 중 수량 제한이 있는 화물에 대해서는 수입쿼터 관리가 실시되고, 기타 수입제한화물에 대해서는 수입허가증 관리가 실시된다. 그리고 일부 수입자유화물에 대해서는 '자동수입허가 관리'가 실시된다.

### 2) 수입쿼터허가증의 지정과 관리

상무부와 해관총서는 매년 말 국가정책이나 무역발전을 위한 수요, 국내외 시장변화를 고려하여 다음 해의 수입쿼터허가증 관리대상품목에 대한 목록을 일괄적으로 조정 · 공고한다. 이 목록에 없는 상품에 대한 수입쿼터나 허가증은 전혀 발급되지 않는다. 그리고 이 목록에 포함되어 있다고 하더라도 정해진 쿼터의 범위를 초과하는 수입허가증 발급은 금지된다. 수입허가증의 발급기관과 발급대상은 〈표 6-5〉과 같다.

〈표 6-5〉 수입허가증 발급기관과 각 기관별 발급대상

| 허가증 발급기관 | 약칭 | 발급대상 |
|---|---|---|
| 상무부 쿼터허가증 사무국 | 허가증국(许可证局) | 중앙, 국무원의 각 부/위 및 소속기업의 수입 |
| 상무부 각 출장소 | 각 특판(特办) | 연해개방도시 및 관계지역의 수입 |
| 성급 상무부(상무부처) | 각 지방 발증(发证)기구 | 소속 부문의 일부 수입 |

출처 : 김종득 외 3, 『최신 중국무역환경론』, 두남, 2019, p. 142.

기전(機电)물품에 대한 수입쿼터품목은 수입쿼터 증명을 먼저 받은 뒤에 이를 근거로 수입허가증을 받아야만이 수입을 할 수 있다. 그리고 이 기전물품 중 쿼터 품목은 쿼터 입찰에 참가하여 낙찰된 경우에만 수입을 할 수 있다. 주의해야 할 부분은 수입쿼터허가증 관리대상 수입기전물품의 부품이 완제품 총액의 60% 이상이 되는 경우 완제품으로 간주되어 수입허가증을 취득해야 한다는 점이다. 이 밖에도 기술정보물품의 생산을 위하여 수입하는 경우 정보산업부의 증명과 세관의 확인을 거쳐야만 WTO 관련 협정상(예 : 정보기술협정상)의 세율을 적용받을 수 있다.

수입허가증의 면제대상 품목은 다음과 같다.

- 상계무역 수출제품(국가쿼터입찰관리제품 외의 기타 수출허가증관리상품)
  - 국가쿼터입찰관리제품 : 수출허가증을 취득해야 함
- 가공조립무역의 재수출 상품
- 해외전시회의 재반입 전시품
- 경제기술교류 등의 목적으로 해외에 제공한 건당 3만元 이하의 견본품,
- 대외경제기술원조를 목적으로 하는 수출물자의 일부제품

수입쿼터의 유효기간은 6개월이다. 쿼터의 유효기간 내에 수입허가증의 연장을 신청하지 않으면 효력이 자동으로 상실된다. 수입허가증의 경우, 발행 일자와 관계없이 발행연도가 지나면 효력이 상실된다. 그리고 아주 특수한 상황에도 수입허가증은 다음해 3월 31일 이후에는 사용할 수 없다. 수입허가증의 유효기간은 1년이고 1회에 한하여 최고 6개월까지 연장이 가능하다.

수입허가증의 사용방식은 보통 "일관일증(一关一证)"방식이라고 하여 한 세관에서 하나의 허가증만을 사용할 수 있는 방식이 채택된다. 보통 수출의 경우에는 "일비일증(一批一证)"이 적용되나, 수입허가증의 경우 "비(非)일비일증"이 적용되기도 한다. 일비일증(一批一证)이란 유효기간 안에 허가증을 한 번만 사용하는 방식을 의미한다. 그리고 "비일비일증"이란 일비일증을 준수할 필요가 없다는 것을

의미한다. 결국 비일비일증은 유효기간 내에 여러 차례 통관신청을 하는 것이 가능한 사용방식을 의미한다. 하지만 이러한 경우에도 수입허가증의 총 사용횟수는 12회를 초과할 수 없다.

수입허가증상 수입물품의 도착 항구는 1개만 지정되어야 한다. 동일 계약에서 수입물품이 여러 항구로 나누어 수입이 되는 경우 항구별로 수입허가증을 취득해야만 한다.

### 3) 수출허가증과 수출쿼터

#### (1) 수출허가증제도

수출허가증 관리제도는 수출관리의 중요 수단 중의 하나이다. 수출허가증제도는 합리적인 자원배치를 위하여 규범에 맞는 수출경영 질서를 확립하고 공정한 무역환경을 만들어 중국이 승인한 국제협정 등을 이행하고 국가의 경제이익과 안전유지를 보호하기 위해 만들어진 제도이다.

수출쿼터액허가증 또는 수출허가증 관리를 행해야 하는 상황은 다음과 같다.

- 국가안전이나 사회의 공공이익을 유지 · 보호하기 위하여 수출 제한이 필요한 것
- 국내 공급이 부족하거나 고갈될 가능성이 있는 국내자원을 효과적으로 보호하기 위하여 수출 제한이 필요한 것
- 어떠한 형식의 농업, 목축업, 어업제품에 대해 수출을 제한할 필요가 있는 것
- 중국이 체결 또는 참가한 국제조약이나 협정에 근거하여 수출 제한이 필요한 것

수출허가증제도는 수출허가증을 매년 관련 법령에 따른 소정의 물품을 상무부의 지방사무소, 각 성, 직할시, 자치구, 중앙 각 부문의 무역회사에게 할당하는 제도이다. 수출허가증 관리는 1증명 1세관제와 1승인 1증명제를 근거로 시행한

다. 하지만 다음의 3가지 경우에는 1승인 1증명제를 시행하지 않아도 된다.

- 외상투자기업의 수출허가증 관리상품
- 무역보상항목하의 수출허가증 관리상품
- 기타 "상품목록" 중에 "1승인 1증명"을 시행하지 않아도 되도록 규정되어 있는 수출허가증 관리상품

1승인 1증명제 방식으로 관리되는 수출허가증은 1차례의 통관수속에만 사용되는 것이 일반적이다. 하지만 1승인 1증명제 방식이 적용되지 않는 수출허가증도 존재한다. 이를 비(非)1승인 1증명 수출허가증이라고 한다. 비(非)1승인 1증명 관리를 시행하는 수출허가증은 여러 차례의 통관수속에 사용될 수 있다. 하지만 비1승인 1증명 수출허가증도 최대 12번을 초과할 수는 없다. 해관은 '해관통관주석란'에 이러한 통관숫자를 차례대로 기재한다.

수출쿼터액 관리를 시행하는 상품에 대한 수출허가증의 유효기간은 6개월이 원칙이다. 연도를 뛰어넘어 사용할 필요성이 있는 수출허가증의 유효기간 종료일은 차기 연도의 2월 말을 초과해서는 안 된다. 수출허가증은 유효기간 내에 사용되어야 하고 기한을 넘긴 것은 자동적으로 효력이 상실된다. 해관은 이에 대해서 별도로 통보해 주지 않는다.

수출허가증이 발급되면 어떤 기업이나 개인도 증명서의 내용을 변경해서는 안된다. 만약 증명서의 내용에 대해 변경이 필요하다면 유효기간 내에 원증명서의 발급기구에게 원 허가증의 회수를 요청하여 수출허가증을 재발급받아야 한다.

### (2) 수출쿼터 제도

수출쿼터를 받기 위해서는 신청인이 매년 11월 특정일(일반적으론 10일) 이전에 상무부나 그 수임기관에게 수출쿼터를 신청해야 한다. 수출쿼터가 신청된 경

우, 상무부 등은 전년도 수출실적, 수출가격, 수출 공헌도, 관련 규정의 준수 등과 같은 사정을 고려하여 수출쿼터관리방법상에 있는 소정의 산정공식 또는 입찰방식에 따라 수출쿼터를 결정한다.

수출쿼터품목에는 다음과 같은 3가지 품목이 존재한다.

- 과당경쟁을 방지하기 위하여 자율적으로 설정한 자율수출쿼터관리품목
- 무역협정을 체결한 수입국에서 수입수량 제한 품목에 대해 수출쿼터량을 정한 피동수출쿼터 관리품목
- 일정 물품에 대하여 유상으로 수출쿼터를 낙찰받도록 하는 입찰수출쿼터품목이 있음.

## 4.2 강제인증제도(CCC)

### 1) 개관

수출입물품에 대해서는 세관검사와는 별도로 국가상품검험국 등이 실시하는 상품검사가 실시된다. 상품검사는 우선 비교적 품질문제가 많은 물품이나 안전 및 위생과 관련이 있는 물품에 대해 상품의 수출입 통관 전에 상품검사기구에 신고하여 진행된다. 대표적인 수출입 상품검사제도 중 하나로 중국의 CCC 제도(China Compulsory Certification)가 있다.

CCC 제도는 중국 강제인증제도의 약자로 중국이 세계무역기구(WTO)에 가입한 이후인 2003년 5월부터 시행된 품질 및 안전 관련 인증제도를 의미한다. WTO 가입 전 중국은 수출입 물품에 대해 이원화된 검사제도를 운영하고 있었다. 중국산 제품에 대해서는 상품안전인증(China Commission for Conformity Certification of Electrical Equipments ; CCEE)제도를 적용하고, 수입산에 대해서는 수

입상품안전품질인증(Chinese Commodities Inspection Bureau ; CCIB) 마크 제도를 적용했다. 하지만 이러한 부분이 '자국민 우대'라는 지적을 받음에 따라 두 제도를 통합한 수출입물품관리제도가 만들어지게 되었다.

CCC 제도는 중국 현지에서 상품을 생산·판매하거나 외국산을 수입하기 위해서는 반드시 받아야 하는 강제성 인증제도이다. CCC 제도의 운영을 총괄하는 기관으로는 국가인증인가감독관리위원회(CNCA)[18]가 존재한다. CCC 인증대상 목록 상품은 국가인증인가감독관리위원회(CNCA)가 지정한 인정기관(DCBs)으로부터 '인증증서'를 받고 '인증마크'를 부착한 후에야 제품을 중국시장에 유통할 수 있다.

CCC 인증대상의 범위는 주로 인류의 건강과 안전, 동식물의 안전, 환경보호, 공공안전, 국가안전 등에 영향을 줄 수 있는 품목이 해당된다. CCC 인증대상은 2018년 8월 기준으로 20개 분류 142개 품목이 존재한다. CCC 인증대상으로는 다음과 같은 것들이 있다.

| | |
|---|---|
| ▪ 전선·케이블 | ▪ 정보통신 단말기설비 |
| ▪ 전기스위치·보호·전기접속장치 | ▪ 자동차·안전부품 |
| ▪ 저압형 전기장비 | ▪ 자동차 타이어 |
| ▪ 소형 동력모터 | ▪ 안전유리 |
| ▪ 전동공구 | ▪ 농기계제품 |
| ▪ 전기용접기 | ▪ 소방기기 |
| ▪ 가정용 및 이와 유사한 장비 | ▪ 기술안전 보호제품 |
| ▪ 음향기기 | ▪ 인테리어(장식) 재료 |
| ▪ 정보기술장비 | ▪ 완구류 |
| ▪ 조명장비 | ▪ 자동차 아동탑승 규제 시스템 |

한편 중국에서 거래되는 물품 중에서는 CCC 인증이 필요하지 않은 제품과

18 국가인증인가감독관리위원회는 2018년에 이루어진 정부 조직개편 이전에는 중국인증인가감독관리위원회(China's National Certification Administration ; CNCA)이었다. 국가인증인가감독관리위원회(CNCA)는 1실(办公室), 1위(注册管理部直属机关党委), 4부(实验室与检测监管部政策与法律事务部, 国际合作部认可监管部, 财务管理部认证监管部, 科技与标准管理部) 등의 내부 기관과 3개 직속단위기관(国家认监委机关服务中心, 国家认监委信息中心, 国家认监委认证科技术研究所), 中国认证认可协会, 中国合格平定国家认可中心, 中国信息安全认证中心, 中国检验认证集团公司, 中国检验有限公司(香港) 등으로 구성된다.

CCC 인증이 면제되는 제품이 존재한다. 먼저 CCC 인증증서가 필요 없거나 CCC 인증마크를 부착하지 않아도 되는 품목 또는 제품으로는 ① 중국 주재 외국대사관, 영사관 및 사무기관, 입국자가 해외에서 자체용으로 가져온 물품,[19] ② 정부간 상호 원조로 증정되는 물품, ③ 전시품(비전시판매품), ④ 특수용도(군사 등 목적)의 제품 등이 있다.

CCC 인증 면제 대상 품목으로는 다음과 같은 6가지가 해당된다.

- 과학연구, 테스트 등의 필요로 수입 및 생산하는 제품
- 완제품 수출을 목적으로 수탁 혹은 위탁가공 방식으로 수입한 부품
- 대외무역계약에 근거하여 100% 수출을 위한 공급 제품
- 기술의 개조를 위한 생산라인 도입을 목적으로 수입한 부품
- 최종소비자를 위한 직접적인 유지보수 목적으로 수입 생산한 제품 (즉, 생산이 정지된 제품을 위해 제공하는 부품)
- 기타 특수상황 하의 제품

CCC 인증검사에 소요되는 시간은 제품별로 차이가 많고, 부품의 CCC 인증 상태에 따라 달라질 수 있다. 인증검사에 소요되는 시간은 ISO의 인증 유무, 제조자의 빠른 대응 등에 따라 달라질 수 있다. CCC 인증기간은 약 3개월 정도가 소요되는 것이 일반적이다.[20]

한편 CCC 미인증 제품이 발견된 경우 3만 위안 이하의 벌금이 징수된다. 인증을 취득한 제품이 규정에 따른 인증마크를 사용하지 않은 경우, 이에 대한 수정이 요구된다. 만약 인증마크 수정이 기한 내에 이루어지지 않을 경우 1만 위안 이하의 벌금이 부과된다. 그리고 지정된 인증기관 및 그 검사기관에 거짓증명 혹은

19 단, 출국인원복무회사에서 구매한 물품은 제외된다.

20 신청 접수 및 문서 검토기간이 약 1주일 정도 소요되며, 형식검사가 약 35~45일, 공장검사 30일, CCC 라벨 등록 및 인증서 수령 등에 걸리는 시간이 1주일~15일 정도 소요되는 것이 일반적이다.

위조서류를 제출한 경우나 인증증서 및 마크를 위조 · 도용했거나, 기타 국가의 안전품질허가나 상품품질인증 관련 법규를 위반한 행위에 대해서도 관련 규정에 따라 처벌된다.

## 2) CCC 인증절차

### (1) 전체 인증절차

제품의 생산자나 판매자, 수입업자가 중국 내에서 제품을 판매하기 위해서는 CCC 인증을 받아야 한다. CCC 인증을 받기 위해서는 먼저 해당 제품이 인증대상인지를 확인해야 한다. 인증신청서를 제출하기에 앞서 반드시 신청대상제품의 CCC 유형 및 적용규격을 확인해야 한다. 그 후에서야 비로소 제품별 인증기관을

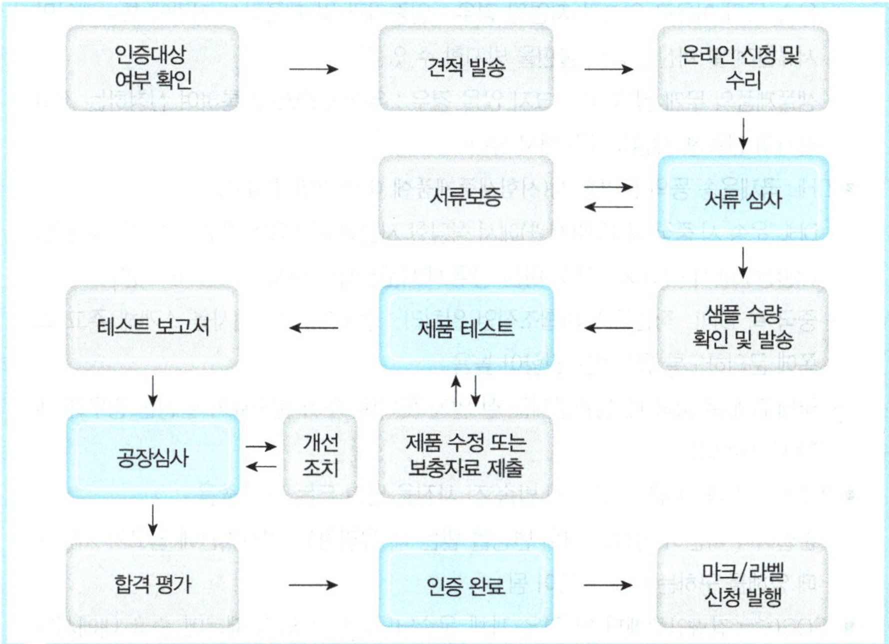


[그림 6-4] CCC 인증절차

확인하고 해당 인증기관에 인증을 신청해야 한다.

CCC 인증 신청은 연중 수시로 가능하다. 신청 시에는 신청서, 기술자료 및 샘플을 제출하고 인증비용을 납부하면 된다. CCC 인증절차를 요약하면 [그림 6-4]와 같이 진행된다.

### (2) 제품검사

CCC 인증을 위한 신청서와 관련 서류에 대한 심사가 완료되면 제출된 (제품) 샘플에 대한 형식시험이 진행된다. 제품에 대한 샘플형식검사를 위해 CCC 인증 신청자는 관련 제품의 샘플 수량을 확인하여 검사기관에 발송해야 한다. 제품형식 검사에 필요한 샘플은 정해진 기간 내에 해당 검사기관에 입고해야 한다.

#### 형식검사 제품의 운송 및 시험기관 입고방법

- 검사제품은 정해진 기간 내에 검사기관에 입고되어야 함
  - 운송 등의 이유로 입고가 지연될 경우 : 인증기관 및 제품검사 기관에 통보해야만 서류반려 및 재신청 등의 불편을 방지할 수 있음
  - 샘플제품의 무게 및 부피가 크지 않을 경우 : 우체국 EMS를 통하여 신청하는 것이 절차의 신속성, 세금처리 면에서 유리
- DHL 국제운송 등의 불리한 점(시험샘플제품에 대한 경험적 의견)
  - DHL 운송 시 중국 측 해관(세관)에서 상당한 시간이 지체되는 경우가 발생할 수 있음
  - 해관창고에서 직접 처리해야 하는 경우 택시운전사도 위치를 모를 때가 많음
  - 중국 측 DHL 직원들의 비협조적인 일처리 : 중국 내 운송회사를 소개해 주고 그 쪽에 문의하도록 유도하는 경향이 높음
  - 국내 DHL은 중국 내 통관문제를 잘 알지 못하며, 추가 운송료가 발생한 경우에 대한 대책이 없음
- 신청업체 : 샘플제품의 발송 시 발송 전 사진을 남겨 두는 것이 좋음
  - 분실이나 파손이 발생할 경우 변상을 받는 데 유리하고, 검사기관에 입고가 지연될 때 양해를 구하는 데도 도움이 됨
- CQC(중국질량인증센터)의 경우 자체 운송담당업체가 있기 때문에 중국 내에서는 내부 업체에 운송을 맡기도록 요구하고 있음

- CQC 소개업체의 경우에도 중국 내에서만 영업하기 때문에 한국에서는 일단 국내 운송업체를 섭외해야 하는 불편이 있음
- CQC 담당 운송업체의 경우, 운송료가 특별히 비싸지 않고 검사기관들과 입고일정 등의 협의가 원활하다는 장점이 있음

■ CCC 인증 샘플제품이 검사기관에 도착한 경우 : 제품의 목록 및 부품수량 등을 확인하는 것이 좋음

- 운송 중 분실 및 파손 여부의 확인
- 샘플수량이 부족하거나 요구된 부품과 차이가 있더라도 검사기관에서 융통성을 발휘할 수 있는 여지가 있으므로 사소한 일로 시험이 중지되는 일을 방지할 수 있음

샘플형식시험은 중국국가인증인가감독관리위원회(CNCA)의 인증지침에 따라 진행된다. 제출된 샘플의 수량은 중국질량인증센터(China Quality Certification Center ; CQC) 엔지니어의 요구에 따르게 된다. 만약 규격을 적용할 수 없거나, 복수의 규격이 적용되는 항목에 대해서는 담당 검사요원(공정사) 및 책임 부서장의 판단에 따라 샘플형식검사가 실시된다. 샘플검사의 합격 여부나 검사기간에 영향을 미치는 주요 항목은 다음과 같다.

- **핵심부품**(예 : 모터, 스위치, 콘덴서 등)의 **CCC 인증 여부** : 제품시험기간을 결정하는 중요 요인이 됨
- 회로 및 전원선의 배열방법, 전원표시, 제품 및 전원사양이 표기된 명판, 전선접촉 부분의 처리 등
- 테스트 항목 중 환경적 조건에 대한 시험, 특히 진동 테스트[21]가 포함될 경우 불합격 발생할 가능성 높음
- 신청제품에 대한 CE, UL, KS, CB 등과 같은 다른 국가에서의 제품인증 여부는 중국 CCC 인증시험에서 고려되지 않음

21 주파수 범위로 물리적인 진동을 인가하는 방법으로 신뢰성을 평가하는 시험. 재료나 구조물 등의 시료에 진동을 가한다. 온도 및 습도 등의 환경조건과 진동에 따른 기계적 강도의 변화 또는 성능변화를 측정하는 시험.

형식검사를 진행하는 검사기관은 중국 전체에 70여 개가 존재한다. 형식검사소는 모든 제품의 시험이 가능할 만큼 국제적 수준에 맞는 다양한 최신 장비를 갖춘 종합시험소이다. 형식시험소에서는 대부분의 검사가 가능하다. 하지만 중국의 형식검사소에서는 중국질량인증센터(CQC)에서 지역적 특성에 맞추어 지역적 안배를 고려하여 지정한 검사분야를 중심으로 시험이 실시된다.

형식검사에서 제품의 경미한 부적합이 발견될 경우, 해당 부분에 대한 보완조치가 진행된 후 검사가 계속 진행된다. 경미한 부적합은 발견된 부적합이 제품 성능에는 중대한 영향을 주지 않는다고 판단된 부적합과 표시상 결함 등으로 인해 즉시 조치가 가능한 부적합 등을 의미한다. 그리고 샘플 수량에 여유가 있는 경우 여유분의 샘플로 시험을 실시하여 문제가 없으면 적합한 것으로 판단되는 부적합 또는 담당 시험요원이 경미한 부적합으로 판단한 부적합 등을 의미한다. 하지만 경미한 부적합 사항이라도 검사기록에는 남아 있기 때문에 향후 진행되는 추출검사나 갱신심사 시에는 집중확인이 이루어진다. 따라서 경미한 부적합이라도 반드시 후속조치가 필요한 부적합이라고 볼 수 있다.

형식검사과정에서 중대한 부적합이 발견되면 제품검사는 중단된다. 그리고 인증 관련 서류는 CCC 인증기관으로 반려된다. 중대한 부적합은 제품의 성능 및 사용목적에 비추어 정상 작동이 불가능하다고 판단되는 부적합이나 국가표준에서 정한 중대한 부적합 사항 등을 의미한다. 이 밖에도 발견된 부적합 사항이 사용자 및 전문가(수리요원)에게 위험을 초래할 가능성이 있다고 판단될 때나 낮은 수준의 부적합이 다수 발견될 때에도 중대한 부적합으로 분류된다.

### (3) 공장검사와 인증서 발급

형식검사가 완료된 제품에 대해서는 공장검사가 진행된다. 우선 샘플형식검사에서 합격한 경우 '검사보고서'가 인증기관에 통보된다. 인증기관에서는 이 검사보고서를 토대로 공장심사일정을 수립한다. 공장검사는 공장에 대한 '품질보증능력'을 평가하는 검사로 공장상품생산체계의 일관성을 확인하는 절차이다.

공장검사는 ISO(국제품질인정) 체계를 근거로 심사를 진행하기 때문에 ISO를 미리 받은 회사가 유리하다. 그리고 샘플에 대한 형식시험이 완료되기 전에도 비정규 공장심사는 실시될 수 있다. 형식시험에 불합격한 경우에도 품질시스템을 제외한 공장심사는 이루어진다.

공장검사가 완료되면 5일 안에 최종 검사보고서가 인증기관의 심의위원회에 제출된다. 인증기관의 심의위원회에서 최종 합격이 판정되면 CCC 인증서가 발급된다. 일반적으로 CCC 인증은 인증신청을 수리한 후 90일 이내에 결정되어 신청인에게 통보된다. 허가증(인증서)은 우편을 통하여 신청인에게 발송되거나 인터넷에 고지된다.

### (4) CCC 마크의 신청과 사후 조치

CCC 마크는 인증기관에서 지정한 마크관리기관에서 일률적으로 인쇄된 것을 구매하거나 제품강제인증마크 사용규칙에 따라야 한다. 한국에서의 CCC 마크 구매는 CCC Korea의 CCC 인증마크 배포관리센터를 통해서 가능하다. 마크의 구매 시에는 마크 구매신청서, 인증서 사본, 구매대행위탁서를 제출하고 마크 발급 비용을 지불하면 약 3주 후에 마크를 수령할 수 있다.

인증절차가 완료된 후에도 공장심사, 샘플검사 등과 같은 사후적인 관리 · 감독조치는 진행될 수 있다. 사후관리에는 제품에 대한 품질보증능력을 확인하기 위한 추가 조사나 인증상품에 대한 일관성 조사, 샘플형식검사, 공장검사 등이 포함된다. 인증서의 유효기관은 5년이다. 지정된 인증기관은 인증서를 발급받은 제품 및 제조자에 대해 인증서가 발급된 후 12개월째부터 정기적인 사후관리로 공장심사(년 1회 이상)을 실시한다.

CCC 인증을 취득한 생산업자나 판매업자, 수입업체가 지켜야 할 의무도 존재한다. CCC 인증 후에 인증획득자는 취득 인증제품의 국가표준 및 기술규칙의 지속성을 보장해야 한다. 그리고 인증제품에 반드시 CCC 인증마크를 부착해야 한다. 인증증서나 인증마크, 또는 관련 서류나 사본 등을 판매하거나 양도하는 등과 같은 행위를 해서도 안 된다. 그리고 사후관리를 위해 중국의 각 부문에서 요구하는 감독검사 또는 추적검사 등에 대해 접수를 거부해서도 안 된다.

CHAPTER 7

# 기업의 설립 및 청산

1. 중국 비즈니스 환경의 위험성
2. 외상투자기업의 설립
3. 투자법인 설립 시 주요 고려사항
4. 투자기업의 해산 및 청산

# 1. 중국 비즈니스 환경의 위험성

## 1.1 정책 방향과 법 · 규정의 잦은 변경

사회주의와 중앙집권적 계획경제는 중국의 핵심 국가운영기조라고 볼 수 있다. 중국은 모든 정책에 대해 공산당 영도원칙을 확실히 견지하고 있는 국가이다. 중국의 국가구조 및 운영상 특징은 대외경제정책의 운영 면에서도 그대로 나타난다. 중국은 장기적인 국가전략이나 방침, 기조에 근거한 운영보다는 대내외적 상황변화에 따라 매번 공산당 중앙과 중앙정부가 실사구시(實事求是)적 차원에서 정책을 선택 · 실행을 해온 국가라고 볼 수 있다.

개혁 · 개방 이전의 시기에는 자력갱생의 경제체제를 중시했기 때문에 대외경제정책 차원에서 국가전략이나 비전은 그다지 중요하지 않았다. 하지만 개혁 · 개방 정책이 본격화된 이후에도 장기적 차원에서 추진되거나 도입된 국가경제전략이나 대외경제전략 등은 존재하지 않았다. 다만 사회주의경제체제가 갖고 있는 비효율성을 극복하기 위해 시장경제적 요소를 도입하려는 차원에서 각종 정책실험을 통해 정책을 도입 및 개선하려는 노력은 반복되어 시도되었다.

일국의 법 · 제도적 환경변화는 장기적인 차원에서 발생하는 변화라고 볼 수 있다. 그리고 한 번 만들어진 법 · 제도는 그 변화나 폐지가 쉽지 않다. 하지만 중국에서는 이러한 법 · 제도가 공산당 중앙에 존재하는 정책소조 등을 통해서 비공개적이고 내부적인 차원에서 검토되고 결정되기 때문에 다른 국가들에 비해 변화가 비교적 신속하게 이루어진다. 그동안 중국은 국가적 차원에서 큰 비전이나 국가방침, 전략 등이 존재하지 않았기 때문에 법 · 규정의 변경은 더욱 많고 빈번하게 발생하였다.

중국에서 법 · 제도의 변화는 WTO 가입을 전후로 더 큰 폭으로 나타나고 있다. 예를 들어 외자기업에 대한 우대정책 변화도 많이 나타났다. 개혁 · 개방 정책의 실시 이래 외자기업에 대한 적극적 우대정책이 전개되어 왔다.[1] 하지만 2007년도를 전후로 외자기업에 대한 우대정책은 부분적 폐지가 나타났다. 중국에 진출한 외자기업과 국내기업의 소득세율도 이러한 과정에서 25%로 통일되었다. 또 다른 예로 2009년도에 식품위생법은 폐지되고 식품안전법이 새롭게 제정되었다. 그 후 6년도 지나지 않은 2015년에 이 식품안전법은 또다시 전면 개정되었다.

2015년에는 기존의 환경기본법이 전면 개정되어 신환경보호법이 제정되었다. 2016년 7월에 환경영향평가법은 환경 영향평가와 관련된 위법 부문에 대한 책임 추궁을 강화하는 내용으로 일부 개정되었다. 환경보호세법도 2018년에도 일부 개정되었다. 일부 개정된 환경보호세법은 오염물 배출비와 관련된 제도를 변경하여 법적 강제성을 강화하였다. 이 밖에도 대기오염방지법(2015. 1. 1 일부 개정)과 물오염방지법(2018. 1. 1. 일부 개정)도 개정되어 초미세먼지에 대한 배출 억제조치가 강화되었고, 물 오염물 배출허가제도 실시되었다.

## 1.2 법 · 제도의 지역 간 상이한 적용과 행정인가주의

중국의 비즈니스 투자환경을 이해하기 위해서 꼭 알아야 하는 부분이 있다. 중국의 법 · 제도는 변화도 잦을 뿐 아니라 이러한 법 · 제도가 현장에 적용될 때 지역별로 많은 차이가 난다.

예를 들어 각종 세법이 제 · 개정되고 나면 한국의 경우 해당 세법에 근거한 시행세칙을 공포하고, 그 후에는 이러한 규정이 어느 지역에나 동일하게 적용된다. 하지만 중국에서는 관련법의 발효 이후에도 이에 대한 관련 변화나 통지(通知)가 빈번하게 나타난다. 그리고 이렇게 변화된 법 · 제도가 일선의 세무창구에

1 예를 들면 외자기업의 경우 소득세율이 15%였지만 중국 국내기업의 경우 30%를 적용받았다.

서 운용되기까지는 실제로 장시간이 소요된다. 또한 창구실무자가 규정, 통지를 자의적으로 해석하여 업무를 처리하는 사례도 적지 않아 지역 간 운용상 차이도 많이 발생하고 있다.

중국에서 기업을 운영할 때 주의해야 할 또 다른 부분은 각종 인·허가 사항이 다른 국가에 비해 많다는 것이다. 이러한 부분은 중국의 행정인·허가(認可·許可) 주의원칙에 대한 이해가 부족한 외국인 기업가에게는 대단히 고통스러운 것이다.

사실 한국은 준칙주의(準則主義) 행정원칙이 확립되고 적용되는 국가이다. 준칙주의 원칙은 법률에 의해 정해진 각종 법적 요건을 충족하면 해당 기업은 자유로이 사업을 영위할 수 있다는 원칙이다. 하지만 중국은 인가주의 행정원칙을 채택하고 있는 국가이다. 인가주의는 해당 사업을 하기 위해서는 주무관청(행정인원)의 인·허가를 받아야만 가능하다는 원칙이다. 행정인가주의는 법률에 준거하여 행정이 이루어지지만, 궁극적으로 관계기관이나 해당 실무자의 인·허가를 득해야만 비즈니스 활동을 할 수 있다는 것을 의미한다.

중국에서 나타나고 있는 행정인·허가주의의 문제점은 인가나 허가 등을 주무관청의 자유재량행위로 파악하는 경향이 강하다는 것이다. 행정인·허가주의는 모두 법률상 표현으로 인가나 허가로 되어 있지만, 실질적으로는 이러한 행위가 법률행위의 효력을 보충해 주는 것이다. 따라서 인·허가에 대한 무한한 재량권을 주는 것은 아니다.

중국의 행정인·허가주의는 주무관청이 재량권 범위(근거 법률)를 초월해서 행사하려는 경향이 높기 때문에 문제가 있다. 따라서 중국에서 기업을 경영하는 외국인 기업가들은 행정인가주의가 가지는 이러한 문제점들에 대해 많은 주의가 필요하다.

## 1.3 지역 보호주의의 폐단

중국은 국토면적이 크고 인구가 많은 자연 및 인구통계학적 특징을 가지고 있다. 따라서 중국은 지방분권화 경향이 매우 강하게 나타나는 국가 중 하나라고 볼 수 있다. 중국의 전체 역사를 보더라도 지방분권적 통치는 봉건제 또는 제후국의 형식으로 일찍부터 자리 잡았다. 지방분권화의 경향은 사회주의 또는 중앙집중적 계획경제를 지향하는 새로운 중국이 건국되어도 마찬가지로 나타났다. 오히려 신중국의 건설 이후 더욱 심각해진 중앙정부의 재정부족 문제 때문에 지방분권화의 경향은 더욱 강하게 나타났다.

중국에서는 지방분권화의 과정에서 지방보호주의가 강하게 나타나게 되었다. 특히 개혁·개방 정책이 본격화되면서 도입된 분세제는 지방보호주의를 더욱 심화시키는 계기가 되었다. 분세제란 중앙과 지방의 조세이익을 구분지어 상호 간의 이익충돌을 감소시키고 이익의 공동 향유가 가능하도록 만든 제도이다.[2]

분세제의 실시와 함께 지방행정에 대한 지방정부의 우선권이 중앙정부로부터 인정됨에 따라 지방분권화가 더욱 강해지게 되었다. 과거 중국의 각 지방인민정부에서는 합의제가 시행되었다. 각급 지방정부의 결의는 반드시 당해 정부위원회의 전체회의를 통과해야만 했다.

1954년에 만들어진 지방조직법에서는 지방행정수장에게 비교적 큰 권한을 부여하였다. 하지만 지방행정수장에 대한 명확한 최종결정권한이나 인민정부 업무에 대한 책임과 권한의 정의는 불분명했다. 이러한 부분을 고려할 때 1982년 이전까지 중국 지방정부의 업무는 여전히 합의제의 틀 속에 운영되었다고 볼 수

---

2 분세제의 실시로 인하여 중국에서는 ① 세목별 귀속처가 확실히 구분되고 중앙과 지방 간 독립된 세세관리체계와 안정적 세원의 확보가 가능해졌다. ② 중앙과 지방 간의 납입 관련 재정관계가 규범화되고 법제화되었다. ③ 세금부과 대상에 대한 원칙·운용·처리에 관하여 중앙과 지방 간의 권한이 분명히 구분되었다. ④ 중앙과 지방의 이익관계에서 단기적이고 소폭적인 조정이 가능해졌다.(대폭적인 조정은 거의 불가능하다.)

있다.

하지만 1982년 헌법과 지방조직법이 새롭게 만들어지면서 중국에서는 지방인민정부의 수장책임제가 정식으로 확립되었다. 이로 인해서 지방인민정부의 행정수장은 전면적 영도권, 최종결정권, 인사제청권 등과 같은 전면적 책임을 갖게 되었다.

하지만 지방분권화의 심화로 인해 여러 가지 문제점도 나타났다. 지방 공무원과 지역 토착기업이 결탁하여 타지역 제품의 시장진입을 어렵게 하는 등과 같은 지방정부 중심의 지방시장 보호주의가 나타났다. 중앙정부 차원의 전국 통일시장 건설 정책이 강력하게 추진되었지만 그 집행과정에서 지방보호주의가 전면적으로 확산된 것이다. 이러한 경향은 외자기업의 전국 영업망이나 물류망 구축을 위한 지방정부의 인·허가 획득과정에서 많은 문제점을 발생시켰다.

이 밖에도 지방보호주의의 심화는 지방정부 간 악성 경쟁을 만들어 내었다. 악성경쟁이란 공급과잉과 가격하락을 동시에 초래하는 과당경쟁의 상태를 의미한다. 결국 지방정부 간 악성경쟁 때문에 자동차, 가전, 휴대폰, 자동차 등의 산업분야에서 지방정부의 암묵적 지원을 받는 지방 제조업체들이 전국 각지에 난립하게 되었다. 그 결과 동 분야에서는 심각한 출혈경쟁이 나타났다.

## 1.4 철수 시 투자금 회수의 어려움

중국은 외국인 투자의 시작은 물론 사업 도중에 변경하거나 청산과정에서도 행정당국의 인·허가절차가 필요한 국가이다. 따라서 투자금의 회수가 다른 국가에 비해 상대적으로 쉽지 않다는 특징이 있다. 외국인이 중국에 현지법인을 설립할 경우 투자금 회수방법으로 이윤배당 이외에 법인청산, 지분양도, 자본금 감소 등과 같은 4가지 방법이 있다. 대중국 투자기업의 투자금 회수방법을 정리해 보면 〈표 7-1〉과 같다.

〈표 7-1〉 대중국 투자기업의 투자금 회수방법

| 회수방법 | 주요 내용 |
|---|---|
| 이익배당<br>(과실송금) | - 투자기업에서 이익이 나면 세후 이익을 회계법상 요구하는 배당소득세 5%를 납부하고 난 후 투자자에게 배당하는 것<br>- 투자금을 회수하는 방법 중 가장 합법적인 방법 |
| 자본금<br>감소 | - 회사의 기납입된 등록자본금을 감소시킨 후 감소부분에 해당하는 자금을 투자자에 반환하는 방법<br>- 회사의 재무상황에 따라 투자자에 반환하는 투자금은 실제 감소된 등록자본금의 금액과 일치하지 않을 수도 있음<br>▪ 회사의 자산정액(총자산금액에서 총부채금액을 공제한 후의 잔액)과 감소된 자본금비율에 의하여 투자반환금액을 산출할 수 있음<br>- 자본금을 감소시킬 경우 주주총회의 사전 결의가 있어야 하고 채권자에게 통보(신문공고)하여 채무변제에 관한 협의도 얻어야 함 |
| 지분<br>양도 | - 외국투자자가 현지법인에 대한 지분을 기타 공동주주나 제3자에게 양도함으로써 투자금을 회수하는 방법<br>- 지분양도 시 양도대금은 중국현지법인의 자산정액에 의하여 산출되어 양수인이 직접 투자자에 지급하는 것으로 현지법인의 기존자산이나 채권채무에 영향을 주지 않음 |
| 법인<br>청산 | - 중국에서의 청산은 자체청산, 파산청산과 강제청산으로 구분<br>- 자체청산 또는 해산청산이라고도 하는데 법원을 통하지 않고 회사가 스스로 청산절차를 거쳐 법인말소를 하며 청산 후의 잉여자산을 투자자에게 배당하는 방법<br>- 자체청산의 전제조건은 회사의 소유자산이 채무보다 많아야 하며 채무변제에 충족해야 한다는 것임 |

이중 현지법인에 대한 이윤배당은 외국인 투자사업이 성공적인 경우에 해당된다. 물론 평소 철수상황을 대비하여 자본금 감소방법이나 지분양도와 같은 방법을 사용하여 투자금의 일부를 회수하는 방법도 존재한다. 하지만 중국 내에서 비즈니스가 성공적이지 못할 경우에는 일반적으로 법인청산 방법을 통한 투자금 회수방법을 사용한다.

과거 세계의 많은 제조기업들이 저렴한 인건비를 찾아 중국으로 진출했다. 그 후에는 유통 및 물류, 서비스 기업들도 중국으로 진출하게 되었다. 하지만 이제 중국은 더 이상 값싼 노동력을 가진 국가라고 볼 수 없다. 특히 최저인금의 급격한 인상과 환경규제의 강화, 사회보험의 가입의무 등과 같은 친노동자 정책의 실시로 인해 중국은 더 이상 비즈니스 면에서 저비용 국가라고 볼 수 없다.

이에 따라 대중국 투자기업들은 가격경쟁력을 점차 상실하고 있다. 게다가 중국 내의 경쟁 환경은 중국경제의 고도성장의 과정에서 더욱 치열해지고 있다. 그 과정에서 비즈니스 환경 변화와 경쟁에 대응하지 못한 기업들은 철수할 수밖에 없는 상황에 직면했다.

하지만 투자철수 과정에서 인 · 허가 담당기관의 업무 회피와 지연 등으로 인해 많은 피해가 발생하고 있다. 그리고 법규 미비와 관련 규정의 자의적 해석에 의해 발생하는 시간 소모 때문에 철수 완료시기의 확정이 어렵다는 문제도 일어나고 있다.[3] 이 밖에도 행정기관 공무원들이 기업청산에 대한 업무처리 경험이 없거나 부족하다는 문제점도 존재한다.[4]

청산과정에서 토지사용권과 공장 매각의 어려움도 상존하고 있다. 매각자산에 대한 실수요자를 찾기가 쉽지 않고, 찾는다 해도 매각 후 청산과정에서 회계자료의 부실 때문에 소명이 어렵다. 따라서 기업의 청산과정에서는 제대로 된 청산과 이익상환을 기대하기가 쉽지 않다. 그리고 청산과정에서 나타나는 직원들의 비협조와 투서위험도 상존한다.[5]

---

3 청산 관련 업무처리 기한과 관련된 법규는 이미 중국에서 폐지된 '외국인투자기업 청산방법'이 유일한 규정이다. 동 규정은 "기업의 청산기한은 청산시작일로부터 180일을 넘기지 못하고 특수한 경우에만 1회에 한해 90일을 초과하지 않는 범위 내에서 연장 신청할 수 있다"라고 규정하고 있었다. 그 외에 회사법과 기업파산법의 관련 규정에는 최종 청산기한을 추정할 수 있는 조항을 발견할 수 없다. 관련 행정부문의 업무처리 일정에 따라 길어질 수도 짧아질 수도 있다. 따라서 법원에 의한 강제청산이 행해지는 경우에도 청산조의 구성일로부터 180일 내에 청산을 완료해야 한다. 만약 특수한 사정으로 인하여 청산절차가 완료되지 못하는 경우에는 법원에 가서 청산기간에 대한 연장신청을 해야 한다. 이렇다 보니 기업의 입장에서는 청산완료 시기를 예측하기가 쉽지 않다. 실무적으로는 제조기업의 경우 약 1년으로 예상하고, 비제조업인 경우에는 10개월 정도로 예상한다. 그러나 이것은 어디까지나 경험에 의한 평균치일 뿐이다.

4 실제로 청산절차와 관련하여 기업의 공상등기를 말소하는 절차를 진행하는 과정에서 세무, 외환, 세관 업무를 담당하는 공무원들이 청산과 관련한 법률상식이 부족하여 유기적인 협조가 뒤따르지 않는다는 문제점이 존재한다. 청산지식과 경험이 부족한 담당자는 본인의 업무부담을 회피하기 위해서 오히려 정상적인 청산을 하지 말고 그냥 내버려두고 한국으로 돌아가라는 말을 하기도 한다.

5 회사가 어려워진 틈을 타서 회사 직원들의 도덕적 해이가 심해져서 경영진의 지시를 듣지 않거나 회사 재산을 미리 빼돌리는 상황도 빈번히 발생한다. 또한 경영정보의 접근이 비교적 쉬운 내부 관리직원이 불만을 표현하거나 해고 보상금 등을 요구하며 경영진을 협박하는 사례도 흔하다.

# 2. 외상투자기업의 설립

## 2.1 사전 고려사항

### 1) 설립형태의 결정

중국 내에서는 외국인 투자자가 직접 기업을 설립하거나 인수·합병하는 등과 같은 방법을 통해서 기업을 설립할 수 있다. 따라서 중국에서 외상투자기업을 설립하기 위해서는 먼저 어떤 형태의 기업을 설립할지를 결정해야 한다.

#### (1) 외상투자기업

중국 내에 직접 설립할 수 있는 외상투자기업의 형태로 합자기업(合資企業)과 합작기업(合作企業), 독자기업(獨資企業) 등이 있다. 중국에서는 이러한 3개의 기업을 합쳐서 삼자기업(三資企業)이라고도 부른다. 간접 진출형 기업의 형태로는 주재원 사무소가 있고, 그 밖에도 위탁가공방식이나 기술제휴방식도 존재한다.

중국 내에서 설립할 수 있는 외상투자기업을 정리하면 〈표 7-2〉와 같다.

〈표 7-2〉 외상투자기업의 종류

| 구분 | 기업형태 | 내용 | 비고 |
|---|---|---|---|
| 직접투자형<br>(법인설립) | 합자기업 | 중국 측과 공동출자 회사 설립 | 삼자기업<br>(三資企業) |
| | 합작기업 | 중국 측과 계약형 합자회사 설립 | |
| | 독자기업 | 외국기업 100% 단독 투자 | |
| 간접진출형<br>(법인 미설립) | 주재원 사무소 | 비영업활동 수행 연락사무소 | |
| | 위탁가공 | 三來一補 | |
| | 기술제휴 | 기술제휴(라이센스 생산) | |

### ① 합자기업

합자기업(合資企業)은 중국 측 투자자와 외국 측 투자자가 법규에 따라 공동투자와 경영을 하고, 기업의 이익과 손실을 투자비율에 따라 배분하는 기업형태로 중외합자경영기업(中外合資經營企業)이라고도 한다. 합자기업은 중·외 쌍방이 투자하고(투자방식 불문), 반드시 투자에 상응하는 지분을 가지며 이 투자지분에 따라 유한책임을 지고 이익과 손실을 배분한다.

합자기업은 합자기간의 종지(終止) 시, 기업 총자산에서 먼저 채무를 변제하고 난 후, 잔여자산을 투자비율에 따라 쌍방에게 배분한다. 중국법 기준으로 합자기업의 외국 측 투자액은 합자기업 등록자본금의 25% 이상이어야 한다. 만약 외국 측이 기술투자를 하게 되는 경우 기술투자의 지분은 전체 자본금의 20%를 초과할 수 없다.

합자기업을 통한 대중국 진출은 중국 내 비즈니스 파트너가 기존에 가지고 있던 여러 가지 형태의 기업역량과 '꽌시(關係)'를 모두 활용할 수 있는 장점이 있다. 따라서 기업 설립을 위한 중국 내 모든 수속 절차나 교섭을 빠르게 진행할 수 있다. 그러므로 합자기업은 현지화의 성공 가능성이 다른 진출형태보다 높은 기업 설립의 한 형태이다.

하지만 합자기업은 투자자금의 조기회수가 쉽지 않고, 투자비율에 따른 이익배분이 엄격하게 규정되어 있다. 따라서 합자기업의 이익배분은 조정이 쉽지 않다는 문제점이 있다. 합자기업의 성패는 중국 측 파트너 선정에 달려 있다고 볼 수 있다. 그러므로 중국 측 비즈니스 파트너의 선정과 설립과 관련된 당사자 교섭과정에 보다 많은 시간과 노력이 필요하다.

그리고 합자기업은 비즈니스 진행과정에서 계약 내용이나 합작 내용, 지분, 이익배분 등과 관련된 문제가 발생할 경우 오히려 합자파트너의 비협조 등으로 인해 갈등이 심해질 가능성이 높은 기업 설립형태이다. 그리고 개혁·개방의 심화로 인해 향후 중국의 내수시장에 단독 진출로 사업형태를 전환하는 경우 이에 대한 합의가 쉽지 않다는 문제점도 존재한다.

② 합작기업

합작기업(合作企業)은 중・외 쌍방 투자자가 법규에 따라 기업을 공동으로 설립하고 쌍방의 계약 내용에 따라 경영, 이익 및 손실 등을 분담하는 기업형태로, 중외합작경영기업(中外合作經營企業)이라고도 부른다. 합작기업은 중・외 합작 쌍방의 투자지분이 아니라 상호 체결한 계약서의 내용에 따라 투자액, 권리 및 의무 등을 결정한다. 따라서 투자자 입장에서는 기업경영 상황에 따라 계약 시에 그 내용을 비교적 자유롭게 조정할 수 있어 매우 높은 융통성을 가진다는 장점이 있다.

합작기업은 쌍방의 필요나 각자의 투자능력에 따라 합작의 형태를 자유롭게 결정할 수 있다. 그래서 투자 시 제공되는 공업소유권과 실물 등을 화폐나 주식으로 환산할 필요가 없고, 외국 측의 투자지분에 대해 한도를 제한할 필요도 없다.

합작기업의 이익배분은 투자를 근거로 이루어지는 것이 아니라 당사자 간의 합의 내용에 따라 진행된다. 합작기업의 종료 시 기업 총자산 분배 또한 청산절차를 통하여 계약 내용에 따라 배분된다. 합작 쌍방이 경영기간 중에 회수한 투자금은 청산 시 잔여자산에서 제외된다.

합작기업 규정은 합자기업 규정보다 구체적이지 않다. 따라서 합작기업의 경영과정에서 발생하는 여러 가지 문제점들을 중국 국내법을 통해서 그때그때 해결해야 한다. 그러므로 외자투자자의 입장에서 보면 합작기업이 합자기업보다는 불확실성이 상대적으로 높다. 그리고 중국 측 파트너의 비매너나 문화적 차이로 인한 분쟁 발생 가능성도 항상 강하게 존재하고, 모기업과 현지 합작기업 간의 업무협조 부분에서 애로사항이 발생할 수도 있다.

### ③ 독자기업

독자기업(獨資企業)은 법규에 따라 외국 측 투자자가 자본의 전부를 혼자 투자하는 기업형태로 외상독자기업(外商獨資企業) 또는 외자기업(外資企業)이라고도 부른다. 기업의 소유 및 경영권은 모두 외국 측에 있는 기업형태이다. 독자기업의 투자자는 외국기업, 경제단체, 개인 등 모두가 가능하다.

하지만 외상독자기업은 중국 내외에서 회사의 주식이나 채권을 발행할 수 없다. 그리고 중국 내 비즈니스 과정에서 발생할 수 있는 각종 손해와 위험을 혼자 부담해야 한다는 경영상 한계도 존재한다. 중국 측 비즈니스 파트너가 없기 때문에 현지 네트워크 취약에 따르는 여러 가지 문제점(내수판매의 애로, 현지화의 지연 등)도 발생할 수 있다.

### ④ 삼자기업 간 비교

중국에서는 법인의 설립 형태에 따라 적용되는 준거 법률이 달라진다. 삼자기업 중에서 동업의 개념이라고 할 수 있는 합자기업과 합작기업도 그 근거 법률이 다르다. 결국 외자기업은 그 설립형태에 따라 적용 내용이 달라지기 때문에 기업의 형태에 따른 법 규정의 파악과 적용이 필요하다. 〈표 7-3〉는 삼자기업의 특징을 상호 비교한 것이다.

〈표 7-3〉 삼자기업 간 비교

| | 합자기업 | 합작기업 | 외자기업(독자기업) |
|---|---|---|---|
| **근거법** | 중외합자경영기업법 및 실시조례 | 중외합작경영기업법 및 실시조례 | 외자기업법 및 실시세칙 |
| **조직형태** | 유한책임회사 | 유한책임회사, 연합경영체 | 유한책임회사 |
| **출자기한** | - **일괄불입** : 6개월 이내 규정<br>- **분할불입** : 규모별 불입기한 규정에 따름<br>- 1회 불입분 : 출자액의 15% 이상을 영업허가 발급 90일 이내에 불입 | - 계약 내용에 따라 분할 불입<br>- **1회 불입분** : 출자액의 15% 이상을 영업 허가 발급 90일 이내 | - **분할불입 가능** : 규모별 불입기한 규정에 따름<br>- **1회 불입분** : 출자액의 15% 이상을 영업허가 발급 90일 이내에 불입 |
| **이윤분배 기준** | 지분율 | 계약 내용 | 투자자 단독 결정 |
| **경영관리방식** | 투자자 공동경영 | - 투자자 공동경영<br>- 투자자 일방경영<br>- 제3자 위탁경영 | 투자자 독자경영 |
| **경영기한** | 영종에 따라 제한 있음(제조업 50년, 도소매 30년 등) | | |
| **최고의사결정** | 동사회(이사회) | - 동사회, 연합관리위원회<br>- 경영관리수탁자 | 투자자 |
| **외국투자자의 최저지분** | 등록자본금의 25% | | 등록자본금의 100% |
| **투자회수방식** | - 당기 순이윤 배분<br>- 청산이윤 배분 | - 당기 총이윤 배분<br>- 당기 판매수입배분<br>- 당기 생산품 배분<br>- 당기 감가상각비<br>- 약정 금액 | - 당기 순이윤<br>- 청산 이윤 |
| **기업부채 책임범위** | 지분율 비례, 출자액 한도 | 유한책임회사는 출자액 한도, 연합경영체는 공동 책임 | 출자액 한도 |
| **청산자산의 처리** | 지분율 배분 | 계약 내용에 의거 배분 | 잉여자산 독점 소유 |

중국에서 삼자기업을 설립할 때는 경영 기한을 설정하는 것이 일반적이다. 외상투자기업의 우대혜택을 누리기 위해서는 보통 10년 이상의 경영 기한을 둔다. 하지만 기업의 경영계약기간은 필요에 따라 연장할 수 있기 때문에 너무 장기로 설정할 필요는 없다.

합자기업 또는 합작기업은 경영기간 중에 발생한 분쟁으로 인하여 중도철수의 가능성이 항상 존재한다. 따라서 중도 철수의 가능성을 열어 놓기 위해서는 경영계약기간이 짧은 것이 유리하다. 사실 해외투자는 높은 리스크를 수반하는 이윤 추구를 목적으로 하는 사업방식이다. 따라서 중국 측과 비즈니스 계약을 체결할 때에는 향후 경영목적을 달성한 후 어떻게 투자 원금 및 이윤을 회수할 것인지에 대한 '출구(Exit)전략'을 수립하는 것이 대단히 중요하다.

### (2) 간접투자

법인은 정부의 허가를 받은 후 각종 등기절차를 통해 만들어진 외상투자기업의 형태를 의미한다. 외상투자기업은 법인을 설립해야만 제조 및 판매 등의 경영활동을 할 수 있다. 법인을 설립하면 자본금에 대한 납입의무와 독립적인 민사 책임도 발생한다.

연락사무소는 해외기업의 비경영성 기구로 시장조사나 본사와의 연락, 전시홍보 등과 같은 간단한 업무 진행이 가능한 조직이다. 연락사무소는 영업활동이 금지되기 때문에 계약서 체결 등과 같은 법률행위를 할 수 있는 법적 자격을 갖지 못한다. 그리고 연락사무소의 현지인 채용은 노무파견회사를 통한 채용만이 가능하다.

중국에서는 은행이나 보험업 등과 같은 부 업종을 제외한 일반 업종에서는 지사 설립 허가를 받기가 쉽지 않다. 중국에서 지사를 설립하기 위해서는 일반적으로 중국 경내에 외상투자법인을 먼저 설립한 후, 타지역에 진출하는 방법을 사용한다.

## 2) '외상투자산업지도목록'의 검토

### (1) '외상투자산업지도목록'의 의미

중국시장 진출을 희망하는 외국기업들은 중국정부의 외상투자와 관련된 규정의 제·개정 현황에 대해 상시적으로 모니터링해야 한다. 이러한 모니터링을 통해 외국인 투자정책 및 규정, 조치의 변화에 따른 시장기회를 면밀히 분석하면서 전략적으로 대응해야 한다. 이러한 과정에서 가장 먼저 필요한 것은 투자분야가 중국정부에서 허용한 투자분야인지를 확인하는 것이다.

중국 내에서 기업 설립 시 투자허용 여부는 '외상투자산업지도목록'에서 확인할 수 있다. 외국인이 중국 내에서 기업을 설립하거나 인수하는 것은 중국 입장에서 보면 외국인 투자에 해당된다. 기업 설립 시 중국정부가 발표한 '외상투자산업지도목록'에 대한 신중한 검토 없이 비전문가들의 말만 믿고 투자를 결정했다면 큰 낭패를 볼 수 있다.

중국정부는 1995년부터 외국인 투자분야에 대한 가이드라인을 발표하고 있다. 국가발개위(国家发改委)와 상무부는 특정 분야에 대한 투자허용 여부를 '외상투자산업 지도목록'이라는 이름으로 발표하고 있다. '외상투자산업지도목록'은 1997년, 2002년, 2005년, 2007년, 2011년, 2015년, 2017년에 걸쳐 총 7차례 개정되었다. '외상투자산업지도목록'은 중국의 국내외 경제상황 변화를 반영하여 특정 업종에 대한 외국인 투자를 장려나 금지, 제한 등의 분야로 규정하고 있다.

중국에서 외국인 기업에 대한 우대정책은 중앙정부 차원에서 실시하고 있는 지원정책과 지방정부 또는 중앙정부라도 전체가 아닌 개별 부서 차원에서 실시되고 있는 우대정책으로 나누어진다. 최근 중국정부의 각종 정책에 대한 실행방침은 과거 선부론의 추진과정에서 실행되었던 이원화되거나 차별적인 정책집행방식을 채택하기보다는 전국적이고 통일된 차원에 정책을 실행하는 방식으로 변화했다. 이에 따라 중국정부는 2015년 3월 말을 기점으로 중앙정부 차원에서 제공하고 있는 우대정책을 제외하고 지방정부 또는 개별 중앙부서 차원에서 실시되고 있는 각종 외국인 기업에 대한 우대정책을 모두 폐지하였다.

이러한 차원에서 보면 중앙정부가 결정하고 전국에서 통일적으로 적용되는 '외상투자산업지도목록'의 중요성은 더욱 커지고 있다. 이하에서는 2017년에 새롭게 발표된 '외상투자산업지도목록'을 중심으로 외국인 투자기업에 대한 분류와 각종 지원내용을 살펴보려고 한다.

### (2) '2017 외상투자산업지도목록'의 주요 내용과 원칙

2017년 7월 28일부터 시행된 '외상투자산업지도목록'은 2015년 개정 이후 2년 만에 다시 개정됨으로써 변경주기가 짧아졌다는 특징이 있다. '외상투자산업지도목록'이 처음으로 제정됐을 때에는 투자목록 기준을 장려-허가-제한-금지 등과 같이 4가지 종류로 구분하였다.

하지만 그 후 2004년도부터는 이 목록을 장려-제한-금지 등과 같은 3가지 분야로 구분지었다. 지도목록에서 '금지'분야는 외국인 투자가 전혀 허용되지 않는 분야이다. '제한'분야는 지분율 제한 등과 같이 일정한 제한이 존재하는 분야이며, '장려'분야는 외국인 투자의 적극 유치를 위하여 일정한 혜택을 제공하는 분야이다. 그리고 이 3가지 유형에서 열거되지 않은 업종은 "허용"분야로, 제한이나 혜택 없이 외국인 투자가 허용된 분야라고 볼 수 있다.

하지만 '2017년 외상투자산업지도목록'에서는 기존의 업종구분을 권장류와 네거티브 리스트로 변경하였다. 2017년 지도목록에서 네거티브 리스트에는 기존의 장려목록 중에서 외국인 지분비율 제한 등이 존재하는 업종과 기존에 제한류와 금지류에 속하는 업종이 포함되었다.

따라서 '2017년 외상투자산업지도목록'에서 권장류 산업 중에 외국인지분비율 제한 등이 존재하는 업종은 권장류에 속하는 동시에 네거티브 리스트에도 포함된다고 볼 수 있다. 이는 특정 투자분야에서는 산업정책 측면에서 외국인 투자

권장류의 혜택(가령 수입설비 면세 혜택)을 받지만, 이와 동시에 네거티브 리스트 업종에 적용되는 제한성 정책[6]분야로서도 적용을 받는다는 의미이다.

'2017년 외상투자산업지도목록'의 또 다른 특징으로는 외상투자 제한조치들이 대폭 축소되어 전체 63개 산업만이 제한목록에 남게 되었다는 것이다. 결과적으로 2017년 목록에서는 제한류가 35개, 금지류가 28개에 불과하게 되었다. 이는 2015년도의 총 93개 제한성 항목에서 30개 항목이 줄어든 결과이다.

〈표 7-4〉 2015년 목록과 2017년 목록의 비교

| 구분 | 2015년 목록 | 2017년 목록 | 비고 |
|---|---|---|---|
| 장려목록 | 349 | 348 | 기존 항목 중 7개 삭제<br>신규항목 6개 추가 |
| 외자규제 | 93 | 63 | 기존 항목에서 대폭 축소 |
| - 장려항목 내 제한류 | 19 | 0 | 네거티브 리스트로 편입 |
| - 제한목록 | 38 | 35 | 기존 항목에서 6개 삭제<br>신규 3개 추가 |
| - 금지목록 | 36 | 28 | 기존 항목에서 9개 삭제<br>신규 1개 추가 |

'2017년 외상투자산업지도목록'에서 나타나고 있는 주요 원칙을 정리해 보면 다음과 같다. 첫째, 혁신산업(스마트, 하이테크)에 대한 외국인 투자를 장려하고 있다.[7] 둘째, 산업별 개방정책 변화에 따른 조정 내용을 반영하였다.[8] 셋째, 2017년

6 네거티브리스트에 속하는 업종을 수행하는 외상투자회사는 승인제도가 적용됨

7 중국정부는 '중국제조 2025' 등과 같은 정책을 통하여 혁신산업에 대한 발전전략을 수립하였다. 이에 따라 2017년 지도목록에서는 하이테크 산업에 대한 외국인 투자를 독려하고 지원하는 내용이 반영되었다. 새로운 장려항목으로 스마트 응급의학 설비제조, 수문검특센서 제조, 가상현실(VR), 증강현실(AR) 설비제조, 3D프린터 핵심부품 제조, 수소충전소 건설 · 경영(도시주차시설 건설 · 경영) 등과 같은 6개 항목이 추가되었다. 하지만 궤도 교통설비, 해양공정설비 제조, 선박 디젤유엔진 및 크랭크축 제조, 종합수리시설의 건설 · 경영 등과 같은 항목은 삭제되었다.

8 구체적으로 서비스 분야에서의 외국인 투자 규제완화를 반영하였다. 그 과정에서 신용조사나 도로여객 운송, 회계감사, 외국선박 화물정리 등과 같은 분야에 대한 외국인 투자 제한이 폐지되었다. 하지만 증권사

지도목록의 개정으로 인하여 중국에서 외국인 투자 인 · 허가는 상당 수준까지 간소화되었다. 2017년 지도목록의 시행에 따라 외국인 투자 업종이(또는 인수 · 합병 대상기업이 영위하는 업종)이 네거티브 리스트에 속하지 않을 경우, 이전과 같이 승인제도를 거칠 필요 없이 신고절차만으로 기업 설립이 가능해졌다. 이는 2017년 지도목록의 시행과정에서 내 · 외자 기업에 대한 동일 기준 적용원칙을 유지하는 차원에서 도입된 조치이다. 하지만 투자분야가 네거티브 리스트에 속하는 경우에는 기존과 같은 승인절차를 거쳐야 한다.[9]

### 3) 기타 사전 검토사항

중국에서 외국인 투자를 실시하기 위해서는 '외상투자산업지도목록'에 대한 사전 검토뿐만 아니라 기업결합신고 및 산업안전심사 등과 관련된 규정에서 상충됨이 없는지에 대한 검토도 병행되어야 한다.

#### (1) 기업결합신고에 대한 검토

대중국 투자 시에는 투자자가 대기업이거나, 합작 또는 인수 상대방이 대기업인 경우 기업결합신고(중국법상 경영자 집중)의 대상인지 검토해야 한다. 검토결과 신고대상에 해당되는 경우, 기업결합 신고절차를 거쳐야 한다.

---

를 비롯한 금융업에 대한 제한은 여전히 유지되고 있다. 또한 제조업 분야, 특히 완성차 분야에서 외국인 지분한도는 현행과 같은 50%로 그대로 유지되었다. 하지만 신에너지 자동차 산업의 발전을 위해 '순수 전기차 분야'의 일부 분야에 대한 규제는 완화되었다. 이를 위해 "중국 내에서 하나의 외상투자기업은 2개 이상의 합자 순수 전기차 업체를 설립할 수 없다"는 규제는 폐지되었다. 그리고 철로교통 운수설비 제조, 자동차 전자버스 인터넷 기술 및 전동조력 전향 시스템 전자제어기 개발 및 제조, 오토바이 생산, 신에너지 자동차 에너지형 배터리 제조, 해양공정장비(모듈 포함)의 제조 및 수리, 선박 저 · 중속디젤엔진 및 크랭크축 제조, 식용유지 가공 등의 업종도 투자분야에 포함되었다.

9 하지만 외국인 투자를 제한해 온 일부 민감한 업종을 제외하고 한국기업들이 관심을 가질 만한 전통적 업종은 대부분 권장류에 속하고 있다. 이는 결국 2017년 지도목록의 개정에 따라 한국기업의 중국 내 인수 · 합병이나 투자 절차는 대폭 간소화되었다는 의미로 받아들일 수 있다는 의미이다.

중국에서 기업결합에 대한 신고요건은 다음과 같은 경우가 해당된다.

- 기업결합에 참여하는 모든 기업의 직전 회계연도 전 세계 영업액의 합계가 100억 위안을 초과하고, 아울러 그중 2개 이상 기업의 직전 회계연도 중국 내 영업액이 모두 4억 위안을 초과하는 경우
- 기업결합에 참여하는 모든 기업의 직전 회계연도의 중국 내 영업액 합계가 20억 위안을 초과하고, 아울러 그중 2개(명) 이상 경영자의 직전 회계연도 중국 내 영업액이 모두 4억 위안을 초과하는 경우

기업결합신고 대상이라는 사전적 판단이 존재하는 경우, 기업결합신고 당사자는 신고서 제출 전에 상무부서와 이에 대한 사전협의를 진행할 수 있다. 즉, 기업결합신고에 대한 공식 검토 전에 상무부와의 사전 협의를 통해 해당 기업결합이 신고대상인지, 어떠한 자료들을 준비해야 하는지, 또는 기업결합 허가를 받을 수 있는지 등을 확인해야 한다는 의미이다.

상무부와의 사전협의를 거쳐 기업결합신고를 진행하는 경우에도 관련 기초심사는 진행된다. 기초심사 후 필요한 경우 후속심사가 시작되는데, 최장 180일 정도의 시간이 소요된다. 기초심사에 30일, 후속심사에 90일이 소요되며 부족할 경우 총 60일의 기간을 연장할 수 있다.

기업결합신고에 대해 상무부는 허가와 금지, 조건부 기업결합허가 등과 같은 결정을 내릴 수 있다.

#### (2) 외국인 투자에 대한 국가안전심사

외국인 투자에 대한 국가안전심사제도는 해당 인수 · 합병이 중국의 국가안전에 영향을 미치거나 그러한 가능성이 있는지 여부를 심사하는 제도이다. 2006년에 제정된 '외국투자자 국내기업인수합병 규정'에서 국가안전심사제도가 처음으로 도입되었다. 2011년 국무원은 이에 대한 구체적 규정인 '외국투자자 국내기

업 인수합병에 관한 안전심사제도 신설에 관한 통지'를 제정하였다. 그 후 상무부에서는 이를 시행하기 위한 '외국투자자의 국내기업 인수합병 안전심사제도 규정' 등을 제정하여 국가안전심사의 대상과 구체적인 절차를 분명히 하였다.

외국인 투자에 대한 국가안전심사는 외국투자자가 ① 군수공업, 핵심적 군사시설 주변의 기업 및 국방안전 관련 기타 업체를 인수 · 합병하거나, ② 국가안전에 관계되는 농수산품, 중요한 에너지와 자원, 중점기반시설, 중점 운송서비스, 핵심기술, 중대 장비제조 등의 업종에서 중국 국내기업을 인수 · 합병하거나 실제 지배권을 취득할 수 있는 경우 실시된다.

중국에서 외국인 투자에 대한 국가안전심사 실시대상은 다음과 같다.

- 외국투자자가 중국 내 비외국인 투자기업의 지분을 인수하거나 증자에 참여하여 그 국내 기업을 외국인 투자기업으로 변경하는 경우
- 외국투자자가 중국 내 외국인 투자기업의 중국 측 주주의 지분을 인수하거나 증자에 참여하는 경우
- 외국투자자가 외국인 투자기업을 설립하고 그 외국인 투자기업을 통하여 국내 기업의 지분을 인수하거나 자산을 인수하여 그 자산을 운영하는 경우
- 외국투자자가 국내 기업의 자산을 인수하고 그 자산으로 외국인 투자기업을 설립하여 당해 자산을 운영하는 경우

외국투자에 대한 국가안전심사는 외국인 투자자의 국내기업 인수 · 합병 안전심사 관련부서 간 연석회의를 통하여 일반심사와 특별심사의 형태로 진행한다. 상무부는 국가안전심사를 통해 당해 인수 · 합병이 중국의 국가안전에 영향을 미치거나 그 가능성이 있다고 판단될 때 관련 부서와 협의하여 국가안전에 미치는 영향을 제거한다.

국가안전심사제도는 기업결합신고제도와 차이가 있다. 먼저 기업결합신고는 회사의 신설 및 기존 회사의 인수에 모두 적용되는 절차이다. 하지만 국가안전심

사제도는 기존 회사를 인수하는 경우에만 적용되는 절차이다. 국가안전심사 심사 절차는 기업결합신고와 중복되어 적용되기도 한다. 국가안전심사는 신청에 의하여 개시되며, 관련 절차의 소요시간은 최장 100 영업일 정도가 된다. 국가안전심사결정에 대해서는 행정소송을 제기할 수 없다.

## 2.2 기업 설립절차

### 1) 대리기구 선정

중국에서 외상투자기업을 설립하려면 외국투자공작위원회의 '인증'을 받은 업체를 대리기구로 선정해야 한다. 대리기구는 '사업타당성보고서'와 '정관'을 대리 작성하고 서류제출작업 등을 한다.[10] 대리기구는 영업집조(營業執照)의 발급까지를 외상투자기업의 위탁을 받아서 진행한다.

공상관리국에서 영업집조가 발급되면 외상투자기업은 그 밖의 기업 설립과 관련된 절차를 자체적으로 처리할 수 있다. 기업 설립 관련 대리기구는 중국 내 실정에 정통하고 여러 내부 네트워크를 가지고 있다. 따라서 영업집조 발급과정에서 대리기구를 이용하면 그렇지 않은 경우보다 더 저렴한 비용으로 좋은 서비스를 제공받을 수 있다.

일반적으로 인증된 중계업체를 통해 영업집조를 발급 신청할 경우 특별한 하자가 없는 한 약 한 달 정도의 시간 내에 영업집조가 발급된다. 영업집조가 나온 후부터 나머지 업무 등에 걸리는 시간은 약 한 달 반에서 두 달 정도이다. 일반적으로 기업 설립 전체에 소요되는 시간은 두 달에서 세 달 정도이다.

10 중국에서는 외국투자공작위원회(대외경제무역위원회와 같은 의미)의 인증 획득 업체만이 공식적으로 서류를 접수할 수 있다.

### 2) 기업명칭에 대한 예비등록

외상투자기업은 상무부에서 기업 설립 비준을 받기 전에 해당 지역의 공상(행정)관리국에 기업의 법인명칭에 대한 사전신청을 해야 한다. 이는 기업명칭을 예비 등록함으로써 명칭의 합치 여부를 확인하는 단계이다.[11] 기업명칭의 예비등록에 대한 심사 비준이 완료되면 '기업명칭예비심사통지서'가 발급된다.

기업명의 사용 가능 여부를 심사받는 과정에서 구비해야 하는 서류는 각 지역마다 약간씩 다를 수 있다. 일반적으로 필요한 서류는 외국인투자기업의 명칭, 사전신청서(투자자 서명), 투자자 신분증, 비자사본, 위탁대리인 증명서(대리인 신청 시) 등이다.

기업명칭 예비등록과정은 일반적으로 약 10일 정도의 시간이 소요된다. 현재 중국에서 사용하고 있는 기업명칭 규정방법은 다음과 같다.

**기업명칭 규정방법**

〈1안〉 행정구역 + 상호 + 업종 특성 + 조직형태
(사례) 베이징 + 만한(상호) + 자순 + 유한공사 [北京 + 万韩 + 咨询 + 有限公司]

〈2안〉 상호 + (행정구역) + 업종 특성 + 조직형태
(사례) 오스템(상호) + (베이징) + 상무 + 유한공사 [奥齿泰 + (北京) + 商贸 + 有限公司]

### 3) 외국인 투자 허가 신청(기업의 설립 신청)

한국에서 기업을 설립하려면 기업 설립 신고를 하고 자본금을 납입한 후, 해당 기업의 설립등기를 완료하면 절차가 완료된다. 하지만 중국에서는 먼저 외국

11 구체적으로 신청한 기업명칭이 정부가 규정한 부분을 준수하고 있는지와 기존 기업명칭과 중복이 되었는지를 심사한다.

인 투자에 대한 허가를 받아야 한다. 이는 외상투자기업의 시장진입 허용 여부를 심사하는 과정으로 중국에서는 일반적으로 심시기관의 비준이 있어야만 기업의 설립이 가능하다는 것을 의미한다.

외상투자기업의 설립을 위해서는 설립기업의 '사업타당성 보고서'와 '정관' 등 관련 서류와 내용을 허가기관에 일괄 전송하여 비준을 받아야 한다.[12] 기업의 설립 신청에 대한 허가담당부서는 기업 소재지역의 성급 또는 부성급 도시의 상무위원회 또는 상무청이다. 이러한 비준과정이 기업 설립절차에 포함된 이유는 중국정부의 각종 정책과 외자기업의 투자가 모순되는 방향으로 이루어지는 경우 기업 설립을 막기 위해서다.

제출서류로는 외국인투자기업 설립신청서, 사업타당성 보고서, 회사정관 또는 계약서, 자산증명서, 투자자주체증명서류(공증 인증), 기업대표 임명서, 신분증 사본 등이 필요하다. 사업타당성 보고서에는 생산 및 영업계획의 수립, 조직 구성 및 인력계획, 재무계획(제조원가, 판매가격, 일반관리비 등), 투자자본금 및 차입금을 기입하도록 해 심사절차에서 이를 검토한다. 회사정권은 중국의 회사법 등 법령 규정에 따라 작성되어야 한다. 외국인 투자자가 법인인 경우 그 대표이사 또는 이사회 구성원이 서명한 회사정관이여야 한다.[13]

투자항목에 대한 계약 내용과 정관, 이사회 구성인원 등의 심의가 끝나면 기업의 설립인가신청은 비준된다. 비준심사기관은 비준 신청을 받은 날로부터 90일 이내에 비준을 결정해야 한다. 즉, 사업타당성보고서와 정관 비준증서가 발급되는 것이다.

---

12 한편 2016년 9월 3일 중국 외자기업법을 수정하여 일부 외자기업은 간단한 온라인 등록절차만으로도 법인을 설립할 수 있게 되었다.

13 외국인 투자자가 개인인 경우 주주(투자자)가 서명한 회사정관을 의미한다.

### 4) 설립등기와 영업집조의 신청

외상투자기업 신청이 비준되면 외상투자자는 확인서를 받은 날로부터 30일 이내에 국가 또는 지방 공상행정관리기관에 설립등기를 신청해야 한다. 국가공상행정관리국에 등기를 요하는 기업에는 전국 규모의 공사, 기업집단, 수출입회사가 해당된다. 이른바 "삼자기업"의 경우에는 인가기관에 따라 중앙 또는 지방의 공상행정관리국에 등기를 신청하면 된다. 즉, 이는 성급(省級) 인민정부의 비준을 얻었다면 성급 공상행정관리국에, 중앙의 관련 부서에서 비준인가를 받았다면 중앙의 국가공상관리국에서 등기를 진행해야 한다는 의미이다.[14]

주요 등기사항으로는 상호, 주소, 영업장소, 법정 대표자, 영업성격, 영업범위, 경영방식, 등록자본, 종업원수, 영업기한, 지사 등이 있다. 기업의 설립등기를 신청하기 위해서는 외국인투자기업 신청등기표, 외국인투자기업 설립허가서(비준증서, 영업일 기준), 기업명칭 예비허가통지서, 정관, 투자자의 사업자등록증명서, 신분증 사본, 기업대표 임명서류, 신분증 사본, 동사, 감사, 경리 임명서류 및 신분증 사본, 회사주소증명서(부동산 권리증, 임대차 계약서 등) 등이 필요하다. 등기수수료는 기업의 등록자본에 연동하여 징수된다.[15]

외상투자기업의 등기가 완료되면 해당 기업의 영업집조(营业执照)를 신청해야 한다. 영업집조는 대중국 투자기업에 대한 영업허가증(또는 사업자등록증)과 같은 것으로 해당 기업의 신청에 의해서 공상관리국이 발급하며, 기업의 설립등기 신청과 함께 진행된다. 영업집조의 발급일은 외상투자기업의 창립일(설립일)로 인정되며 합영계약기간 계산의 기산점이 된다.

14 중국에서 기업등기에 관한 업무는 "기업법인 등기관리조례('1988. 6. 3)"를 근거해서 국가 공상관리국과 해당 지역의 각급의 공상행정관리국에서 담당한다.

15 등록자본 1,000만 위안 이하 기업의 등록수수료는 등록자본의 0.08%, 등록자본이 1,000만 위안 초과하고 1억 위안 이하의 기업인 경우에 등록수수료는 등록자본의 0.04%를 징수한다. 만약 등록자본이 1억 위안을 초과하는 기업이라면 기업 설립 등기수수료를 징수하지 않는다.

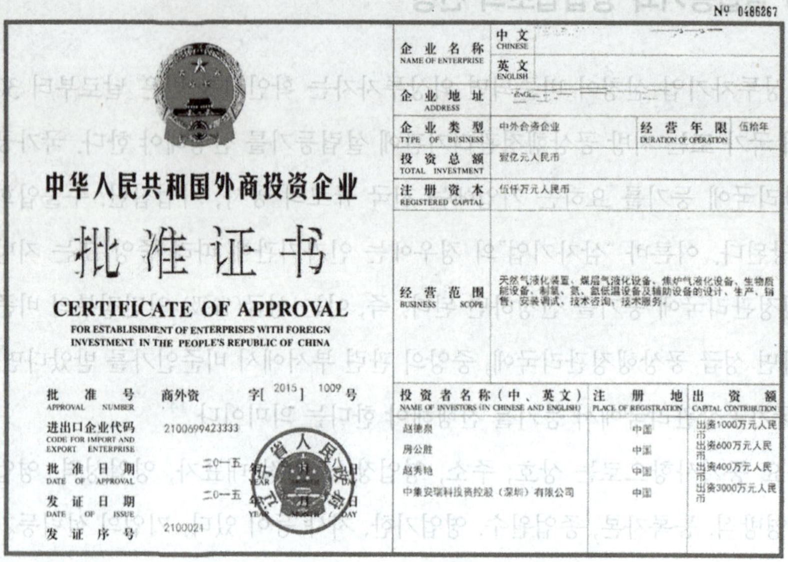

№ 0486267

中华人民共和国外商投资企业

批准证书

CERTIFICATE OF APPROVAL

FOR ESTABLISHMENT OF ENTERPRISES WITH FOREIGN INVESTMENT IN THE PEOPLE'S REPUBLIC OF CHINA

批准号 APPROVAL NUMBER 商外资 字[2015] 1009 号

进出口企业代码 CODE FOR IMPORT AND EXPORT ENTERPRISE 2100699423333

批准日期 DATE OF APPROVAL 二〇一五 年 YEAR 日 DAY

发证日期 DATE OF ISSUE 二〇一五 年 YEAR 日 DAY

发证序号 2100021

| 企业名称 NAME OF ENTERPRISE | 中文 CHINESE | [illegible] | | |
|---|---|---|---|---|
| | 英文 ENGLISH | | | |
| 企业地址 ADDRESS | [illegible] | | | |
| 企业类型 TYPE OF BUSINESS | 中外合资企业 | | 经营年限 DURATION OF OPERATION | 伍拾年 |
| 投资总额 TOTAL INVESTMENT | 壹亿元人民币 | | | |
| 注册资本 REGISTERED CAPITAL | 伍仟万元人民币 | | | |
| 经营范围 BUSINESS SCOPE | 天然气液化装置、煤层气液化设备、焦炉气液化设备、生物质能设备、制氢、氮、氩低温设备及辅助设备的设计、生产、销售、安装调试、技术咨询、技术服务。 | | | |

| 投资者名称(中、英文) NAME OF INVESTORS (IN CHINESE AND ENGLISH) | 注册地 PLACE OF REGISTRATION | 出资额 CAPITAL CONTRIBUTION |
|---|---|---|
| 赵德泉 | 中国 | 出资1000万元人民币 |
| 房公胜 | 中国 | 出资600万元人民币 |
| 赵秀艳 | 中国 | 出资400万元人民币 |
| 中集安瑞科投资控股（深圳）有限公司 | 中国 | 出资3000万元人民币 |

[그림 7-1] 중국 외상투자기업 비준증서

출처 : CGL 哈深冷(http://www.hrbhc.com/h-pod-109.html)

### 5) 기타 설립절차

#### (1) 조직기구 코드 신청(공상국 기술감독국)

공상관리국으로부터 영업집조를 받은 외국인 투자기업은 공상국 기술감독국으로부터 전국조직기구코드를 취득해야 한다. 전국조직기구코드란 중국의 품질감독관리부서에서 중국 내의 모든 기업체 관리 및 식별을 위하여 부여하는 고유번호를 의미한다.

중국정부는 전국의 기관, 기업 등 사업주체의 전산관리를 위하여 1998년 1월 1일부터 전국조직기구코드제도를 도입하였다. 조직기구 코드 신청을 위해서는 외상투자기업의 영업집조와 비준증서, 예비조직 코드[16] 등이 필요하다.

16 예비 조직코드에 대한 등록은 지방정부로부터 외국인 투자허가를 비준받은 후 10일 내에 공상국 기술감독국에 미리 할 수 있다.

### (2) 도장(법인인감 등)의 제작

외국인 투자기업은 회사 설립등기가 완료된 후 기타 관련 부서에 대한 수속과 회사 운영에 필요한 인감을 제작해야 한다. 설립기업의 인감을 만들기 위해서는 해당 지역의 출입국관리처에서 인감제작에 대한 승인을 받아야 한다. 설립기업의 인감, 즉 법인인감을 만들기 위해서는 영업집조 사본과 조직 소개서가 필요하다.

법인인감은 일반적으로 공안국이 지정한 인감제작소(刻章部)에서 제작하며 통상 1일 정도가 소요된다. 외국인 투자기업에 필요한 각종 법인인감으로는 회사인감(公章), 재무 전용 인장(財務專用章), 현금수금 인장(現金收訖章), 계좌이체수금 인장(轉帳收訖章), 법인대표자 인감(法定代表人明章), 계약 전용 인장(合同專用章), 세관신고 전용 인장(報關專用章), 세관업무 담당자 인감(報關員章) 등이 있다.

### (3) 외환등기

외상투자기업은 영업집조 발급일로부터 30일 이내에 등록지 외환관리국에서 외환등기수속을 하고 "외환투자기업 외환등록증"을 발급받아야 한다. 외환등기수속을 위해 준비해야 하는 자료로는 비준된 외상투자기업의 계약과 정관, 심사비준부서의 비준증서, 공상(행정)관리국에서 발급한 영업집조 및 그 사본 등이 있다.

등록지 외환관리국은 관련 문서의 확인과정을 거쳐 외상투자기업에 대해 외환등기증을 발급하게 된다. 외환등기증을 발급받은 기업은 외상투자기업 외환등기증을 가지고 외환계좌의 개설을 신청하면 된다.

### (4) 은행계좌 개설

외상투자기업은 외환자본금계좌와 위안화기본계좌를 개설할 수 있다.[17] 외상

---

17 위안화 기본계좌의 개설 신청은 뒤에 나오는 세무등기 후에는 언제든지 가능하다. 과거 위안화 기본계좌의 개설은 개설에 대한 인민은행 허가(개좌개설 은행에서 처리)를 근거로 처리되었다. 하지만 2018년 12월

투자기업의 외국환계좌 개설은 외환관리국이 발행하는 '외환등기증'과 외환계좌 개설신청 보고서를 근거로 이루어진다. 외환예금계좌는 경상거래와 관련된 외환 예금계좌와 자본거래와 관련된 외환자본금계좌로 엄격히 구분된다. 외상투자기업의 외환계좌 개설에서는 외환자본계좌의 개설이 먼저 이루어지는 것이 일반적이다. 그리고 그 이후에 필요할 경우 경상거래 외환계좌를 개설한다.

외환자본금계좌는 외상투자기업의 투자 측이 외환으로 자본금을 송금하는 경우 사용하는 계좌이다. 1개 은행에서 개설할 수 있으며 개설일로부터 6개월이 지나면 개설은행을 변경할 수 있다. 외환자본계좌에 대한 입금은 계좌의 최고 한도인 자본금의 한도 내에서 입금이 가능하다.

경상거래와 관련되는 외환계좌는 전년도 경상항목 외환수입의 20% 범위 내에서 예금한도를 설정하여 계좌를 개설할 수 있다. 이 계좌에 대한 입금은 수출대금의 영수 등과 같은 경상항목의 외환수입에 사용된다. 이 계좌에서의 지급은 경상항목의 외환지급 및 외환관리국의 비준을 득한 자본항목에 대한 지급에만 사용이 가능하다.

### (5) 세무등기와 재정등기 등

① 세무등기

외상투자기업은 공상관리국에 등기를 한 후 30일 이내에 기업 소재의 관할 지방세무국에 가서 세무등록을 해야 한다. 세무기관은 외상투자기업의 세무등기를 근거로 납세자에 대한 세무를 관리한다. 과거 중국에서는 지방세와 국세를 분리하여 세무등록을 하였다. 하지만 현재는 이 2가지 세무를 지방세무소에서 일괄 접수하여 처리하고 있다.

이하는 중국의 세무등기에 대한 주요 내용을 정리한 것이다.

---

1일부터 이 개설허가증(开户许可证) 제도는 폐지되었다.

## 세무등기

- 기업이 외지에 설립한 지점과 생산 및 경영에 종사하는 장소, 개체공상호와 생산 및 경영에 종사하는 사업단위(이하 '납세자')는 영업허가를 득한 날로부터 30일 내에 영업면허, 관련 계약 · 장정 · 협의서와 은행계좌번호증명, 주거신분증 · 여권 또는 기타 합법증빙 등의 서류를 준비하여 관할세무서에 서면으로 세무등기 신고를 함
- 외상투자기업과 외국기업의 세무등기와 기타 세수징수사항은 국가세무국에서 관장
- 세무등기표의 주요 내용 : 단위명칭, 법정대표인 또는 업주의 성명과 그의 거주신분증 · 여권 · 기타 합법증서의 번호, 주소와 사업장소, 기업형태, 세금계산방식, 생산경영범위와 경영방식, 등록자본금 · 투자총액 · 개설은행 및 은행구좌번호, 생산경영기한과 종업원수, 영업면허번호, 재무보증인에 관한 사항 등
- 발급절차
  - 납세자가 서면으로 제출한 세무등기표와 증서 및 자료에 대하여 세무당국은 접수한 날로부터 30일내에 규정에 부합하는지 여부를 심의하여 세무등기증서를 발급, 규정에 맞지 않는 경우는 그 사실을 통보하여 수정해야 함
- 세무등기의 변경
  - 납세자의 세무등기 내용에 변동사항이 있거나 해산 · 파산 등의 사유가 발생해 법에 의해 납세의무가 종료될 경우는 공상행정관리기관에 변경등기한 날로부터 30일 이내 또는 공상행정관리기관에 등록등기를 처리하기 이전에 관련 문서를 본래 세무등기기관에 제출하여 등기내용을 변경하거나 세무등기를 취소해야 함
  - 이 경우 납세자는 세무등기를 취소하기 전에 납부할 세액 · 체납세금 · 벌금, 세금계산서와 기타 세무증명서를 정리해야 함
- 세무등기증서
  - 세무등기증서는 납세자가 감세 · 면세 · 환급, 영수증의 수령, 외출경영활동증명 발급 등에 관한 사무를 처리할 경우 반드시 소지해야 함
  - 납세자는 세무관서의 규정에 따라 세무등기증서를 사용해야 하며 세무등기증서를 대여하거나 변조, 훼손 또는 위조해서는 안됨

    * 납세자는 세무등기증서를 생산 · 경영장소 내에 잘 보이도록 걸어 두어야 함
- 납세자가 소재지 관할 외의 현(시)으로 나가 생산, 경영활동에 종사할 경우는 반드시 관할세무서가 확인한 외출경영활동 세수관리증명을 영업지 세무서에 제출해 세무관리를 받아야 함

② 재정등기

재정등기는 중국 내에서 비즈니스 활동을 하는 외상투자기업이 자신의 재무회계제도를 회사 소재지의 재정기관에 등록하고 이에 대한 비준을 얻는 과정이다. 중국에서 비즈니스 활동을 영위하는 모든 외상투자기업은 먼저 해당 기업의 재무회계제도를 수립하고, 이러한 내용을 회사 소재지의 재정국(또는 재정청)에 가서 등기해야 한다. 재정등기 신청은 세무등기와 함께 진행하는 것이 일반적이다.

외국인 투자기업의 재무회계제도는 다음과 같은 내용을 포함한다.

**외국인 투자기업 재무회계제도의 주요 내용**

- 외국인 투자기업은 기업소득세 납부 후의 이윤 중 준비기금과 후생복지기금 공제
- 준비기금의 공제비율은 납세 후 이윤의 10% 이상
- 공제액의 누계액이 등록자본의 50%에 이르면 공제 안 함
- 직원 상여금과 후생복지기금의 공제비율은 회사가 임의결정
- 전(前) 회계연도의 결손을 보전하기 전에는 이윤분배를 못함
- 전 회계연도에 분배하지 않은 이윤은 본 회계연도의 이윤과 함께 분배 가능
- 회계증빙자료, 회계장부, 재무제표는 중문으로 작성(외국어로 작성 시 중문 번역본 첨부)
- 독립채산제로 운영
- 연간재무제표와 청산재무제표는 중국 재정 · 세무기관의 규정에 의거하여 작성 등

세무기관은 외상투자기업이 제출한 관련 서류를 심사한 후 신청기업에게 '외상투자기업 재정등기증'을 발급한다. 외상투자기업은 매년 5월 전에 관할 재정기관에서 재정등기에 관한 연도검사를 받아야 한다. 연도검사에서 점검하는 주요 내용은 기업의 지난 1년 동안 이루어진 재정등기 또는 등기변경 상황, 재무회계활동상황, 재정법규의 집행 내용 등이다.

**(6) 통계등기 및 해관등록**

통계등기란 중국 통계부서의 통계업무를 지원하기 위하여 중국 내 모든 기업

체의 기본 정보를 통계부서에 등기하는 절차를 의미한다. 외상투자기업의 통계등기를 위해서는 관할 지방정부 통계국에 비치되어 있는 기업통계등기표를 먼저 작성해서 비준증서의 원본과 함께 제출해야 한다. 통계등기과정에서 관련 등기기관은 외상투자기업의 투자에 대한 비준 취득 여부를 확인해야 한다.

수출입 업무를 행하는 외상투자기업은 일반 기업 설립절차와 금융기관에 대한 각종 계좌개설이 완료되고 난 후에 해관등기를 한다. 해관등록은 수출입업무를 행하는 기업이 자가통관절차 등을 행하는 과정에서 면세액 지정(생산설비 등 반입 시), 세관 면세항목 작성 등과 같은 절차를 진행할 때 필요한 것이다.

# 3. 투자법인 설립 시 주요 고려사항

## 3.1 자본금

### 1) 출자방식

자본금 납입은 회사를 설립하고 난 후에 납입하는 방식으로 전개된다. 자본금을 후(后) 납입하는 방식은 자본금을 선(先) 납입하는 방식의 한국과는 다른 부분이다. 납입자본금의 규모는 사업타당성 보고서(可行性研究報告書)에 기재되는 투자 총액에 따라 최소등록자본(注册資本)의 비율을 근거로 정해진다. 자본금의 납입은 외상투자자가 스스로 수립한 납입 일정에 따라 진행된다.

등록자본금은 외상투자기업의 설립 시 공상행정관리국에 등록된 자본금의 총액을 의미한다. 따라서 등록자본금은 외상투자기업의 설립을 위해 출자인이 납부할 것을 약정한 모든 출자금액의 합계를 의미한다. 기업의 출자는 현금출자 형식이 가장 많이 채택되지만 현물, 지식재산권, 토지사용권 등을 화폐로 평가하여 진행될 수 있다. 이 밖에도 양도 가능한 비화폐 자산도 출자할 수 있다. 하지만 비화폐 자산의 경우 법률상 평가 능력을 가진 중국 내 자산평가기구의 평가를 받아야 한다.

자본금의 납입은 일시불이나 분할납부의 방식 모두가 가능하다. 일괄 납부의 경우 출자인들은 외상투자기업의 설립일(사업자등록증 발급일)로부터 6개월 이내에 등록자본금의 전액을 납부하는 방식으로 진행된다. 분할 납부 시, 첫 번째 출자금은 기업 설립일로부터 3개월 내에 납부해야 한다. 그리고 나머지 출자금의 납입도 법인 설립일로부터 2년 이내에 전부 완료해야 한다. 분할 납부 시 첫 회 납부금은 등록자본금의 15% 이상이어야 하며, 법에 규정된 등록자본금의 최소금액보다 적어서는 안 된다.

자본금의 납입이 있어야만 영업집조를 발급받을 수 있다. 자본금의 출자가 이루어지면 중국인 공인회계사를 통해 출자에 대한 검증을 받는 험자보고서(驗資報告書)[18]를 발급받는다.

### 2) 투자총액과 등록자본금의 관계

투자총액은 외상투자기업의 등록자본금과 차입금의 합을 의미한다. 따라서 외상투자기업의 차입한도는 투자총액과 등록자본금의 차액이 된다. 중국은 외상투자기업의 차입금액을 제한하는 조치로서 등록자본금과 투자총액의 비율을 규정하고 있다. 투자총액과 등록자본금의 관계는 다음과 같이 4가지 경우로 구분할 수 있다.

- 투자총액이 300만 달러 이하인 경우, 등록자본금은 적어도 투자총액의 70% 이상을 차지해야 함
- 투자총액이 300만 달러~1,000만 달러인 경우, 등록자본금은 적어도 투자총액의 50% 이상을 차지해야 함. (단, 투자총액이 420만 달러 이하의 경우, 등록자본금은 적어도 210만 달러 이상이어야 함)
- 투자총액이 1,000만 달러~3,000만 달러 이하인 경우, 등록자본금은 적어도 투자총액의 40% 이상을 차지해야 함.(단, 투자총액이 1,250만 달러 이하의 경우, 등록자본금은 적어도 500만 달러 이상이어야 함)
- 투자총액이 3,000만 달러 이상의 경우, 등록자본금은 적어도 투자총액의 1/3 이상을 차지해야 함.(단, 투자총액이 3,600만 달러 이하의 경우, 등록자본금은 적어도 1,200만 달러 이상이어야 함)

18 출자검사보고서라고 칭하며, 자본금을 출자하고 난 후에 회계사무소에서 출자가 이루어졌는지를 검사해서 작성하는 보고서이다. 중국에서는 이러한 험자보고서를 작성한 후에야 이를 근거로 등록자본금에 대한 등기가 진행될 수 있다.

심사허가부서(상무위원회)는 외상투자기업의 사업 규모 등과 같은 요소를 고려하여 등록자본금의 정도가 사업의 안정적 유지에 타당한 금액인지 여부를 판단한다. 따라서 등록자본금을 설정할 때에는 경영상의 실제 수요보다는 조금 많게 설정하는 것이 심사통과에 유리하다.

기업의 등록자본금은 기업의 세금징수과정에서 기업 규모 판단의 핵심 근거로 활용된다. 따라서 외자기업의 등록자본금 금액을 결정할 때에는 기업 설립 후 세무 혹은 상업신용상의 사정 등을 고려하여 결정하는 것이 좋다.

## 3.2 기업의 의사결정체계 및 경영관리

### 1) 기업의 의사결정체계

#### (1) 동사회와 동사

① 동사회의 중요성

외상투자기업은 특별한 경우를 제외하고는 대개 '유한책임회사'의 형태를 가진다. 유한책임회사는 주주총회가 없는 경우가 일반적이다. 중국에서 기업이 일정 규모가 되기 전에는 현대기업제도라고 하는 주식회사제도를 반드시 도입할 필요는 없다.

한국인들은 합작이나 합자기업 등과 같이 투자형태를 결정하는 과정에서 동사회(董事會)의 구성원을 쌍방 동수로 쉽게 합의해 준다. 하지만 이는 중국기업의 의사결정체계를 잘못 이해하고 있는 것이다. 한국의 경영자들은 중국기업의 의사결정체계에 대해 잘못 인식함으로써 합자 · 합작에 대한 투자형태를 결정할 시 지분율의 51% 이상을 확보하는 데에만 관심을 가지는 경향이 강하다.

중국에서 동사회는 회사의 최고 권력기구이다. 심지어 동사회의 중요안건 중에서 만장일치 등과 같은 의결사항은 법률에 명시되어 있기도 하다. 따라서 중국에서는 지분율 51% 이상을 확보해도 동사회 구성이 잘못되는 경우 그 지분율이 위력을 발휘하지 못할 수도 있다.

그러므로 중국에서는 합자나 합작기업의 형태로 기업활동을 하고, 주도적인 기업경영을 원한다면, 지분 비율보다도 동사회 구성과 총경리 임명에 더욱 신중을 기하는 것이 바람직하다.

### ② 동사회(董事会)와 동사

동사회는 우리나라에서 주식회사의 이사회와 비슷하다. 동사회는 3인 이상의 동사(董事)로 구성된다. 동사의 구성은 출자 당사자 각방의 출자비율을 반영하여 합의로 결정된다. 일반적으로 출자액이 많은 당사자가 많은 동사를 확보함으로써 기업경영의 주도권을 잡게 된다. 동사회는 중국법상 합자기업의 최고권력기구로 기업의 모든 중요한 문제를 결정한다. 합작기업은 법인등록 시 동사회를 설립해야 한다.

동사는 4년이 임기이고 연임이 가능하다. 동사장과 부동사장의 수에 대해서는 법률상 명백한 규정이 없다. 따라서 다수를 선임할 수도 있지만, 일반적으로는 동사장 1명에 부동사장을 여러 명 선임하는 경우가 많다. 계약기간 중 동사의 임기가 종료되거나 유고되는 경우 다른 동사를 선임하거나 파견할 수 있다. 동사장은 합자기업의 법정대표로서 각종 협상에 참가하여 계약을 체결하는 당사자이며, 소송 등에서 회사를 대표한다. 동사장이 그 직책을 수행할 수 없는 경우에는 부동사장이나 기타 동사가 그 권한을 위임받아 합자기업을 대표한다.

동사회는 매년 1회 이상 개최된다. 1/3 이상 동사의 요청이 있는 경우 동사장은 임시 동사회를 소집해야 한다. 동사회는 2/3 이상의 동사가 출석해야만 개최된다. 동사회에 출석할 수 없는 동사는 위임장을 교부하여 제3자로 하여금 출석, 의결하게 할 수 있다. 동사회의 구성은 영업허가증을 받은 날로 효력이 발생된다.

제1회 동사회는 동사회 성립일로부터 최대한 빠른 시일 내에 소집되어야 한다. 제1회 동사회에서는 총경리와 부총경리 등의 선임, 공장의 건설, 직원모집, 운영 등에 관한 제반사항이 결정된다.

동사회는 일반사항에 대하여 정관의 규정에 따라 의결한다. 일반적으로는 출석동사 과반수의 찬성으로 의결하는 경우가 대부분이다. 하지만 중요한 내용과 관련된 의결은 출석동사 전원의 동의가 있어야 한다. 출석동사 전원의 동의가 있어야 하는 사항은 일반적으로 다음과 같은 경우이다.

- 합자기업의 정관 수정
- 합자기업의 종료 및 해산
- 합자기업의 등록자본 변경
- 합자기업의 합병

그 밖의 사항에 대해서도 출석동사 전원의 동의를 얻도록 합의할 수도 있다. 하지만 동사장은 동사회의 진행을 주도할 뿐 결정권을 가질 수 없는 경우가 대부분이다.

## 2) 투자기업의 경영관리

### (1) 총경리(总经理)와 부총경리의 선임

동사회에서는 일반적으로 총경리와 부총경리를 선임하여 이들로 하여금 투자기업의 일상적인 경영관리업무를 책임지게 한다. 총경리는 1명을 선임하는 것이 일반적이고 부총경리의 경우는 여러 명을 둘 수 있다. 일반적으로 출자지분이 많은 쪽에서 총경리를 맡게 된다. 하지만 지분이 비슷할 경우 일방이 동사장을 담당하면 다른 일방은 총경리를 담당하는 방법으로 협상할 수 있다.

총경리와 부총경리는 동사회에서 결의한 사항을 집행하고 동사회에서 위임받은 사항 내에서 대외적으로 합자회사를 대표한다. 동사회의 의결이 있는 경우 동사장이나 부동사장, 동사가 총경리, 부총경리 또는 기타 고위 관리직원을 겸직할 수 있다. 하지만 총경리와 부총경리는 다른 회사의 총경리와 부총경리를 겸임할 수 없고, 투자회사에 대한 경쟁행위를 해서도 안 된다.

### (2) 총경리, 부총경리의 임기와 해임, 보수

총경리나 부총경리의 임기는 법에 규정되어 있지 않고 동사회에서 합의로 결정되는 것이 일반적이다. 총경리나 부총경리의 임기는 동사의 임기와 마찬가지인 4년으로 정하는 경우가 대부분이다. 임명된 총경리와 부총경리가 겸업금지의 의무를 위반하거나 개인의 이익을 위하여 업무를 수행하거나 부당한 직무수행을 한 경우 동사회의 의결을 거쳐 해임할 수 있다.

총경리와 부총경리의 보수는 동사회에서 결정된다. 총경리와 부총경리가 중국인일 경우 중국의 보수체계에 맞추어 책정하는 것이 일반적이다. 하지만 총경리와 부총경리가 한국에서 파견되는 경우에는 중국보수체계에 맞추어 보수를 지급하면 여러 가지 문제(가족이 중국에서 같이 살 경우 주택이나 자녀들의 교육문제 등)가 발생할 수 있다. 이러한 경우 중국보수체계에 근거하여 임금을 지급하되 "외국인 파견 직원의 보수와 복지조건"에 관한 조건을 따로 정할 수 있다.

# 4. 투자기업의 해산 및 청산

## 4.1 개관

중국에서는 중앙집중적 계획경제체제의 영향으로 기업의 해산이나 청산 등의 절차 진행이 국가경제정책의 실패로 인식되어 금기시되었던 적이 있었다. 하지만 개혁·개방 정책이 본격화되는 과정에서 기존의 기업들 중에서 경쟁력이 없거나 비효율적인 기업은 기업 매각작업이나 청산, 파산 등의 절차를 밟을 수밖에 없었다.

중국에 투자한 외상투자기업들은 여러 가지 사정으로 인하여 문을 닫아야 하는 경우가 발생한다. 하지만 중국 내에서 적법한 과정을 거친 기업의 파산이나 청산절차의 진행은 쉽지 않다. 파산과 청산 등의 과정에서 전체 절차에 소요되는 시간은 짧게는 8개월에서 최장 1년 이상이 소요될 수도 있다. 이러한 이유 때문에 외상투자자들 중에서 부득이한 경우 현지 법인을 방치하고 경영진만 급히 귀국해 버리는 사례도 발생하고 있다.[19]

중국정부는 기업 파산과 청산 등에 대한 국내외 상황을 반영하여 외상투자기업의 청산업무와 관련한 기본법이 될 수 있는 1996년 '외상투자기업 청산방법'(이하 "청산방법")을 제정했다. 그 후 회사법과 외자기업법, 합자기업법, 합작기업법이 제정되면서 기존의 '외상투자기업 청산방법'은 2008 년 1월 공식 폐지된다.

2006년에는 개정 '회사법'이 시행되면서 기존의 '외상투자기업 청산방법'과 충돌하는 문제가 발생했다. 즉, 중국 국내기업은 '회사법' 규정을 적용받고, 외상투자기업은 '청산방법'에 따라 청산을 진행하는 이중청산체계의 문제점이 드러났

19 해당 사정은 이해할 수 있지만 이러한 사례가 빈번히 발생한다면 한국 기업의 대중국 진출이나 투자는 향후 어려워질 것이다.

다. 중국정부는 이러한 문제점을 해결하기 위하여 기존의 '외상투자기업 청산방법'을 2008년 1월 15일부로 폐지하였다. 이로서 국내기업과 외상투자기업은 모두 원칙적으로 '회사법'에 근거하여 청산을 진행하게 된다.

2007년 6월 1일부로 새로운 '기업파산법'이 제정되어 기업의 청산과 관련되는 기준법으로 작용되고 있다. '기업파산법'은 과거에도 존재했지만 국유기업에만 적용되는 법이었다. 그동안 중국 '민사소송법' 제19장에는 기업법인파산청산절차와 관련된 유관 규정이 있었다. 하지만 파산청산과 관련된 상세한 기준법률로서의 역할을 해내지는 못했다.

2007년도에 시행된 '기업파산법'은 외상투자기업을 포함한 모든 비국유기업에게 적용되는 파산 · 청산과 관련된 기준법률이라고 볼 수 있다. 이하에서는 이를 근거로 한 중국에서 이루어지는 해산과 청산과 관련된 절차를 분석해 보려고 한다.

## 4.2 해산과 청산

### 1) 해산

기업 해산이란 기업의 법인격, 즉 권리능력을 소멸시키는 원인이 되는 사실이다. 따라서 기업의 해산으로 인해 기업의 영업능력이나 자격은 상실된다. 하지만 법인자격과 채권 · 채무관계는 그대로 유지된다. 즉, 기업 해산이란 법인격의 소멸은 아니며, 청산목적의 범위 내에서는 권리능력이 존재하는 상태를 의미한다.

외상투자기업의 해산 사유는 기업의 종류에 따라 다르게 나타난다. 기업의 종류별로 살펴본 기업의 해산 사유는 다음과 같다.

### (1) 합영기업

합영기업의 주요 해산 사유는 다음과 같다.

(가) 합영기한이 만료한 때
(나) 기업에 중대한 손실이 발생하여 계속적으로 경영을 할 수 없는 상황
(다) 합영의 일방이 합영기업의 협의 · 계약 · 정관의 규정을 준수하지 않았거나, 불이행을 하여 기업이 계속적인 경영을 할 수 없게 되었을 때
(라) 자연재해, 전쟁 등의 불가항력으로 인하여 중대한 손실을 받아 계속적인 경영을 할 수 없을 때
(마) 합영기업이 경영목적에 도달하지 못하고, 동시에 발전 가망이 없을 때
(바) 합영기업의 계약 · 정관에서 규정된 기타 해산의 원인이 이미 나타났을 경우

합영기업의 해산 사유 중에서 (나), (라), (마), (바)의 경우 기업이사회가 해산신청서를 심사인가기관에 제출하여 세부 내용을 보고하여 인가를 받아야 한다. 하지만 (다)의 사유가 발생한 경우에는 경영계약을 체결한 뒤 계약을 성실히 이행하고 있던 다른 일방이 해산신청서를 제출하여 심사인가기관의 인가를 받아야 한다. 그리고 이러한 경우 합자경영기업의 협의 및 계약, 그리고 정관규정에 명시되어 있던 의무를 다하지 않은 다른 일방은 손해에 대한 배상책임을 진다.

### (2) 합작기업

합작기업의 주요 해산 사유는 다음과 같다.

(가) 합작기한이 만료한 때
(나) 합작기업에 중대한 손실이 발생하였거나, 불가항력의 원인으로 심각한 영향을 입어 경영을 지속할 수 없는 상황

(다) 중 · 외합작자 일방 혹은 수방이 합작기업의 계약 · 정관규정의 의무를 이행하지 않아 합작기업이 계속적인 경영을 할 수 없게 되었을 때
(라) 합작기업의 계약 · 정관에서 규정한 기타 해산원인이 이미 발생한 경우
(마) 합작기업이 법률 · 행정법류를 위반하여 법에 따라 폐쇄명령을 받은 경우

합작기업의 해산 사유 중에서 (나)와 (라)의 경우에는 합작기업의 이사회 또는 연합관리위원회가 해산과 관련된 결정을 내리고, 이를 심사인가기관에 보고하여 인가를 받아야만 해산이 인정된다. 해산 사유 중에서 (다)의 경우에는 계약이나 정관규정의 의무를 이행하지 아니한 합작당사자(들)는 계약을 성실히 이행한 타방의 손실에 대하여 배상책임을 진다. 계약관계를 성실히 이행한 일방 혹은 수방은 심사인가기관에 신청하여 합작기업을 해산할 권리를 가진다.

### (3) 외자기업

외자기업이란 100% 외국자본에 의해 설립된 기업으로 독자기업에 해당된다. 외자기업의 주요 해산 사유는 다음과 같다.

(가) 경영기간 만료
(나) 경영부진에 따른 막대한 결손으로 외국투자자가 해산을 결정한 경우
(다) 자연재해 · 전쟁 등 불가항력으로 인하여 심각한 손실을 입어 경영을 계속할 수 없는 경우
(라) 파산
(마) 중국의 법률 · 법규를 위반하고 사회공공이익에 손해를 입혀 법에 따라 폐쇄명령을 받은 경우
(바) 외자기업의 정관에 규정한 기타 해산 사유가 이미 발생한 경우

위의 해산 사유 중에서 (나), (다), (라)의 경우, 외자기업은 스스로 해산신청서를 제출하여 심사인가기관의 인가를 받아야 한다. 심사인가기관의 해산승인이 난 날이 외자기업의 해산일이 된다.

## 2) 청산

### (1) 청산의 개념

청산이란 기업해산 절차를 통해 해산된 기업의 법인격을 소멸시키고, 그 재산을 처분하는 절차를 의미한다. 기업의 청산에는 자발적 청산과 파산 청산 두 종류가 있다. 자발적 청산이란 회사의 자산이 부채보다 많지만 경영상의 어려움으로 인해 회사가 자발적으로 청산절차를 진행하는 것을 의미한다. 파산 청산이란 회사의 재산보다 부채가 많아 법원이 청산절차를 진행하는 것을 의미한다.

자발적 청산은 회사의 최고의결기구(동사회)에서 회사정리 결정을 내린 후 자발적으로 청산팀을 구성하여 청산절차를 진행하는데 기업의 자산이 부채보다 많기 때문에 일반적으로 청산과정에서 큰 문제가 발생하지 않는다.

하지만 중국에서 자산보다 채무가 많은 파산 청산의 경우 중국 내 관할 법원에서 신청 자체를 잘 받아주지 않는다. 중국 내에서 기업들이 기업파산절차를 이용해 기업자산을 개인자산으로 빼돌리거나 전환하는 경우가 많기 때문이다.

### (2) 청산절차

본서에서는 중국 내에서 비즈니스 활동을 하고 있는 외국인 투자기업이 합법적으로 채무를 정리할 수 있고 사업을 철수할 수 있는 자발적 청산절차에 대해서 설명하고자 한다. 자발적 청산절차는 지역마다 조금씩 다를 수 있기 때문에 해당 지역의 관할 관청에 문의를 해야만 정확한 프로세스를 알 수 있다. 본서에서는 중국 내에서 통상적으로 진행되는 청산절차를 중심으로 기업의 청산절차를 설명하고자 한다.

① 해산결의와 해산비준 취득

외상투자기업은 경영 손실로 인한 해산결정이나 불가항력으로 인한 경영불가, 정관에서 정한 해산 사유의 발생 등과 같은 사유가 발생하지 않았더라도 해산절차를 진행할 수 있다. 즉, 자산이 채무보다 많은 경우 당사자 간의 협의를 통해 자발적 해산절차를 밟을 수 있다는 의미이다.

하지만 해산 사유가 발생하거나 기타 해산이 필요한 상황이라면 해당 기업은 먼저 최고의결기구를 통해 청산절차의 진행을 결정해야 한다. 그러나 최고의결기구를 통한 청산결정 전에는 충분한 사전협의가 필요하다. 청산에 대한 사전협의가 충분하지 않으면 청산과정 중에 공동투자자나 채권자, 직원 등과의 분쟁이 발생하기 쉽기 때문이다. 청산과정 중에 분쟁이 발생하는 경우 청산기간이 장기화될 수 있기 때문에 당사자들 간의 충분한 사전협의가 필요하다.

중요 사전협의 대상자로는 채권자를 들 수 있다. 채권자들과의 사전협의를 통해서 청산과정 중에 발생할 수 있는 채권자들의 이의 제기를 최대한 줄여야 한다. 그리고 청산방안에 대한 사전협의도 대단히 중요하다. 청산과정에서 발생하는 손실을 최소화하기 위해서라도 청산절차 개시 전에 당사자들과 가장 유리한 청산방안에 대해 합의해 둘 필요가 있다.

마지막으로 영업문제에 대한 사전협의도 필요하다. 중국 회사법에서 청산기간 중의 기업은 새로운 경영활동이나 청산과 무관한 경영활동을 할 수 없다고 규정하고 있다. 청산절차가 진행되고 있는 상황에서는 청산과 관련된 최소한의 필요 경영활동 외에 다른 모든 경영활동을 진행할 수 없다. 그러므로 영업과 관련된 당사자 간 사전 합의를 통해 청산과정 중에 발생할 수 있는 영업손실을 최소화해야 하겠다.

최고의결기구에 의한 청산결정이 내려지거나 기업의 해산 사유가 발생한 경우 해당 기업은 상무부에 해산신청을 해야 한다. 기업에 대한 해산비준은 2016년 10월 1일부터 사전 승인제도에서 신고등록제도로 변경됐다. 이제는 기업 청산과정에서 상무국의 사전 심사는 필요 없게 됐다. 청산과 관련된 기본자료를 상무부에 제출하면 상무부가 수리하는 형식절차로 변경되었다.

하지만 실무적인 차원에서 보면 주주권 양도, 감자 · 증자, 기업의 분리 · 합병, 청산 등과 같은 주요사항에 대해 상무 부서와의 면담, 보고서 제출 등과 같은 형식으로 진행하는 실질적 비준절차는 여전히 존재하고 있다.

② 청산위원회의 구성

기업의 청산위원회는 기업의 전체 청산절차를 책임지고 진행하는 위원회로서 청산팀이라고 불린다. 청산위원회의 역할은 청산기업의 재산 · 채권 · 채무 조사를 담당한다. 청산위원회는 대차대조표와 재산목록을 작성하고, 재산에 대한 평가와 계산 근거를 제출한다. 그리고 기업청산 방안을 정하고, 이사회의 결정에 따른 각종 관련 청산절차의 집행을 담당한다.

청산위원회는 기업해산에 대한 비준을 받은 후 또는 인민법원의 해산판결을 받게 된 후, 15일 이내에 구성된다. 자발적 청산의 경우 청산팀은 3명 이상으로 구성된다. 일반적으로 청산위원회는 기업의 최고권력기구에서 선임하며, 주임 1명도 임명한다. 청산위원회는 변호사, 회계사, 회사의 청산 담당자로 구성되는 것이 일반적이다.

청산위원회는 청산위원회의 구성일로부터 10일 이내에 구성된 청산팀(청산위원회)의 내용과 책임자 명단을 공상국에 신고해야 한다. 이 밖에도 심사인가기관에서 필요하다고 인정하는 경우, 심사인가기관은 관련 인사를 파견하여 해당 기업의 청산절차를 감독할 수 있다.

### ③ 채권자의 통지와 신문공고

청산위원회는 '회사법' 제186조에 근거하여 청산위원회 구성 후 10일 이내에 통지할 수 있는 전체 채권자에 대해 청산절차를 통지한다. 주소가 명확한 채권자에게는 서면으로 통지하고 주소가 불명확한 채권자에게는 신문에 청산공고를 내어 통지한다.

신문을 통한 청산절차에서 공고는 청산위원회 구성 후 60일 이내에 실시한다. 청산과 관련되는 신문공고의 횟수는 일반적으로 2회 정도이다. 청산통지를 받은 채권자는 통지를 받은 후 30일 이내에, 받지 못한 경우에는 신문 공고일로부터 45일 이내에 채권을 해당 청산위원회에 신고하면 된다.

### ④ 재산정리 및 청산보고서의 보고

청산위원회는 최고의결기구의 해산 및 청산결정을 근거로 기업의 재산을 처분하고 채권과 채무 관계를 정리한다. 이 밖에도 청산위원회는 기업 청산과 관련된 미완결 경영업무를 처리하고, 회사가 체납하거나 청산과정에서 발생한 세금을 납부하는 등과 같은 각종 청산활동을 진행한다.

청산위원회는 청산보고서를 작성하고 청산을 위한 잔여재산을 확정한다. 청산기업의 잉여재산에 대한 상환순서는 ① 담보물건, ② 청산비용[20], ③ 근로자의 급여 및 사회보험료, ④ 미납된 세금, ⑤ 기타 채무의 순이다. 회사의 채무를 상환한 후 잔여재산은 주주의 출자 비율에 따라 배당된다.

일반적으로 기업의 청산 시 직원과의 노동계약의 해지과정에서 경제보상금과 관련된 문제가 많이 발생한다. 이러한 경제적 보상금은 청산과정에서 직원의 급여로 인정되므로 청산비용을 먼저 지불하고 난 뒤에 지불된다. 기업의 청산비

---

20 청산 비용은 다음과 같은 비용을 의미한다.

① 외상투자기업 청산 재산의 관리, 매각, 배분에 소요되는 비용

② 공고, 소송, 중재 비용 등

③ 청산팀 구성원 보수, 변호사 비용, 회계사 비용 등 청산과정에서 지불해야 할 기타 비용

용을 지불하고 기업의 채무를 변제하기 전에는 기업의 재산을 배분할 수 없다.

⑤ 세무와 세관 등기의 말소

청산업무의 종결을 위한 마지막 단계로 기업의 경영활동 과정에서 발급받았던 각종 등기와 각종 관련 증서를 말소해야 한다. 제일 먼저 청산기업은 관할 국가세무국과 지방세무국에서 세무등기를 말소해야 한다. 세무등기의 말소과정에서 세무국은 회사장부를 심사하고 남은 세금 및 벌금을 추징한다.

이 과정에서 수입설비 등에 대한 관세납부가 필요한 경우 수입관세의 추가납부 의무가 발생할 수도 있다.

⑥ 청산보고서 작성

청산업무가 종결된 이후 청산위원회는 완결된 최종 청산보고서를 작성한다. 완성된 청산보고서는 회사의 최고의결기구의 확인을 받아 심의 비준기관에 보고된다.

⑦ 기타 등기와 영업집조의 말소

청산보고서의 보고 이후에도 청산절차는 남아 있다. 즉, 기업의 경영활동과정에서 신청했던 세무 및 세관 등기 이외의 기타 등기에 대한 말소절차를 진행해야 한다. 먼저 외환관리국(현재 은행에서 심사)의 심사를 받아 개설된 외환등기를 말소해야 한다. 청산과정에서 남아 있는 잉여재산을 출자인에게 송금하는 절차를 거쳐야 한다. 더 이상 필요 없어진 위안화 은행계좌는 말소한다.

마지막으로 청산위원회는 공상국에 가서 기업법인에 대한 영업집조의 말소신청을 한다. 기업의 공상등기가 말소되면 최종적으로 해당 법인의 인격이 소멸된다. 그리고 공안국에 가서 회사의 법인인감을 폐기 신청하면 전반적인 행정등기가 말소된다.

CHAPTER 8

# 국유기업과 향진기업

1. 국유기업
2. 향진기업

# 8

# 1. 국유기업

## 1.1 국유기업의 개념과 개혁 방향

### 1) 개념

국유기업이란 국가가 소유하고 운영 · 관리하는 기업을 의미한다. 따라서 국유기업은 중앙 및 지방정부가 투자하여 사업을 벌이거나 혹은 직접 경영은 하지 않더라도 대주주 자격으로 해당 기업을 통제하는 기업 등을 모두 포함한다. 과거 국유기업이란 대부분 기업의 소유권과 경영권이 국가에 있는 국영기업을 의미했다. 하지만 1993년의 헌법 개정을 통해 국유기업은 소유권은 국가에 있으나 경영은 자주적으로 할 수 있는 기업으로 정의되었다. 이에 따라 기존의 국영기업도 국유기업에 편입되었다.

중국에서 국유기업이란 용어는 국유자산관리감독위원회(이하 국자위, SASAC) 산하의 중앙 국유기업과 일반 국유기업을 모두 통칭한다. 이중 중앙 국유기업은 이윤추구보다는 공익추구를 목적으로 하는 기업으로 국유 독자기업과 국유 독자회사로 구분할 수 있다. 국유 독자기업은 정부의 전액출자로 설립되어 특별법의 적용을 받는다. 독자 국유기업은 주로 공공재 생산을 목적으로 하며 일반적으로 방위산업과 항공우주산업의 업종을 담당한다. 국유 독자회사는 정부의 전액출자로 설립된다는 부분에서 보면 국유 독자기업과 동일하다. 하지만 국유 독자회사는 국유 독자기업과는 달리 회사법의 적용을 받는다는 부분에서 차이가 있다. 국유 독자회사는 주로 거시경제정책의 조정을 담당하며 경제적 이윤을 추구하지만 공익적 목적도 강하게 갖고 있다. 국유 독자회사는 주로 철도, 수도, 전력, 천연가스 등의 업종을 담당한다.

중앙 국유기업의 수는 2014년 말까지만 해도 112개에 달했다. 하지만 2015년부터 본격적인 개혁에 착수하여 철도, 선박, 건설, 자재, 철강 분야의 국유기업을 합병하고 유사사업을 통합하면서 2017년 기준으로 98개로 감소되었다. 중국 정부는 중앙 국유기업에 대한 개혁을 지속하여 향후 중앙 국유기업의 수를 최대 80개까지로 감소시킬 계획을 가지고 있다.

일반 국유기업은 중앙 국유기업을 제외한 국유기업을 의미한다. 주로 중국 재정부와 지방정부 산하에 존재하는 국유기업이나 중앙 국유기업이 출자한 국유기업 등을 포함한다. 일반 국유기업은 국유자본지주회사의 형태로 만들어진다. 일반 국유기업은 국가 소유지분이 많아 실질적으로 국가가 지배하고 있는 기업과 국가가 일반 주주의 형태로 참여하고 있는 기업으로 나누어진다. 일반 국유기업은 모두 회사법 적용을 받는다. 실질적인 국가 지배를 받는 일반 국유자본지주회사의 경우에는 대부분 전자, 통신, 자동차, 의약, 담배, 공항, 항구, 은행 등과 같은 업종에 진출해 있다. 일반적으로 지방정부가 출자한 지방정부투자기관(Local Government Financing Vehicle ; LGFV)까지 일반 국유기업에 포함된다.

〈표 8-1〉 중국 국유기업기업에 대한 구분(2017년 말 기준)

| | 기업 수 | 감독기관 | 특징 | 주요업종 |
|---|---|---|---|---|
| 중앙 국유기업 | 98개 (향후 80개로 감소) | 국자위 | 거대기업 | 국방, 통신, 전력, 에너지, 철강, 기계, 선박, 철도, 해운, 건설 등 |
| 일반 국유기업 | 13만 개 | 재정부, 지방정부 | 대기업, 중소기업 | 은행, 보험(재정부), 중화학공업 분야의 제조업, 기타 항만, 방송 등 |

## 2) 국유기업의 개혁

개혁 · 개방 정책 추진 이전의 시기에 국유기업은 주로 정부의 말단조직으로서의 기능을 수행해 왔다. 당시의 중국은 공유제가 근간인 중앙집권적 계획경제를 바탕으로 하는 사회주의국가였다. 이때의 국유기업은 공유제 경제의 핵심 경제주체로 생산수단의 공유화를 담당하고 있었다.

당시의 국유기업은 할당된 종업원과 원자재를 사용하여 제품을 생산하고, 이러한 과정에서 발생한 모든 수입을 정부에 상납하고 필요한 지출은 정부로부터 할당받아 사용하는 기업이었다. 즉, 당시의 국유기업은 이윤추구보다는 공공 이익의 추구를 목적으로 하는 하나의 국가행정 단위였다고 볼 수 있다. 따라서 이때의 국유기업은 신제품이나 신기술의 개발이나 신시장 개척 등과 같은 각종 마케팅 활동 등을 하지 않는 단순한 생산기지나 공장에 불과했다.

이러한 과정에서 중국의 국유기업은 사회주의체제가 가지는 공동부유의 이데올로기를 실현하는 행위주체로서 작동했기 때문에 그 자체로는 효율성이 부족하다는 비판을 받게 되었다. 그리고 생산력 증진에 필요한 인센티브의 부여 등과 같은 동기부여 프로그램의 절대적 부족문제도 제기되었다.

하지만 개혁 · 개방 정책의 본격적인 추진과정에서 국유기업은 공유제를 유지하면서도 자체의 효율성을 제고하는 개혁을 본격화하게 된다. 즉, 국유기업이 가지는 정치와 기업의 미분리로 인해 발생하는 연성예산 제약(soft budget constraint) 문제를 해결하기 위한 본격적인 개혁이 시작되었던 것이다.

국유기업의 개혁과정, 특히 1978~1992년 동안 추진된 개혁조치를 '방권양이(放权让移)' 개혁이라고 표현한다. 방권양이 개혁의 대표적인 조치로는 이윤유

〈표 8-2〉 1978~1992년의 국유기업 개혁조치

| 제도 | 주요 내용 |
| --- | --- |
| 이윤유보제 | ▪ 기업 및 종업원의 적극성을 유도하기 위해 기업 이윤의 일부를 기업에 유보하여, 이중 일부를 종업원 등의 보너스로 분배하는 제도 |
| 이개세(利改税) 개혁 | ▪ 기업의 국가에 대한 이윤상납을 조세납부로 전환하는 제도<br>▪ 기업의 재무상 독립을 도모하는 동시에 조세제도를 통한 국가와 기업 간 이윤 분배 방식의 객관화와 재정수입의 안정화를 도모하는 제도 |
| 청부경영책임제 | ▪ 정부가 기업과 일정 기간(3~5년) 계약을 체결하여 상납해야 하는 이익세액을 정하고, 세액을 초과하는 이윤에 대해서는 경영권을 위임받은 기업에게 귀속시키는 제도 |

보제와 이개세(利改稅) 개혁, 청부경영책임제(承包经营责任制) 등이 있다. 방권양이 개혁조치의 자세한 내용을 살펴보면 〈표 8-2〉와 같다.

국유기업의 개혁과정에서 현대기업제도의 도입과 확립이 추진되었다. 이때부터 현대기업제도의 확립이라는 명분하에 국유기업의 주식제 실험이 시작된 것이다. 국유기업의 주식제 실험은 1980년대 중반 이후 집체기업을 중심으로 시작되었다. 1987~1988년 사이에는 주식제 실험이 일부 국유기업으로 확대되기 시작했다.

그러한 과정에서 1990년도 초 이후에는 수천 개의 주식제 국유기업들이 등장했다. 하지만 당시의 중국에서는 주식회사의 개념에 대한 이해가 부족했고 관련 규정의 완비가 미흡한 상태였다. 따라서 이때의 주식제 실험은 국유기업들에 대해 종업원과 기관 투자가들을 통한 자금조달이라는 효과를 얻는 데 그쳤다.

1993~2002년 동안 나타났던 대표적 국유기업 개혁으로 현대기업제도의 확립과 함께 '조대방소(抓大放小, 큰 것은 쥐고 작은 것은 놓아 준다)' 정책의 본격적 추진을 들 수 있다. '조대방소'의 정책은 국유기업의 대규모 구조조정과 중소 국유기업의 본격적인 민영화 추진정책을 의미한다.

1993년 11월 '국유기업에 대한 현대기업제도의 수립'이 국유기업의 개혁목표로 공식 채택되었다. 그 후 현대기업제도의 도입을 위해 100개의 기업을 선정하여 시범사업을 진행하였다.[1] 그리고 1995년 9월 14기 5중전회에서 중국정부는 '조대방소'라는 국유기업 구조조정 원칙을 공식적으로 발표했다.

그 후 중국에서는 1997년 말까지 약 1,000개의 대형 국유기업에 대한 현대기업제도의 확립과 기업 효율성 제고를 위한 개혁이 추진되었다. 하지만 중소형 국유기업에 대해서는 임대경영, 합병, 매각 등의 방식을 통해 구조조정을 진행했다. 1999년 9월에는 중대형 국유기업을 대상으로 주식회사제 전환이 추진되었다. 이

1 이때 도입된 제도는 ① 국유기업 소유권에 대한 명확한 정의, ② 소유자의 이익을 대표할 이사진 구성, ③ 기업경영을 감독할 위원회 구성, ④ 이사회 멤버에 외부 경영전문가 참여, ⑤ SOE의 상업적 기능에서 정부 행정적 기능 분리 등이 있다.

를 위해 국유기업의 자산매각과 기업공개(IPO) 등을 통한 자본조달의 확대가 추진되었다.

한편, 2003~2012년 동안 나타난 국유기업의 개혁 방향은 국유자산과 국유기업에 대한 관리 감독의 강화라고 볼 수 있다. 이러한 국유기업의 개혁을 위하여 2003년에는 국무원 산하에 국유자산관리감독위원회(국자위)가 설치되었다. 국자위는 국유기업의 경영자 임명권, 중앙정부 소유 국유기업의 자산 합병 및 매각 권한을 보유한 국유기업의 자산처리를 위한 최고 총괄기관이다.

국자위의 설립 이후부터 국유기업 개혁은 중앙과 지방 간 국유자산 명확화와 국유기업에 대한 권한과 책임 등을 명확히 하는 작업을 중심으로 진행되었다. [그림 8-1]은 국유자산관리감독위원회의 설립 이후 국유기업 및 국유자산 관리체계를 간략히 요약한 것이다.

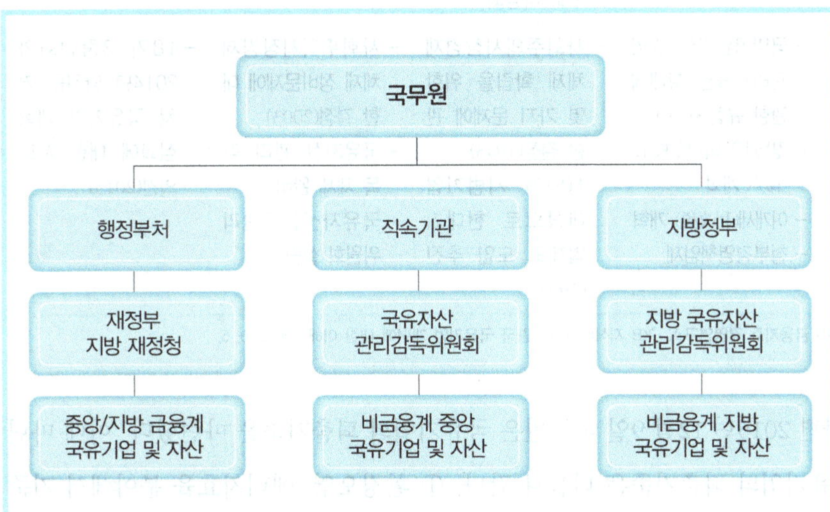


출처 : 문익준 외 4, 「중국 국유기업의 개혁에 대한 평가 및 시사점」, 대외경제정책연구원, 2014, p. 41.

[그림 8-1] 중국 국유기업 관리·감독 체계

2013년부터 현재까지 중국 국유기업에 대한 개혁은 혼합소유제 개혁을 중심으로 진행되고 있다. 이는 주식제 국유기업의 확대와 국유기업에 대한 민간자본

참여 확대를 통해 혼합소유제 주식회사제를 확립·확대 및 강화하려는 것이다. 시기별로 추진된 국유기업 개혁의 주요 내용과 정책을 정리해 보면 〈표 8-3〉과 같다.

**〈표 8-3〉 시기별 중국 국유기업 개혁의 주요 내용 및 정책 조치**

| | 1978~1992 | 1993~2002 | 2003~2012 | 2013~ |
|---|---|---|---|---|
| 개혁 방향 | - 경영자율권 및 이윤유보 | - 현대기업제도 도입 | - 국유자산 및 기업 관리 감독 강화 | - 국유자산관리제도 완비, 혼합소유제 발전 |
| 주요 내용 | - 분권을 통한 경영자주권 확대, 이윤유보 허용, 시장경쟁에 참여하도록 유도 | - **국유기업의 흑자경영달성을 위한 구조조정 및 효율성 제고** : M&A, 주식제 개혁 등<br>- 국유기업의 재산권 구조 다양화 | - 중앙과 지방 간 국유자산 및 국유기업 관리에 대한 권리와 책임의 명확화 추진 | - 국유경제의 전략적인 조정과 국유자산의 합리적 관리 강화 |
| 조치 및 정책 | - 국영공업기업 경영관리자율권 확대에 관한 규정(1979)<br>- '방권양이(放权让移)' 개혁<br>- 이개세(利改税) 개혁<br>- 청부경영책임제 | - 사회주의시장경제체제 확립을 위한 몇 가지 문제에 관한 결정(1993)<br>- 100개 시범기업 대상으로 현대기업제도 도입 추진(1994) | - 사회주의시장경제체제 정비문제에 대한 결정(2003)<br>- 국유자산 관리 감독 체제 완비<br>- 국유자산감독관리위원회 설립 | - 18기 3중전회와 2014년 양회를 거쳐 국유기업 개혁 심화에 대한 지도의견(2015) |

**출처** : KB 금융지주 경영연구소, "KB 지식비타민 : 중국 국유기업 개혁에 대한 이해", 2018, p. 5.

한편 2015년 12월 9일 국무원은 국유기업의 퇴출기준을 마련했다. 이때 마련된 국유기업의 퇴출기준은 다음과 같다. ① 환경오염, 에너지효율 분야에서 기준 이하인 기업을 합병 또는 퇴출한다. ② 3년 이상 적자를 내는 '강시(좀비)기업'은 합병을 유도하거나 퇴출한다. 이는 적자의 지속 및 누적과 이러한 과정에서의 생산 유지는 해당 분야 업종 전반에 공멸 위기를 발생시키고, 주채권 은행까지도 위기에 빠뜨릴 수 있기 때문이었다. ③ 이 밖에도 품질과 안전수준이 낙후된 국유기업도 퇴출대상이 되었다.

## 1.2 국유기업의 발전 현황과 역할

### 1) 국유기업의 현황

현대주식회사제가 본격적으로 도입되기 시작된 1996년 기준으로 중국의 국유기업은 당시 공업 총생산액의 28.5%를 담당하고 있었다. 당시 국유부문의 취업자(국유기업 포함)는 1억 1,200만 명으로 도시 취업자의 56.7%를 차지하고 있었다. 국가재정에 대한 국유기업의 기여도는 국유기업이 노동이나 공업총생산에 차지하는 비중보다 훨씬 더 높은 71%를 차지하고 있었다. 당시 중국의 총고정자산 투자액 중에서 국유기업에 대한 투자는 52.4%에 달하였다. 이는 국가 전체 고정투자 중 절반 이상이 국유기업에 집중되고 있다는 것을 의미했다.

중국경제에 대한 국유기업의 영향력은 1996년 기준으로 7,057개의 독립채산제 대형 공업기업 중에서 국유기업이 70.1%, 4,946개에 달하였다는 사실을 통해서도 알 수 있다. 그리고 당시 1,687개의 중형 공업기업 중에서 64.2%인 1,081개가 국유기업이었다.[2]

하지만 국유기업 개혁조치가 지속되면서 국유기업이 전체 국가경제에서 차지하는 역할과 비중은 점차 감소한다. 2015년 기준으로 국유기업의 숫자는 전체 기업의 1%에 불과했다. 하지만 국유기업 취업자 수는 전체 취업자 수의 15.4%로 나타나 국유기업의 국가경제 전반에 미치는 영향력은 여전한 것으로 나타났다.

중국 내에서 국유기업의 수는 개혁 · 개방 정책이 본격화되던 1994년 기준으로 30만 개 정도였다. 하지만 국유기업의 개혁과정에서 많은 국유기업이 합병 · 매각 · 임대경영 · 파산 같은 방식으로 민영화되면서 2015년 기준으로 약 13만 개

---

2 김시중, 「중국국유기업 개혁의 특징과 성과」, 『현대중국연구』, 중국학회, 1999, pp. 192~193.

로 감소했다. 민영기업의 수는 국유기업의 감소와는 반대로 점차 증가해 2015년 기준으로 866만 개로 증가하였다. 이는 국유기업의 수보다 약 65배 많은 수치이다.[3](〈표 8-4〉 참고)

〈표 8-4〉 중국의 국유기업 수

(단위 : 개)

| 구분 | 2010 | 2015 |
|---|---|---|
| 국유기업<br>(취업자 수) | 153,800<br>(62.2) | 133,600<br>(62.1) |
| 민간기업<br>(취업자 수) | 4,683,900<br>(60.7) | 8,656,500<br>(111.8) |
| 전체 기업<br>(취업자 수) | 6,517,700<br>(346.9) | 12,593,300<br>(404.1) |

출처 : 박진우, 「중국 국유기업 개혁에 따른 국내업계 영향과 시사점」, Trade Focus, 한국무역협회 국제무역연구원, 2017, p. 5.

『포춘(Fortune)』지가 발표하는 글로벌 500대 기업에서 중국 국유기업은 2012년의 54개에서 2017년에는 67개로 증가했다. 특히 이중 State Grid, 중국 석화(SINOPEC), 중국석유는 각각 2~4위를 차지하였다. 그리고 2017년 기준으로 중국 국유기업의 자산총액은 2012년에 비해 약 2배 증가한 160.5조 위안(한화 2.73경원)으로 나타났다. 이는 중국정부의 재정수입 중 1/4을 국유기업이 담당한다는 것으로 국유기업의 공공재정에 대한 기여를 보여주는 통계이다.

### 2) 중국경제에서의 역할

첫째, 국유기업은 강력한 개혁과정을 통해 중국기업의 국제경쟁력을 제고시킴으로써 국가경쟁력 및 경제성장의 엔진으로 작용하고 있다. 앞에서 살펴보았다

3 박진우, 「중국 국유기업 개혁에 따른 국내업계 영향과 시사점」, Trade Focus, 한국무역협회 국제무역연구원, 2017, p. 5.

시피 중국의 국유기업은 고용과 총생산, 투자, 공공재정 등의 분야에서 전체 국가경제에 대해 미치는 영향은 그 수적 비중보다 훨씬 더 높은 것으로 나타났다. 따라서 이는 오늘날과 같이 놀라운 중국경제의 급성장에는 국유기업의 역할이 큰 비중을 차지하고 있다는 것을 보여주는 증거이다.

둘째, 국유기업은 국가정책의 핵심 집행자로서의 역할을 담당하고 있다. 국유기업은 기존의 국유기업이 담당하던 국가정책의 집행기구로서의 역할을 여전히 수행하고 있다. 과거의 국유기업은 정부의 계획수립에 따른 정책실행의 수단으로 생산기지로서의 역할을 담당했다. 하지만 오늘날의 국유기업은 이보다 더 복합적인 정치 · 경제적 정책기능을 수행하는 기구로 변화하고 있다.

예를 들어 2006년 12월 국자위는 '국유자본 조정과 국유기업 개편 추진에 관한 지도의견'을 통해 국유기업은 국가 산업정책에서 핵심적인 역할을 한다고 발표했다. 동 지도의견에서 국유기업은 과거의 단순한 생산기지 역할에서 벗어나 다양한 산업정책적 역할을 담당하는 경제주체임을 분명히 하였다. 그리고 동 의견에서는 국유기업이 국가 산업정책에서 핵심적인 역할을 수행하기 위해 국가안전과 관련된 군사공업, 전력전송배전망, 석유화학, 전기통신, 석탄, 항공, 해운산업 등과 같은 7개 분야에서 절대적인 장악력을 가질 것을 주문했다. 또한 이 분야의 핵심 국유기업을 세계적 일류기업으로 육성해야 한다고도 규정했다. 석유화학의 하류 부문이나 전기통신분야에서는 비국유자본 또는 외국자본을 적극적으로 유치해야 한다고도 규정했다.

셋째, 국유기업은 국내 중소형 기업에 대한 구조조정을 담당하며, 국가의 산업구조 조정과 고도화에 기여했다. 대형 국유기업은 중국 내에서 난립하고 있던 중소형 국유기업뿐만 아니라 일반 기업의 정리과정에서 중요한 역할을 담당하였다. 그리고 이러한 과정에서 국유기업은 산업과 시장 내부에서 그 통제력을 더욱 강화할 수 있게 되었다.

2010년 8월, 국무원은 '기업 인수 · 합병 · 재편 촉진에 대한 의견'을 발표했다. 동 의견에는 중복투자가 심각하고 산업집중도가 낮은 일부 산업분야에서 인수 · 합병을 통한 산업 재편을 추진한다는 것이 포함되었다. 산업 재편의 구체적 방법으로 자동차, 철강, 시멘트, 기계제조, 전해알루미늄, 희토류의 6개 산업 부문을 선정하여 이 부문에서는 지역을 초월하는 인수 · 합병을 추진할 것을 제시하였다. 이는 결국 중국 국유기업이 인수 · 합병을 통해 특정 산업과 시장에서 산업구조 조정이나 산업구조 고도화의 첨병 역할을 하겠다는 의미이다.

넷째, 국유기업은 기술개발에 적극적이고 대규모 지원 등을 통하여 국가 및 산업의 경쟁력 향상에 이바지하고 있다. 국유기업은 특히 중국산 대형 여객기, 중국산 원유채굴 플랫폼 개발, 유인우주선 개발, 심해 유인잠수정 개발, 중국산 고속철 개발 등의 분야에서 기술혁신과 개발을 선도함으로써 중국의 국가 및 산업 경쟁력 향상에 이바지하고 있다.

실제로 중국의 기술경쟁력 격차를 보면 2016년 기준으로 한국과 중국은 1.0년 차이로 줄었다. 특히 국유기업이 주로 활동하고 있는 전자 · 정보 · 통신 분야의 기술격차는 0.3년으로 줄었고, 의료분야는 0.5년, 바이오는 0.2년으로 줄었다. 국유기업의 핵심 활동분야인 항공 · 우주 분야에서는 한국보다 4.5년 앞서 있는 것으로 나타났다. 이러한 경향은 한 · 중 간의 수출경합도 지수(ESI) 분석에서도 그대로 나타난다. 한 · 중 간의 수출경합도는 2000년 0.331에서 2016년에는 0.390으로 증가하였다. 특히 국유기업의 주된 활동 영역인 석유화학, 철강, 철강제품, 기계, 정보기술(IT), 자동차, 조선, 정밀기기 등 8대 주력 품목에서는 ESI 지수가 0.470까지 증가하는 것으로 나타난다.[4]

다섯째, 국유기업은 다양한 소유제 개혁을 통해 국가경제의 장기적 건전성을 제고하는 데 중요한 역할을 해왔다. 중국정부는 방권양이, 조대방소 등 소유제 개혁 추진을 통해 국유기업의 현대기업제도 정착에 기여를 해 왔다. 국유기업의 소유제 개혁은 국유 우량자산의 민간 이양을 통하여 중국 자산시장의 건전성 제고와 재산권 분야의 다원화에 기여하였다.

4 매일경제, "대륙의 위협... '한중 기술격차 1년으로 축소...수출경합도 상승'", 2018. 8. 19.

최근 국유기업에 대한 소유제 개혁은 혼합소유제 개혁의 형태로 진행되고 있다. 혼합소유제 방식의 국유기업 개혁은 민간자본의 국유기업 투자 유치를 통하여 국유기업이 가진 비효율성을 극복한다는 취지에서 추진되고 있다. 이러한 국유기업의 소유제 개혁은 중국의 국가자본 분야에서뿐만 아니라 민간자본 분야의 투자를 활성화시켰다는 부분에서 큰 의미를 가진다.

예를 들면 차이나유니콤(China Unicom)은 1994년 7월에 국무원 승인으로 설립된 국유기업이다. 2017년 9월 차이나유니콤은 정부의 승인을 받아 비공개 발행과 기존 주식의 양도방식 등을 통해 바이두, 알리바바, 텐센트, 징둥 등과 같은 대표적 IT기업의 투자 참여를 받아들였다.

여섯째, 국유기업은 중국경제의 해외 영향력을 확대시키는 하나의 행동주체로서 역할을 해 왔다. 1990년대 초 국유기업의 해외투자는 국가경제 개발에 필요한 자원확보 분야에 집중되었다. 하지만 2000년 이후 국유기업의 해외투자는 자원확보 차원에서뿐만 아니라 해외시장의 개척, 기술 및 브랜드의 획득 등도 주요 목표가 된다.

최근 국유기업은 다양한 목적의 해외투자를 성공적으로 추진하기 위하여 해외 인수 · 합병, 해외기업 경영 및 지분참여 등과 같은 투자방식을 사용하고 있다. 국유기업이 해외투자 시 주로 채택하고 있는 방식은 해외 관련 기업이나 기술을 먼저 인수한 후, 이에 필요한 자금은 정부의 외환보유고나 국채로 조달하는 방식이다.

## 1.3 국유기업의 문제점

국유기업은 현재 국가경제가 직면하고 있는 경제현실을 몸소 체험함으로써 국가경제 개혁의 목표를 달성하는 핵심 경제주체이다. 원래 국유기업은 사회주의 체제를 심화시키며 공유경제를 실현하는 핵심 경제주체였다. 하지만 개혁 · 개방 정책의 본격적인 추진과정에서 시장경제의 효율성을 사회주의경제체제에 접목시키는 경제주체로 변신하게 된다. 즉, 국유기업은 정부정책의 핵심 실행주체로서뿐만 아니라 그 자체로 시장경제와 경제 효율성을 추구하는 하나의 경제주체가 되어 중국경제의 고속성장에 많은 기여를 하게 된다. 그러나 국유기업은 그 과정에서 막대한 국가재정과 각종 정부정책의 직·간접적 지원을 받으면서도 비효율성으로 인해 비판을 받아왔다.

그럼에도 국유기업은 사회주의의 공유경제를 실천하는 핵심 주체로서의 특징도 여전히 갖고 있다. 그 과정에서 국유기업은 조직 자체의 문제뿐만 아니라 활동에서도 많은 문제점들이 노출되었다. 이하에서는 오늘날과 같은 성장과 변신을 거치면서 국유기업이 현재 직면하고 있는 여러 가지 문제점들을 정리해 보고자 한다.

### 1) 공유제와 민영화 간의 균형점 모색의 어려움

그동안 국유기업은 공유제를 바탕으로 하는 사회주의 이데올로기를 실현하면서 시장경제의 장점인 경제 효율성을 동시에 추구했던 경제주체이다. 실제로 지금까지 이루어졌던 국유기업의 대부분의 개혁조치는 결국 사회주의의 핵심 경제주체에게 시장경제적 특성을 이식시키는 작업이라고 볼 수 있다.

하지만 국유기업이 갖고 있던 공유경제적 특성과 시장경제의 효율성 추구는 서로 충돌하는 개념이다. 국유기업이 갖고 있거나 추구하고 있는 이 두 가지 특성의 균형점을 찾기란 쉽지 않다. 실제로 중국에서 국유기업의 민영화는 국유자산의 사유화로 인식되어 사회주의적 이데올로기에 반하는 조치로 인식되기도 했다.

사실 국유기업의 민영화나 국유자산의 사유화는 사회주의와 서로 충돌되는 개념이라고 볼 수 있다. 따라서 중국정부가 국유기업의 개혁과정에서 이러한 부분을 어느 정도까지 허용할 것인지는 대단히 중요한 문제이다. 이에 따라 향후 중국경제 개혁의 핵심 내용이 변화할 수 있는 것이다.

국유기업에 시장경제적 요소를 접목하는 과정에서 나타나는 대표적 문제로 부채주도형 외형적 성장이 있다. 많은 국유기업은 제조업을 중심으로 하는 전통적 산업군에 존재한다. 따라서 국유기업이 활동하는 주된 산업분야는 극심한 공급과잉이 나타날 수밖에 없는 성숙시장 분야가 대부분이었다. 결국 이러한 분야에 존재하던 경쟁력이 낮은 많은 국유기업은 퇴출되어야 할 운명에 처해 있었다. 하지만 정부의 지원과 부채 등에 의존해 경쟁력이 낮은 국유기업도 계속해서 연명할 수 있었다.

이러한 과정에서 국유기업의 부채 규모는 갈수록 증가했다. 2015년 7월까지 중앙 국유기업의 부채는 37조 위안을, 지방 국유기업은 34조 위안을 각각 기록했다.[5] 2017년 말 기준으로 금융 부문을 제외한 국유기업의 자산총액은 183조 5,000억 위안(약 3경원), 부채 총액은 118조 5,000억 위안, 해외자산 총액은 16조 7,000억 위안이었다. 중국 국유기업의 부채비율은 2017년 말 기준으로 236%에 달하는 것으로 나타났다.[6]

중국정부는 국유기업이 가지는 부채문제의 위험성을 인식하여 2017년 기준으로 국유기업의 부채 비율을 2% 정도 감소시키기 위한 가이드라인을 제정했다. 2017년 대비 부채비율이 5% 초과하는 국유기업은 경고를 받게 된다. 그리고 부채비율이 10%를 넘어서면 은행의 신규 대출이 중지되고 해외투자도 제한되는 중점관리를 받게 된다. 마지막으로 2020년 이후부터 국유기업의 평균부채비율은 동종업계의 민간기업과 유사한 수준으로 유지해야 한다.

국유기업에 시장경제적 요소를 접목하는 것은 매우 어려운 작업이다. 시장경제적 요소의 접목과정에서 사회주의적 경제요소가 지나치게 발현될 수도 있다. 결국 앞으로 진행될 국유기업에 대한 개혁조치의 핵심 내용은 사회주의적 요소와

---

5 한국경제, "중국성장 걸림돌 15만 국유기업, 합병 · 민자유치로 '새날개' 달까", 2015. 9. 20.

6 이는 중국 국무원(행정부)이 전국인민대표대회(전인대 · 국회 격)에 보고한 국유기업 자산 현황에서 드러난 것으로, 중국정부가 국유기업의 부채 현황을 전인대에 보고한 것은 이번이 처음으로 그만큼 국유기업 부채증가의 위험성을 인식하고 있다는 증거이다. (이길성, "중국 경제뇌관 국유기업 부채...", Chosun Biz, 2018. 10. 26.)

시장경제적 요소의 균형점을 찾는 어려운 작업이 될 것이다.

### 2) 비효율성

국유기업의 개혁과정에서 추진된 가장 핵심적인 조치는 주권분치(株權分置)와 관련된 개혁이다. 주권분치는 국유기업에 대한 지배구조의 조정을 의미한다. 국유기업의 주권분치 개혁은 국유기업의 소유와 경영을 분리하는 과정에서 발생하는 대리인 문제(Agency Problem)를 효과적으로 해결하기 위해 추진된 것이다.

국유기업의 지배구조 개혁은 1999년 이후부터 지속적으로 추진되고 있다. 현재까지도 지속적으로 추진되고 있는 국유기업 비유통주의 유통화 개혁과 혼합형 주식제 도입도 일종의 주권분치와 관련된 개혁조치의 일환이라고 볼 수 있다.

하지만 국유기업의 주권분치와 관련된 지배구조의 개혁이 기업 효율화를 제고시키는 조치가 아니라 단순히 국유기업의 몸집만을 불리는 조치일 수 있다는 비판도 존재한다. 최근 국유기업 개혁은 동종 산업 내 인수·합병을 통해 기업의 대형화를 도모하는 방향으로 추진된다. 국유기업을 통해 산업 간 인수·합병을 시도함으로써 기업의 다각화 및 수직계열화를 추진해 세계적인 국유기업 육성을 추진하고 있는 것이다.

하지만 대형 국유기업의 인수·합병을 통한 세계화 추진전략은 국유기업의 효율성 제고를 담보하지 못한다는 문제점도 존재한다. 즉, 주권분치 개혁의 명목하에 추진되었을 국유기업의 대형화는 주권분치 개혁이 갖는 본연의 의미를 퇴색시킬 수 있다는 위험 요소를 가지고 있는 것이다. 사실 주권분치하에서 추진되는 국유기업의 지배구조 개혁은 중국 주식시장에 대한 외부적인 통제장치 강화 등과 같은 보완조치가 필요하다. 하지만 국유기업의 특수성으로 인하여 주식시장을 통한 외부적 통제가 쉽지 않다는 문제점이 존재한다. 이것은 국유기업의 효율성 제고를 막는 주요 요인이 되고 있다.

주권분치 개혁이 성공적으로 작동하기 위해서는 주가를 통한 경영진에 대한 견제 또는 전문 애널리스트나 신뢰성 있는 회계정보를 제공하는 또 다른 외부지원 시스템 등과 각종 보완 시스템이 존재해야 한다. 하지만 현재 중국에서는 주식시장을 통한 국유기업에 대한 외부 통제 시스템이 제대로 작용하지 않고 있다.

중국의 국유기업 개혁을 위해서는 주식시장을 통해 국유기업을 어느 정도 통제할 수 있는 보완 시스템의 확립이 전제되어야 한다. 따라서 향후 중국의 주식시장 분야에서는 이러한 부분의 확립을 통해 국유기업의 효율성을 제고시키는 작업이 병행되어야 할 것이다.

### 3) 부패문제

대리인 문제 때문에 발생하는 국유기업 내의 부패문제도 중요한 문제가 되고 있다. 국유기업의 부패문제는 국유기업에 대한 감독 부재와 약한 처벌에 기인한다고 볼 수 있다. 국유기업은 그동안의 개혁과정을 통해 소유와 경영에 대한 외형적 분리가 비교적 확립되었다고는 보지만 실질적으로는 정부적 배경을 가진 특정인이나 조직이 이사회를 장악하고 있다.

국유기업은 대부분 특수한 배경을 가진 이사회가 기업 내의 감사위원회의 위에 군림하는 조직 특성을 갖고 있다. 이러한 상황에서는 국유기업에 대한 효과적인 내부 통제를 기대하기 어렵다. 국유기업에 대한 외부감사는 대부분 상장 자회사만을 대상으로 진행된다. 그러므로 국유기업의 모기업에서 일어나는 부정행위는 국가 감사기관(審計局)의 감찰을 통해서만 적발할 수 있다. 이러한 구조적 문제점이 국유기업 부패문제를 지속적으로 발생시키고 있는 것이다.

국유기업은 민영기업에 비해 상대적으로 낮은 세율을 적용받는 경우가 많다.[7] 이러한 이유 때문에 국유기업을 중심으로 하는 탈세는 민영기업에 비해 더욱 빈번하게 발생하고 있다. 그리고 국유기업에 대한 세금 누락이나 탈세행위가 적

---

7 실제로 중국 국유기업의 세율은 10%인 데 비해 민영기업들의 평균 세율은 24%나 된다.

발되더라도 그 처벌이 지나치게 가볍다. 국유기업의 세액 탈루에 대한 처벌은 행정처벌과 책임자에게 부과하는 벌금이 전부다. 중국 형법(제201조)에서는 탈세에 최저 3년 이하, 최고 7년 이하의 징역형이 규정되어 있으나 국유기업 상대로는 실제 집행되는 일이 거의 없다.

### 4) 지방보호주의

지방 국유기업이 중국의 지방경제에 차지하는 비중과 영향력은 절대적 수준이다. 만약 지방 국유기업이 구조조정되어 사라진다면 해당 지역의 세수, 실업, 소비, 투자 등의 부분에서 나타나는 악영향은 심각한 수준일 것이다. 결국 지방 국유기업이 지방경제에서 가지는 지위와 역할이 국유기업의 개혁에 걸림돌로 작용하고 있는 것이다.

개혁 · 개방 정책의 본격적인 실시 이전에는 중앙정부가 100%의 징세권을 갖고 있었다. 이때 지방정부는 중앙정부의 예산을 배정받아 지방재정을 운영하였다. 하지만 중국 특색의 사회주의시장경제체제로 전환되기 시작하면서 어느 정도의 징세권과 예산권이 지방정부로 이양되었다. 이러한 과정에서 지방 국유기업이 지역의 재정에서 차지하는 비중은 더욱 커지게 되었다. 지방정부의 입장에서는 지방 국유기업에 대해 보호조치를 취할 수밖에 없게 되었던 것이다. 그 과정에서 지방 국유기업의 비효율성은 더욱 심화되었다.

# 2. 향진기업

## 2.1 향진기업의 개념과 발전과정

### 1) 향진기업의 개념

향진기업이란 향, 진, 촌 등에서 설립한 기업이나 이들 기업의 사원들이 부분적으로 연합 경영하는 각종 형태의 합작기업을 통칭하는 용어이다. 하지만 향진기업의 개념을 간단히 개념 짓기에는 여러 가지 어려움이 존재한다. 향진기업은 중국 경제개발과 개혁과정에서 나타난 매우 복합적인 성격의 경제주체이기 때문이다.

향진기업의 기원은 1978~1983년 사이에 추진되었던 사대기업(社队企业)의 고도화 과정에서 찾아볼 수 있다. 1950년대 이후부터 중국의 농촌지역에서는 인민공사-생산대대-생산소대 형태의 관리체제가 만들어졌다. 사대기업은 이때 인민공사가 직접 운영했던 기업인 사기업(社企業)과 생산대대나 생산소대가 운영했던 기업인 대기업(隊企業)을 합쳐 통칭하던 용어였다.

사대기업의 고도화란 중국정부가 개혁 · 개방 이전부터 추진된 도시 중심 지역개발 방식의 부작용을 극복하는 과정에서 만들어진 조치이다. 즉, 농촌에 대해서 농업생산의 발전만이 아닌 비농업분야의 발전을 통해 농민의 취업 및 소득 증가를 추구하고, 이를 통해 도농 간의 빈부격차를 해소하려는 차원에서 추진된 것이다.

사대기업의 고도화는 종양업, 양식업, 가공업, 건축업, 운송업 등을 중심으로 시작되었다. 농업은행을 통한 저리대출 및 각종 세금우대와 감면을 제공하는 방식으로 진행되었다. 그 후에는 정부계획의 지원을 통해 도시지역 기업이 담당하던 제품 생산을 사대기업이 담당하도록 변경되었다.

1984년부터는 사대기업의 명칭이 향진기업으로 변경되었다. 이때부터 향진기업이 향진기업(乡镇企业), 집체기업(集体企业), 연호기업(联户企业), 개체기업(个体企业) 등과 같은 4개 축으로 발전할 수 있도록 허용되었다[8].

### 2) 향진기업의 발전과정[9]

#### (1) 향진기업의 발전기

1984~1988년의 기간은 향진기업의 제1발전기로 명칭된다. 향진기업은 이때부터 농업, 공업, 상업, 건설업, 운수업, 서비스업 등과 같은 6개 산업분야를 중심으로 농촌지역에서 '외인내연(外引内联, 외국이나 역외자본의 설비, 기술을 도입하여 역내 연결 또는 내국기업과 결합을 시도하는 정책을 의미)' 정책을 실시하는 경제주체로 활발한 경제활동을 시작하게 되었다.

이 시기부터 향진기업에 대한 산업 제한이 해제되기 시작했다. 그 과정에서 향진기업은 ① 교통운송업 창업, ② 소도시나 향진지역에서의 건설업, ③ 농산물 가공업, ④ 대기업 하청업, ⑤ 적은 투자로 단기간에 수익을 올리는 프로젝트, ⑥ 도시와 향진 간의 합작기업 설립 등과 같은 분야에서 사업 참여가 가능해졌다. 향진기업에 대한 특혜로 세금 · 대출 · 운수부분에서의 배려와 지지 등의 조치가 이루어졌다.

1989~1991년 사이에는 천안문사태를 중심으로 발생한 정치적 불안이 중국의 국가경제에도 심각한 영향을 미쳤다. 당시 정부 차원에서 경제체제의 개혁을 위해 추진되던 치리정돈(治理整頓) 정책이 향진기업에도 적용되었다. 이에 따라

---

8 국무원 농목어업부(农牧渔业部) '关于开创社队企业新局面的报告'(1984. 3.)

9 이 부분은 본 저자가 이전에 작성한 논문(장동식 외 2, 「중국 향진기업의 발전과정과 향후 발전 방향」, 『CHINA 연구』, 부산대학교 중국연구소, 2011)을 발췌 · 요약 · 보완하여 작성하였다.

향진기업의 경영 환경이 다소 악화되었다.

중국정부는 이 기간 동안 향진기업 발전을 위한 자금을 농민이 직접 모금하도록 하였다. 향진기업에 대한 자금지원은 농산물, 농부산물, 현지원료 가공 산업을 중심으로 이루어졌다. 하지만 이 시기의 향진기업 발전은 제1발전기(1984~1988년)에 비해 둔화되었다. 이 시기에 나타난 가장 큰 변화로 향진기업의 발전방식을 외향형 경제와 집체형 기업으로 전환하거나 발전할 수 있도록 하는 방침 수립을 들 수 있다.

1992년에 발표된 덩샤오핑의 '남순강화'를 기점으로 중국의 개혁 · 개방 정책은 심화기로 접어들게 된다. 특히 남순강화 내에서 대 · 중형 국유기업과 함께 향진기업은 그 중요성을 인정받았다. 향진기업은 1992년부터 제2의 발전기(1992~1996)에 접어들게 되었다. 이때부터 각급 인민정부는 향진기업의 발전을 주요 전략임무로 인식하고 각종 지원정책을 수행했다.[10]

1993년 이후부터 중국정부는 향진기업이 중서부지역 및 소수민족지역 발전의 핵심으로 작용할 수 있도록 여러 가지 지원정책(여러 가지 산업 및 신용대출 정책)을 발표하였다. 다양한 정책적 지원을 바탕으로 중국의 향진기업은 눈부신 발전을 이루었다. 향진기업에 대한 지원정책이 한창이었던 1995년 말을 기준으로 향진기업은 중국 GDP의 1/4을 차지하였고, 전체 공업 부가가치 창출액의 1/3을 차지했다.[11]

1997~2002년의 기간은 '향진기업에 대한 현대기업 전환을 위한 기반조성기'로 불린다. 이 시기에는 향진기업이 현대기업으로 전환하기 위한 여러 가지 법 · 제도들이 만들어졌다. 특히 1997년은 중국 향진기업의 발전과정에서 가장 획기적인 시기로 인정된다. 1997년 1월 1일에는 '중국향진기업법(乡镇企业法)'이 제정되었다. 그리고 1997년 1월 14일에는 국무원의 주관하에 향진기업 발전을 위한

10 중국 국무원 국반(国办) 【1992】 19호 문건

11 장동식 외 2, 「중국 향진기업의 발전과정과 향후 발전 방향」, 『CHINA 연구』, 부산대학교 중국연구소, 2011, p. 137.

전국회의인 '전국향진기업업무회의'가 개최되었다. 1997년 3월에는 중공중앙과 국무원은 '향진기업의 현황 및 향후 개혁발전의견에 관한 보고(关于我国乡镇企业情况和今后改革与发展意见的报告)'를 공표하였다. 이 보고에서는 향후 개혁을 통하여 다양한 형식의 향진기업 발전을 도모하고, 개혁의 심화를 통해 향진기업의 재산권을 분명히 할 것을 제시했다. 1998년 장쩌민(江泽民) 주석은 장쑤성(江苏省) 시찰과정에서 향진기업의 중요성을 피력하면서 장기적인 차원에서 향진기업에 대한 전략적 발전전략 수립의 필요성을 강조하였다.[12]

정부 차원에서 향진기업제도 정비나 현대기업제도로의 전환이 추진된 이유는 당시 나타난 향진기업의 수익성 하락현상 때문이었다. 즉, 이 시기부터 향진기업의 특수성에 기인한 비효율성이 노정되면서 향진기업의 새로운 모순과 애로사항들이 대두되기 시작했다.

그 결과 향진기업의 발전속도가 과거에 비해 많이 느려졌다. 특히 서부내륙지역에서 지방정부의 비호하에 지방재정수입으로 운영되던 많은 향진기업들이 위기를 맞기 시작했다. 이 시기에 나타난 향진기업의 구조적 문제점으로 ⓐ 소유권의 불명확성, ⓑ 지방정부의 간섭, ⓒ 집체자산의 유실, ⓓ 시장분할 현상 등이 있다.

### (2) 향진기업의 현대화기

2003년부터는 향진기업의 현대기업 전환기라고 볼 수 있다. 특히 2003년부터 그동안 향진기업에 제공되어 왔던 여러 가지 정부정책상 혜택이 거의 모두 폐지되었다. 이에 따라 향진기업은 과거에 비해 훨씬 열악해진 경영 및 기업환경에 직면하게 되었다.

중국의 향진기업도 새로운 환경에 적응하기 위한 조정과 혁신을 적극적으로

---

12 그는 농촌인구가 대다수를 차지하고 있는 중국의 경우 현대화의 실현을 위해 향진기업의 발전이 중요한 실행전략이자 장기적인 기본방침이 되어야 하고 중국의 각급 지도자들도 향진기업에 대한 전략적 안목을 가져야 한다고 강조했다.

추구하게 된다. 향진기업이 적극적으로 추진한 조치로는 국유기업의 개혁과정에서 본격적으로 도입되었던 현대기업제도가 있다. 향진기업의 현대기업화는 주식합작제(股份合作制) 형태의 향진기업 확립이다. 주식합작제는 향진기업 소유의 자산을 주식으로 전환하고 이들 주식을 향진집체조직과 해당 기업의 노동자에게 지분형태로 배분하는 제도를 의미한다. 물론 집제조직에 할당된 주식은 명의상으로는 기업 소재지 지역 전체 구성원의 소유가 된다. 하지만 실질적인 소유나 관리권은 여전히 향진정부나 집체조직의 대표가 행사한다.

새로운 현대기업제도를 향진기업에 도입하는 과정에서 대규모 산업집체(집단)를 형성함으로써 기업 생존 및 발전을 추구하는 전략이 추진되었다. 향진기업은 지방정부의 비호하에 발전의 동력을 찾던 과거와는 달리 전업촌(專業村), 산업촌(産業村), 공업원구(工業園區) 등과 같은 다양한 산업단지에 진입하여 생존과 발전을 추구하는 기업전략을 전개하기 시작했다. 즉, 이때부터 산업체인과 관련성이 높은 향진기업들을 각지의 특별 지구에 집결시킴으로써 지방 특색과 지역의 경쟁우위에 맞는 산업집단을 형성하는 전략이 전개되었다.

그리고 이렇게 만들어진 집체들 사이에서 다시 관련 산업이나 기업들과의 연계를 통한 향진기업의 분업화가 추진되었다. 그 과정에서 지역별로 특색 있는 산업의 가치체인이 형성되었다. 이를 통해 향진기업은 지역의 산업발전과 인구증가, 지역시장의 확대, 도농의 동시발전 등과 같은 성과를 만들어 내게 되었다.

중국에서는 대표적 지역발전 모델로 쑤난(蘇南)형 모델과 원저우(溫州)형 모델, 주장(珠江)형 모델 등이 언급되고 있다. 이러한 지역발전 모델은 모두 향진기업의 집체발전과정에서 나온 새로운 지역발전 모델이다.[13] 즉, 향진기업과 관련된 지역발전 모델인 것이다.

---

13 장쑤성 남부지역의 쑤저우(蘇州), 우시(無錫) 등을 중심으로 발전한 쑤난(蘇南)모델은 집체형 향진기업의 발전모델이다. 저장성 원저우(溫州)를 중심으로 한 원저우(溫州) 모델은 개체 및 사영 향진기업의 발전모델이다. 광동성의 주장(珠江) 삼각주를 중심으로 발전한 주장(珠江)모델은 외향형 향진기업으로 발전한 모델이다.

하지만 여러 가지 우대혜택이 제거되는 과정에서 많은 향진기업들은 새로운 경쟁 환경에 직면했다. 그 결과 기존에 존재했던 일반 제조업과 자원형 · 오염형 산업의 향진기업은 일반기업과의 경쟁과정에서 대부분 사라지거나 통폐합되었다. 그러나 이와는 반대로 농산물 등을 많이 사용하는 분야나 시장조건 면에서 향진기업이 유리한 분야 등에서는 향진기업은 새로운 발전동력을 확보하게 되었다. 그 대표적인 분야가 가공 및 보관(신선 유지 포함) 분야와 운송, 포장 및 유통 등의 분야였다.

## 2.2 향진기업의 역할

### 1) 농민 소득 및 취업 증가의 수단

중국경제는 사회계층, 지역, 도농 간 격차 문제로 인하여 심각한 불균형에 직면하고 있다. 이에 따라 중국정부는 '삼농문제'를 포함한 지역 간 도농 간 격차문제의 해결이 국가경제의 지속 가능한 성장을 확보하는 데 가장 중요한 관건으로 판단하였다. 여기서 '삼농문제'는 농민과 농업, 농촌의 사회격차를 의미한다. 삼농문제는 1984년 10월 이후 중국의 개혁 · 개방 정책이 농촌 중심에서 시(상공업) 중심으로 전환되면서 심화된 지역 격차 문제이다.[14]

중국 내에서 발생하고 있는 도농격차 문제를 해결할 수 있는 가장 적합한 조치는 호구제로 제한했던 이주의 자유를 전면적으로 허용하는 것이다. 하지만 이러한 방안은 중국 내에 엄청난 후유증을 발생시킬 수 있다. 왜냐하면 이러한 조치의 시행은 도시실업의 급증과 함께 사회주의체제의 근간이라고 할 수 있는 토지공유제의 유지 자체도 어렵게 만들 수 있기 때문이다.

14 구체적으로 당시 정부가 추진한 도시와 농촌에 대한 이중적 관리가 이들 지역에서 생산성 격차로 연결되었고, 이러한 생산성 격차의 확대가 지역 간, 계층 간 소득격차를 발생시켰던 것이다.

중국정부의 입장에서는 차선의 대안이 필요하게 되었다. 농민의 수입을 직접 증가시키거나 농촌 취업자 수를 확대시킬 수 있는 조치가 필요했던 것이다. 하지만 이 역시 쉬운 것이 아니다. 중국정부는 이러한 문제를 향진기업의 육성을 통해 해결하려고 했다. 즉, 중국 내에 존재하던 노동 간의 격차와 삼농문제를 해결하기 위한 중요한 수단으로 향진기업의 육성을 추진했던 것이다.

현대화기 이전까지의 향진기업의 역할과 성과를 평가해 보면, 향진기업은 중국의 사회주의 집체경제를 더욱 공고히 하고 농민 노동자의 현장 이전과 소득증대에 기여하였다고 볼 수 있다. 그리고 이러한 현상은 지역경제 및 향진기업의 발전이 비교적 양호한 지역이나 그렇지 못한 지역에서도 공통적으로 나타나고 있다.

결과적으로 향진기업은 개혁 · 개방 정책의 과정에서 중국 농촌지역 개발과 시장화에 직접적인 기여를 한 경제주체였다고 볼 수 있다. 농촌지역은 개혁 · 개방 정책의 추진과정에서 정책적 혜택을 향유할 수 없었던 지역이었다. 농촌지역이 이러한 혜택을 향유하기 위해서는 좀 더 시장지향적이 되고 경쟁 지향적으로 변화할 필요성이 있었다.

농촌의 시장지향화와 경쟁체제의 확립은 농촌경제와 농촌사회의 발전을 전제로 가능하다. 농촌 경제와 사회의 발전은 농민의 소득과 취업인구 증가가 기반이 되어야만 성공할 수 있다. 중국정부는 농촌사회의 발전과 농민취업의 증가를 향진기업의 육성과 발전을 통해 달성하는 전략을 전개했던 것이다.

중국경제의 성장과정에서 향진기업이 이룩한 농촌소득과 취업 증가의 성과를 요약해 보면 다음과 같다.

**향진기업의 주요 성과**

향진기업의 총생산가치는 1978년의 209억 위안에서 2007년에는 68,000억 위안으로 324배가 증가하였고, 농촌사회 생산가치의 68.8%를 차지하게 되었다. 2007년 중국의 향진기업이 지불한 임금은 총액기준으로 13,700억 위안, 개인당 1,420위안으로 이는 1978년의 10. 74위안에서 약 130배가 증가한 것이었다. 또한 농민 개인의 평균 순수입은 34.8%에 달하여 1978년의 8%에 비하여 약 26% 정도가 증가한 것으로 나타났다. 이 밖에도 향진기업의 종업원 수는 2007년 기준으로 15,090만 명으로 농촌노동력 총수의 29.12%에 달하고 있어 1978년의 9.23%에 비해 약 20% 정도의 증가를 보이고 있다.

장동식 외 2, 「중국 향진기업의 발전과정과 향후 발전 방향」, 『CHINA 연구』, 부산대학교 중국연구소, 2011, p. 141.

사실 개혁 · 개방 정책의 과정 중에 정부의 집중 지원을 받으며 육성된 부문은 국유기업 부문이다. 과거 중국에서 국유기업의 육성은 중화학 공업 부문에 집중되어 추진되었다. 그 결과 국유기업 중심의 경제성장과 정부의 투 · 융자정책은 인민들의 생활수준 향상과 괴리를 발생시켰다.

하지만 향진기업의 생산제품들은 중국 인민들의 소비생활과 밀접한 관련이 있다. 특히 농촌 지역에서는 향진기업의 이러한 긍정적 영향력이 더욱 강하게 나타났다. 결과적으로 향진기업은 도시화와 중공업 중심의 국유기업 지원정책이 가지는 문제점을 보완하는 역할을 해왔다고 볼 수 있다.

### 2) 농촌지역 공업화와 도시화의 수단

농촌지역이나 농민에 대한 여러 가지 환경개선 노력이 성과를 나타내기 시작했다. 하지만 농민 노동자의 역외 취업, 자녀의 교육환경 등과 같은 부분에서는 도시지역에 비해 여전히 많은 격차가 존재하고 있다. 특히 현(县)급 이하 지역의 경제 규모는 도시지역에 비해 상대적으로 작기 때문에 중소기업 중심의 경제구조를 가질 수밖에 없었다. 이러한 이유 때문에 현급 이하의 지역경제는 농업경제나 향진기업에 의해 주도된다는 특징을 가지게 되었다. 서부 대개발 전략 이전의 중국의 중서부지역, 특히 현급 이하 지역에서는 이러한 경향이 강하게 나타났다.

향진기업의 성장지원정책은 농촌지역에 대한 직접지불정책이 아닌 (향진)기업에 대한 지원을 통해 농촌지역의 공업화를 지원하는 간접지원정책이라고 볼 수 있다. 즉, 향진기업에 대한 성장지원정책은 현급 이하 및 농촌지역에 대한 소득증가와 농촌 도시화를 지원하는 장기적이고 간접적인 정책이었다고 볼 수 있다. 1980년대 이후 추진된 향진기업을 통한 '이공보농(以工补农)' 정책은 중국의 '농업현대화'와 '농촌공업화', '도시화', '시장개발을 포함한 농촌사회의 건설' 등의 분야에 많은 기여를 해 왔다.

하지만 1990년대 중 · 후반부터는 향진기업의 재산권 개혁과 여러 가지 환경 변화가 나타나면서 향진기업을 통한 '이공보농(以工补农)' 정책을 유지하기 어려워졌다. 하지만 도농 간의 조화와 공농 간 연계 부분에서 수행되던 향진기업의 역할은 지금도 여전히 중요하다.

향진기업의 발전을 통한 농촌 기업가의 성장과 농공업 노동자의 육성, 농업과 농촌의 지속 가능한 발전은 농촌의 공업화와 도시화에 기여하였다. 향진기업을 통한 농촌 공업화와 도시화의 대표적 예로 장쑤성(江苏省)에서는 향진기업과 연결된 지역발전전략을 추진하여 농촌도시(城镇) 및 공업원구(园区)에 대한 인구집중에 성공하였다. 그리고 이러한 과정을 통해 농촌지역에 대한 규모의 경제가 실현될 수 있었다.

쓰촨성(四川省)의 경우 작은 농촌도시와 공업소구의 20% 이상이 향진기업으로 채워졌다. 이들 공업구는 모두 표준모범구역과 공업소구로 인정을 받았다. 감숙성(甘肃省)의 경우 국가 · 성급 차원에서 추진되고 있는 농업산업화 정책의 50% 이상이 향진기업을 통한 공업화의 결과로 나타났다. 허난성(河南省)의 경우, 농촌중소기업에 대한 중점지원을 통해 농산품 가공업, 특히 양식가공전환산업이 발전했다. 그 후 양식가공전환산업은 허난성 경제의 제1대 지주산업으로 성장하였다.

결국 향급 이하 지역에서는 향진기업의 발전이 이들 지역 농민의 수입 및 취업의 증가로 연결되었다. 그리고 이는 다시 대도시와 도시기업 등을 벤치마킹 할 수 있는 주요 수단으로 작용했다.

## 2.3 향진기업의 현안 문제

### 1) 지위의 불안과 기업관리체계의 혼란

중국에서 향진기업의 경제여건은 대단히 많이 변화되었다. 이로 인해 그동안 향진기업이 담당하던 역할 또한 변화되었다. 향진기업의 설립 및 지원 초기에 가졌던 농촌경제의 구조적 결함을 보완하기 위한 역할은 점차 약화되었다. 현재의 향진기업은 소비자중심의 시장에서 수익성을 목표로 하는 현대기업적 성격과 기능, 역할을 수행하고 있다. 즉, 시장경제를 지원하는 역할을 담당한다.

향진기업은 정부정책을 통한 우대혜택이 점차 폐지되면서 그 활동공간이 매우 좁아졌다. 이에 따라 향진기업의 전성기가 지나갔다는 주장이 점차 설득력을 얻고 있다. 지방정부가 지역(특히 농촌지역) 발전을 위해 향진기업을 중시하고, 이를 통해 지역발전을 추진하려는 시각은 진부하고 지나치게 보수적이라는 비판을 받고 있다. 지역(특히 농촌지역) 발전을 위해 향진기업을 정책영도의 모범으로 활용하려는 분위기 또한 이젠 거의 사라지고 있다. 그동안 향진기업의 관리를 담당하던 관리기구가 다른 기관에 합병되거나, 또는 다른 부문으로 전환되거나 해체되는 현상이 발생하고 있다.

관련 상황의 변화는 향진기업의 관리체제 혼란과 기능중복문제를 발생시키고 있다. 그 과정에서 그동안 확립되어 있던 향진기업이나 관련 향진기업의 집체산업단지의 관리가 실질적이고 효율적으로 이루어지지 못하는 상황이 발생하고 있다. 특히 일부 지역에서는 향진기업이 어떤 자원을 활용하여 어떤 역할을 해야 하는지에 대한 모호성과 소모적 경쟁만 심화되는 결과가 발생하고 있다.

### 2) 우대정책 소멸로 인한 역차별

1980년대 이후 나타난 향진기업의 놀라운 발전은 향진기업에 대한 많은 정부 지원과 제도적 혜택에 기인했다. 하지만 중국 내에서 진행되었던 기업의 재산권과 소유제 개혁조치로 인해 향진기업이 그동안 향유해 오던 각종 비교우위 요소는 거의 제거되었다.

일부 지역에서 향진기업은 각종 현대기업제도의 도입과 적극적인 개혁조치의 성공으로 인해 여전히 놀라운 발전을 유지하고 있다. 하지만 그 외 지역에서는 개혁의 불완전성과 사후조치의 미흡으로 인하여 향진기업의 기업 건전성이 악화되는 현상이 나타나고 있다.

우대조치의 소멸은 농촌지역에 존재하던 중소형 향진기업에게 같은 규모의 도시기업에 비해 경영자의 자질이나 기술, 인재, 혁신 등의 분야에서 비교열위를 드러내게 했다. 결과적으로 많은 향진기업들이 많은 활동 시장에서 비교우위를 잃어 갔고, 자주혁신 및 경영능력 또한 빠르게 하락했다. 현재 대다수 중소형 향진기업은 그 기술 및 설비 수준이 향진기업이 설립되었던 1980년대 수준에 머물러 있다는 비판을 받고 있다. 그리고 그 생산품 또한 일반 소비품에 집중되고 있다.

중국 내에서 향진기업법이 제정된 지 20년이 지났다. 하지만 아직도 향진기업과 관련된 '실행세칙'이 만들어지지 못했다. 이러한 경향은 많은 지역에서 향진기업법의 집행을 어렵게 만들었고, 향진기업의 정착 또한 어렵게 만들었다. 일부 지역에서는 향진기업의 발전을 지원하기 위해 전문 문건이나 관련 정책을 만들어 사용했다. 하지만 이러한 지역 중에서도 대부분의 지역은 이러한 문건의 집행에 신경쓰는 것이 아니라 정책의 제시에만 집중했다는 비판도 존재한다. 이러한 이유 때문에 많은 지역에서 향진기업의 지원과 관련된 세제나 벌금, 업무의 분담 등과 같은 부분에서 혼란이 발생할 수밖에 없었던 것이다.

결과적으로 향진기업에 대한 각종 혜택과 우대정책의 철폐나 감소는 국유기업과 경쟁하고 있는 향진기업에 대한 '역차별' 문제를 발생시켰다. 예를 들어 가스 · 전기 · 연료 · 운수 등의 산업에서 국유기업은 에너지 공급 등의 부문에서 우선권과 가격상의 우대 등을 보장받을 수 있었다. 하지만 이들 산업에서 향진기업은 각종 혜택이나 우대를 받을 수 없었다. 이러한 현상은 해당 산업에서 국유기업과 경쟁하고 있는 향진기업의 입장에서 역차별의 문제로 인식되었던 것이다.

일반기업의 입장에서 보면 이러한 상황은 당연하다. 하지만 향진기업의 출발선이 국유기업이 담당하지 못하는 부분을 지방정부나 지역과 연계하여 해결하려는 국가정책 차원에서 추진된 것을 고려한다면 상황은 달라진다. 결과적으로 이러한 점을 고려하면 향진기업의 혜택이나 우대정책 약화나 소멸은 오히려 국유기업과 비교해 역차별로 받아들일 수 있는 것이다.

구체적 예로 서부지역의 한 성(省)에서 발생한 국유기업 인수 · 합병과정에서 국유기업은 대금지급에서 현금지급과 관련한 세금감면 등과 같은 혜택을 받았다. 하지만 향진기업은 이러한 혜택을 제공받지 못했다. "서전동송(西電東送)[15]" 프로젝트에서 향진기업이 발전소로부터 지급받은 석탄가격은 발전소가 국유 탄광기업에게 제공했던 단가보다 몇십 위안(元) 정도 낮은 가격이었다. 또한 자연림 보호사업의 일환으로 추진 중인 "천보공정(天保工程)"에서도 국유림 공기업은 국가정책적 차원의 보상을 제공받았으나 향진기업은 이런 보상을 제공받지 못했다.

이제 향진기업은 변화된 환경에 적응하기 위해 자체 경쟁력을 강화해야 한다. 이를 위해 필요한 자체 노력을 강화해야 하고 지방정부의 우대조치나 자금지원에 의존하려는 경향도 제거해야 한다. 하지만 그럼에도 불구하고 중국의 향진기업에서 기업의 성장루트 탐색 부족과 재산권과 임직원 신분에 대한 불명확성 등과 같은 문제는 여전히 개선되어야 한다.

---

15 '西电东送(electricity transmission from West to East China)'은 꾸이저우, 윈난, 광시, 쓰촨, 내몽고, 산시(山西), 산시(陕西) 등 서부지역 성의 전력자원을 전력이 부족한 광동, 상하이, 쟝쑤, 저장, 베이징, 텐진 등의 지역으로 보내는 사업을 의미한다.

### 3) 전국통일정책의 추진

최근 중국정부는 각종 개발 및 발전정책의 수립과 추진과정에서 전국통일정책의 추진을 강조하고 있다. 하지만 향진기업은 전국통일정책의 추진과정에서 오히려 불이익을 받는 경향이 나타나고 있다. 중국에서는 기업의 대출과정에서 신용이 특별히 좋은 기업을 제외하고는 대부분 토지증과 부동산증을 저당(抵押)하여 대출을 받게 된다. 하지만 향진기업은 대부분 지역사회(社區)의 토지를 사용하고 있기 때문에 대출과정에서 토지증과 부동산증을 저당하여 대출을 받을 수 없다. 따라서 대출과정에서 향진기업은 도시 중소기업에 비해 불리한 입장에 처할 수밖에 없다. 결국 이러한 부문들이 향진기업의 장기적인 발전 가능성에 부정적 영향을 미치고 있는 것이다.

농촌 소도시에서는 지역의 토지이용계획을 수립하는 과정에서 향진기업의 용지는 토지계획에 포함시키지 않는 경향이 높다. 즉, 향진기업의 건설용지는 오히려 일반기업보다 더 엄격한 개발 제한을 받는 것이다. 이로써 향진기업의 건설과 이전 비용은 일반기업에 비해 급증하게 되었다. 그리고 확장이나 이전과정에서 향진기업은 다른 일반기업에 비해 훨씬 더 많은 비용을 지불하고도 더 많은 시간을 소요할 수밖에 없는 구조적 문제를 갖게 되었다.

중국에서는 토지경지에 대한 보호조치가 점차 더욱 엄격하게 실행되고 있다. 토지오염의 통제와 관리도 더욱 강화되고 있는 상황이다. 하지만 발달지역이나 낙후지역 모두에 적용할 수 있는 경지점용과 오염규제의 통일 규칙이나 표준을 만들기는 쉽지 않다. 특히 중국과 같이 인구가 많고 토지가 넓은 경우에는 더욱 더 그러하다.

전국 통일규정으로 만들어진 새로운 환경정책이나 토지규범 등의 정책들은 오히려 특정 지역을 근거로 하는 향진기업에게는 새로운 제약으로 작용할 가능성이 높다. 경지보호 및 기업오염과 관련된 통일표준이나 규범의 적용은 대부분 발달지역을 기준으로 만들어질 가능성이 높다. 이렇게 될 경우 낙후지역이나 특정

지역을 근거로 하는 향진기업은 오히려 역차별의 상황에 직면하게 될 것이다.

또 다른 예로 경제적으로 발달한 지역의 노동자에 대한 사회보장제도는 낙후지역 기업의 입장에서 채택하기에는 힘들 수 있다. 결국 사회보장부문에서 통합적이고 통일적인 규정의 제정과 적용은 낙후지역 향진기업에게는 매우 큰 부담으로 작용하게 된다. 그리고 이러한 부담은 결국 향진기업의 농촌노동자 흡수능력을 하락시키는 주요 원인이 될 것이다.

낙후지역과 발달지역 간 산업정책의 목표 차이도 존재한다. 전국 통일정책의 수립과 집행은 낙후지역 향진기업의 입장에서 보면 불이익을 초래하거나 악영향을 발생시킬 가능성이 높다. 발달지역의 산업정책 목표는 산업구조의 고도화나 첨단산업화 등이다. 하지만 낙후지역의 경우에는 일반적으로 산업의 설립이나 확장이 목표다. 따라서 통일적인 산업정책이 수립된다면 낙후지역의 지역발전 목표와는 괴리가 발생하게 될 것이다.

### 4) 융자 및 서비스 지원체계의 부족

정부 차원에서 지속적인 해결을 모색하고 있지만 융자난 문제는 대부분 향진기업이 직면하고 있는 공통의 문제이다. 예를 들어 후난성(湖南省)에서는 향진기업의 80%가 자금부족의 문제에 직면하고 있다. 저장성(浙江省) 젠더현(建德县)에서는 국유기업과 집체기업에 대한 심각한 불량대출문제가 발생했다. 이 때문에 이 지역은 위험금융지역으로 편입되어 비교적 발전상황이 좋은 향진기업도 융자곤란 문제에 직면하게 되었다.

구체적으로 중국에서는 금융기관의 대출지원 시기와 향진기업의 자금수요 시기가 맞지 않아서 여러 가지 어려움이 발생하고 있다. 중서부 지역 향진기업의 경우 원료의 구입이나 제품 생산을 위한 자금수요가 특정 시기에 집중된다는 특징이 있다. 하지만 정부정책자금을 중심으로 한 자금지원 시기와 향진기업의 자금수요 시기는 일치하지 않고 있다. 따라서 금융기관에 의한 대출지원이 향진기업에게는 그리 유용하게 작용하지 않는다는 문제점이 존재한다.

현재 중국정부가 추진하고 있는 은행개혁은 현(縣) 이하 지역에서 4대 국유은행의 철수 · 합병을 중심으로 진행되고 있다. 그 결과 지역의 자금이 소도시로 유출되는 문제가 발생한다. 그리고 중국 내에서 중소기업에 대한 신용담보체계는 대부분은 현급 이상의 소도시를 중심으로 제공되기 때문에 향진기업은 소도시 중소기업에 비해 상대적으로 낮은 수준의 중소기업 신용담보 서비스를 받을 수밖에 없게 되었다.

중국정부는 현재 지방에서 발생하고 있는 지역기업의 융자곤란 문제를 해소하기 위해 새로운 신용담보제공 시스템을 만들고 있다. 하지만 새로운 신용담보제공 시스템은 중소기업의 애로사항이나 문제를 해결하기 위한 차원에서 추진되고 있는 것이지 지역의 향진기업이 겪는 융자곤란 문제를 해결하기 위한 조치는 아니다. 그 결과 동 조치의 시행이 오히려 향진기업이나 농촌중소기업에게는 융자곤란 문제를 더욱 심화시키는 결과를 초래하고 있다.

CHAPTER 9

# 지역개발 전략과 지방보호주의

1. 지역개발전략
2. 지방보호주의

# 1. 지역개발전략

## 1.1 3선 개발전략

1950년 초 중국정부는 사회의 안정적 관리를 위해 전국을 6대 지역으로 분류했다. 하지만 당시의 중국은 사회주의적 이데올로기 확립이 국가 경영의 핵심 목표였기 때문에 지역개발전략과 관련된 개별정책은 발표하지 않았다. 그러나 1964년 이후부터 중국정부는 국제정세 변화에 따른 전쟁 대응 준비를 위하여 기존의 6대 지역을 3선지대로 구분하는 안을 발표하였다. 3선지대는 중국 전역을 연해지역을 의미하는 1선지대와 중부지역을 2선지대, 내륙지역을 3선지대로 구분하는 지역분류법이다.

3선지대 개발전략은 국가안보와 관련된 개발전략이다. 사실 당시 중국의 국내외적 상황은 소련과의 국경충돌이 발생함으로써 정치적 긴장관계가 높아진 시기였다. 이에 따라 중국 내에서는 소련이나 미국의 공격으로부터 어떻게 국가를 보호하는가가 중요한 국책과제로 인식해 왔다.

3선지대 개발전략의 중요한 전제는 가상의 적국으로부터 거리가 먼 내륙지역에서부터 대규모 산업건설을 시작한다는 것이다. 3선지대 개발전략에서는 적국의 공격을 기준으로 각 지선별로 확정된 도시에 개별적인 역할을 부여했다. 3선지역 중에서 1선 연해지대는 전쟁 대응을 담당하는 지역이다. 2선 중부지역은 산업발전의 중추적 역할을 담당하는 지역이다. 마지막으로 3선 내륙지역은 중국의 주요 전략물자 생산과 군수공업의 기지 역할을 담당하는 핵심지역이다.

3선지대 개발전략에서 가장 중요한 지역은 3선지역으로 쓰촨(四川)을 중심으로 윈난(云南), 구이저우(贵州), 후난(湖南), 후베이(湖北)의 서부, 허난(河南)의 서부, 산시(陕西), 간쑤(甘肃) 및 닝샤(宁夏)의 일부 지역 등이 여기에 속한다. 1960

년대 중반 이후 3선지대 개발전략 하에서 3선지역에 대한 약 2,000여 개의 중·대형 프로젝트가 진행되었다. 3선지역에 집중된 산업은 전략적 측면에서 중요성이 인정되었던 군수산업과 중공업, 전자산업 등이다. 당시 건설되었던 쓰촨성의 외딴지역에 입지한 판즈화제철소나 연해지역 등으로 이주하여 건설된 많은 연구소 등은 이러한 3선지대 개발전략 추진에 따른 대표적 결과물이었다. 구체적인 실례로 문화대혁명의 시기에는 국가 전체 투자의 2/5가 3선 지역의 개발에 집중되었다.

## 1.2 경제권역 구분전략

### 1) 경제권역 구분의 중요성

1990년대 접어들면서 경제요소를 중심으로 하는 새로운 권역 구분법이 논의되기 시작했다. 그 결과 1991년에는 전국을 10대 경제구로 구분하는 안이 발표되었다. 1992년에는 전국을 7대 경제구로, 1993년에는 6대 경제구로, 1994년에는 7대 경제지구로 구분하는 안이 발표되었다. 1997년에는 국무원 발전연구중심이 기존에 발표된 여러 가지 경제권역안을 종합하여 새롭게 정리된 8대 (경제)권역안을 발표하였다.

경제권역 구분은 개혁·개방 정책의 수립과 실행과정에서 매우 중요하게 취급된다. 개혁·개방 정책의 실행과정에서 정부가 추진하는 지역별 개발정책은 반드시 해당 지역의 발전수준과 특성을 반영하며 추진된다. 중앙 집중적 계획경제는 각 지역별로 존재하는 경제의 발전수준과 특성, 요소부존도의 차이 등을 고려하여 차별화된 경제발전전략을 수립·실행해야만 성공할 수 있다. 따라서 막대한 국가재정이 소요되는 장기개발정책은 경제권역의 구분과 이에 따른 적합한 지역개발에 대한 처방이 내려지지 않는다면 실패할 수밖에 없다. 그리고 잘못된 지역개발정책의 지속 추진에 따른 부작용 또한 막대할 것이다.

중국에서 가장 일반화된 경제지대 구분법은 1986년 제7차 5개년 계획기간에 발표된 중국을 동부, 중부, 서부 등과 같이 3대 경제지대로 구분하는 안이었다. 이는 중국을 경제적 기준에 따라 3개 권역으로 구분하고, 이를 바탕으로 권역별 발전전략을 규정한 것이다. 사실 이 3대 경제지대안은 동부연해지역의 우선 발전과 가속화의 주장근거로 활용된 정책이었다. 하지만 이때의 권역구분은 경제적 특성을 중심으로 한 구분이지만, 지역을 지나치게 광범위하게 구분했다는 문제점을 가지고 있었다. 따라서 3대 경제지대 구분안은 해당 지역의 특수성을 실질적으로 보장하지 못했다는 문제점이 존재했다.

경제권역의 구분은 이 구분의 기준과 형태에 따라 지역의 장기개발정책 결과를 달라지게 한다. 현재 추진되고 있는 대부분의 지역개발정책은 장기개발프로젝트이다. 구체적으로 현재 추진되고 있는 서부대개발정책은 50년 장기 지역개발 프로젝트이다. 따라서 경제권역의 구분과 이에 따른 지역개발전략은 해당 지역의 미래를 결정하는 중요한 요소가 된다.

지역에 대한 장기개발 프로젝트일수록 관련 주체들이 많다. 이는 개발과정에 관련되는 이해 당사자가 많다는 의미가 될 수 있다. 따라서 처음 수립되어 공포된 정부 차원에서의 계획이 올바르지 않은 경우, 많은 이해 당사자들의 개입으로 인해 수정이 쉽지 않다는 특징이 있다. 결과적으로 잘못된 권역구분을 근거로 지역개발정책이 추진될 경우 그 성과 또한 보장하기도 어렵지만, 그 수정 또한 정책의 수립만큼이나 복잡하고 힘든 과정을 거쳐야 하기 때문에 현실적으로 매우 어렵다. 따라서 올바른 경제권역의 구분은 해당 지역개발전략의 성패를 결정할 중요한 요소가 되는 것이다.

### 2) 경제권역 구분의 변천

1991년, 국가계획위원회는 국토개발을 위한 장기계획을 처음으로 발표하였다. 여기에서 중국정부는 중국 전역을 발해만, 황허, 창쟝이라는 자연 · 지리적 특성을 최대로 반영하여 10대 경제구로 구분하는 안을 발표하였다. 10대 경제구는 동북, 환발해, 창장삼각주, 남방연해, 황허중류, 황허상류, 창장중류, 창장상류, 신장, 시장 등을 의미한다.

10대 경제구의 구분안은 네이멍구(内蒙古)나 랴오닝(辽宁) 등을 2~3개 권역으로 구분함으로 성(省)급 단위의 동질성을 무시했다는 문제점이 존재했다. 그리고 경제적으로 발전수준이 낮은 신장(新疆)이나 시장(西藏) 등을 독립 경제구로 지정함으로써 국가 전체의 균형발전에서 문제를 발생시켰다.

1992년에는 연해지역과 중서부지역의 유기적 결합을 바탕으로 한 7대 경제구 구상이 발표되었다. 7대 경제구는 중국을 창장(长江)연안, 주장(珠江)삼각주, 환발해, 서남 및 화남, 서북, 중원, 동북 등과 같이 7개 경제구로 구분한 것이다. 하지만 이 7대 경제구안도 다음과 같은 몇 가지 문제점이 존재했다.

먼저 창장연안지역은 동쪽 끝의 상하이(上海) 지역부터 서쪽에 위치한 쓰촨(西川)지역까지가 포함됨으로써 성(省) 경계가 다른 지역이 하나로 묶였다는 문제점이 존재했다. 그리고 랴오닝(辽宁)성은 동북지구와 환발해지구와 같이 두 개의 경제구로 나누어져서 실용적이지 못했다.

1993년 국가계획위원회는 중국 전역을 6대 경제구로 구분하는 안을 새롭게 발표했다. 6대 경제구(안)은 중국 전역을 동북, 동부연해, 산시(山西) · 허난(河南), 창장중류(长江中部), 서남, 서북 등과 같은 6대 경제구로 구분한 것이다. 하지만 이 안에도 몇 가지 문제점은 존재했다. 대표적인 문제점으로는 경제발전 수준이 가장 높은 지역이라고 볼 수 있는 환발해지역과 창장삼각주지역, 주장삼각주 등을 동부연해지구 하나로 묶었다는 것이다.

1994년이 되면서 국가계획위원회는 이전의 6대 경제구(안)이 가지는 문제점을 개선한 7대 경제지구(안)을 발표했다. 7대 경제지구는 중국 전역을 산업정책적 측면에서 비교적 경제적 동질성이 큰 지역끼리 묶어 경제권역을 구분한 것이다. 7대 경제지구는 중국 전역을 동북지구, 환발해지구, 창장삼각주지구, 중부지구, 동남연해지구, 서남 및 화남지구, 서북지구 등으로 구분했다.

7대 경제지구(안)은 해당 지역의 내부에서 나타나기 시작한 경제적 분화와 산업구조의 차이를 반영한 지역구분이다. 동 구분안의 특징으로는 동부연해지역을 환발해, 창장삼각주, 동남연해 등 3개 지역으로 구분했다는 것이다. 하지만 네이멍구(内蒙古)와 광둥(广东) 지역을 다수의 권역으로 분산 배치하였다는 것은 문제점이라고도 할 수 있다. 또한 환발해지구 속에 내륙적 성격이 강한 산시(山西) 지역이 포함되었다는 것도 문제이다.

〈표 9-1〉 7대 경제지구

| 구분 | 성 · 도시 | 발전계획 |
|---|---|---|
| 동북지구 | 辽宁, 吉林, 黑龙江, 内蒙古东部 | 경제의 외향화, 동북지구의 국제합작 참여, 첨단기술 집중 개발, 기계제조, 석유화공, 철강공업, 삼림공업 집중 육성 |
| 환발해지구 | 北京, 天津, 山东, 山西, 内蒙古 중서부 | 자동차, 전차, 석탄, 전력, 금융, 무역, 부동산, 여행업 중점 육성 |
| 창장삼각주 지구 | 上海, 江苏, 浙江 | 산업구조 고도화, 대외개방 확대, 첨단 산업 육성, 대형 국가프로젝트 추진 |
| 중부지구 | 河南, 湖北, 湖南, 安徽, 江西 | 산샤(三峡) 수리공정 등 |
| 동남연해지구 | 广东, 福建 | 무역, 가공공업, 경제작물 중심의 농업발전 |
| 서남 및 화남 지구 | 四川, 贵州, 云南, 广西, 海南, 广东 일부 | 비철금속공업 및 열대·아열대 경제작물 중심의 농업발전 |
| 서북지구 | 陕西, 甘肃, 宁夏, 青海, 新疆, 西藏 | 수력발전, 석탄, 석유, 천연가스 개발, 관련 에너지 기지 건설 |

**출처** : 서갑성 · 김종득, 『중국무역환경론』, 두남, 2009, pp. 268.

이 밖에도 큰 영향을 미친 경제구분(안)은 아니지만 각 지역의 핵심 거점도시를 중심으로 중국을 9개 대도시 경제권으로 구분하는 안도 발표되었다. 9개 대도시 경제권 안은 중국을 선양(沈阳)-따롄(大连), 베이징(北京)-톈진(天津), 지난(济南)-칭다오(青岛), 상하이(上海)-주강삼각주, 지린(吉林)-헤이룽장(黑龙江), 우한(武汉)-창사(长沙)-난창(南昌), 청두(成都)-충칭(重庆) 등과 같이 구분 지은 것이다. 하지만 이 안은 중국의 동북연해지역과 동북지역, 그리고 일부 내륙지역만을 포괄한 안으로 중국 전역을 포함한 경제권역 구분법이 아니라는 부분에서 한계가 있다.

### 3) 8대 경제권역 구분[1]

1997년에 만들어진 8대 경제권역(안)은 국무원 발전연구중심에서 기존에 발표되었던 지역의 권역구분을 종합하고, 각 지역의 경제적 발전상황을 반영하여 만든 종합적 지역구분법이다. 8대 (경제)권역(안)은 다른 경제권역 구분(안)과는 달리 권역구분의 기준이 제시되어 있다는 부분에서 의의가 있다.

8대 권역(안)은 다음과 같은 3가지 측면을 반영하고 있다. 첫째, 지리적 인접성과 역사적 연속성 등과 같은 권역구분의 기본조건을 고려하였다. 둘째, 경제발전 수준과 사회구조 등과 같이 개혁 · 개방 정책의 본격 실시 이후 나타난 경제적 변화를 반영하였다. 셋째, 실질적인 정책집행에 도움이 될 수 있는 규모의 적정성과 행정구획에 대한 고려까지도 포함하였다.

국무원 발전연구중심이 제시하고 있는 8대 권역(안)은 지리적으로 인접한 성들로 구성되며, 여기에 자연조건이나 천연자원의 부존도 등과 같은 부분에서 유사성도 함께 고려하였다. 그리고 문화적 동질성과 경제발전 수준 등과 같은 요소의 유사성도 반영하였다.

8대 권역(안)에서 각 권역은 대체로 1억~2억 4,000만 명 정도의 인구를 갖고 있다. 면적 면에서 가장 작은 동부연해지역도 면적을 기준으로 하면 한국의 약 2배에 달한다. 이렇게 볼 때 8대 권역(안)에 포함된 하나의 권역도 국가 기준으로 보면 한 개 국가 이상의 규모를 갖고 있다고 볼 수 있다.

1 서갑성 · 김종득, 『중국무역환경론』, 두남, 2009, pp. 267~270.

〈표 9-2〉 중국 8대 권역안의 기본 내용

| | 성 | 면적 | | 인구 | |
|---|---|---|---|---|---|
| | | 만$km^2$ | % | 만 명 | % |
| 동북지역 | 辽宁, 吉林, 黑龙江 | 79 | 8.2 | 10,852 | 8.3 |
| 북부연해지역 | 北京, 天津, 河北, 山东 | 37 | 3.8 | 19,049 | 14.5 |
| 동부연해지역 | 上海, 江苏, 浙江 | 21 | 2.1 | 14,064 | 10.7 |
| 남부연해지역 | 福建, 广东, 海南 | 33 | 3.5 | 13,875 | 10.6 |
| 황허중류지역 | 山西, 陕西, 河南, 内蒙古 | 160 | 16.7 | 19,415 | 14.8 |
| 창장중류지역 | 湖北, 湖南, 安徽, 江西 | 68 | 7.1 | 23,920 | 18.2 |
| 서남지역 | 云南, 贵州, 四川, 重庆, 广西 | 134 | 14.0 | 24,435 | 18.6 |
| 서북지역 | 甘肃, 宁夏, 青海, 西藏, 新疆 | 398 | 41.1 | 5,647 | 4.3 |

주 : %는 전체 국토면적, 전체인구에 대한 해당 지역의 백분비(2007년 기준)
출처 : 서갑성 · 김종득, 『중국무역환경론』, 두남, 2009, pp. 270.

물론 8대 권역(안)에서도 각 권역별 규모 등은 상당한 차이를 갖고 있다. 예를 들어 서북지역과 동부연해지역의 면적을 비교해 보면 약 20배 정도의 차이가 있다. 그러나 이러한 면적의 차이는 각 권역이 가지는 경제 규모의 차이를 반영하면 상당 부분 상쇄될 수 있다.

서북지역의 경우, 면적은 398만$km^2$로 전체 면적의 41.4%를 차지한다. 하지만 GDP나 인구에서 차지하는 비중을 고려하면 3.1%, 4.5%를 차지함으로써 매우 작은 경제권역이라고 볼 수 있다. 반대로 동부연해지역은 면적 기준으로 21만$km^2$로 전체의 2.1%에 불과하다. 하지만 경제력 측면에서 보면 중국 전체의 약 20% 정도를 차지하는 거대 경제권역이다. 8대 권역으로 구분된 각 권역은 대부분 GDP 기준으로 전국의 약 10~20%를 차지하고 있다.

## 1.3 4대 지역개발정책

### 1) 대규모 지역개발정책 수립의 필요성

1999년부터 정부 차원에서의 대규모 지역개발전략이 마련된 근거는 다음과 같다. 첫째, 지역개발정책은 국가경제 중에서 해당 지역경제가 차지하는 전략적 가치를 반영한다. 사실 국가경제는 많은 국내외 요인들의 상황변화에 따라 영향을 받는다. 그리고 정부는 이러한 상황변화를 반영하여 해당 지역경제에 대한 개발 및 운영전략을 수립한다.

지역개발전략은 중국의 대내외적 상황변화에 따른 지역경제의 중요성을 반영한 전략이다. 예를 들면 개혁 · 개방 정책의 추진 이전에는 동북지역 및 서남지역 등과 같은 3선지역이 지역전략의 실행과정상 매우 중요한 위치를 차지하고 있었다. 구체적으로 동북지역은 외부 세력의 공격이나 침입을 저지하는 1차 저지선이었다. 그리고 서북지역은 앞에서 살펴보았다시피 주요 전략물자를 생산하는 군수공업기지로 매우 중요한 전략지역이었다.

개별 지역은 모두 그 자체로서 중요한 전략적 의미를 지닌다. 개혁 · 개방 정책에 따른 경제특구정책이 본격적으로 추진되기 시작한 1980년대 이후부터 광동지역의 중요성은 강조되었다. 하지만 1990년대부터는 선부론의 입장에서 상하이를 중심으로 하는 지역과 그 주변 지역이 중요하게 취급되었다. 이렇게 현재 추진되고 있는 지역개발전략은 중국의 지역균형개발전략상 당시의 중요성과 필요성을 반영하여 진행되고 있는 것이다.

둘째, 중국의 지방은 중앙에 비해 재정자립도가 낮다는 특징을 가지고 있다. 그동안 중국 내에서는 선부론에 입각해 중앙정부의 집중적인 재정지원을 받던 상하이 등과 일부 특정 지역만이 재정자립도가 상대적으로 높은 지역으로 분류되고 있었다. 따라서 그 외 지역은 대부분 중앙의 교부금 지원을 받아야만 대규모 지역개발 프로젝트를 수행할 수 있었다.

이에 따라 선부론 정책의 수혜를 입은 지역은 재정자립도가 상대적으로 낮은 지역의 지원을 위해 지방세수의 일부를 다른 지역으로 이전해야 하는 의무를 지니게 되었다. 이는 선부론에 따라 우선적인 재정지원을 받은 지역이 행해야 하는 의무였다. 하지만 지역개발에 필요한 자금은 항상 부족했고, 상하이를 포함한 많은 지방정부의 입장에서는 투자기아증이 상존했다. 이는 재정자립도가 상대적으로 높았던 지역도 마찬가지였다. 즉, 이러한 지방정부도 역시 다른 지역에 대한 재정지원에 대한 불만은 상존하고 있었다.

이러한 과정에서 지방정부는 재정자립도가 높은 지역은 높은 지역대로 낮은 지역에 대한 일종의 피해의식과 같은 불만을 가지게 되었다. 중국정부는 지방정부가 가지는 이러한 불만을 인식하여 지역의 균형발전을 위한 대규모 프로젝트를 점진적이고 단계적으로 추진하게 되었던 것이다.

셋째, 개혁·개방 정책의 장기 추진에 따른 지역활력도의 격차가 나타나고 있었다. 개혁·개방 정책의 추진에 따라 추진된 여러 가지 조치들은 외자유치, 수출입, 대외개방도 등의 부분에서 지역별 차이를 발생시켰다. 실제로 개혁·개방 정책의 장기적 추진에 따라 특정 지역에서는 경제적 부침현상이 뚜렷하게 나타났다. 또한 연해지역으로 인구이동이 점차 확대되면서 이러한 현상은 더욱 심화되기 시작했다. 중국정부도 개혁·개방 정책의 장기적 추진과 이에 따른 지역격차 문제를 완화하기 위해 전략적인 차원에서 대형 프로젝트를 통한 지역개발전략을 추진하게 된 것이다.

### 2) 4대 지역대개발정책

#### (1) 동부연해 대개발정책

동부연해 대개발이라는 이름은 당시 개발이 추진된 지역이 중국의 경제특구, 연해개방도시, 연해경제개방구 등과 같이 모두 동부연해지역에 위치했기 때문에

붙여진 것이다. 여기서 동부연해지역은 선부론을 바탕으로 지역경제의 현대화를 우선적으로 실현한 지역을 의미한다. 동부연해지역은 면적이 93만$km^2$(전체 면적의 9.8%에 불과)로 당시 기준으로 5억 1,819만 명(전체 인구의 38.2%)이 생활하고 있던 지역이었다. 하지만 개혁·개방 이후, 중국정부는 경제의 빠른 발전을 위하여 1979년에는 선전(深圳), 주하이(珠海). 샨터우(汕头), 샤먼(厦门)과 1988년 하이난(海南) 등 총 5개 지역에 경제특구를 건설했다. 그리고 그 후 1984년부터는 상하이(上海), 텐진(天津), 베이하이(北海), 쟌장(湛江), 광저우(广州), 푸저우(福州), 닝보(宁波), 난통(南通), 롄윈강(连云港), 칭다오(青岛), 웨이하이(威海), 옌타이(烟台), 따롄(大连), 친황다오(秦皇岛) 총 14개 연해도시를 개방도시로 확정했다. 그리고 1985년에는 창장삼각주(长江三角洲), 주장삼각주(珠江三角洲), 민난삼각지역(闽南三角地区), 랴오동반도(辽东半岛), 산동반도(山东半岛), 환보하이지역(环渤海地区) 등의 지역에 연해경제개방구(经济开放区)를 건설하게 되었다.

동부연해지역은 사실 전통의 연해지역인 동남연해지역과 동북연해지역을 모두 포함하는 개념이다. 동부연해지역은 1980년대 초부터 경제특구나 개발구 등과 같은 개발방식을 통해 다른 지역에 비해 세수 감면, 토지 양도 등과 같은 정책적 혜택을 많이 받아온 지역이었다. 그 결과 동부연해지역은 다른 지역에 비해 고속성장을 이룩함으로써 중국의 국가경제 발전과 개발의 전초기지가 되었다.

이중 상하이는 동부연해지역 개발의 핵심 도시이다. 특히 상하이의 푸동신구(上海浦东新区)는 2005년 이후 추진된 텐진의 빈하이신구 등과 함께 전국 13개 신특구 정책의 핵심지역으로 중국지역개발의 상징이었다. 상하이 푸동신구는 1992년 10월 11일 과학발전관 시범구로 승인되었고, 그 후에는 국제경제 중심, 국제금융 중심, 국제무역 중심, 국제해운 중심의 핵심지역으로 육성되었다.

1990년대 말 이후 중국정부는 동부연해지역 개발이 어느 정도 완성되었다는 정치적 판단을 하게 되었다. 이에 따라 중국정부는 동부연해지역에 대한 추가적인 대규모 지원보다는 자주혁신과 국내경쟁력 강화 등을 목표로 자체적인 지역발전을 추진하도록 하였다. 그 과정에서 동부연해지역 중에서 상대적으로 개발이 늦은 동북연해지역에 대한 동북진흥전략을 추진하고 있다.

[그림 9-1] 상하이 푸동 신구

### (2) 서부대개발

동부연해지역에 대한 우선개발전략이 어느 정도 성과를 도출했다는 판단하에 중국정부는 상대적으로 낙후된 지역에 대한 균형개발을 시작하게 되었다. 대표적인 것이 서부대개발전략이다. 1999년 중국정부는 선부론의 장기적 추진으로 인해 연해지역에 비해 낙후될 수밖에 없었던 서부지역에 대해 본격적 개발을 시작한다.

약 20여 년간 동부연해지역의 개발이 집중적으로 진행됨에 따라 이들 지역과 다른 지역 간 격차가 크게 벌어지게 되었다. 2000년을 기준으로 동부연해지역의 1인당 국내총생산(GDP)은 서부지역의 2.4배에 달하였다. 동부연해지역의 총생산은 전체의 53.7%에 달하는 것으로 나타났다.(1980년 기준으로는 43.7%에 불과하였다.)

서부지역은 면적을 기준으로 보면 675만km$^2$(71.1%)에 달하는 광범위한 지역이다. 하지만 이 지역의 인구는 3억 6,637만 명으로 중국 전체 인구의 27%에 불과했다. 서부지역은 개혁 · 개방 정책의 추진 이전에는 중국의 정치 · 경제적 중심지 역할을 했다. 하지만 경제적 실용주의에 입각한 지역개발정책(선부론 등)의 추진으로 인해 서부지역은 동부 연안지역에 비해 개발의 우선순위가 밀릴 수밖에 없었다. 그 과정에서 서부지역은 오히려 제일 낙후된 지역으로 전락하게 되었다. 결국 중국정부가 지역 간 격차문제의 해결 또는 완화를 위해 제일 먼저 선택하게 된 지역개발정책이 서부지역을 대상으로 하는 대개발정책이었다.

서부대개발정책은 총 50년에 걸쳐 진행되는 장기의 지역개발 프로젝트이다. 먼저 2000~2010년의 기간은 서부대개발의 준비단계였다. 이 기간에는 해당 지역에 대한 인프라의 확충과 생태환경 보호 및 개선 등과 같은 분야에서 투자가 집중적으로 강화되었다. 결과적으로 이 시기는 서부지역의 투자 환경을 개선하여 경제발전을 위한 선순환 기반을 조성하는 단계였다고 볼 수 있다.

출처 : 和讯新闻(http://news.hexun.com/2008-09-22/109056856.html)

[그림 9-2] 서부대개발 : 青藏铁路

2010~2030년의 기간은 서부대개발의 본격적인 추진단계로 서부지역의 지방정부에서는 대내외의 경제환경 변화와 과학기술의 발전 추세에 따라 각 지방의 특성에 맞는 특화산업을 육성한다는 전략을 수립하였다. 그리고 농업의 산업화와 농촌유휴인력의 도시 흡수를 통해 도시화율을 50% 이상 되도록 계획했다. 결론적으로 이 기간 동안 서부 대부분 지역에서 서부대개발 정책을 통하여 공업화를 마무리한다는 계획을 수립하였다.

2031~2050년의 기간은 서부대개발의 완성단계로 서부지역의 현대화를 통해 경제적 번영과 사회적 안정, 생활 수준의 향상 등을 도모한다는 계획을 수립했다.

서부대개발의 시작 후 10년 동안 약 5,000억 달러 규모의 투자가 이 지역에 집중되었다. 서부대개발정책의 대표적 프로젝트로는 광시(广西) 베이부완(北部湾) 경제구 발전계획(2006~2020), 관중-톈수이((關中-天水經濟區) 경제구 발전계획(2009~2020), 청위경제구(成渝經濟區) 지역계획(2011~2020) 등이 있다.

- **광시 베이부완 경제구** : 아세안과의 경제협력, 물류, 무역, 제조기지 및 정보교류센터 기능을 수행한다. 서남 · 화남 · 중남 지역의 발전을 도모하고 주로 정유, 석유화학, 첨단 기술, 제조업(제지 · 제당 등), 농산물 가공 등과 같은 분야에 대한 산업 육성을 담당한다.
- **청위경제구** : 지역 내 농촌 인국가 많은 점을 고려하여 농촌인구의 활용 및 소득 향상을 통한 경제발전에 초점을 둔 개발을 추진한다. 주요 육성산업은 기계설비(발전 · 자동차 · 오토바이 등), 첨단기술, 천연자원개발, 항공우주, 서비스(금융 등), 신재생에너지 등이다.
- **관중-톈수이 경제구** : 서북부 내륙지역의 개방 및 개발을 선도하는 프로젝트로 간쑤에서 시작된 경제개발이 주변의 닝샤, 칭하이, 신장, 네이멍구 등의 지역으로 파급된다. 주요 육성산업은 기계설비제조(발전 · 공작기계 등), 첨단기술(직접회로 · 우주항공 등), 농산물 가공 등이다.

### (3) 동북진흥

2002년 동북노후공업지역의 지역개발정책으로 동북진흥정책을 발표했다.('동북지역 등 노공업기지진흥전략에 관한 의견(关于实施东北地区等老公也基地振兴战略的若干意见)') 동북3성의 면적은 79만km$^2$(8.3%), 인구는 1억 976만 명(8.1%)이다. 동북지역의 핵심 진흥정책은 2002년의 '의견'을 보완한 2009년의 '동북지역 등 노공업기지 진일보 진흥전략에 관한 의견(关于进一步实施东北地区等老公也基地振兴战略若干意见)'을 통해서 알 수 있다.

동북진흥정책은 국무원이 2009년 7월에 비준한 '랴오닝 연해경제벨트 발전계획', 지린성 창춘 및 지린, 두만강 유역 개발계획인 '창지투 개발계획(2009년 8월)', '헤이룽장과 네이멍구 동북부의 변경지역 개발계획(2013년 8월)'이 중심이 된다. 이 동북진흥정책은 북한 및 러시아 극동과 동부 지역을 연계시키려는 것이 핵심내용이다.

한편 2012년 3월 국무원은 동북진흥 12.5 계획을 발표했다. 하지만 동북진흥 12.5에도 부족함을 느낀 중국정부는 2014년 8월 19일 '국무원의 동북진흥 중대정책조치에 관한 의견(关于近期支持东北振兴若干重大政策举措的意见)'(이하 의견이라고 칭함)을 발표한다. 2014년의 의견에서는 11개 방면 35개 정책조치가 포함되어 있다.

동북진흥정책의 핵심 내용으로는 다롄(大连)의 육상, 해상, 항공 부문과 관련된 사항이 주로 언급된다. 먼저 동북지역의 진흥을 위해 종합교통망의 건설을 가속화한다는 계획하에 여러 가지 교통건설사업을 진행 중이다. 대표적인 것으로 철도분야에서 베이징-선양고속철도(京沈高铁), 선양-단둥고속철도(沈丹高铁), 단둥-다롄고속철도(丹大高铁) 등과 같은 고속철도의 건설과 발해 해저(跨海)터널[2]에 대한 철도공정 초기작업 등이 있다.

---

2 "총 길이가 123km이며 터널은 고속철도로 건설될 예정이다. 운행속도가 220km/h에 달할 것으로 예상되며, 기차만 달릴 수 있으며 기차가 승객과 화물자동차를 싣고 운행하는 방식이 채택될 것으로 전망되고

항공분야에서는 다롄 신공항과 창하이(长海)공항에 대한 확대건설 등의 작업을 추진한다. 그리고 성시궤도 교통방면에서는 다롄(大连), 선양(沈阳), 창춘(长春), 하얼빈(哈尔滨) 등 기타 조건에 부합되는 성시궤도 교통건설이 중점적으로 추진된다.

이 밖에도 동북진흥전략에서는 다롄 찐저우(金州)-푸완(普湾) 신구 개발과 창싱다오(长兴岛) 석유화학기지 관련 프로젝트, 홍옌허(红沿河) 원자력발전 2기 공정 등이 추진된다. 동북진흥정책의 주요 내용은 〈표 9-3〉과 같다.

〈표 9-3〉 동북진흥 관련 정책

| 정책 | 발표시기 | 주요 내용 |
|---|---|---|
| 동북지역 노후공업기지 진흥전략에 관한 약간의 의견 | 2003년 | ▪ 첫 국가급 동북진흥정책<br>▪ 제조업 구조조정, 서비스업 육성, 개방도 확대 등 |
| 동북 노후공업기지의 대회개방 확대 실시에 관한 의견 | 2005년 | ▪ 동북진흥 정책 진행에서의 대회개방 강조<br>▪ 투자 환경 개선, 외국자본의 국유기업 인수 확대 등 |
| 동북지역진흥계획 | 2007년 | ▪ 장단기 구체 전략 제시(2007~2011년, 2007~2020년)<br>▪ 도농 등 조화로운 지역 발전 내용 추가 |
| 동북지역 등 노후공업기지 진흥전략의 실시에 관한 의견 | 2009년 | ▪ 동북진흥 정책 실행의 가속화 재강조<br>▪ 지역 스스로의 혁신과 민생 안정 부분 강조 |
| 동북진흥 12.5 규획 | 2012년 | ▪ 동북진흥 정책의 12.5 규획 기간 목표 제시<br>▪ 산업 구조조정, 개방 강화 등의 정량, 정성 목표 제시 |
| 동북아지역 개방 계획 | 2012년 | ▪ 동북 지역의 동북아 국가협력 강화를 제시<br>▪ 물류 인프라 확대, 투자 유치, 합작사업 및 교역 증대 |
| 동북진흥 중요 정책 지지에 관한 의견 | 2014년 | ▪ 동북지역에 대한 지원정책 재강조 |
| 동북진흥 12.5 규획에 관한 회의 개최 | | ▪ 신동북진흥 전략논의, 대외개방 정책 집중 조명 |

**출처** : KOTRA 베이징 무역관 정리

있다. 기차는 전력 시스템으로 견인하여 가스배출이 없으며 터널속도가 빨라 공기유통에 대한 수요가 크지 않다.

### (4) 중부굴기

중국의 개혁 · 개방 정책이 심화되고 경제의 고도상장이 이루어지면서 중국의 경제정책 방향이 수출에서 내수 촉진으로 변화되고 있다. 이에 따라 대규모의 내수시장이 존재하는 중부 내륙지역의 중요성이 높아졌다. 중국정부는 이러한 상황변화를 고려하고 낙후된 내륙지역의 경제개발을 가속화시키기 위해 2004년도에 중부굴기정책을 발표했다. 이때 발표된 중부굴기정책은 2009년이 되어서 국무원을 중심으로 '중부굴기추진계획'이 통과되면서 가속화되기 시작한다.

중부굴기의 대상지역은 후베이, 후난, 허난, 안후이, 장시, 산시성의 6개 성이다. 중부지역의 면적은 103만km²(10.8%)이고 인구는 3억 6,085만 명(26.6%)에 달한다. 중부굴기정책이 발표된 2009년 기준으로 중부 6개 성의 GDP는 전국의 약 18%를 차지하고 있었다. 중부 굴기 정책에서는 내륙지역을 최첨단 산업기지로 육성하여 신에너지, 신재료, 전자, 생물 등과 같은 다양한 분야의 신흥산업과 환경산업 분야 등을 지원한다는 계획을 가지고 있었다. 중부굴기정책의 목표와 주요 추진계획은 〈표 9-4〉와 같다.

〈표 9-4〉 중부굴기 정책의 목표와 추진계획

| 항목 | 주요 내용 |
|---|---|
| 목표 | - (2015) 1인당 총생산액 3만 6,000위안, 1인당 수입 2만 4,000위안, 도시화율 48% 달성<br>- (2020) 중부지역 전면 소강사회(小康社会) 실현 |
| 추진계획 | - 공공서비스 증진 및 인프라 확충<br>- 국유자산 매각금 중 일부를 지역 내 산업 조정자금으로 지원<br>- 지방성 은행(community bank) 발전 촉진을 통한 재정 여력 확보<br>- 보세물류 시스템 완비를 통한 통관 등 물류 시스템 개선<br>- 대출지원, 용지 대여를 통한 산업단지의 건설 촉진<br>- 다국적 기업의 공장, R&D 센터, 판매법인 등 설립 지원 확대 |

중부굴기전략의 추진과정에서 실행된 국가급 개발정책으로 2009년과 2010년에 비준된 장시성의 '퀴양호 생태경제구 계획'과 안후이성의 '완장도시벨트 산

업이전 계획'이 있다. 성정부 차원에서 추진된 개발정책으로는 허난성 중원도시군(2005), 후베이성 우한도시권(2007), 산시성 타이위안경제권(2007), 후난성 창주탄도시군(2008) 등이 있다.

중부굴기정책의 성공적 수행으로 인하여 중부지역에 외국기업의 진출이 증가하고 있는 상황이다. 외국기업의 진출증가 원인으로 중국 중부지역이 가지는 지정학적 가치(동부와 서부지역 연결) 외에 인건비가 저렴하다는 원인도 존재한다. 중부 도시노동자의 평균임금(개인업체 제외)은 연간 6,433달러로 동부(8,570달러) · 서부(6,863달러) 지역보다 적다.

### (5) 정책 결과

4대 지역 대개발전략의 추진으로 인해 중국 내에서 지역별 개발편차는 점차 줄어들고 있다. 2000년과 2013년을 기준으로 정부의 고정자산에 대한 투자비중은 동부연해지역(54.8% → 40.6%)에서는 줄어들었다. 하지만 서부지역(19.2% → 24.7%)과 동북3성(8.5% → 10.7%), 중부지역(17.5% → 24.0%)에서는 증가한 것으로 나타났다. 외국인 직접투자 비중도 동부연해지역(81.4% → 55.7%)에서는 줄어든 것과 달리 서부(4.6% → 11.1%), 동북3성(6.7% → 13.8%), 중부(7.3% → 19.5%) 지역에서는 증가한 것으로 나타났다.

# 2. 지방보호주의

## 2.1 지방보호주의의 개념과 위험요소

### 1) 개념

중국에서 지방보호(interregional protection)는 산업화 과정 중 지역발전의 불균형과 시장경제의 미발달, 경제체계의 미비로 인해 발생하고 있는 경제 및 무역 분야에서 나타나고 있는 지역보호현상을 의미한다.[3] 지방보호는 결국 일종의 행정적 권력에 기대어 역내의 발전과 경제적 이익보호를 위하여 정상적인 상품유통을 억제하고, 경제자원이나 생산요소의 합리적 배분을 방해하며, 역외에서 진입하는 상품의 교환이나 생산요소의 이동을 억제하는 현상이나 행위를 의미한다.

중국에서 나타나고 있는 지방보호주의의 문제는 개혁 · 개방 정책 이후 대두된 것으로 지역이나 지방의 시장분할 문제와 직결된다. 1978년 이후 중국정부는 정부의 직능개혁과정에서 지방분권화를 적극적으로 추진하면서, 경제개혁의 일환으로 시장 및 가격체제의 확립을 추진했다. 지방분권화의 강화노력은 이러한 과정에서 지방보호주의의 형태로 발현된 것이다. 그리고 이러한 지방보호주의는 다시 시장 및 가격체제의 왜곡을 발생시키며 시장분할 문제를 만들어 내었다.

지방보호주의는 지방의 경제발전을 통한 전체 경제의 발전을 도모한다는 측면에서 볼 때 합리적이라고 볼 수도 있다. 하지만 지방보호주의는 긍정적 요소보다 위험 요소를 더 많이 내포하고 있다. 지방보호주의는 지역 간 분업과 거래를 통한 지역의 비교우위의 달성을 어렵게 할 뿐만 아니라 생산력 분포에서도 혼란을 초래한다. 실제로 개혁 · 개방 조치 이후에 나타난 지방보호주의는 지역 간 산

3 曹休寧, 董立山, "論中國的地方保護與市場分割", 「湖南社會科學(政法 · 社會)」, 2004. 2, p. 54.

업구조의 동질화 현상을 발생시켰다.[4] 중국정부도 이러한 이유 때문에 지방보호주의와 이로 인한 시장분할 문제를 개혁·개방 정책에 가장 중대한 도전으로 주목했다.

### 2) 위험요소

지방보호주의와 이로 인한 시장분할 현상은 지방의 발전을 통해 전국의 발전을 도모한다는 긍정적인 측면이 존재한다. 하지만 지방보호주의는 오히려 이것이 갖고 있는 위험요소들 때문에 더욱 주목을 받는다. 지방보호주의와 이에 따른 시장분할 현상 때문에 나타날 수 있는 위험요소를 정리해 보면 다음과 같다.

첫째, 지방보호주의는 국가의 경제발전전략에 장애와 지역경제의 불균형을 초래할 수 있다. 지방보호주의의 심화는 지역 간 분업과 이를 통한 무역의 비교우위를 달성을 어렵게 한다. 그리고 지역 간 생산력 분포에 혼란을 초래해 산업구조의 지역 간 동질화를 일으키므로 국가 및 지역경제의 발전에 장애와 불균형 문제를 발생시킨다.

그리고 지방보호주의와 이에 따른 시장분할 현상은 다른 한편으로 보면 각 지방 간 무역장벽을 형성하게 함으로써 전국 통일시장 건설의 문제점을 노정시킨다. 지방보호주의는 상품과 생산요소의 지역 간 이동을 제한함으로써 국내 및 해외자원의 효율적 배분을 어렵게 했고, 이로 인해 국제분업체제의 완성과 심화를 어렵게 한다.

둘째, 지방보호주의는 중국의 대외무역을 왜곡된 방향으로 발전시킬 위험성을 내포하고 있다. 지방보호주의와 이에 따른 시장분할 현상은 상품시장의 확대와 산업구조의 고도화, 규모의 경제 등과 같은 부문에서 여러 가지 제약을 제공한

4 Li J., L. D. Qiu, and Q. Sun, "Interregional Protection : Implications of fiscal decentralization and trade liberalization," China Economic Review Vol. 14, No. 2, 2003, p. 227.

다. 지방정부는 이러한 지방보호주의의 문제점을 극복하기 위해서 대외무역의 강화를 추구하고 있다. 실제 중국의 중앙정부는 개혁 · 개방 정책의 본격적 추진과정에서 그 역할과 권한을 지방으로 많이 이전해 주었다. 이 과정에서 지방정부는 대외정책 부문에서 영향력을 강화하게 되었다. 지방정부도 국제무대에서 해당 지역의 경제통상을 촉진하는 주체로서 활동하기 시작한 것이다. 지방정부의 외사기구는 이러한 역할을 담당했다.

하지만 지방보호주의와 시장분할 현상을 바탕으로 성장한 지방이나 지역경제가 대외무역 분야에 영향력을 강화한다는 것은 또 다른 왜곡현상을 발생시킨다. 즉, 대외무역 분야에서 지방보호주의는 지역별 경쟁구매, 저가의 출혈판매, 경쟁적 해외진출 등과 같은 나쁜 상거래 문화를 만들어 내었다. 중국정부는 지방보호주의와 관련된 문제점을 해결하기 위해서 2001년 '전국외사관리업무에 관한 약간의 결정'을 발표하였다. 이는 지방정부 외사부문에 대한 상급정부의 업무지도 규정이다.

하지만 개혁 · 개방 정책 이후 나타나고 있는 지방보호주의와 이에 따른 시장분할 현상은 그 장점도 많기 때문에 일방적으로 규제하기가 쉽지 않다. 이러한 이유 때문에 국무원에서 지방외사기구에 대한 관리규정을 만들고 시행하고 있지만, 실질적이고 강력한 차원에서 지도나 규제가 쉽지 않은 것이 현실이다.

중앙정부가 지방정부에 개입하기 어려운 이유는 중국이 가지는 정치권력구조에서도 찾아볼 수 있다. 중앙정부와 지방정부는 모두 해당 기관의 수장책임제[5]를 실시하고 있다. 이처럼 지방정부에서도 중앙정부와 마찬가지로 수장책임제가 적용되기 때문에 중앙정부의 지방에 대한 정책개입은 어느 정도 한계를 가질 수밖에 없다.

셋째, 지방보호주의와 이에 따른 시장분할 현상은 기업경쟁과 관련된 중국 내 기업 및 시장환경을 왜곡시킨다. 지방보호주의와 이에 따른 시장분할 현상은 중

5 한국의 기관장책임제와 같은 의미로 받아들일 수 있다.

국의 국내기업들에게 경쟁력 강화를 위한 체질개선 기회를 제거해 버린다. 국내 기업 체질개선 기회의 제거는 결국 중국기업의 해외경쟁력 및 비교우위의 확보를 어렵게 한다.

기업 측면에서 보면 특정 상품분야에서 한 기업의 시장점유율이 높을수록 기업의 경쟁력도 커진다고 볼 수 있다. 그리고 이러한 과정에서 기업의 국제경쟁력도 자연스럽게 강화된다. 하지만 지방보호주의의 만연은 중국기업의 국내시장 점유율 확대나 강화가 국제경쟁력의 강화나 확대로 연결되게 어렵게 만들었다.

넷째, 지방보호주의와 그에 따른 시장분할 현상은 중국의 국민경제 운용에 심각한 문제를 초래할 수 있다. 일반적으로 일국에서의 공업화 과정은 그에 상응하는 산업구조의 고도화를 수반한다. 하지만 지방보호주의와 시장분할현상의 만연은 국가적으로 볼 때 하위구조 산업분야의 공업화 현상을 심화 · 확산시키기 때문에 산업구조의 중복현상을 발생시키고 그의 고도화에 있어서도 악영향을 끼친다.[6]

또한 산업구조 고도화의 왜곡현상은 중앙정부 차원에서 추진하고 있는 경제개발 및 성장방식과 정책기조에 대한 근본적인 변화를 어렵게 만든다. 그 결과 국유부문에 대한 조정이나 개혁조치가 어렵게 되어 국민경제의 운용에 심각한 피해와 문제점을 발생시킨다.

다섯째, 지방보호주의와 이에 따른 시장분할 현상은 중국 내에서도 동일상품에 대한 가격차별현상 또는 이중가격현상에 따른 여러 가지 문제를 발생시킨다. 가격차별현상 또는 이중가격현상은 해당 지역 내의 소비자를 제외한 일반 소비자들에게는 소비자 후생의 하락을 발생시킬 수 있다. 또한 이는 가격차별화의 이득이 다른 소비자로 전환되는 것이 아니라 독점기업의 수익으로 전가되는 문제점을 발생시킨다. 그리고 지방보호주의의 보호를 받은 기업이 해외시장에서 덤핑을 할 경우 국내 소비자의 소득으로 해외수요자에게 혜택을 주는 문제도 발생시킨다.

6 지역마다 자기 지역에 대한 보호정책을 실시하고, 자기 지역이 생산하거나 소비하는 재료들과 관련되는 산업을 육성하려고 할 것이기 때문에 지역은 저마다 천편일률적인 생산구조를 갖게 되는 것이다.

여섯째, 지방보호주의 현상은 중국 내 자원의 비효율적 배분과 보호의 문제를 발생시킨다. 개혁·개방 정책이 본격적으로 추진된 이후 지방정부는 지방 간 경쟁에서 우위를 확보하기 위하여 중앙정부의 산업정책에 대한 조정과 통제에 순응하기보다는 제한적이고 단기적 차원에서 지역의 이익을 추구하는 경향을 강하게 보였다. 이에 따라 지방정부의 대부분 투자는 규모가 작고 효과가 비교적 빠르게 나타나며, 제품가격이 높고 이익이 많은 분야에 경쟁적으로 투자되는 경향이 나타났다.[7]

지방정부의 단기 투자 및 개발 움직임은 각 지역이 가진 자체의 요소부존도에 따른 비교우위를 이용할 수 없게 만들었다. 그리고 산업구조의 지역 간 하급 동질화 현상도 발생시켰다. 지역산업구조의 하급 동질화 추세는 지역기업으로 하여금 작은 조직이면서도 모든 부서를 갖는 기업 구조를 갖게 했고, 기업 규모와 기술진보에 따른 효율성 강화를 어렵게 만들었다. 결국 지방정부의 지방보호주의는 산업 간 분업 및 협력체제에 대한 효율성 저하를 발생시켜 거시경제적 측면에서 생산성 제고를 어렵게 했다.[8]

---

7 지방정부는 장기적 투자나 발전계획에 근거한 산업단지의 건설이 아닌 단기적이고 이윤 중심의 투자를 행하게 되었다. 이로 인해 지방정부의 투자 및 개발사업은 다른 지방정부와 대부분 중복되는 방향으로 이루어질 수밖에 없었고, 이로 인해 관련 투자분야의 경쟁은 더욱 심화되었다.

8 중국은 지역이 광대하여 동부, 중부, 서부 지역 간에도 산업과 자원, 기술면에서 많은 차이가 있다. 하지만 최근 중국의 산업분포를 살펴보면 중국의 지방보호와 시장분할로 인하여 지역 간 차이가 나타나고 있지 않다. 그 결과로 중국 대부분의 지역에서 세탁기와 TV, 냉장고, 자동차 등의 제품을 생산하고 있다. 그 밖에도 모터사이클, 화학섬유, 방직, 비닐, 자전거 등 경공업 기업이 전국에 널리 퍼져 있다. 지방시장분할의 추세는 현재에도 여전히 진행되고 있으며, 각 지방은 시장이 이미 포화상태에 있음에도 불구하고 정부의 5개년 계획과 지방의 장기목표계획에서 대부분의 성이나 구, 시에서 자동차산업과 전자제품 생산을 지주산업으로 확정하였다. 그리고 14개 성과 구, 시 등에서는 야금(冶金)을 지주산업으로 결정하기도 했다.

## 2.2 지방보호주의의 형성원인

### 1) 지방정부의 3위 1체적 지위

중국 내에서 지방보호주의와 그에 따른 시장분할 현상은 근본적으로 중국의 지방정부가 가지는 독특한 지위에서 발생한다고 볼 수 있다. 중국에서 지방정부는 지방이익의 주체, 경제주체, 관리주체로서 3위 1체적 지위를 가진 존재이다. 결국 중국에서 나타나고 있는 지방보호주의와 시장분할 현상은 지방정부가 가지는 이러한 독특한 지위 때문에 발생되고 심화되었다고 볼 수 있다.

중국의 지방정부가 가지는 지위와 역할을 살펴보면 다음과 같다. 첫째, 지방정부는 지방의 이익을 보호하는 이익주체이다. 지방의 이익이란 지방주민의 이익과 지방정부의 이익을 의미한다. 즉, 이는 지방의 이익은 지역주민의 이익을 보호하는 과정에서뿐만 아니라 지방정부의 이익을 보호하는 과정에서도 창출된다는 의미이다. 그 결과 지방정부는 지방이익의 주체로서 지역주민과 지방정부의 이익을 보호하기 위해서 지방보호주의와 시장분할 현상을 주도하고 있는 것이다.

둘째, 지방정부는 하나의 경제주체로서 위치와 역할을 가지고 있다. 지방정부는 지방국유기업뿐 아니라 향촌·향진기업의 소유자 및 관리자로서의 지위를 가지고 있다. 따라서 지방정부는 지방 국유기업 등의 소유·관리자로서 소유 기업에 대한 경영상황을 관리·점검하고 지원하는 역할과 이들에 대한 경제적 이익을 증대시켜야 하는 역할을 동시에 갖고 있는 것이다.[9]

셋째, 지방정부는 지방이익의 보호를 위해 여러 관련 주체들을 관리해야 하는 관리의 주체이다. 과거 지방정부는 다른 국가들과 마찬가지로 자율성이 크게 부족한 중앙 정부의 일선기관으로서의 역할을 수행하는 데 그쳤다. 즉, 지방정부는

---

9 사실 지방 국유기업의 운용은 지방행정기관의 지침과 결정, 운용에 의존해 왔다. 그러나 지방행정기구는 하나의 기층조직으로 그 자체가 배타성을 가지고 있다. 따라서 정기불분(政企不分)은 지방정부가 지역기업에 대한 보호를 강화할 동기를 부여하고 있다.

중앙의 결정을 충실히 따르기만 하면 되는 하부나 하나의 종속기관에 불과했던 것이다.

하지만 지방분권화의 강화로 인해 지방정부의 권한과 역할이 확대되었다. 이제 지방정부는 지방이익을 보호하고 여러 가지 수단들을 동원하여 지방이익을 증가시켜야 하는 지방 최고의 관리자로서 역할을 수행하고 있다. 현재 지방정부는 지방이익을 관리하는 최고의 지방관리자로서 지방행정을 독점하고 있다. 이러한 상황에서 지방정부는 단순히 중앙이 결정한 정책만을 집행하는 것이 아니라 지방정책에 근거해 지방이익을 지키는 하나의 독립된 주체가 된 것이다.

이는 결국 지방정부는 독점된 지방행정력을 바탕으로 지방이익을 강화하고 관리하는 행정주체라는 의미이다. 그 결과 지방정부는 독점된 지방의 행정력을 바탕으로 지방기업의 생산력과 경쟁력도 제고시켜야 하고, 중앙정부의 각종 규제조치 사이에서 지방기업을 보호해야 하는 행동주체가 된 것이다.

결국 지방보호주의와 그에 따른 시장분할 현상은 지방정부가 지방행정력의 독점을 바탕으로 지방이익을 보호하고 관리하는 행위주체이자 자체의 이익을 추구하는 경제주체이기 때문에 나타나는 문제라고 볼 수 있다.

### 2) 지방과 정부의 재정분할에 따른 재정 부족

중국에서 지방보호주의와 이에 따른 시장분할 현상이 심화되게 된 직접적인 원인으로는 분세제(分稅制) 시행에 따른 지방정부의 재정부족이 있다. 과거 중국정부는 전통적으로 수입과 지출을 세분하여 이를 중앙과 지방이 나누어 관리하는 재정구분체제를 운영하고 있었다. 이러한 경향은 개혁 · 개방 정책이 실시되기 시작한 1978년 이후에는 더욱 분명하게 나타났다.

중앙정부와 지방정부의 재정구분체계는 중앙정부의 재정수입과 그 목표증가율을 먼저 확정하고, 이 수입과 목표증가율의 초과 세입에 대해서만 지방정부가 관리할 수 있는 방식으로 운영된다. 개혁 · 개방의 초기부터 중국정부가 추진하고 있는 중앙과 지방의 재정 구분조치는 중국 내에서 실시해온 여러 가지 개혁조치와 맞물려 진행되고 있다. 그 대표적인 조치로 이개세(利改稅) 조치와 중앙과 지방의 재정수입을 구분하는 조치들이 있다. 중앙정부의 이러한 여러 가지 개혁 노력은 중국 내부에서 발생할 수 있는 개혁조치에 대한 여러 가지 저항을 경감시켰다.

하지만 정부 차원에서 추진된 직능개혁은 다른 한편으로 중국 내 통일시장의 발전을 저해하는 요소도 함께 만들어 내었다. 즉, 지방정부로 하여금 지방재정의 확대를 위해 지방보호주의를 강화하는 방향으로 정책 집행을 하게 만들었던 것이다. 그리고 비표준화된 중앙과 지방의 재정구분으로 인해 지방정부는 중앙정부로부터 보다 많은 보조금과 재정상의 혜택을 받기 위하여 각종 홍정을 해야 하는 부작용도 확대시켰다.

재정분할체제의 개혁과정에서 1993년 이후부터는 분세제(分稅制)가 실시되었다. 분세제는 중앙과 지방의 기능에 따라 지출대상과 범위를 확정하여 각급 정부 사이의 지출책임을 명확히 하고, 세종과 세원을 중앙세(국세), 지방세, 공동세로 분류하고 세종에 따라 징세기구를 중앙과 지방으로 분리하는 재정분배제도를 의미한다.[10]

분세제는 일종의 중앙과 지방의 이익을 구분지어 상호 간의 이익충돌을 감소시키며, 이익의 공동향유를 가능하도록 한 제도이다. 이 분세제는 다음과 같은 특징을 가지고 있었다. 첫째, 세목별 귀속처가 확실히 구분되고, 중앙과 지방 간 독립된 세수관리체계와 안정적 세원의 확보가 가능해졌다. 둘째, 중앙과 지방 간의 납입관련 재정관계가 규범화되고 법제화되었다. 셋째, 세금부과 대상에 대한 원칙 · 운용 · 처리에 관하여 중앙과 지방 간의 권한이 명확히 구분되었다. 구체적으로는 분세제로 인하여 기업과 행정의 소속관계가 세금부과의 기초 원리로 작용하지 않게 되었으며, 중앙과 지방 간의 재정수입에 대한 세원이 체계화되었다. 넷째, 중앙과 지방의 이익관계에서 단기적인 소폭 조정은 가능해도 대폭적인 조정

10 이 분세제의 목표는 전국 재정수입 가운데 중앙 재정수입의 비율을 60% 전후로 끌어 올리는 것이었다.

은 할 수 없게 되었다.[11]

하지만 이때의 분세제 개혁으로 인해 재정수입의 63%, 세수의 70%를 점하는 증치세(부가가치세)의 75%가 중앙정부의 수입이 되었다. 그리고 주류·담배·화장품을 대상으로 하는 소비세도 중앙정부의 고정수입이 되었다. 또한 세종(稅種) 면에서 경기변동에 따른 영향이 적고 안정적인 증가를 보이는 부가가치세·소비세 및 은행·비은행 금융기관의 소득세 등도 중앙수입에 귀속되었다.[12]

분세제 개혁에 따른 중앙과 지방의 세수구분은 〈표 9-5〉와 같다.

〈표 9-5〉 중앙-지방 간 분세에 따른 세수 귀속

| 귀속 | 세목 |
|---|---|
| 중앙정부 | 관세, 수입품과 관련된 증치세 및 소비세, 철도부문·은행 및 보험회사 본점 등이 일괄 납부하는 영업세 및 도시유지 건설세, 중앙(국유)기업 소득세 및 상납 이윤, 차량 구입세, 선박 종량세, 해양 석유 자원세 |
| 중앙-지방 공유 | 증치세(중앙 75%, 지방 25%), 기업 소득세(중앙 60%, 지방 40%), 개인 소득세(중앙 60%, 지방 40%), 증권거래 인지세(중앙 97%, 지방 3%), |
| 지방정부 | 영업세(중앙 0.8% 정도), 지방(국유)기업의 상납 이윤, 부동산세(건물세), 도시유지건설세(중앙재정수입에 귀속되는 부분 제외), 도시토지 사용세, 토지 증치세, 선박세, 경지 점용세, 계약세, 담배세, 인지세, 해양 석유 이외의 자원세 |

**출처** : KIET 산업경제, "중국의 세수개혁과 지방정부 그리고 외국인 투자기업", 2016, p. 58.

하지만 당시 분세제도의 전면적 실시에는 많은 어려움이 존재하고 있었다. 즉, 분세제의 적용에서 기존의 지방정부가 가지고 있었던 이익을 인정할 수밖에 없었다. 그 과정에서 중앙정부는 지방정부에게 예산외 수금제도와 정부특별기금 등을 사용할 수 있게 했다. 이는 지방정부가 예산 외 세금이나 다른 요금의 제정과 부과를 가능하게 만든 것으로 지방정부에게 실질적인 측면에서 큰 재원이 되게 했다.

11 李周炯, "地方保護主義對中央與地方關係格局的影響", 『國家行政院學報』, 政治與公共行政, 2002.6, p. 37.

12 박병석, 『중화제국의 재건과 해체』, 교문사, 1999. 12, pp. 426~427.

하지만 당시의 분세제 개혁에서 비교적 쉽게 세원을 확보할 수 있는 항목은 중앙정부에게 할당되었다는 비판이 있다. 지방정부의 재원으로 이어질 수 있는 부분은 주로 세수 확보가 불안정하거나 징수에 상대적으로 높은 비용이 수반되는 중소세종(中小稅種)들이 되었다. 분세제의 이러한 문제점 때문에 분세제 개혁 이후 지방정부의 부채는 더욱 증가하게 되었다.[13]

그 결과 지방정부는 재정부족 문제를 해결하기 위하여 부동산개발업자 등에게 토지 사용권을 판매하여 그 판매수입을 기금으로 만들어 사용하게 되었다. 하지만 이러한 과정에서 지방정부에 의한 토지판매가 지나치게 증가함으로써 중앙정부는 이를 제한하지 않을 수 없게 되었다. 중앙정부가 지방정부의 토지판매를 제한하자 지방정부는 지방정부융자플랫폼공사를 설치하여 우회적 재원을 조달하는 방식을 도입하게 되었다.

정리하자면 분세제 개혁은 결국 지방정부에게는 지속적 재원부족을 발생시키는 근본 원인이 되었다. 그 결과 지방정부는 재정부족 문제를 극복하기 위하여 지방보호주의 정책을 더욱 적극적으로 실시하게 되었다.

### 3) 지방경제에 대한 조정 및 통제권 소유

지방보호주의의 또 다른 심화원인으로 지방정부가 지역경제에 대한 조정과 통제권을 소유한 점을 들 수 있다. 행정구역은 성(자치구, 직할시), 지역(시, 주, 맹), 현(시, 기(旗)), 향(전)의 4개 등급으로 구분된다. 그리고 이러한 행정구역은 기관의 등급에 따라 저마다 다른 정도의 관리기능을 갖고 있다.

중국의 행정분권화 개혁은 목적이 아닌 결과로서 발생했다. 즉, 중국정부는 중앙의 권한을 지방으로 나누어주는 것이 개혁이라는 판단하에서 정부의 직능개

13 지방정부는 1994년 분세제 개혁 이후 줄어든 수입으로 자체 지출을 충당할 수 없는 상황에 직면하게 되었다. 이리하여 분세제 개혁은 지방정부의 필요재원의 상당 부분을 중앙정부에 의존하게 하는 현상을 만듦으로써 오히려 중앙집권화를 더욱 강화시켰다는 비판을 받고 있다.

혁을 추진한 것이다. 정부의 직능개혁을 통해 지방정부는 하급정부에 속해 있는 기업의 미시적 경제활동까지 관리할 수 있는 권한을 가지게 됐다. 그와 더불어 중앙정부는 지방정부의 관련 분야 인력들이 경상 관련 분야의 전문가가 될 수 있도록 지원했다.

그리고 1994년 1월 1일부터 실시된 분세제도 지방정부로 하여금 지방경제에 대한 조정 및 통제권을 강화하는 계기가 되었다. 분세제의 시행으로 인하여 지방정부에게 귀속된 권한으로는 ① 국가가 지원한 각종 건설사업 심사권과 ② 지방 국유자원 분배권(토지나 광산, 수자원 등 자원의 분배권을 의미), ③ 지방에 속해 있는 기업(중앙정부가 위탁한 기업도 포함)의 관리권(인사 및 재무에 관한 권한) 등이 있다. 그 과정에서 중앙정부에서 지방정부로의 권력이양('下放權力')은 직능개혁이라는 목적을 어느 정도 달성하게 만들었다. 하지만 이로 인하여 지방정부가 하나의 독립적이고 이기적인 경제주체로 등장하게 되었다.

### 4) 지방정부의 비규범적 시장관리권한

지방보호주의와 시장분할 현상의 확산 원인에는 지방정부의 비규범화된 시장관리권한도 포함된다. 중국 내에서 지방정부의 비규범적 시장관리행위가 확산된 원인으로는 다음과 같은 것들이 있다.

첫째, 지방정부의 시장관리행위에 대한 통일 규칙이 만들어지지 않았다. 중국은 중국 특색 사회주의시장경제체제를 만들어가고 있으며, 정부가 시장을 관리하는 구체적인 범위나 책임, 권한, 방식 수단에 대한 통일규칙이 아직까지 완성되지 못한 상황이다. 그리고 만들어졌다고 하더라도 지방단위까지 확산되지 못했다. 중앙정부도 지방정부가 행하고 있는 비규범적 시장관리행위에 대해 인식은 하고 있다. 하지만 이에 대한 실질적이고 통합적인 규칙이나 조치를 만들어 내지는 못한 실정이다.

이러한 상황에서도 중앙정부는 지방정부의 불법행위적 요소를 제거하기 위한 개별조치들만을 계속해서 발표하고 있다. 지방정부의 비규범적 시장관리행위를 규제하는 대표적인 조치로 지방정부투자기관(Local Government Finance Vehicle ; LGFV)을 통한 지방정부의 자금조달을 방지하기 위해 발표한 '지방정부 채무관리 강화에 대한 의견(2014. 10)'이 있다. 2016년 10월에는 지방정부로 하여금 산하의 국유기업 지원을 제한함으로써 지방 국유기업의 채무관리를 강화하려는 '지방정부 채무 리스크 관련 컨팅전시 플랜에 대한 통지(2016. 10)'를 발표했다. 2017년 4월 중국정부는 금융기관으로 하여금 지방정부가 행하는 LGFV에 대한 대출을 통제하기 위하여 '은행업 리스크 예방 및 통제에 관한 지침(2017. 4)'을 발표했다. 하지만 이러한 상황 속에서도 지방정부는 지역 내 기업이나 경제주체들의 발전과 이익에 유리하다면 국가나 사회 전체의 발전과 이익에 악영향을 줄 수 있는 조치들을 주저 않고 사용하고 있는 것이다.

둘째, 지방정부의 시장관리행위에 대한 효과적인 감독방법이 없다. 앞에서 언급했다시피 중앙정부는 현재 근본적인 처방을 제시하기보다는 지방정부의 개별적인 위반이나 문제점들에 대한 개별 대응조치만을 지속적으로 만들어 내고 있는 실정이다. 그 이유로는 먼저 근본적인 차원에서 지방정부가 추진하는 지방보호주의나 시장분할 현상을 억제할 만한 효과적인 감독방안이 존재하고 있지 않기 때문이다. 또한 이는 지방보호주의와 이에 따른 시장분할 현상이 명시적인 현상이 아니라 암묵적이고 묵시적인 차원에서 나타나는 경향이 높기 때문이기도 하다.

사실 지방정부의 시장관리행위에 대한 관리 · 감독에는 지방정부 스스로 감독하거나 상급기관에 의한 감독, 일반 지역주민에 의한 감독 등과 같은 방법들이 있다. 하지만 이 중 지방정부 스스로가 감독하는 방안은 지방정부가 지방보호의 주체이고 이익의 주체라는 점을 고려할 때 적합한 방안이라고 볼 수 없다. 지역주민에 의한 감독도 지방보호가 지방정부뿐만 아니라 지방주민에게도 단기적인 이익을 가져다 주는 조치이기 때문에 옳은 방안이라고 볼 수 없다.

따라서 상급기관인 중앙정부에 의한 감독이 비교적 효과적이라고 볼 수 있다.[14] 하지만 이러한 방법은 지방분권의 강화나 권력이양이라는 측면에서 볼 때 또는 시대적 추세를 기준으로 볼 때에는 그리 적합한 조치라고 할 수는 없다. 중앙정부의 지방분권에 대한 억제나 통제는 결국 과거 사회주의식 중앙집중적 계획경제체제로 회귀하는 조치로도 보일 수 있다. 결과적으로 현재 중국에서 만연하고 있는 지방보호주의와 이로 인한 시장분할 현상은 지방정부의 친(親) 지역적 시장관리행위에 대한 적절한 관리 · 감독 방안이 없기 때문이라고 볼 수 있다.

셋째, 시장 관련 법제와 시장행위와 관련된 규범의 미비도 문제가 된다. 중국은 1992년부터 중국 특색 사회주의시장경제체제의 확립을 본격적으로 추진하고 있다. 이러한 과정에서 중국은 WTO에 정식회원국으로 가입(2001)함으로써 개방경제체제의 정식 회원국이 되었다. 이 과정에서 생산력 발전을 위한 각종 제도들도 적극적으로 도입하고 있다.

하지만 중국이 비록 중국 특색 사회주의시장경제를 표방하고 있어도 정치적으로 볼 때에는 사회주의체제 국가라고 볼 수 있다. 결국 중국은 전체 국가운영원리와 이념목표 속에 시장원리의 효율성보다는 평등과 공동분배라는 정치적 이념이 강하게 자리 잡고 있는 국가라고 볼 수있다.

이러한 측면을 고려할 때 현재 및 향후에 추진될 제도적 선진화 또는 경제개혁의 속도가 다른 자본주의 시장경제 국가들을 능가할 수 있다고 볼 수는 없을 것이다. 그 과정에서 나타나는 시장 관련 경제법이나 공정거래법, 반독점법 같은 시장 관련 기본법의 변화는 느리고 관련 규정 또한 부족할 수밖에 없을 것이다. 실제로 현재 중국 내에서 시행되고 있는 시장관련 법규들도 그 시행세칙의 제정과정이 늦거나 구체적으로 만들어지고 있지 않다는 문제점도 발생하고 있다. 그리고 불공정경쟁법이나 소비자권익보호법, 회사법, 증권거래법 등도 모두 비슷한 상황에 직면하고 있는 것도 사실이다.

---

14 만약 지방정부의 시장관리행위에 대한 상급기관의 감독이 제대로 효과를 거두려면 작지만 지속적으로, 다양한 방법으로 이루어져야 할 것이다.

### 5) 기타 원인

지방보호주의와 시장분할 현상의 심화 원인에는 지방이익에 관한 정무실적도 포함된다. 따라서 현재 지방정부의 최고관리자와 직능부서는 정무적 실적에 대한 감사압력 때문에 역내의 경제발전과 지역의 전체 이익을 위해 노력할 수밖에 없는 상황이다.

구체적 예로 현행 간부심사제도는 지방간부의 실적을 평가할 때 관할 지역경제의 발전과 성과를 고려하는 경향이 강하다. 지역경제 발전에 대한 기여도를 평가할 때는 얼마나 많은 프로젝트를 완성하였는가, 얼마나 많은 기업이 설립되었는가, 경제성장속도는 얼마인가 등과 같은 간단한 양적 평가가 핵심 심사기준이 되고 있다.

이 때문에 각 지방행정구(부서)의 지도자나 간부는 국가 전체의 개발정책이나 산업정책과 조화되는 지역개발전략을 채택하기보다는 자신의 관할 지역과 시장의 발전과 관련이 있고 단기적 성과를 낼 수 있는 전략을 채택하는 경향이 강하다. 결국 이러한 지방정부나 행정구역 관리자들을 대상으로 하는 정무적 실적평가제도가 중국의 지방보호주의와 이에 따른 시장분할 현상을 전국적으로 만연케 한 원인으로 작용한 것이다.

## 2.3 지방보호주의의 유형

### 1) 호구제와 노동시장 간섭

지방보호주의 형태 중 가장 만연한 것이 노동시장에 대한 간섭이다. 노동시장에 대한 대표적 간섭정책은 호구제(户口制)이다. 앞에서 살펴보았다시피 호구제의 도입으로 인하여 중국에서는 농민이 사는 농촌지역과 비농민이 거주하는 도시지역을 구별하여 관리하기 시작했다. 그리고 호구제의 실시 이후 중국 공민에 대한 거주지 이전이 엄격히 통제되기 시작했다.

사실 호구제는 중국 내에서 중공업의 우선 성장을 지원하기 위한 제도이다. 즉, 도시공업이 손쉽게 자본을 축적할 수 있도록 만든 도시와 농촌지역 간에 부등가 교환을 지원하기 위한 제도인 것이다. 호구제가 정책적으로 강제되면서 노동시장에서는 도농 간 이중체제가 만들어지게 되었다.

호구제의 시행 이후, 도시 공업부문의 성장을 지원하기 위해 도시지역의 일자리와 각종 도시형 생활 인프라, 식량 등에 대한 지원이 지속적으로 강화되었다. 그리고 농촌지역의 지원은 계속 우선순위에서 제외되었다. 결과적으로 호구제 시행에 의해 도시 및 농촌 지역 노동시장에서 노동격차는 더욱 확대되었다.

지방정부에 의한 노동시장에 대한 간섭은 주로 다음과 같은 형태로 이루어졌다.

- 직원 채용 시 역내인에 대한 우선권을 주는 것,
- 역외기업 직원자녀의 학교등록비용을 높임으로써 역외기업 취업을 어렵게 하는 것,
- 역외기업 직원에 대한 정착과 호구(户口)정리에 어려움을 주는 것,
- 중요 기술인력의 이동에 따른 호구조정 시 거액의 납입금을 요구하여 기술인력의 이동을 어렵게 하는 것,
- 역외기업의 인재 채용 시 필요한 행정수속을 역내기업에 비해 복잡하게 하는 것,
- 역외기업 근무자에 대한 양노지원에서 역내기업에 비해 불이익을 주는 것 등

최근 중국정부는 호구제 시행에 따른 여러 가지 문제점들을 해결하기 위해서 농촌지역의 노동자들이 보다 적극적으로 도시지역으로 전입하고 취업할 수 있도록 여러 가지 조치를 만들어 내고 있다.[15] 하지만 지방 노동자들은 도시 노동자들에 비해 상대적으로 노동조합이라고 할 수 있는 공회(公會) 등의 보호를 받지 못

15 중국정부는 농민노동자의 도시 취업을 확대하기 위하여 2003년도에는 취업에 필요한 여러 가지 서류를 통합하여 '일시거주증' 하나로 통일하였다.

하고 있다. 그리고 공회 자체도 농민노동자나 지방에서 이동해 온 노동자들은 자신들의 보호대상자가 아니라고 하는 강한 편견을 갖고 있다.

### 2) 상품에 대한 보호와 봉쇄

지방보호주의와 시장분할 현상의 가장 보편화된 형태로는 지역상품의 보호와 봉쇄를 들 수 있다. 지방정부는 각종 암묵적이고 정형화되지 않은 방법을 동원하여 역내상품의 시장지위를 보호하고 역외상품의 역내진입과 판매에 영향을 줄 수 있는 행위를 하고 있다.

예를 들어 1980년대 상하이에서는 상하이-폭스바겐 합작회사가 생산한 산타나(Santana) 승용차를 상하이시에서 유일하게 운행할 수 있는 택시로 만들어 주었다. 1990년대 말 베이징시는 베이징-현대자동차가 생산하는 엘란트라를 베이징 지역의 공식 택시로 지정하였다. 심지어 지방정부는 '홍두문건(紅豆文件)' 등과 같은 행정조치를 통하여 지방시장에 각종 진입장벽을 구축하기도 했다.

지역상품 보호와 각종 봉쇄조치의 형태를 살펴보면 다음과 같다. 첫째, 역외지역 상품의 판매수량과 가격을 직접적으로 규제하는 방법이 있다. 구체적으로 ① 지방정부의 물품 구입이나 조달 시 역외상품 조달을 사실상 금지하거나 제한하는 조치가 있다. ② 기업 조달물품에 대해 역내상품의 조달총액을 배정함으로써 역내상품이 역외상품보다 먼저 고려되도록 하는 조치 등도 있다.

과거에는 지방정부 차원에서 규제되고 있는 역외상품의 판매가 발견되었을 시, 지방정부는 판매제품의 몰수와 과태료 부과 등과 같은 조치를 취해 역외상품의 판매를 직·간접적으로 봉쇄하였다. 예를 들어 허난성과 안후이성은 꾸이저우 지역 담배의 진입을 금지하였다.[16] 하지만 WTO에 가입한 이후부터 지방정부는 직접 제약을 통한 시장봉쇄조치를 행할 수 없게 됐다. 따라서 현재에는 지역상

16 Gilley, B., "Breaking Barriers," Far Eastern Economic Review, 2001. 7, pp. 12~19.

품에 대한 각종 암묵적인 행정 지원조치가 강화되고 있다.

둘째, 경제 외적인 방법으로 시장관리나 상품에 대한 질량 감독을 강화한다는 이유로 역외제품의 역내진출을 제한하는 방법이 있다. 구체적인 조치로 ① 시장 및 상품 감독을 강화한다는 이유로 역외제품에 대해 여러 가지 검사를 거치게 하는 행위, ② 유통경로 정돈을 이유로 역외제품의 유통경로나 종류를 줄이는 행위, ③ 위조품 제거를 명목으로 공산품 품질검사를 실시하여 역외상품을 규제하는 행위, ④ 수송차나 배에 대한 검사에서 역외상품을 차별하는 행위, ⑤ 위조·불량품 제거를 명목으로 사실과 다른 광고·선전으로 역외제품을 압박하는 행위 등이 있다.

셋째, 해당 상품의 역내 시장에 악영향을 줄 수 있는 역외제품에 대해 각종 행정규제조치를 취함으로써 진입을 억제하는 방법을 들 수 있다.[17] 예를 들면 자동차나 모터사이클이 생산되는 지역에서 역외에서 생산된 동일 제품의 등록을 어렵게 한다든지 또는 등록 시 각종 명목의 할증료를 징수하는 방법 등이 있다. 또 다른 예로 특정 지방자치단체의 교통관리국이 다른 지역에서 들어오는 모든 소화물 운송차량에 대해 반드시 해당 시의 소화물운송센터 또는 해당 시의 주관부서가 승인한 소화물 보관소에서 소화물을 처리하도록 한 것 등이 있다.

넷째, 역내자원의 역외유출을 막는 것도 지방보호주의에서 흔히 볼 수 있는 형태이다. 생산자원의 역외유출에 대한 지방정부의 억제 노력은 '자원대전(資源大戰)'의 형식으로 발전하고 있다. 중국은 대부분의 지역마다 소형 탄광이나 소형 면방직 공장, 소형 시멘트 공장, 소철광 등이 있다. 이러한 지방정부의 자원 소유 구조는 지방정부로 하여금 자원배분의 효율성을 저해하며 필요한 자원의 유출을 막는 결과를 발생시켰다.

다섯째, 역내제품에 대해 보조금을 제공함으로써 역외제품의 지역 내 경쟁력을 약화시키는 방법도 사용된다. 예를 들면 베이징시는 2015년도에 에너지 절감

17 2004년 국무원(國務院) 발전연구센터(發展硏究中心)의 "中國統一市場建設" 課題組에서 실시한 설문조사에서 두 번째로 많이 사용되는 지방보호조치의 유형이었다.

형 가전제품에 대해 보조금 정책을 시행했다. 하지만 동 정책의 시행으로 인하여 베이징시로부터 보조금을 지급받을 수 있는 소비자는 베이징 시민, 베이징 호구(戶口) 소유자와 베이징시에 주둔한 군인 및 무장경찰, '베이징시 취업거주증(工作居住證)'과 '임시거주증(暫住證)'을 소유하고 있는 사람이었다. 그리고 2009년도의 항저우에서는 지역에서 생산된 냉장고, TV, 휴대폰, 세탁기 등을 구입할 때 약 13% 정도의 정부 보조금을 지원했다.

마지막으로 역내 소비자들에게 역내상품을 구매할 것을 강요하는 것도 지방보호주의의 전통적 유형이다. 예를 들면 5개 수돗물 공급자가 있는 특정 지방자체단체의 주관부서(수돗물 절약팀)에서 수돗물의 대량 사용자들에게 일정기준량을 초과하여 수돗물을 사용할 경우, 기준초과량에 대해 5배의 요금을 부과하는 조치를 만들었다. 하지만 이때 해당 시의 수도공사가 공급하는 수돗물에 대해서는 초과요금을 부과하지 않았다. 이러한 조치는 결국 수돗물 사용자가 해당 시가 지원하는 A수도공사에서 공급하는 수돗물만을 사용하게 함으로써 다른 4개 수돗물 공급자의 영업활동을 제한했던 조치라고 볼 수 있다.

### 3) 기업에 대한 보호와 봉쇄

지방보호주의의 또 다른 형태로 역내 기업에 대한 보호와 역외기업의 역내진입에 대한 봉쇄를 들 수 있다. 제일 많이 사용하는 방식으로는 첫째, 지역 내 우량기업을 선정하여 동 기업의 역외투자를 억제하며 역내투자와 발전을 유도하는 방법이 있다.

중국의 한 지방자치단체에서는 역내 ㅇㅇ맥주업체와 관내 야간시장에서 독점으로 맥주를 판매할 수 있도록 하는 공급계약을 체결했다. 그리고 이때 야간시장에 입점하는 모든 맥주 판매상에게는 해당 특정 지역맥주업체로부터 맥주를 구입하도록 했다.

둘째, 지방정부가 각종 행정조치를 동원하여 역내기업이 유리하도록 하는 방법 등이 있다. 대표적인 것으로 물자조달 등에 있어서 역내기업이 유리하도록 하는 방법 등이 있다. 가장 우려할 만한 역내기업 보호방법으로는 지방정부가 위조나 저질품을 생산하는 역내기업을 방관함으로써 지방정부가 저질제품의 비호자 역할을 하는 것이다.[18] 더 나아가 지방정부가 지방 행정력을 동원하여 역내기업의 모조품이나 저질 상품을 유통시킴으로써 해당 시장에서 역내기업을 보호하기도 한다. 또한 강제적인 판매방법을 동원하여 판로가 없는 역내기업의 상품을 구매하도록 하는 방법도 사용된다.

예를 들면 중국의 연초제조기업은 일반적으로 소비자들에게 직접 담배를 판매할 수는 없고 연초판매기업에게만 공급할 수 있다. 그리고 각 연초판매기업은 해당 지역시장의 연초판매권을 독점하고 있다. 하지만 그럼에도 불구하고 이들 연초판매기업은 아무 담배나 자율적으로 판매하지 못하는 것이 현실이다. 실질적으로는 해당 지역 연초제조기업이 생산한 담배를 우선적으로 판매해야만 담배를 안정적으로 공급받을 수 있다.

셋째, 역외기업이 역내기업을 기소하는 경우, 역내 사법부가 기소에 대해 적극적인 처리노력을 보이지 않거나 편향된 경향을 보이는 것도 여기에 해당된다. 중국의 경우 법관에 대한 대우가 전국적으로 통일되어 있는 것이 아니라 지역에 따라 다르게 나타난다. 중국에서 법관에 대한 대우가 지역에 따라 다양하게 나타나는 이유는 해당 (지방)정부에서 정한 예산에 따라 법관에 대한 대우가 달라지기 때문이다.

하지만 법원의 예산 규모를 좌우하는 지방정부의 재정은 관할 지방자체단체의 역내기업들 수입에 의존한다. 이 때문에 지방법원이 각종 사건을 다룰 때 자기 관할구역 내의 기업에게 유리한 판결을 내리는 경향이 나타나기도 한다.

넷째, 기업이 법률 및 회계, 자문 등과 같은 중개 서비스를 이용하려 할 때 역

---

18 더 나아가 지방정부 차원에서 중앙정부의 저질상품 처리와 단속을 방해하며, 문제가 폭로된 후에도 지속적인 비호를 행하여 사건을 축소 또는 은폐하는 사례도 있다.

내의 중개기구를 선택할 것을 요구하거나 묵시적으로 강요하는 행위 등이 있다. 예를 들면 CCC 형식 인증을 받는 경우, 구체적으로 샘플의 납품과정에서나 간단한 위반에 대해 현장에서 처리하는 경우 지역기업에게 우대조치를 제공하는 방법 등이 있다.

다섯째, 경쟁상 열위에 있는 역내기업을 보호하거나, 심각한 경쟁열위에 처해 있는 역내기업에 대해서는 역외기업에게 합병될 수 있는 길을 제공하기도 한다. 하지만 그럴 경우 역외기업에게 인수된 해당 기업이 정상화되면 여러 가지 방법을 사용하여 배척하기도 한다.

마지막으로 역내(국유)기업에게 지방세를 감면시켜 주거나 기업이 납부한 세금을 반환하는 정책도 역내기업에 대한 보호정책이라고 할 수 있다.

### 4) 지역 자본시장에 대한 보호와 투·융자 개입

중국의 지방정부는 대외경제정책을 수행하는 하나의 행위주체로서 역할을 수행하고 있다. 하지만 지방분권화의 강화로 인해 지방정부는 지역경제 발전을 위한 자금을 조달할 필요성을 더욱 크게 느끼게 됐다. 특히 두 번의 국제금융위기를 극복하는 과정에서 지방정부는 저마다 투자 중심의 성장정책을 추진하게 되었다. 그리고 이러한 과정에서 지방정부는 역내 자본의 확보 및 지원과 지역자본시장에 대한 보호 필요성을 더욱 절감하게 되었다.

하지만 중국의 자본시장은 규모에 비해 정교성과 투명성이 매우 낙후되어 있다고 평가받고 있다. 일국 자본시장의 발전은 일반적으로 1차적 자본시장이라는 은행권 금융제도의 지급 서비스를 중심으로 성장한다. 경제성장이 더 진행되어 자본시장이 더 성숙해지면 주식시장을 중심으로 하는 증권시장이 2차적으로 발전한다. 3차적 발전단계에서는 자본시장 내 금융기관의 종류가 다양해지면서 보험회사와 연기금 등과 같은 비금융기관 등의 성장이 강화되고, 이로 인해 장기신용 또는 장기자본의 조달에 필요한 중요한 원천이 만들어진다. 중국의 자본시장은 이제야 은행권 금융제도를 완비했다. 전국적인 주식시장을 비롯한 여러 가지 비금융 기관과 관련된 제도가 정비되고 있는 상황이다.

중국정부는 1994년도에 세무행정 시스템과 자원배분의 합리화를 명분으로 분세제 개혁을 진행했다. 하지만 이 분세제의 목적은 명분상 제시된 것보다는 중앙정부의 세수 확보에 초점을 둔 것이라는 평가를 받고 있다. 실제로 분세제 도입으로 인해 중앙정부의 세입은 이전에 비해 증대했으나 지방정부의 세입은 상대적으로 감소했기 때문이다.

분세제 개혁 이후 중앙정부는 필요한 경우 재정에 대한 부담을 지방정부에 전가하는 경향이 강하게 나타났다. 대표적인 예로 글로벌 금융위기 이후 경기부양을 위한 대규모 투자과정(4조 위안)에서 중앙정부는 지방정부의 부담을 확대시켰다. 그 결과 지방정부는 상시적인 재원부족을 더욱 느끼게 되었다.

재원부족을 느낀 지방정부는 더욱 적극적으로 지역자본시장에 대한 보호조치를 전개했다. 지역자본의 부족을 해결하기 위하여 지방공사 설립을 통한 자본조달방식을 도입했다. 지방공사를 통한 자본조달 방식은 먼저 인프라 투자방식을 통한 자본조달로 나타났다. 하지만 인프라 투자방식을 통한 자본조달 방식은 토지자원의 빠른 고갈을 초래할 수 있다는 비판을 받게 되었다.

이에 중앙정부는 인프라 투자방식을 통한 지방정부의 자본조달 방식을 제한했다. 그 결과 등장한 방식이 지방공사 형식의 지방정부 융자기관(Local Government Financing Vehicles ; LGFV) 설립을 통한 지방정부의 우회적 자금조달 방식이었다. 하지만 이 또한 중앙정부와의 책임소재 불분명의 문제가 발생했다. 2015년의 신(新) 예산법 시행 이후 지방정부는 직접 채권 발행방식을 통한 자본조달방식으로 재원조달방식을 변화시켰다.

지역자본시장에 대한 가장 대표적인 개입방식으로는 지역금융기관이나 금융기관에 대한 투자 및 대출을 통해 지방정부 산하의 국유기업(SOE)을 지원하는 방식을 들 수 있다. 그리고 지방금융기관에 의한 불법적 대출 또는 규범화되지 않은 대출이 지방정부 융자기관(LGFV)에게 허용되도록 개입하는 형태도 많이 사용되었다.

한편 지방정부는 2차적 금융시장이라고 할 수 있는 주식시장에 대한 관리과정에 적극적으로 개입하여 역내 기업에 특혜를 제공하고 있다. 구체적으로 중국의 증권거래소는 지방정부와 중앙정부의 증권 관련 주무부서에 의해서 이중 관리를 받고 있다는 문제점이 제기된다.

중국의 주식은 상하이와 선전, 샹강(홍콩) 3곳에서 거래되며 저마다 조금씩 다른 상장제도와 기업, 거래 주식의 종류, 운영규칙 등을 가지고 있다. 이렇게 중국의 주식시장이 거래장소에 따라 거래제도, 방법, 운용규칙 등이 상이한 이유는 중국의 주식시장이 분할되어 있고, 또한 지방보호주의의 영향을 받는 일종의 폐쇄적 분할시장이라는 특징이 작용하기 때문이다.

현재 중국의 주식시장에서는 적지 않은 수의 상장기업과 중개기구가 정보 제공이나 운영과 관련된 규정을 위반하고 있다. 하지만 이를 감독해야 하는 증권감독위원회는 인원이 대단히 부족한 상태이다. 따라서 많은 사건들에 대한 조사는 지방정부의 관련 기관에게 위탁을 해서 처리하고 있다.

하지만 증권감독위원회의 위탁을 받은 지방정부는 특정사건에 대한 조사를 행할 때 지방의 이익을 중시하는 방향으로 사건을 무마함으로서 역내 기업을 보호하려는 경향이 있다.[19] 일부에서는 지방정부가 지역 내 상장기업 이미지의 관리를 위하여 지방행정력을 동원하여 상장기업을 조정하는 사례도 나타나기도 한다. 이러한 지방정부의 상장기업에 대한 조정은 시장시스템에 따른 '자율성'을 심각하게 해치며, 중국 증권시장의 발전과 성장에도 상당한 수준의 악영향을 발생시키고 있다.

한편 자본시장 중에서 재산권 시장에 대한 지방정부의 간섭도 많이 나타나고 있다. 현재 중국에서는 전국적이고 통일적인 재산권 시장체계가 완전히 확립되지 못한 상황이다. 따라서 이러한 상황에서 발생하고 있는 지방정부의 불합리한 행

19 어떤 때에는 지방정부가 증권감독위원회보다 앞서서 문제가 된 사건을 처리해주기도 한다.

정간섭은 재산권 시장의 발전을 제약하고 지역 간 기업의 인수 · 합병에 대해서도 많은 문제점을 발생시키고 있다.

지방정부는 재산권 소유자로서 지방 국유기업이나 향진기업 등에 간섭하고 있다. 이 뿐만 아니라 지방정부는 발전전략의 수립과 수행, 그 밖의 일상 경영활동에 대해서도 간섭과 통제도 함께 시행하고 있는 주체이다. 실제 국유기업의 개혁과정에서도 반드시 필요한 지방 국유기업에 대한 경영(자주)권의 이양은 거의 발생하지 않는 것이 현실이다.

국유자산의 재산권 처리과정에서도 지방보호와 시장분할 현상은 여러 가지 문제를 만들어낸다. 국유자산의 관리는 여러 주체들에 의해 관리되는 다중적 관리방식을 채택하고 있다. 국유자산에 대한 다중적 관리체제는 국유자산에 대한 권한을 행사할 주체들은 많아도 책임을 질 주체들은 별로 없는 상황을 만들어 낸다. 그리고 이러한 사실은 국유자산의 부실 또는 (지방)국유기업의 부채 문제가 심화되면서 더욱 확연해지고 있다.

CHAPTER 10

# 금융시장 환경

1. 은행산업
2. 주식시장

# 1. 은행산업

## 1.1 개혁 · 개방 이전의 구조

19세기 중반 이후 많은 외국은행의 지점들이 중국으로 진출하면서 근대식 은행이 설립되기 시작했다. 이렇게 시작된 중국 금융시장의 역사는 비교적 오래되었다고 볼 수 있다. 하지만 금융시장의 출발과는 달리 청나라 말기 이후부터 신중국 건국 전까지의 중국 내의 금융시장 상황은 그리 좋지 않았다. 장기간의 내전과정에서 금융기관이 난립하고 지역마다 상이한 화폐가 유통되는 등 무질서한 양상이 나타났다.

금융시장에서 나타난 이러한 무질서를 정리한 것이 1949년에 만들어진 중국인민은행이었다. 중국인민은행은 1948년 12월 1일 화북은행(華北銀行), 북해은행(北海銀行), 서북농민은행(西北農民銀行) 등을 통합하여 만든 은행이다. 중국인민

출처 : 大公网(http://www.takungpao.com.hk/)

[그림 10-1] 중국 인민은행

은행의 설립 후 중국화폐가 위안화로 통일되었다. 그리고 모든 현금의 수수와 거래에서 위안화를 기준통화로 사용할 것이 결정되었다.

1949년부터 1978년 이전까지 중국에서는 중국인민은행을 중심으로 하는 단일은행체제가 유지되었다. 즉, 이는 당시 중국 내에서 모든 금융업무를 수행하는 단일은행이 중국인민은행뿐이었다는 것을 의미한다. 하지만 당시에도 중국에는 중국인민은행 외에 다른 은행이 존재하고 있었다. 중국은행(1912년 건설)과 중국인민건설은행(1954년 설립) 등과 같은 은행이 당시에도 존재했던 것이다. 하지만 이 2개의 은행은 독립적 성격을 갖는 개별 은행이 아닌 중국인민은행의 지부 또는 부서적 성격을 갖고 있는 은행이라고 볼 수 있다. 중국은행은 중국인민은행의 대외거래 담당 부서였고, 중국인민건설은행은 재정부 기본건설재무국의 업무를 대행하는 은행이었다.

그 밖에도 중국의 건국 초기에는 교통은행과 농업은행 등과 같은 은행들도 존재했다. 하지만 이들 은행들도 새롭게 출범한 사회주의 계획경제체제에 부적합하다는 이유로 폐쇄되거나 중국인민은행에 통합되었다. 이러한 과정에서 중국인민은행은 국무원의 지령에 따라 중앙은행의 역할을 담당하게 되었다. 이에 따라 중국인민은행은 정책은행과 일반은행 등과 같은 역할을 병행하는 중국 내 유일한 은행이 되었다.

당시 중국인민은행은 국가의 경제계획을 수행하기 위한 재정수입의 배분과 결제를 담당하는 역할을 수행하였다. 그리고 국영기업의 운영자금 관리 및 정부의 회계출납 기관으로서의 역할도 수행했다. 이 밖에도 중국인민은행은 가계 예금을 흡수하고 기업에 대출해 주는 일반 시중은행의 기능도 함께 수행했다.

당시 중국인민은행을 중심으로 하는 단일은행체계는 새롭게 건국된 국가체제에 여러 가지 장점을 제공하였다. 국가 건설자본이 부족한 건국 초기의 상황에서 단일은행체제는 1950~1970년대 동안 추진되었던 중화학공업 중심의 산업정책에 필요한 자금을 조달하는 부분에서 높은 효율성을 제공하였다. 그리고 경제발전수준이 낮았던 건국 초기에 국가가 금융부문을 강력하게 통제함으로써 국가경제의 발전 초기에 나타날 수 있는 경제와 사회적 불안정을 막아 성장과 개발을 지속할 수 있는 기초요인으로 작용하였다.

그럼에도 불구하고 당시의 단일은행체제는 여러 가지 문제점들을 갖고 있었다. 중화학공업의 육성을 위해 자본의 집중 지원을 담당했기 때문에 국가 내에서 다른 산업과 중화학공업 간의 산업불균형을 확대시켰다. 이 밖에도 국가 내에 존재하던 여러 은행들을 통합하는 과정에서 국가 금융산업의 발전을 저해하는 등과 같은 문제점도 발생시켰다.

## 1.2 개혁 · 개방 이후의 은행체계

중국인민은행을 중심으로 단일은행체제는 개혁 · 개방 정책의 추진과 함께 이원적 은행제도(Two-tier Banking System)로 전환되었다. 결론적으로 중국인민은행은 그동안 독점해 오던 상업은행업무와 정책금융업무를 각종 금융기관에 이관하고 중앙은행의 기능을 중점적으로 수행하는 형태로 독립하게 된 것이다.

중국인민은행으로부터 분사된 국유상업은행의 독립은 1979년부터 시작되었다. 가장 먼저 1979년에는 농업은행이 독립되어 농촌대출업무와 농촌신용합작사에 대한 감독업무가 시작되었다. 1983년에는 중국은행과 건설은행이 인민은행과 재정부에서 독립했고, 1984년에는 공상은행이 인민은행에서 독립하여 관련 업무를 시작했다. 이로써 중국에서는 농업은행, 중국은행, 인민건설은행, 중국공상은행 등 4대 국유상업은행체제가 만들어지게 되었다.

그리고 이들 4대 국유상업은행들은 1994년 3대 정책은행에게 정책금융 업무를 이전하기 전까지는 해당 은행의 명칭에 표현되어 있던 전문화 영역에서 은행업무를 담당하였다. 4대 국유상업은행은 특히 국유기업에 대한 정부의 지원을 전달하는 창구 은행의 역할을 담당해 왔다. 지금도 정부의 주요 금융규제조치와 차별적 신용배분 등과 같은 금융압박 조치 등은 주로 4대 국유상업은행을 중심으로 진행된다.

한편 1994년부터는 3대 정책은행이 설립되어 기존에 4대 국유상업은행들이 수행해 오던 정책업무를 담당하게 되었다. 3대 정책은행은 중국국가개발은행, 중국농업발전은행, 중국수출입은행이다. 중국국가개발은행은 우리나라의 산업은행과 비슷한 성격을 가진 은행으로 주로 사회간접자본 건설이나 국가 중점건설사업에 대한 지원, 신생유망산업 등 국가 전략산업에 대한 투자를 담당한다. 중국국가개발은행이 사용하는 대부분의 자본은 국가의 재정자본과 장기금융채의 발행을 통해서 조달된다.[1] 농업발전은행은 중국 내에서 농업이나 농촌, 농민을 지원하는 정책금융지원기관이다. 농촌발전은행의 설립으로 인하여 중국에서는 농업과 농촌분야에서 농업은행, 농업발전은행, 농촌신용합작사 등과 같은 3대 금융체제가 형성되었다.[2]

그동안 국가 중앙은행의 역할에 집중하던 중국인민은행은 1998년에 실시된 대규모 정부기구 개혁과정에서 전국에 9개의 지점만을 남기고 모두 통폐합되었다. 현재의 중국인민은행은 발권은행 업무, 현금의 결제 · 출납, 경제계획을 위한 장단기 자금의 공급, 국고의 대행, 일반금융과 신탁업무 등을 담당하고 있다.

1987년 중국 최초의 국유주식제 상업은행인 교통은행이 설립되었다. 당시에는 이미 4대 국유상업은행체제가 만들어졌지만, 이들 은행들만으로는 국내에서 필요한 각종 자금의 배분과 조달에는 한계가 있었다. 중국정부는 자본시장의 문제점을 해결하기 위하여 자본주의식 금융제도를 도입하게 되었다. 중국 내에서 존재했던 각종 자본조달 및 분배의 문제를 해결하기 위해서 주식제 상업은행제도가 도입된 것이다. 그 후 1987년부터 1996년까지 중신실업은행, 초상은행, 선전발전은행 등 모두 10개(현재 13개)의 주식제 상업은행이 설립되었다.

---

1 1994년도에는 국가개발은행이 중국에서 정책성 금융채 발행을 최초로 시작했다. 그 후 1997년에 은행 간 채권시장이 개설되면서 채권시장이 본격적으로 형성되기 시작한다.

2 1996년 농촌신용합사작는 농업은행으로부터 받던 행정적 예속관계에서 완전 벗어나게 된다.

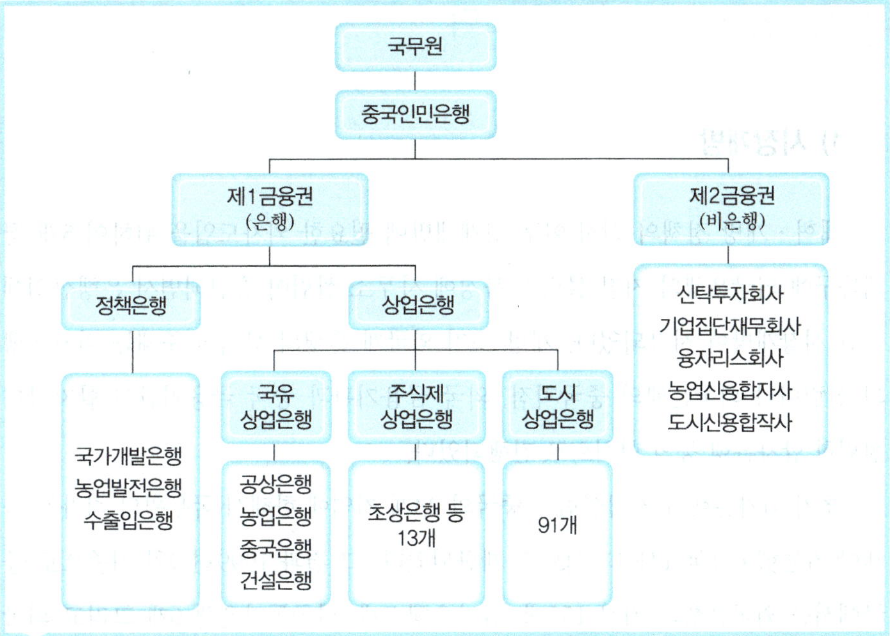


[그림 10-2] 중국의 은행체계

중국 내에서 도시상업은행은 1990년대 중반 이후 도시신용합작사들이 심각한 경영난에 직면하게 되자 이를 해결하기 위해서 설립된 것이다. 즉, 수십 개의 도시상업은행은 중국정부가 당시에 경영난에 처해 있던 도시신용합작사 문제를 해결하기 위하여 구조조정 차원에서 설립한 것이다. 이 밖에도 각종 은행 이외에도 제2금융권이라고 명칭되는 비은행권 금융기관이 존재한다. 비은행금융기관으로는 농촌신용합작사, 도시신용합작사 등과 같은 합작사 금융기관과 융자리스공사, 신탁투자공사(金融租賃公司), 기업집단재무공사 등이 존재한다.

## 1.3 은행산업의 개혁 노력

### 1) 시장개방

개혁 · 개방 정책의 실시 이후 경제개발에 필요한 외자도입을 위하여 5개 경제특구에 외국은행의 지점 설립과 북경에 사무소 설립이 승인되면서 은행산업에 대한 시장개방이 시작되었다. 개방 초기 외국계 은행의 상업적 주재는 외자은행의 설립이나 외국은행의 중국지점, 외국 금융기관과 중국 금융기관이 합자하여 설립한 합자은행 등의 형식으로 진행되었다.

초기 외자은행의 지점설립은 중국의 23개 지역에 한해서 국무원의 허가를 득해야 가능했고 1국 1사 1지역으로 제한되었다. 그 결과 1999년 9월 기준으로 중국에서는 외국은행의 지점 155개, 합자은행 7개, 외국독자은행 6개 그리고 외국은행의 대표처 248개 등이 상업적 주재를 하게 되었다.[3]

하지만 2001년 말의 WTO 가입 이후 은행시장에 대한 대대적인 개방이 나타났다. 사실 중국 내에서 은행산업의 개방은 외자은행의 위안화 업무 취급지역 제한 완화와 고객 제한의 완화라는 두 가지 측면에서 추진되었다. 먼저 WTO 가입 이후 중국 내에서 외국은행의 지점 설립은 지역 제한이 해제되어 전국 어디에서나 설립할 수 있게 되었다. 외국계 은행의 영업지역 제한은 해제되어 2007년 이후부터는 전 지역에서 외국계 은행에 의한 위안화 업무가 가능하게 되었다.

구체적으로 WTO 가입과 동시에 상하이(上海) · 선전(深圳) · 다련(大連) · 톈진(天津)에서 위안화 영입이 가능해졌다. WTO 가입 후 1년까지는 광저우(廣州) · 칭다오(青島) · 난징(南京) · 우한(武漢)에 대한 위안화 영업이 개방되었고, 가입 후 2년까지는 지난(濟南) · 푸저우(福州) · 청두(成島) · 총칭(重京)이 개방되었다. WTO 가입 후 3년 내에는 쿤밍(昆明) · 주하이(珠海) · 베이징(北京) · 샤먼

3 汪小亞, 『世紀門檻的中國金融改革』, 中國金融出版社, 1999, p. 253.

(廈門)이 개방되었고, 가입 후 4년까지는 토우(汕頭) · 닝보(寧波) · 선양(瀋陽) · 시안(西安)이 개방되었다. 마지막으로 가입 후 5년 이후부터는 지역 제한이 폐지되었다.

위안화 업무에 대한 고객 제한도 시기에 따라 완화되었다. 사실 외자은행, 외국은행의 중국 내 지점, 그리고 합자은행들의 위안화 영업범위나 여 · 수신 업무, 담보, 국채 및 금융채권의 투자 등은 정부 허가 사항이었다. 위안화 업무가 허용된 외자은행들만이 예금 · 대출 · 어음할인 · 송금 · 보증 · 수출입결제 및 승인을 취득한 외환투자, 외국인 · 삼자기업 및 국유기업을 대상으로 하는 외화대출 업무 등을 취급할 수 있었다. 외자기업의 위안화 거래 업무는 WTO 가입 이후 2년, 개인을 대상으로 하는 거래 업무는 5년 만에 허용되었다.

현재 중국 내 은행산업에 대한 업무 개방과 지역 개방은 완전해졌다. 이로써 중국 내에서 외국계 은행들에게는 중국의 국유 및 주식제 상업은행 등과 무한경쟁을 해야 하는 환경이 조성되었다. 현재 중국 내에서 영업 중인 외국계 은행의 영업현황을 살펴보면 〈표 10-1〉과 같다.

〈표 10-1〉 중국 내 외국계 은행의 영업추이

(단위 : 억 위안, 개)

| | | 2006 | 2010 | 2013 | 2016 |
|---|---|---|---|---|---|
| 자산 | | 9,279 | 17,423 | 25,628 | 29,286 |
| 자본 | | 747 | 1,854 | 2,732 | 3,720 |
| 당기순이익 | | 78 | 78 | 140 | 128 |
| 영업점수 | | | | 947 | 1,031 |
| | 법인 · 분행 기준 | 224 | 360 | 419 | 475 |

**출처** : 박대근, 박춘원, "외국계 은행의 중국진출 요인", 「동북아경제연구」, 2018, p. 4. 재정리

한편 외국계 은행의 성별 국가별 분포현황을 살펴보면 〈표 10-2〉와 같다. 외국계 은행은 지역별로 보면 광동, 상하이, 베이징 지역에 가장 많이 분포되어 있으며, 국가별로는 샹강(홍콩)과 영국, 한국 등의 순으로 많이 진출하고 있는 것

으로 나타났다.

〈표 10-2〉 외국계 은행의 성별 국가별 분포현황

(단위 : 개)

| 지역별 | | 국가별 | |
|---|---|---|---|
| 지역 | 점포 수 | 국가 | 점포 수 |
| 광동 | 189 | 홍콩(상장) | 242 |
| 상하이 | 170 | 영국 | 222 |
| 베이징 | 126 | 한국 | 102 |
| 장수 | 57 | 미국 | 79 |
| 스촨 | 55 | 싱가포르 | 55 |
| 텐진 | 51 | 일본 | 50 |
| 기타 | 213 | 기타 | 111 |
| 합계 | 861 | 합계 | 861 |

외국계 은행의 현지법인 설립요건은 2016년 기준으로 등록자본금 10억 위안 이상, 외국은행의 분행은 2억 위안 이상으로 규정되어 있다. 외국계 은행의 현지법인에 대한 업무범위 제한은 없다. 하지만 외국은행의 분행인 경우에는 1백만 위안 이상의 위안화 및 카드 업무 취급은 금지되어 있다. 지역별 진출현황(2016년 말 기준)을 살펴보면 외국계 은행은 27개 성(직할시)의 70개 도시에 1,031개의 영업점을 갖추고 있는 것으로 나타났다. [4]

한편 은행산업에 대한 개방이 추가로 이루어지면서 2018년 6월 30일부터는 외국계 은행이 중국 토종은행을 100% 인수할 수 있게 되었다. 그동안 중국에서는 은행과 자산운용사의 외자비율 제한(20%)이 존재했다. 하지만 2021년부터는 이러한 제한 규정이 사라지게 된다. 그리고 외국은행의 분행과 자은행을 동시에 설립할 수 있도록 허용된다. 따라서 중국 토종은행을 인수하게 되면 시장 선점효

4 박대근, 박춘원, "외국계 은행의 중국진출 요인", 『동북아경제연구』, 2018, p. 4~5.

과가 크고 중국인 대상으로 영업범위가 비약적으로 확대된다는 장점이 있다.

## 2) 부실대출(채권)의 처리

은행산업의 개혁과정에서 가장 빈번하게 등장하는 문제는 국유기업의 부실과 관련된 은행의 부실채권 처리 문제이다. 국유상업은행의 가장 주요한 역할 중 하나는 국유기업에 대한 자금지원이다. 그런데 국가정책 집행과정에서 국유기업에 대한 국유상업은행의 부실대출 또는 부실채권이 지나치게 많이 증가하였다는 문제점이 발생했다. 그 결과 국유기업의 부채와 이와 관련된 국유상업은행의 부실대출 문제는 중국경제의 미래를 좌지우지할 만큼 가장 중요한 문제로 대두되었다.

국유기업의 부실대출 문제는 미국의 금리정책과도 매우 밀접하게 연동된다. 만약 미국의 금리가 인상되면, 국유기업의 부실채권 문제는 중국금융기관의 부실문제로 전염될 가능성이 커진다. 미국의 금리인상은 이에 따른 중국 국유상업은행의 금리인상으로 연결될 것이고, 이는 다시 중국 국유기업의 부채 상환 부담 증가로 이어질 것이기 때문이다. 이러한 과정에서 원리금 상환이 어려워지는 기업들(국유 및 비국유기업 포함)이 많아지면서 이들 기업이 발행한 부실채권의 문제는 국가적 문제로 비화될 가능성이 높다.

먼저 중국 국유기업(금융회사를 제외한 일반기업)의 부채는 총 118조 5,000억 위안(1경 9,400조원)에 이른다고 중국 국무원은 2018년 10월에 진행된 전인대 보고에서 밝혔다. 2017년 기준으로 국유기업들의 부채 비율은 236%에 달하는 것으로 나타났다. 국유기업의 부채를 중국 국내총생산(GDP)을 기준[5]으로 다시 살펴보면 약 1.3배에 달하고 있는 것으로 나타났다.[6]

---

5 13조 4,572억 달러(약 1경 5,300조 원, IMF 기준 2018년)

6 이길성, "중국 경제뇌관 국유기업부채...헉! 19,400,000,000,000,000원", 조선일보, 2018. 10. 26.

한편 은행감독관리위원회에 따르면 2016년 1분기 말 기준으로 중국 은행들의 부실채권 잔액은 4조 위안(약 665조원)에 달하고, 전체 채권 총액을 기준으로 한 부실채권의 비중은 약 1.75%에 달한다. 이러한 중국 은행들의 부실채권 비중은 과거 2011년 3분기 기준으로 4,100억 위안이었던 것이 5년이 지나는 동안 약 10배 정도 증가했다는 것을 의미한다.

하지만 중국 은행들의 부실채권에 대한 다른 통계도 존재한다. 상하이 증권거래소와 선전 증권거래소의 2,850개의 상장기업 가운데 이자보상배율이 1 미만인 기업은 2016년 5월 말 기준으로 223개사에 달하는 것으로 나타났다. 여기서 이자보상배율이란 기업의 채무상환능력을 나타내는 지표로 영업이익을 이자비용으로 나눈 값을 의미한다. 이러한 이자보상배율이 1보다 작다는 것은 해당 기업이 벌어들인 돈으로 이자조차 갚지 못한다는 의미이다. 따라서 이자보상배율이 1 미만인 기업은 통상적으로 잠재적 부실기업으로 본다. 해당 통계에서 이자보상배율이 1 미만인 기업들의 부채 규모는 총 7,367억 위안으로 나타났다. 상장 기업 2,850개사의 총 부채(8조 5,499억 위안)에서 해당 기업들의 부채가 차지하는 비중은 8.6%인 것으로 나타났다. 상하이 및 선전 증권거래소에서 발표된 이러한 통계는 중국 은행감독위원회가 발표한 부실채권 비중(1.75%)과는 많은 차이가 발생하는 통계 결과이다.[7]

이러한 통계적 차이는 중국은행의 부실채무 또는 부실대출문제가 중국정부가 발표하고 있는 공식 통계보다 훨씬 더 심각한 상황이라는 것을 보여주는 증거이다. 하지만 다행스럽게도 중국은행들의 BIS(국제결제은행) 자기자본비율은 평균 12%를 상회하고 있다.[8]

중국정부는 국유기업의 부채위험과 이와 관련된 은행산업의 부실을 국가경

---

7 정유신, "중국 665조 원 외에 숨은 부실채권이 변수", WEEKLY BIZ, 2016. 8. 3.

8 중국 상업은행들의 BIS 자기자본비율은 결국 해당 은행들의 주된 재원이 어디에서 나오는가 하는 의문에 대한 답변은 제외하고 그 자체만을 기준으로 본다면 중국 상업은행들의 재무상태가 상당히 건전하다는 것을 의미하는 지표인 것이다.

제에 대한 심각한 위협요인으로 판단하였다. 이에 따라 국유기업에 대한 강도 높은 디레버리징(부채 축소) 정책을 추진하고 있다. 국유상업은행의 부실채권 문제를 해결하기 위해 4대 국유상업은행들로 하여금 자산관리공사(AMC)를 설립하게 한 것이다.(〈표 10-3〉 참조) 국유상업은행들의 자산관리공사 설립은 상업은행이 국유기업에 대출한 부채를 주식으로 전환하여 이를 매각하기 위한 것으로 국유상업은행의 손실감소 전략 중의 하나이다.

〈표 10-3〉 중국 4대 국유은행과 자산관리회사(AMC)

| 은행 | 자산관리회사(AMC) | 설립 |
|---|---|---|
| 중국건설은행<br>(Construction Bank of China) | 信達자산관리회사<br>(Xinda Assets Management) | 1999. 4. |
| 중국농업은행<br>(Agricultural Bank of China) | 長城자산관리회사<br>(Great Wall Assets Management) | 1999. 10. |
| 중국은행<br>(Bank of China) | 東方자산관리회사<br>(Dangfang Assets Management) | 1999. 10. |
| 중국공상은행(Industrial and<br>Commercial Bank of China) | 華融자산관리회사<br>(Huarong Assets Management) | 1999. 10. |

하지만 국유기업의 부채 문제를 해결하기 위한 경제의 구조조정 문제는 중국 금융시장의 변동성을 크게 확대시킴으로써 중국정부에게는 큰 부담으로 작용한다. 이러한 문제들 때문에 중국정부가 추진하고 있던 국유기업에 대한 부채감소 개혁은 진도가 빠르지 않은 상황이다. 또한 국유기업은 국가경제 내에서 세수와 고용, 투자 방면에서 절대적인 영향력을 발휘한다. 따라서 국유기업의 부채문제를 단순히 은행산업에 대한 부실문제를 해결하려는 차원으로 접근하는 것은 심각한 문제를 발생시킬 수 있다. 그리고 지방 국유기업의 관리권을 소유하고 있는 각 지방정부의 저항도 국유기업의 부채문제를 쉽게 해결할 수 없게 하는 주요 요인이 된다.

### 3) 금리자유화의 추진

그동안 국유기업의 보호 차원에서 신용대부와 금리의 변동 범위를 가능한 한 제한하려는 정책이 추진되어 왔었다. 이는 금리의 변동범위를 정해 놓고 상업은행이 국유기업에 대한 대출 이자율을 올리지 못하게 함으로써 국유기업이 저리의 이자율로 자금을 대출받을 수 있게 하려는 의도이다.[9]

상대적으로 자본희소국의 입장에 있는 중국으로서는 금리자유화의 추진은 은행산업뿐만 아니라 금융산업 전체의 자기생존 문제와 연결된다. 은행산업에 있어서 금리자유화의 문제는 금융자금의 효율적 배분과 직결된다. 은행이 자본을 효율적으로 배분하지 못한다는 것은 은행산업의 경쟁력 하락과 해당 경쟁시장에서의 도태를 의미하는 것이다. 금리자유화는 금리를 통한 경기조절과 불건전 금융관행의 폐지를 위해서도 절대적으로 필요한 조치이다.

결국 금리자유화는 국유기업의 생존 가능성을 제고시키고 은행산업의 경쟁력을 확보하기 위해서도 필요한 조치이다. WTO 가입을 전후로 은행산업 부문에서 금리자유화에 대한 필요성은 더욱 증가하였다. 이제 시장개방으로 인해 외국금융기관이 중국 내에서 위안화 영업을 자유롭게 행할 수 있게 된다. 따라서 중국의 상업은행들도 외국금융기관과 경쟁할 수 있는 수단을 갖추어야 한다. 이러한 수단이 금리자유화 조치인 것이다. 중국인민은행은 1998년부터는 금리자유화 조치의 도입을 위하여 국유상업은행에 대해 압력을 강화하고 있다. 먼저 1999년 말부터 상업자금에 대한 은행 간 차용(borrowing)율과 은행 간 채권환약특매(bond repos)에 대한 이자율과 거래가 자유화되었다.

한편 은행산업에서 정책금융채권(policy financial bonds)과 정부채권의 발행을 위해서도 금리자유화의 도입이 필요하다. 정부의 금리자유화 조치 도입 발표 이후 자본시장에서는 회사채의 시장탄력성이 높아졌다. 그리고 성(省) 이하 금융

---

9 하지만 이러한 방식의 국유기업 보호는 국유기업 스스로 자신의 경쟁력과 생존 가능성을 개선시키려는 의지를 떨어뜨린다는 문제점을 노정시켰다.

기관에 대한 대출이자율의 폭도 20%에서 30%로 확대되었다. 중소기업에 대한 대출이자율 폭도 1998년을 기점으로 하여 최고 20%에서 30%로 확대되었다.[10]

중국 내에서 금리자유화는 2004년도부터 본격적으로 추진되기 시작했다. 금리자유화의 기본 방향은 먼저 대출금리가 자유화되고 그 다음으로는 예금금리가 자유화되는 순으로 추진된다. 하지만 2008년 글로벌 금융위기 발생으로 인하여 중국 내에서 금리자유화의 추진은 조금 더 늦어졌다. 글로벌 금융위기 이후 중국 내에서 대출금리, 채권이나 어음에 대한 금리는 그 상한과 하한이 철폐되었다. 그리고 예금금리는 인민은행 기준금리의 50%가 상한으로 정해져 있다가 2015년 10월부터는 폐지되었다.

### 4) 상업은행에 대한 투자 개방

상업은행들에게는 자본시장의 미성숙 문제가 상존하고 있었다. 그동안 중국의 상업은행은 정부의 '현금인출기' 역할을 담당하고 있다는 비판을 받아왔다. 중국정부는 낙후되어 있던 은행산업을 개혁함으로써 현대적 상업금융기관을 육성하기를 원하고 있다. 이를 위해 중국정부는 국유상업은행에 대한 주식제 개편을 추진하게 되었다. 즉, 중국정부는 국유상업은행의 건전성과 안전성을 제고하고 부실채권 처리에 대한 속도를 내면서 은행산업의 구조조정을 가속화하기 위해 4대 국유상업은행의 주식제 전환을 추진하게 된 것이다.

4대 국유상업은행의 주식제 전환은 2006~2007년 사이에 처음으로 시작되었다. 4대 국유상업은행 중에서 제일 먼저 주식회사로 전환한 것은 중국은행이다. 하지만 최초로 해외증시 상장요건에 필요한 국제결제은행의 자기자본비율(BIS)을 충족시킨 국유상업은행은 건설은행이었다. 그 후 공상은행과 농업은행에 대해서 주식제 전환과 해외증시 상장이 추진되었다.

---

10 Ping Xie, "Optimal Sequence of China's Financial Sector Reform and Opening-up to the Rest of the World : An Institutinal Rerspective," *China's Integration with the World Economy : Repercussions of China's Accession to the WTO*, Korea INstitute for International Economic Policy, 2001, pp. 225.

중국정부는 선진경영기법과 노하우 습득을 위해 외국은행이 중국 은행들의 지분을 최대 20%까지 보유할 수 있게 했다. 그 결과 가장 먼저 미국의 사모투자펀드인 뉴브리지캐피털이 상장은행 중에 하나인 선전발전은행(SDB)의 지분 17.89%를 12억 달러에 인수함으로써 최대 주주가 되었다. 그리고 그 후 2004년 8월에는 영국계 금융그룹인 HSBC가 교통은행(交通银行)의 지분 19.9%를 매입했다.

HSBC의 중국 내 은행지분 인수를 시작으로 중국은행에 대한 외국자본의 투자가 폭발적으로 증가했다. 2005년 8월 로열뱅크오브스코틀랜드(RBS)가 주축이 된 투자단이 31억 달러에 중국은행(中國银行)의 지분 10%를 매입했다. 그리고 2006년에는 골드만삭스사가 전략적 투자의 성격으로 25억 800만 달러에 공상은행(工商银行)의 지분 7%를 인수했다.

2006년 10월 27일, 중국 내 은행으로서는 건설은행(建設银行)이 처음으로 홍콩증시에 상장되었다. 그 후 2010년까지 공상은행, 중국은행, 교통은행 등이 홍콩과 중국 내 A주 시장에 상장되었다. 2010년 7월에는 농업은행(农业银行)이 중국은행 중 마지막으로 A주와 H주 시장에 동시에 상장하면서 국유은행의 상장개혁은 마감되었다.

해외자본을 도입하여 상업은행들의 자본부족을 해결하려는 시도는 국유기업의 개혁과정에서 필요한 정책자금의 조달을 가능케 한다는 장점을 갖고 있었다. 앞에서 언급했다시피 국유상업은행들의 핵심 과제 중 하나는 국유기업 부실대출 처리이다. 현재 국유상업은행들은 국유기업의 부실대출 문제를 해결하기 위해 국유기업 채무를 주식으로 전환하여 이를 해외에 매각하는 방법을 사용하고 있다.

사실 경쟁력이 없고 회생 가능성이 없는 국유기업들에게는 기업파산제도를 적용해야만 한다. 하지만 기업파산제도의 도입은 실업문제 외에도 대출기업의 파산에 따르는 손해를 대출은행(즉, 국유상업은행)이 그대로 부담해야 한다는 문제점이 존재한다. 따라서 중국정부는 차선의 정책으로 국유 및 일반 상업은행에 대한 투자개방정책을 추진하고 있다. 결과적으로 중국 내 금융기관 투자개방정책은 금융개혁과 국유기업 개혁을 위한 자본조달을 위해서 추진하고 있는 것이다.

하지만 국유 및 일반 상업은행에 대한 주식제 전환 또는 투자개방정책은 또 다른 문제에 직면하게 된다. 중국 금융시장으로 몰려들던 많은 해외자본들이 2009년에 발생했던 세계 금융위기 이후 중국 땅에서 빠져나가기 시작해 이로 인하여 중국의 국유 및 여러 상업은행들의 수익성도 악화되고 부실자산이 급증하는 문제가 나타난 것이다.

중국 내 외국계 금융자본의 철수 움직임은 2009년 1월, 스위스의 다국적 은행인 UBS에 의해 처음으로 나타났다. UBS는 중국은행(中國银行)의 지분 1.33%를 매각했고, 그 후 로열뱅크오브스코틀랜드도 중국은행의 지분을 처분했다. 그리고 2013년 5월에는 중국 내 은행지분을 점차 감소시키던 골드만삭스사가 장외거래로 공상은행의 지분을 전량 매각했다. 2013년에는 BOA가 건설은행의 보유지분을 전량 매각했다. 2015년 말에는 도이치뱅크가 화샤은행(華夏银行)의 지분 19.99%를 인민재산보험에 매각했다. 그리고 2016년 3월에는 시티그룹이 중국 광파은행(广发银行)의 지분을 차이나라이프에 매각했다.

2009년 이후에 나타난 외국계 금융자본의 대중국 철수 움직임의 가장 직접적인 원인은 중국정부의 외국계 자본에 대한 규제 때문인 것으로 판단된다. 중국정부는 그동안 외국계 금융자본이 중국의 금융기관을 인수할 때 보유할 수 있는 자본의 최대 비중을 20%로 제한했다. 하지만 외국계 금융자본의 중국 은행에 대한 취득지분 제한(20%)은 외국계 자본의 입장에서는 투자대상은행인 중국계 은행에 대해 충분한 영향력을 행사할 수 없다는 문제점을 발생시켰다.

그리고 중국 내 은행산업이 황금기를 거치면서 해당 은행의 주가가 큰 폭으로 상승한 것도 외국계 금융자본의 대중국 철수의 또 다른 이유로 작용했다. 즉, 외국계 금융자본이 주가 상승으로 인해 이미 막대한 투자 수익을 거둔 것이 지분 매각을 부추긴 요인으로 작용했다는 의미이다.[11]

---

11 2016년 광파은행의 지분을 처분한 시티그룹은 광파은행 투자를 통해 110억 위안(약 1조 8,382억원)의 차익을 실현했다. UBS도 2009년 중국은행 투자로 3억 3,500만 달러(약 3,776억원)의 수익을 거두었고, 골드만삭스는 2013년 공상은행 투자를 통해 11억 2,000만 달러(약 1조 2,600억원)를 벌었다.(강소영, "외국자

중국정부는 국유 및 일반 상업은행에 대한 투자개방의 과정에서 나타나는 문제점을 개선하기 위하여 2018년 6월 30일부터 외국계 은행에 대한 외자비율 제한(20%)를 폐지하기로 했다. 이로 인해 최종적으로 2021년부터는 외국계 은행이나 금융자본이 중국 내 상업은행의 지분을 100% 인수할 수 있게 되었다.

## 1.4 주요 은행의 국제적 위상 변화

중국 내 주요 은행의 국제적 위상을 살펴보면 먼저 중국의 중앙은행이라고 볼 수 있는 중국인민은행은 5조 달러 규모의 자산을 가지고 있다. 이는 미국의 중앙은행이라고 할 수 있는 연방준비제도이사회(FRB)의 5배에 달하는 규모이다. 이러한 자본 규모를 고려할 경우 중국인민은행이 세계경제에 미치는 영향력은 향후에도 점차 확대될 가능성이 높은 것으로 전망된다.

한편 중국 국유상업은행의 국제적 위상 변화를 살펴보면 놀랄 만한 수준으로증가하고 있다. 2018년 기준으로 세계 1~4위의 은행이 중국공상은행, 중국건설은행, 중국은행, 중국농업은행의 순으로 발표되었다. 이들 은행 모두 중국의 4대 국유상업은행이다. 2018년 기준으로 세계 10대 은행의 순위를 살펴보면 〈표 10-4〉와 같다.

2018년 기준으로 세계 10대 은행 중에서 중국계 은행은 4곳, 미국계 은행은 4곳, 영국계 은행은 1곳, 일본계 은행은 1곳으로 나타났다. 이러한 변화는 세계 1,000대 은행을 기준으로 확인해 보아도 알 수 있다. 2013년 기준으로 세계 1,000대 은행 중 중국계 은행은 96곳이었다. 하지만 2018년 기준으로는 세계 1,000대 은행 중 중국계 은행은 126곳이 이름을 올렸다. 자산총액과 세전이익의 총액 기준으로 중국계 은행들은 미국과 유로존 은행들의 실적을 넘어서고 있는 상황이다.

---

본 중국계 은행서 지분 철수 가속, 먹튀 전략?", 뉴스핌, 2016. 10. 21.)

〈표 10-4〉 세계 10대 은행 순위(2018)

| 순위 | 은행 | 국가 |
|---|---|---|
| 1 | 중국공상은행 | 중국 |
| 2 | 중국건설은행 | 중국 |
| 3 | 중국은행 | 중국 |
| 4 | 중국농업은행 | 중국 |
| 5 | JP모건체이스 | 미국 |
| 6 | Bank of America | 미국 |
| 7 | Wells Fargo | 미국 |
| 8 | 시티은행(Citigroup) | 미국 |
| 9 | 미츠비스 UFJ | 일본 |
| 10 | HSBC | 영국 |

세계적으로 저명한 금융전문지인 『더 뱅커(The Banker)』에 따르면 세계 1,000위 안에 포함된 전체 중국계 은행들의 기본자산은 2017년도 기준으로 전년 대비 20%(3,370억 달러) 정도 증가한 2조 570억 달러로 나타났다. 이는 미국계 은행(1조 4,060억 달러)과 유로존 은행(1조 3,950억 달러)의 기본자산 규모를 크게 웃도는 규모인 것이다. 2017년 기준으로 중국계 은행의 총수익은 세계 전체 은행의 약 3분의 1을 차지하는 정도로 나타났다. 따라서 세계의 은행시장에서 중국계 은행의 성장세는 양과 질적인 면에서 모두 두드러지게 나타나고 있다고 볼 수 있다.

# 2. 주식시장

## 2.1 주식시장의 설립과정과 구조

### 1) 주식시장의 설립과정

증권거래소는 국무원의 직속부서인 중국증권감독관리위원회(China Securities Regulatory Commission ; CSRC)의 관리 · 감독을 받고 있다. 중국에서는 1990년도와 1991년도에 상하이와 선전에서 증권거래소가 차례로 설립되었다. 중국에서 주식시장의 설립은 중국의 개혁 · 개방 정책 추진과 밀접한 관련이 있다. 주식시장의 필요성은 경제체제 개혁의 과정에서 중국 내에서 많은 종류의 기업들이 생겨나면서 증가했다. 즉, 많은 종류의 기업이 발생하고 성장하면서 이에 따른 기업경영과 사업수행을 위해 많은 자금이 필요했기 때문이다.

중국정부는 주식시장이 갖고 있는 기업자금 조달창구로서의 역할을 중시하였다. 이에 따라 1980년대 초부터는 일부 대도시 기업에서 주주제가 도입되기 시작했다. 1984년에는 최초의 주식회사인 베이징 천교백화점이 설립되었다. 그리고 중국 최초 일반공개모집 방식의 기업인 상하이 비락주식회사가 설립되었다. 1986년 1월에는 전체 자금을 모두 주식 형식으로 조달하는 상하이 연중실업주식회사가 설립되었다.

그 후 1980년대 중반부터 중국의 전국 각지에서는 유한주식회사 형식의 기업들이 만들어지기 시작했다. 하지만 당시 발행된 주식은 주로 기업의 자금조달수단으로만 활용되었지 다른 기능으로 역할하기에는 한계가 존재했다. 이러한 문제점을 해결하기 위하여 1986년 9월 26일 상하이에서 최초의 증권거래점이자 상하이시 신탁투자회사인 전안증권 업무부가 설립되었다. 그리고 동 영업부에서는 상하이시 내의 유한주식회사인 영중실업과 비악음향 등 2개 기업의 주식을 위탁 매매하기 시작했다.

국유기업 주식거래에 대한 중국정부의 공식적이고 의미 있는 허용방침은 1987년도에 만들어졌다. 1987년 중국인민은행 상하이 지점은 '증권거래관리방법'을 발표하여 국유기업의 주식발행과 장외시장 형태의 주식거래를 허용하도록 했다. 동 규정의 발표를 기점으로 해서 중국정부는 국유기업 주식발행의 주체가 되었다. 1987년 5월에는 선전발전은행이 일반주민을 대상으로 처음으로 주식발행을 시작했다.

그 후 정부 차원에서 주식회사제 개혁이 강화됨으로써 중국 내에서 거래되는 주식의 종류는 점차 다양해져 갔다. 이러한 과정에서 주식투자자의 수가 점차 증가하면서 주식거래소의 필요성이 증대되었다. 그 결과 중국정부는 주식거래소 설립을 위한 조건을 설정하고 이들 조건에 부합하는 2개 도시를 지정하여 증권거래소 설립을 허가했다.

출처 : 21世纪经济报道(http://www.21jingji.com/)

[그림 10-3] 중국 상하이 주식거래소

1990년 11월 26일에는 상하이와 선전의 증권거래소 설립에 대한 인민은행의 공식 동의가 이루어졌다. 1990년 12월 1일에는 선전 증권거래소가 설립되었고, 1991년 7월부터 정식 영업을 시작하게 되었다. 그리고 그 후 1990년 12월 19일에는 상하이 증권거래소가 설립되었다.

### 2) 중국 주식시장의 구조

중국의 주식은 거래소에 따라서 거래되는 주식의 종류가 조금씩 다르다. 상하이 증권거래소에는 주로 중국의 국유기업과 금융, 에너지 등과 같은 대형 기업들의 주식이 상장되었다. 상하이 증권거래소에서는 위안화로 거래되는 내국인 투자 전용 주식인 A주와 달러화로 거래되며 외국인 투자가 가능한 B주가 거래되었다.

선전 증권거래소에서는 첨단산업과 신생기업의 주식이 주로 상장되었다. 선전 증권거래소에는 주반(主板, MainBoard)시장 외에도 2004년 6월에 개설된 중소반(SME)과 2009년도에 개설된 창업반(ChiNext)이 존재한다. 선전 증권거래소의 주반시장과 중소반시장에서는 A주와 B주 모두 거래된다. 이때 B주는 홍콩 달러로 거래된다.

홍콩 증권거래소는 1914년에 설립되었고 주반시장과 GEM 시장이 존재한다. 주반시장에는 대부분의 H주 기업과 레드칩 기업들이 상장되어 있다. 중국 증권시장의 구조를 요약하면 〈표 10-5〉와 같다.

중국 주식시장에서 A주는 내국인 전용 주식으로 증시 시가총액의 대부분을 차지한다. A주에 대한 거래는 2002년 12월부터 적격외국인투자자(QFII)에게 개방되었다. 결국 상하이와 선전에서 거래되는 A주의 투자자는 중국의 내국인과 적격외국인투자자(QFII)이다.

B주는 외국인 투자유치를 목적으로 발행된 외국인 전용주식이다. B주는 그 투자자가 외국인 투자자로 한정되고 화폐 또한 미국 달러나 홍콩 달러로 한정된다. 따라서 초기의 B주 시장은 시장 규모가 작고 새로 상장하는 기업도 적어 자본

〈표 10-5〉 중국 주식시장의 구조

| 거래소 | 주식 | 특징 |
|---|---|---|
| 상하이 | 주반(主板, MainBoard) | A주 : 위안화 거래, 중국인 투자전용, QFII/RQFII를 통해 투자 가능 |
| | | B주 : USD 거래, 중국인과 외국인 투자 가능 |
| 선전 | 주반(主板, MainBoard) | A주 : 위안화 거래, 중국인 투자전용, QFII/RQFII를 통해 투자 가능<br>B주 : 홍콩 달러(HKD) 거래, 중국인과 외국인 투자 가능 |
| | 중소반 (SME) | A주와 B주로 구분<br>주반과 중소반 상장조건은 같지만 상장기업들의 차이는 산업성숙도로 나누어지고, 그중 중소반은 규모가 조금 더 작은 중소기업이 주를 이룸 |
| | 창업반 (ChiNext) | A주 : 위안화 거래, 중국인 투자전용, QFII/RQFII를 통해 투자 가능<br>미국의 나스닥이나 한국의 코스닥처럼 IT 관련 주식의 상장을 위해 개설된 시장 |
| 홍콩 | 주반 (主板, MainBoard) | H주 : 홍콩 증시에 상장된 중국주식으로 국유기업 또는 정부지분이 30% 이상인 기업, 본토자금은 GDII만 투자 가능함 |
| | | 레드칩 : 자본-중국 본토, 기업 소재지-홍콩 |
| | | 항생주 : H주와 레드칩을 제외한 홍콩기업의 주식 |
| | GEM | 홍콩의 나스닥 시장 |

주 : QFII는 적격해외기관투자를 의미하고, RQFII는 위안화 적격외국인투자자를 의미

조달의 기능이 유명무실하다는 비판을 받았다. B주의 이러한 문제점 때문에 B주의 매력은 점차 하락하였다. 중국정부는 이 문제를 해결하기 위하여 2001년 2월부터 B주 거래를 중국 내국인이라도 미국 달러나 홍콩 달러로 환전하는 경우 가능하도록 개방했다.

홍콩시장에 상장된 H주는 본토 기업 중에서 홍콩에 상장된 기업(주로 국유기업)의 주식으로 외국인이 홍콩 달러로 거래한다. H주 시장은 상하이와 선전의 본토 주식과는 달리 기관 투자가나 외국인 투자가의 비율이 높은 주식시장이다. 이러한 이유 때문에 H주 시장은 중국 내에서 제일 먼저 세계경제 변동의 영향을 받는 시장이다.

## 2.2 주식시장의 개혁

### 1) 주권분치와 비유통주 개혁

#### (1) 주권분치의 개념

주권분치(股权分置)란 A주 시장에 상장되어 있는 국유기업의 주식이 거래소 상장거래 여부에 따라 비유통주와 유통주로 구분되어 관리되는 것을 의미한다. 주권분치는 중국의 사회주의경제체제가 시장경제체제로 전환되는 과정에서 발생한 중국만의 특수한 경제상황을 반영한 제도이다. 주권분치는 증권당국이 주식시장 설립 초기에 국유기업이 국유(国有)적 성격을 유지하면서 자금을 융통할 수 있도록 고안한 일종의 정치적 배경을 가진 조치이다. 비유통주에는 일반적으로 국가주, 국유주, 사회법인주, 기업직공 개인주 등이 포함된다.

국유기업에 대한 주권분치 개혁이 본격화되기 이전인 2004년 말 기준으로 중국 상장기업의 전체 주식은 7,149억 주가 되는 것으로 나타났다. 이중에서 비유통주는 4,543억 주로 상장기업 총 주식의 64%로 나타났다. 이와 달리 유통주는 2,577억 주로 총 주식의 36.05%로 나타났다.[12]

국유기업의 주권분치 구조는 중국경제의 사회주의적 성격 또는 공유제적 특징을 반영한 것이다. 사실 주권분치는 국유기업 주식의 우선 상장과 상장기업에 대한 국가의 주식통제(控股)를 기본 전제로 한 것이다. 현대기업제도의 확립이라는 차원에서 추진된 대형주 중심의 주식회사제 전환은 결국 중국 주식시장의 대부분을 대형 국유기업으로 채우게 만들었다. 그리고 이로 인해 중국의 주식시장은 국유기업 내의 독점적 위치에 있는 주주(정부부문이 설립한 국유지주기업)가 특히 많은 지분을 소유하는 "一股独大"의 주권구조를 갖게 되었다.

---

12 浙江证监局,『股权分置改革后的上市公司治理监管：问题与对策』, 2007, p. 11.

주식시장에서 민영기업 또는 사영기업은 국유기업에 비해 기업발전의 초기 단계에 있고, 그 자산 및 경영 규모가 작다는 특징을 가진다. 민영기업이나 사영기업은 시장범위가 협소하고 그 생산제품의 종류 또한 적거나 단일하다. 그리고 이들 기업들은 상장이나 기업공개(IPO) 시 특정 주주가 주권을 특히 많이 소유할 수 없는 구조로 되어 있다.

주식시장에서 국유기업에 대한 주권분치제도는 그 정치적 또는 정책적 장점에도 불구하고 여러 가지 문제점들을 함께 가지고 있다. 첫째, 주권분치제도는 특정 주식에 대한 거래 권리와 이익 실현 시스템이 일치되지 않는다는 문제점을 발생시킨다. 주식시장에서 유통주는 주가의 변동에 따라 주주의 이익이 결정된다. 하지만 비유통주는 기업의 주가보다는 (순)자산가치의 증감에 따라 주주 이익이 달라지는 경향이 강하게 나타난다.

즉, 주권분치제도하에서는 상장기업의 지배주주가 유통주의 주주이기보다는 비유통주의 주주에 가깝다. 그래서 주권분치제도는 유통주 주주의 의사와 무관하게 국가나 국유부문에 의해 기업의 의사가 결정될 수 있다는 문제점을 유발한다. 그 결과 주권분치가 존재하는 주식시장이나 기업경영시장에서는 시장에 의한 경영감시기능도 약해질 수밖에 없다.

둘째, 주권분치제도는 주식시장의 가격결정기능을 왜곡시킨다. 이는 유통주보다 비유통주의 수량이 많기 때문에 주식의 정가제도가 왜곡되기 때문이다. 주권분치의 문제점 때문에 중국의 주식시장은 거시경제의 흐름과 상장회사의 기업가치의 변화에 따라 주가가 움직이지 않고 정부정책의 변화에 따라 주가가 폭등과 폭락을 거듭하는 정책시장의 형태로 변화한 것이다. 따라서 중국 주식시장의 일반 주주들은 장기적 투자보다도 단기적 투기경향을 띠게 되었다.

셋째, 유통주와는 달리 비유통주는 주가변동을 근거로 자유롭게 매매할 수 없다. 비유통주의 가치는 기업가치의 변동을 근거로 변동되는 경향을 강하게 띤다. 비유통주의 이러한 특징은 해당 기업의 주주 사이에 이익공동체라는 연대의식보다는 이익 충돌체적 성격을 노출시키면서 주식시장에서 주주 간의 갈등과 불신을 발생시키는 요인이 되었다.

넷째, 비유통주 문제는 중국의 주식시장과 자본시장의 협소문제를 발생시킨다. 이처럼 주권분치 문제는 자본시장의 효율적인 자원배분 능력을 저해시켜 자본시장의 발전을 저해하는 핵심 요인이 되었다.

#### (2) 비유통주의 유통주 전환

주식시장에서 비유통주의 유통주 개혁은 2차례에 걸쳐 진행되었다. 그중 2001년 6월부터 시작되어 2002년 6월까지 진행된 제1차 비유통주의 유통화 개혁은 실패로 끝났다. 비유통주 개혁은 2001년 6월에 발표된 '국유주의 시가매각(国有株减持)' 방안에서 시작되었다. 2001년 6월 22일, 국무원 산하의 5개 부서가 연합하여 '국유주 시각 매각을 통한 사회보장 자금조달관리 잠정방법'을 발표하였다. 이 방안에서 국무원은 상장회사가 주식을 신규 발행하거나 증자할 때에는 발행액의 10%에 해당하는 국유주식을 시가로 매각·유통시켜야 하는 내용을 담고 있었다. 중국정부는 이 '잠정방법'을 통해 부족한 사회보장기금을 보충하고 동시에 주식가격의 거품을 제거한다는 두 가지 목적을 달성하고자 했다.

하지만 국무원의 당시 정책(비유통 국유주식의 시가 유통 정책)은 주식시장의 공황상태를 유발시켰다. 비유통 국유주식의 유통에 따른 주식시장의 물량 폭증을 예상한 민간투자자들은 한꺼번에 보유주식을 시장에 내놓았다. 이로 인해 주가는 폭락했다.[13] 중국 내의 비판과 주가 폭락에 직면한 정부당국은 결국 2001년 10월 22일 기존에 발표한 정책의 잠정 중단을 발표하였다.[14]

이때의 실패는 중국의 정책당국으로 하여금 국유주의 비유통주 개혁에서 점진적인 유통이나 물량분산정책이 주식시장의 수급불안 요인을 해소시킨다는 교훈을 얻게 했다. 당시의 비유통주 개혁 실패는 중국 내부에 비유통주의 유통주 전

---

13 2001년 6월 중순부터 당해 10월 20일 까지 4개월 만에 상하이 종합주가지수는 2,245포인트에서 1,520포인트로 725포인트나 하락하였다. 이때의 주가 하락폭은 32%였다.

14 서석홍, "중국 주식시장의 주권분치 개혁에 관한 연구", 『동북아문화연구』, 제29집, 2011, pp. 379~380.

환에 대한 광범위한 토론과 심층적 연구를 불러 일으켰다. 그 결과 비유통주 개혁에 대한 1차 실패가 오히려 A주를 중심으로 하는 주식시장의 개혁 필요성을 강조하는 계기로 작용했다.

국무원은 먼저 2004년 1월에 '국무원의 자본시장 개혁 · 개방과 안정 발전에 관한 의견(国务院关于推进资本市场改革开放和稳定发展的若干意见)'을 발표했다. 동 의견에서는 주권분치의 문제를 적극적이고 안전하게 그리고 타당한 방법으로 해결한다는 원칙이 발표되었다. 이에 따라 중국 내에서는 비유통주의 유통화 개혁이 단계적이고 점진적으로 진행되었다.

비유통주 개혁의 핵심은 유통주와 비유통주 주주들 간의 이익균형과 관련된 협상을 통하여 A주 시장에서 주식양도에 대한 제도적 차이를 제거하도록 만드는 것이다. 그 결과 비유통주의 주주가 유통주의 주주에게 대가를 지불함으로써 유통권을 획득할 수 있게 했다. 국유주의 유통화 방법은 상장사가 비유통주의 유통화 방안을 먼저 마련하도록 하는 것이다. 그래서 이를 (임시)주주총회에서 전체 주주의 2/3, 유통주 주주의 2/3의 찬성을 얻어 시행하도록 했다.

중국 증감위는 비유통주의 유통화 개혁을 지원하기 위하여 다양한 수요기반 확대조치를 병행하여 실시하였다. 당시 실시된 보완조치로는 ① 증권거래세율의 인하(0.2%→0.1%), ② 그동안 금지되었던 보험회사의 주식투자를 보험회사 총자산의 5% 범위까지 가능하도록 허용, ③ 상업은행의 펀드운용사 설립 허용, ④ 기존에 40억 달러였던 적격외국기관투자자(QFII)의 투자한도를 100억 달러로 확대, ⑤ GFII의 주식양도차익에 대한 영업세(5%) 면제, ⑥ 외국계 전략적 투자가[15]에게 3년 이상 보유를 조건으로 A주 매입을 제한적으로 허용하는 조치 등이 있다.[16]

비유통주의 유통화 개혁은 2005년 4월부터 다시 시작되어 2016년에 완성할 계획이었다. 2005년 4월 29일 증감회는 국무원의 비준을 얻어 '상장회사 주

15 전략적 투자가는 보유자산 총액이 1억 달러 이상 또는 운용자산 규모가 5억 달러 이상인 투자가나 기관을 의미한다.

16 오재열, 중국증시개요 및 주식시장 전망, 한국투자증권, 2007. 02. pp. 20~21 참조

권분치 개혁 실험에 관한 문제의 통지'를 발표하였다. 개혁 실험의 실시를 위해서 三一중공업, 紫红기업, 清华同方, 金牛에너지 등과 같은 4개 기업을 실험기업으로 선정하여 개혁을 진행하였다. 2005년 6월 1일 증감회는 '제2차 상장회사 주권분치 개혁실험 업무를 잘 처리하는 것에 관한 관련 문제의 통지'를 발표했다. 이에 따라 2005년 8월 10일까지 대형 중앙 국유기업, 지방 국유기업, 민영기업, 중소기업판 상장기업 등과 같은 다양한 유형과 성격의 42개 기업에 대해 주권분치 실험이 실시되었다.

2005년 8월 23일에는 국무원의 비준을 거쳐 중국 증감회, 국무원 국유자산관리감독위원회, 재정부, 인민은행, 상무부가 합동으로 '상장회사의 주권분치 개혁에 관한 지도의견'을 발표했다. 그해 9월 4일에는 증감회가 개혁의 상세한 진행절차와 개혁 후 원(原) 비유통주의 매각 스케줄을 규정한 '상장회사의 주권분치 개혁 관리방법'을 발표했다. 그리고 이를 근거로 2005년 9월 12일에는 상하이 자동차와 민생은행 등과 같은 40개 상장회사에 대한 주권분치 개혁이 추진되었다. 그 후 주권분치 개혁의 본격적 추진단계에 접어들었다.

그 후 2005년 11월 22일에는 선진 주식시장의 중소기업과 상장회사 전체가 주권분치 개혁을 완료하여 최초로 '전유통 주식군'을 갖추게 되었다. 2006년도에 접어들면서 중국정부는 2006년도 안에 주권분치개혁을 완료한다는 기본방침을 수립하고, 시장을 독려했다.

그리고 이때부터는 주권분치 개혁을 완료한 상장회사에 대해 증자를 통한 신주발행이 허용되었다. 그리고 2006년 5월 25일부터는 주권분치 개혁의 잠정중단기업에 대한 신규상장이 재개되었다. 그 결과 2006년 10월 9일 기준으로 상하이와 선전 주식시장에서 유통화 개혁을 완료한 회사가 1,014개에 달하였다. 2007년 5월 기준으로 전체 주식의 98% 기업이 주권분치 개혁을 완료한 것으로 나타났다.[17]

17 서석홍, "전게 논문", p.383.

하지만 2007년도의 주식시장에서 주가가 폭락하자 중국정부는 폭락과정에서 비유통주의 유통화 개혁이 심각한 영향을 미쳤다고 판단했다. 이에 따라 중국정부는 비유통주의 유통화 전환에 대한 기존 정책을 다시 변경한다. 즉, 중국정부는 비유통주의 유통화 개혁과정에서 주가하락현상이 심화됨에 따라 국유기업 비유통주의 유통화에 대한 억제조치를 다시 발동했다. 그 결과 국유기업의 비유통주 유통화 개혁은 더욱 장기적인 관점에서 점진적으로 추진되었다.

국유기업의 비유통주 유통화 전환을 억제하는 대표적 정책으로 다음과 같은 것들이 있다. 첫째, 2008년도에는 비유통주 제한에서 풀린 상장사가 전체 지분의 1% 이상을 주식시장에 판매할 시 장내 매각을 불허하는 등과 같은 물량 제한조치가 발표되었다. 둘째, 2010년도에는 유통화 물량이나 기업공개(IPO) 후 일정 기간이 지난 기업이 해금(解禁)된 주식을 팔 때, 해당 주식에 대해 20%의 양도차익을 소득세로 부과하는 조치가 발표되었다.[18]

중국 주식시장에서 국유기업의 비유통주의 유통화 개혁은 아직도 완성되지 못한 것으로 평가받고 있다. 실례로 홍콩 내의 H주 주식 중에서 일부 지분이라도 비유통주를 보유하고 있는 기업은 2017년 12월 기준으로 250개 종목 중에서 152개 종목에 달하고 있는 것으로 나타났다. 이러한 규모는 홍콩의 전체 H주 주식의 30%에 달하는 규모로 평가된다.[19]

중국정부는 그동안 약 12년 정도 멈추었던 비유통주에 대한 개혁을 다시 시작할 것을 발표했다. 2017년 12월 29일, 증감회는 'H주 전량 유통 시범사업' 문건을 통해 이 문건에 부합하는 기업을 대상으로 유통화 개혁을 다시 시작한다고 발표했다.

이 문건의 발표는 국유주 유통화 개혁을 이제는 완성해야 할 시기라는 것을 중국정부가 인식하고 있다는 것을 보여주는 증거이다. 중국정부는 그동안 미루어

---

18 2010년 기준으로 2010년 한 해 동안에만 시장에 풀릴 비유통주가 688개 상장사의 3,830억 주 규모로 추정되었다. 이는 2015년 종가 기준으로 판단할 때 A주 전체 시가총액의 41.1%에 해당되는 막대한 물량이다.

19 뉴스핌, "2018 중국 증시 스타트 호조, 상하이 홍콩 각 10, 13일 연속 상승", 2018. 1. 11.

두었던 국유기업 비유통주의 유통화 개혁을 다시금 추진할 것이다.

## 2) 후강통과 선강통

### (1) 후강통

후강통(沪港通)은 별도의 라이센스 없이 주식투자자들이 현지 증권사를 통해 상하이 증시와 홍콩증시의 상장 주식을 직접 교차 거래할 수 있도록 한 제도다. 후강통은 2014년 11월 17일 이후 시작된 것으로 상하이를 뜻하는 후(沪)와 홍콩을 뜻하는 강(港), 이 두 지역을 서로 연결한다는 의미에서 통(通)자를 사용하여 상하이와 홍콩의 주식시장을 상호 연결하는 주식거래 시스템을 의미한다.

후강통은 해외투자자들이 상하이 본토 A주에 투자하는 후구통(沪股通, Northbound)과 중국 내국인이 홍콩(샹강) 주식에 투자하는 강구통(港股通, Southbound)으로 구성된 거래 시스템이다.

후강통의 도입배경으로는 ① 위안화 경제권역의 확장, ② 위안화 국제화의 추진, ③ 저평가된 주식시장의 유동성 보강 등이 있다. 이는 후강통이 위안화의 경제영토를 확장시키면서, 중장기적 차원에서 주식시장의 안정성을 강화하려는 차원에서 도입되었다는 의미이다. 결론적으로 보면 후강통은 중국의 자본시장 개방과정에서 주식시장의 장기발전과 '상하이 금융허브'의 건설을 강화하기 위한 정책수단으로 채택된 것이라고 볼 수 있다.

후강통 도입으로 인하여 해외의 개인 주식투자자들이 상하이주식을 구입할 수 있게 되었다. 중국의 개인 투자자들도 강구통을 통해 홍콩(샹강)주식을 직접 매매할 수 있게 되었다. 그동안 중국 내에서 A주에 대한 투자는 적격외국인기관투자자(QFII : 2003년부터), 위안화적격외국인투자자(RQFII : 2011년부터)의 자격을 지닌 기관만이 가능했다. 해외의 개인 투자자들이 중국 주식시장에 접근하기는 그리 쉬운 것은 아니었다. 하지만 후구통의 시행으로 인하여 해외 개인투자자들이 중국 주식시장에 직접 참여할 수 있는 기회와 방법이 제공된 것이다. 이는 결국 후강통의 도입으로 인하여 중국 주식시장이 해외의 일반 주식투자자들에게 완전히 개방되었다는 것을 의미한다.

중국정부는 후강통의 전격 시행에 앞서, 자본시장의 개방과 이에 따른 핫머니의 표적 투자에 의해 황폐해졌던 신흥국들의 자본시장 개방 경험과 이에 따른 교훈에 주목했다. 그러한 과정에서 중국정부는 과거 자본시장 개방이 주는 교훈을 받아들여 후구통 개통에 따른 과열 방지를 위해 다음과 같은 장치를 마련했다.

첫째, 홍콩(샹강)주식에 대한 투자는 상하이 거래소 회원증권사의 주식계좌에 50만 위안 이상의 잔액을 보유한 투자자로 제한시켰다.

둘째, 후구통의 투자대상 종목은 '상증(上證) 180' 지수와 '상증(上證) 380' 지수의 구성종목, 상하이A 및 홍콩H 동시상장 종목이다. 위험경고 종목은 후구통의 투자대상 종목에서 제외된다. 2014년 기준으로 후강통 매매 가능 종목은 상하이A시장의 주요 대형주들로 구성된다. 당시 기준으로 총 567종목으로 시가총액의 90%가 거래대상 종목이었다. 하지만 후강통에서는 공매도가 금지된다.

셋째, 투자(보유잔액) 한도는 상하이 A주(후구통)의 경우 3,000억 위안, 홍콩(샹강) 주식(강구통)의 경우에는 2,500억 위안으로 제한된다. 후강통의 투자한도는 매수(체결)액에서 매도(체결)액을 뺀 순매수 잔액을 기준으로 한다. 따라서 후강통의 투자한도는 총액 기준의 매매금액보다 훨씬 클 수 있다. 후구통, 강구통 모두의 거래통화는 위안화로 거래된다.

하지만 후강통에서 존재하는 총투자 한도는 2016년 말, 선전과 홍콩시장을 연결하는 선강통이 개시되면서 선강통과 후강통의 두 부문에서 모두 폐지되었다. 후강통에 대한 총투자 한도의 폐지는 후강통 시행 이후부터 선강통 시작 이전까지인 약 2년 동안 후강통에 유입된 자금이 1,500위안(25.3조)에 불과한 것으로 나타났기 때문이다. 즉, 후강통에 실질적으로 유입된 자금이 후강통 총 유입 한도의 절반에 불과했기 때문에 중국정부는 이러한 규제가 의미가 없는 조치라고 판단했다.

넷째, 후구통 거래에 대한 외국인의 매입 한도를 엄격히 제한했다. 그동안 QFII, RQFII를 포함한 해외 개인 투자자의 단일종목 최대 지분율은 10%로, 해외 투자자의 단일종목 지분율의 합계는 30%로 제한되었다. 외국인 매입 한도의 제한은 자본시장은 개방하되 과열은 방지하며, 개방의 초기 외국자본에 의해 주식시장이 장악되는 것을 막겠다는 중국정부의 입장을 반영한다.

후구통의 매매방식은 홍콩(샹강) 거래소의 회원증권사를 통해 해외투자자가 상하이 주식에 대해 위탁주문을 하면서 시작된다. 해외투자자들이 홍콩(샹강) 증권사에 주문을 위탁하면, 주문은 홍콩(샹강) 거래소 증권거래 서비스 회사(홍콩(샹강) 거래소 자회사)에 전달된다. 그 후 증권거래 서비스 회사가 상하이 증권거래소에 A주 주문을 하면 주식거래가 체결된다. 후구통 거래는 위안화 결제가 필수이기 때문에 위안화로 환전하여 해외 증권계좌로 거래하면 된다.

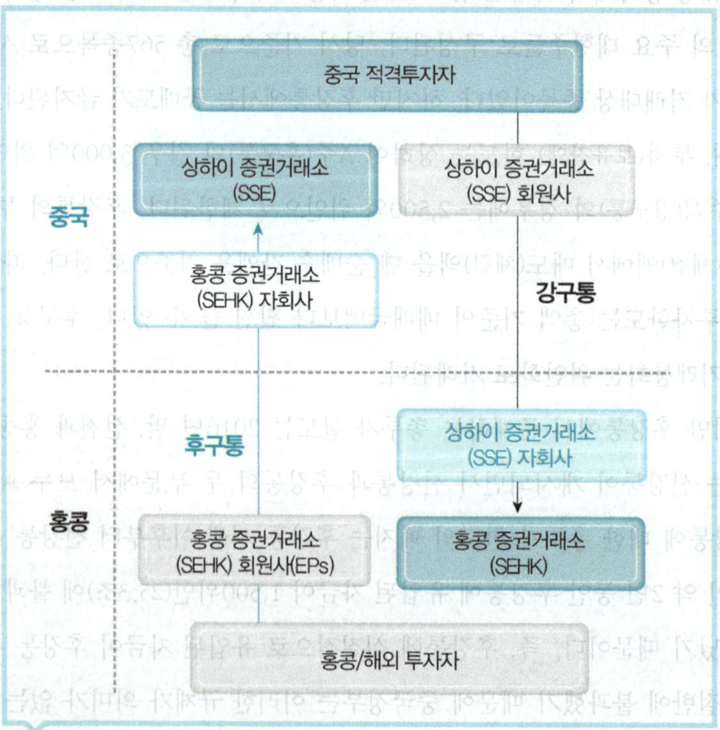


출처 : 선대인 경제연구소, 후강통 시행을 계기로 본 중국 주식시장 현황과 전망", 2015. 5. 15.

[그림 10-4] 후강통의 거래 흐름

### (2) 선강통

선강통(深港通)은 선전과 홍콩(샹강) 주식시장 간 교차 매매를 가능하게 하는 주식거래 시스템이다. 선강통은 선전(深圳)의 '선(深)', 홍콩(샹강)의 '강(港)', 그리고 통하다는 의미의 '통(通)'이 합쳐진 단어로 "선전 증시와 홍콩(샹강) 증시를 통하게 하다"라는 의미이다. 선강통 도입의 필요성은 2015년 1월 선전지역 시찰 중에 리커창(李克强) 총리가 "선전은 중국의 개혁 · 개방, 혁신발전, 포용발전을 선도하는 도시로, 후강통의 도입 뒤에는 반드시 선강통의 도입이 필요하다"고 언급함으로써 시작되었다.

선강통의 도입은 후강통 개통 이후인 2015년부터 시작될 것이라고 예상이 되었다. 하지만 중국 주식시장의 폭락과 지속적인 위안화의 약세로 인하여 선강통의 도입이 계속 연기되었다. 그러나 2016년 3월 양회(兩會)에서 리커창 총리가

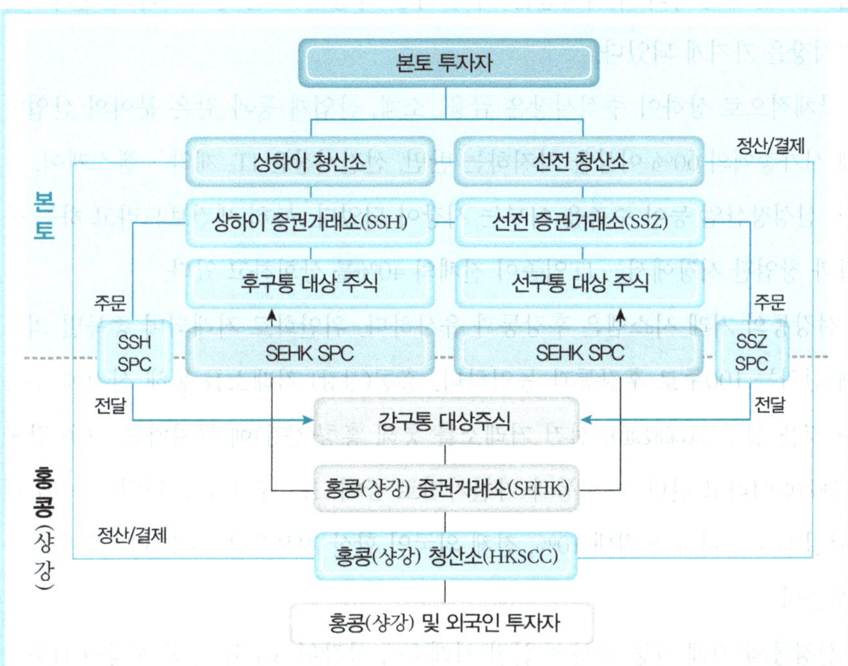


출처 : 홍콩 증권거래소, 상하이 증권거래소, 신한금융투자

[그림 10-5] 선강통 및 후강통 주식 매매 프로세스

2018년 연말 내에 선강통을 시행할 것을 거듭 강조해 선강통의 도입은 다시 추진되었다.

선강통은 홍콩(샹강)시장을 통해 선전 A주에 대한 외국인 투자가 허용된 제도이다. 선강통과 후강통의 가장 큰 차이는 개방되는 거래소의 차이라고 볼 수 있다. 즉, 선강통은 상하이 거래소의 주식을 거래대상으로 하는 후강통과는 달리 선전 거래소의 주식을 거래대상으로 주식시장에 대한 개방 시스템인 것이다.

선전 주식시장은 홍콩(샹강)과 대만에 인접해 있다는 지리적 특징을 가지고 있다. 선전 주식시장은 기술주와 중소형 민간기업의 상장을 위해 1991년에 설립되었다. 선전 주식시장의 설립 초기에는 높은 상장요건과 닷컴 버블, 아시아 금융위기 등과 같은 대외적인 악재가 연이어 발생해 높은 성장을 기록하지 못했다.

하지만 2010년 이후 상장요건을 완화시킨 중소반과 창업반 시장이 출범되면서 선전 주식시장은 중국판 나스닥시장으로 급부상하게 되었다. 선전 주식시장의 확립으로 인해 중국의 주식시장은 서로 다른 특징을 가진 상하이와 선전의 2개 주식시장을 가지게 되었다.

구체적으로 상하이 주식시장은 금융, 소재, 산업재 등과 같은 분야의 산업이 전체 시가총액의 60% 이상을 차지하는 반면, 선전시장은 IT, 제약 · 헬스케어, 미디어, 신성장산업 등이 주축을 이루는 시장이 되었다. 특히 세컨보드라고 하는 중소판과 창업판 시장에서는 IT업종이 전체의 40%를 상회하고 있다.

선강통의 거래 시스템은 후강통과 유사하다. 위안화로 거래되며 종목별 최소 매매 단위는 100주로 후강통과 동일하다. 홍콩(샹강) 거래소를 통해 선전에 투자하는 것을 선구통(深股通), 선전 거래소를 통해 홍콩(샹강)에 투자하는 것을 강구통(港股通)이라고 한다. 후강통과 마찬가지로 공매도는 금지되고, 단일 종목에 대해 단일 해외투자자는 최대 10%, 전체 외국인 합산 지분율은 최대 30%를 초과하지 못한다.

선강통의 거래 가능 종목은 선전 거래소에 상장된 A주와 홍콩 시장의 H주이다. 선강통은 투자 가능 종목 수가 후구통보다 많다는 것이 특징이다. 그리고 원래 후구통에 대해서는 3,000억 위안, 강구통에 대해서는 2,500억 위안과 같이 투자한도가 존재했지만 선강통 개통 이후에는 모두 폐지되었다.

선전증시에 투자하는 외국인에 대한 특별한 자격요건은 없다. 다만 세컨보드라고 할 수 있는 ChiNext[20] 상장종목에 대한 투자 부분에 대한 제한만이 있다. 물론 이 또한 향후 상황변화에 따라 투자 제한이 해제될 것으로 전망되고 있다. 하지만 홍콩증시의 투자자는 후강통과 마찬가지로 선강통에 대한 투자도 기관투자자 또는 증권 및 예금계좌의 잔액 기준으로 50만 위안 이상이 예치되어 있는 개인투자자에 대해서만 허용된다.

〈표 10-6〉 선강통과 후강통 제도 비교(2016. 8. 22일 기준)

| | 후강통 | | 선강통 | |
|---|---|---|---|---|
| | 후구통 | 강구통 | 선구통 | 후구통 |
| 시행일자 | 2016. 12. 5. | | 2014. 11. 17. | |
| 투자방향 | 홍콩(샹강) → 상하이 | 상하이 → 홍콩(샹강) | 홍콩(샹강) → 선전 | 선전 → 홍콩(샹강) |
| 종목 구성 | 상하이 180, 상하이 380지수 및 상하이 A-홍콩H 동시상장 종목 | 항셍대형, 중형지수 및 상하이A-홍콩H 동시상장종목 | 시총 60억 위안 이상의 선전성분지수 및 중소창신지수 선전A-홍콩H 동시상장종목 | 항셍대형, 중형지수 및 시총 50억HKD 이상의 항셍소형지수, 선전A-홍콩H 동시상장종목 |
| 종목 수 | 566개 | 318개 | 880개 | 420개 |
| 투자한도 | 일일 130억 위안 | 일일 105억 위안 | 일일 130억 위안 | 일일 105억 위안 |
| | 전체 : 없음(선강통과 함께 폐지) | | 전체 없음 | |
| 투자자격 | 없음 | 기관투자자 및 계좌잔액 50만 위안 이상인 개인투자자 | ChiNext 투자자는 홍콩세칙에 따른 기관전문투자자로 제한 | 기관투자자 및 계좌잔액 50만 위안 이상인 개인투자자 |
| 기타 | 위안화 거래, 공매도 금지, 단일 종목에 단일 해외투자자 최대 10%, 외국인 합산 지분 30% 초과 금지 | | | |

**출처** : WIND, 신한금융투자

20 신성장산업 종목으로 벤처기업 위주의 시장임

CHAPTER 11

# 지적재산권 보호 환경

1. 지적재산권 보호제도의 발전
2. 지적재산권의 출원절차와 주요 관리기구
3. 지적재산권 침해에 대한 구제방법
4. 지적재산권 보호제도의 문제점

# 1. 지적재산권 보호제도의 발전

## 1.1 지적재산권의 보호 필요성

지적재산권(Intellectual Property Right)이란 산업적 발명과 예술적 · 상업적 가치를 갖는 인간의 지적 · 정신적 창작물에 대한 권리를 지칭하는 것이다. 세계 지적재산권기구(WIPO)는 지적재산권의 개념을 "문학이나 예술 · 과학 작품, 연출이나 예술가의 공연 및 음반 · 방송, 인간이 노력하는 모든 분야에서 발명, 과학적 발견, 공업의장, 등록상표 · 서비스마크 · 상호 · 기타 명칭, 부정경쟁에 대한 보호 등에 관한 권리와 공업 · 과학 · 문학 · 예술분야의 지적활동에서 발생하는 기타 모든 권리"로 규정하고 있다.[1]

최근 세계시장과 무역에서 지적재산권이 차지하는 비중과 중요성이 급증하고 있다. 세계 제국들은(특히 선진국) 저마다 자국의 지적재산권을 보호하기 위해 많은 노력을 하고 있다. 지적재산권의 보호는 지적재산권에 대한 제3자의 불법 사용을 방지함으로 많은 비용과 위험, 노력이 수반되는 발명과 창작활동에 대한 의욕을 고취시키려는 것이다. 그리고 지적재산권의 보호는 크게는 사회와 경제, 산업 발전을 촉진시키고 작게는 기업의 이익에도 많은 영향을 주기 때문에 중요하다.

새로운 중국의 건국 이후 사회주의하의 중앙집권적 계획경제체제가 확립되었다. 하지만 건국 초기의 상황에서 보면 국가적인 차원에서 지적재산권의 보호를 강화할 수 없는 상황이었다. 자본과 기술이 부족한 중국의 입장에서는 지적재산권의 보호가 선진기술의 도입이나 습득과정에서 많은 국내자본의 지출을 요구하기 때문에 핵심적인 국가 정책과제로 채택할 수 없었다. 오히려 중국정부는 국

1 WIPO 설치협약 제2조 7항

내기업의 지적재산권 침해 행위에 대한 보호주의 경향을 나타내기도 했다.

그 결과 중국시장에서 가짜 또는 위조 상품의 범람이 도를 넘어서는 경우가 많았다. 중국 내의 유통상품 중에서 가모(假冒)나 위열(伪劣)은 가짜의 저질 짝퉁 상품을 의미한다. 그리고 산자이(山寨, 산채)는 산속 도당들이 정부 몰래 만들어 내는 짝퉁의 본산을 의미하게 되었다. 이 때문에 중국은 세계 최대의 지적재산권 침해국으로 인식되었다.

중국 내에서 위조상품 등의 소비자 현혹 수법이 다양해졌다. 한때 전자제품이나 화장품 브랜드 중에는 한국산인 것처럼 보이기 위해서 '한(韩)' 자가 들어간 상품이 많았다. 운동화 브랜드 중에서는 나이키의 중국상표인 나이커(耐克)를 위조하기 위하여 '커(克)' 자를 넣은 제품이 많았다.[2] 심지어 중국 내에서는 번호판, 면허증까지 복제한 택시가 존재하고 있었는데 이것을 클론(克隆, 커룽) 택시라고 한다.

농구황제였던 마이클 조던(Michael Jordan)의 이름을 중국어로 표기하면 챠오

출처 : 搜狐网 (http://roll.sohu.com20120406n339908777.shtml ; 2012.4.6.)

[그림 11-1] 중국 해관 위조상품 단속

2 얼커, 피커, 메이커, 티커, 훼이커, 빠커 등이 이러한 예이다.

단(乔丹, QIAODAN)이다. 2000년 푸젠성의 한 운동화 제조기업은 챠오단이라는 이름을 사용했고 심볼마크마저도 에어조던과 흡사하게 만들었다. 당시 마이클 조던은 이러한 사실을 알고 해당 기업과 4년간 소송을 벌여 왔지만 계속 패소했다. 챠오단의 생산기업은 중국 내의 전국체전 등과 같은 행사에 후원을 하는 등 사세를 계속 확장해 왔다. 이러한 결과가 나타났던 이유는 당시의 정부 당국이 지적재산권 침해행위를 암묵적으로 비호했기 때문이었다.[3]

하지만 중국정부는 기존의 경향과 달리 최근 지적재산권 보호를 적극적으로 전개하고 있다. 중국정부가 최근 자국 내에서 지적재산권에 대해 적극적인 보호조치를 취하고 있는 이유는 다음과 같다.

첫째, 중국정부가 지켜야 할 국내 지적재산권이 빠른 속도로 증가하고 있기 때문이다. 2016년 한 해를 기준으로 중국 내에서 출원된 발명특허는 약 134만 건이다. 이는 같은 해 한국에서 출원된 발명특허와 비교해 6배가 넘는 수치이다. 중국은 2011년부터 이미 미국을 제치고 특허 출원량에서 세계 1위에 올랐다. 중국의 특허출원량은 매년 20% 안팎의 증가율을 보이고 있는 것으로 나타났다. 중국 내에 출원된 134만 건의 특허 중에서 외국인(또는 기업)에 의한 출원은 약 13만 건에 불과하고 나머지는 모두 중국인(또는 기업)에 의한 출원이었다. 그리고 약 120만여 건의 중국인(또는 기업)에 의한 출원 중에서 80% 이상이 직무발명에 해당되었다. 이러한 통계는 결국 이미 중국 내에서의 특허출원이 보편화되었다는 것을 보여주는 지표이다.[4]

둘째, 중국정부는 강화되고 있는 전 세계적인 보호무역 추세와 이에 따른 무역규제조치의 확산에 근본적으로 대응하기 위해서 지적재산권에 대한 보호가 필요하다는 입장이다. 사실 2016년 전후로 세계경제를 주도했던 중국의 대표기업은 샤오미였다. 샤오미는 항상 애플의 산자이(山寨)라고 비판받아 왔다. 하지만 한때 IT와 첨단기술을 소개하는 잡지 와이어드(WIRED) 영국판은 "It's time to

---

3 오강돈, "지적재산권 보호국으로 전환하는 중국", Chosun Biz, 2016. 12. 27.

4 이윤식, "중국진출 선결문제 : ① 중국특허 이해와 활용", Kotra 해외시장뉴스, 2017. 11. 20.

copy China"라는 제목으로 가장 창의적인 중국회사들로부터 배우고 카피해야 할 때라고 발표하면서 샤오미의 레이쥔(雷军) 대표를 표지모델로 내세웠다. 당시 샤오미의 국제적 위상은 이 정도로 대단했다.

하지만 최근 샤오미는 중국 국내에서뿐만 아니라 국제적으로도 위기상황에 직면하고 있다. 샤오미는 항상 경영에서 가장 중요한 것은 제품의 품질이라고 주장하였다. 하지만 샤오미는 출발 자체가 애플의 기술 모방을 통해 성장한 기업이라는 사실 때문에 마케팅에서 한계를 보일 수밖에 없었다. 또한 기업의 성장과정에서 국내매출이 한계에 달해 해외진출을 통해 난국을 타개해야만 했지만 샤오미는 산자이의 뿌리로 인해 해외진출 자체가 어려웠다.

샤오미의 이러한 실패사례는 중국정부에게 오늘날과 같이 보호무역주의가 전 세계적으로 확산되고 심화되는 상황에서 합리적인 대안은 지적재산권에 대한 보호를 강화하는 것이 답이라는 인식을 갖게 만들었다.

## 1.2 지적재산권 관련 법 · 제도의 발전

앞에서 언급했다시피 개혁 · 개방 이전의 시기에서는 지적재산권에 대한 보호를 중요하게 취급하지 않았다. 하지만 개혁 · 개방 정책이 본격화된 이후 중국정부는 지적재산권에 대한 보호 필요성을 절감하게 되었다. 경제개혁과 시장개방의 과정에서 중국 내에서는 많은 종류의 기업이 설립되고 활동하고 있다. 중국정부는 이들 기업들의 지적재산권을 보호하기 위하여 1982년도에는 상표법, 1984년도에는 전리법(專利法)을 제정하였다.

전리법은 특허, 실용신안, 디자인 등과 같은 분야를 모두 포괄하는 지적재산권의 보호를 위한 핵심 법률이다. 중국의 전리법 체계는 해당 분야를 통합적으로 관리하는 미국과 유사한 형태의 법적 관리체계를 보이고 있다. 이는 특허나 실용신안, 디자인 등과 같은 부분을 개별적인 법체계를 통해 보호하고 있는 한국이나 일본과는 다른 지적재산권의 보호체계이다.

〈표 11-1〉 주요국 지적 재산권 관련 법체계 비교

<table>
<tr><th colspan="2">한국/일본</th><th colspan="2">중국</th><th colspan="2">미국</th></tr>
<tr><th>지적재산권</th><th>관련법</th><th>지식산권</th><th>관련법</th><th>지적재산권</th><th>관련법</th></tr>
<tr><td>특허권</td><td>특허법</td><td rowspan="3">전리권<br>■ 발명전리권<br>■ 실용신안전리권<br>■ 디자인전리권</td><td rowspan="3">전리법</td><td rowspan="3">특허권<br>■ 실용특허권<br>(특허,실용신안)<br>■ 디자인특허권<br>■ 식물특허권</td><td rowspan="3">특허법</td></tr>
<tr><td>실용신안권</td><td>실용산안법</td></tr>
<tr><td>디자인권</td><td>의장법<br>(디자인보호법)</td></tr>
<tr><td>상표권</td><td>상표법</td><td>상표권</td><td>상표법</td><td>상표권</td><td>상표권법</td></tr>
<tr><td>저작권</td><td>저작권법</td><td>저작권</td><td>저작권법</td><td>저작권</td><td>저작권법</td></tr>
</table>

**출처** : 현대경제연구원, "중국 지적재산권의 시장특징과 시사점", 2016, p.3.

전리법은 1992년도에 1차 개정이 이루어졌고, 그 후에는 WTO 가입을 전후한 2000년도에 2차 개정이 이루어졌다. 상표법의 개정은 전리법의 개정과 그 궤적을 같이한다. 상표법의 1차 개정은 전리법 개정 1년 후인 1993년에 이루어졌고, 2001년도에는 2차 개정이 이루어졌다.

하지만 중국정부의 보호노력에도 불구하고 중국은 가장 대표적인 지적재산권 침해국으로 인식되고 있다. 정부 차원에서 지적재산권에 대한 보호는 2005년 3월과 4월 원쟈바오(溫家宝) 총리가 지적재산권에 대한 보호 강화를 역설하면서 본격화되었다.[5] 그 후 2008년도에는 국제적 수준의 지적재산권 보호를 확립하기 위하여 전리법에 대한 3차 개정을 실시했다.

지적재산권 보호와 관련된 또 다른 주요한 변화는 2011년 10월에 발표된 "국가지적재산권 사업발전 '12.5' 계획"에서 나타났다. 이는 중국 지적재산권 사업의 발전을 지도하고 지적재산권 전략 실행을 강력하게 추진하며, 지적재산권 업무 방침정책을 심도 있게 실행하기 위해 국가의 10개 부서와 위원회가 공동으로 만든 것이다.(〈표 11-2〉 참고)

5 구체적으로 원쟈바오 총리는 2005년 3월 5일 전인대 제3차 회의석상에서 지적재산권 보호의 중요성을 역설하였고, 2005년 4월 상하이에서 다시 지적재산권 보호를 위한 선언을 하였다.

〈표 11-2〉 국가지적재산권 사업발전 "12.5" 계획의 주요 내용

| | |
|---|---|
| **기본원칙** | 지적재산권과 경제의 융합을 촉진하는 방향을 고수하고 서비스 경제의 발전방식 전환을 출발점과 안착점으로 하며, 지적재산권 보호의 전면적인 추진을 중요한 기반으로 하고 지적재산권 역량의 강화를 핵심으로 하며 다각도로 고려하고 통일적으로 계획하며 공유, 발전하는 기본방법을 견지 |
| **7대 중점 임무** | 지적재산권 법률제도를 개선하고 지적재산권 정책체계를 완비하며 지적재산권의 보호와 관리 메커니즘을 강화하고 지적재산권의 창조와 사용을 촉진하며, 지적재산권 서비스업의 창조적인 발전을 추진하고 대외교류와 협력을 심화·개척하며 지적재산권 문화의 육성을 추진 |
| **10대 중요 공정** | 지적재산권 집법 보호역량 구축공정, 지적재산권 운영 촉진공정, 지적재산권 심사 및 등록 역량의 구축공정, 지적재산권 정보 공공서비스 공정, 지적재산권 서비스업 육성공정, 지적재산권 농업수혜공정, 지적재산권 인재양성공정, 지적재산권 문화건설공정, 전통지식, 유전 자원과 민간문예 보호 및 가치개발 촉진공정 등 |

국가지적재산국은 특허사업발전의 전략을 실행하고 특허업무를 심층 강화하기 위하여 "특허업무 '12.5' 계획"과 "국가지적재산권사업발전 '12.5' 계획"을 함께 발표하였다. 그리고 2014년도에는 지적재산권의 보호를 강화하기 위해서 전리법에 대한 4차 개정을 단행하였다. 또한 전리법의 개정과 함께 상표법과 저작권법에 대한 3차 개정도 진행되었다.

지식재산권 보호를 국가전략적 차원에서 관리하고 강화하기 위하여 전략행동계획이나 관련 전략의 실시계획 등이 마련되었다. 대표적으로 2015년 1월에는 국가지식재산권 심층전략행동계획(2014~2020년)이 발표되었다. 동 전략행동계획에서 제시된 2020년 국가 지식재산권 관련 주요 목표는 〈표 11-3〉과 같다.

〈표 11-3〉 국가지식재산 심층전략행동계획의 주요 목표

| | 2013년 | 2020년 |
|---|---|---|
| **인구 1만 명당 특허 보유 건 수** | 4건 | 14건 |
| **국제특허 출원 건수** | 2.2만 건 | 7.5만 건 |
| **전국 기술시장 거래 총액** | 8천억 위안<br>(한화 144조원) | 2조 위안<br>(한화 360조원) |
| **지재권 담보 융자 금액** | 687.5억 위안<br>(한화 12.4조원) | 1,800억 위안<br>(한화 32.4조원) |

2016년 4월에 발표된 2016년 국가 지식재산전략 실시계획에서는 다음과 같은 다섯 가지 목표가 제시되었다.

첫째, 지재권 창출의 질적 수준 향상(심사의 질 향상 및 평가 시스템 강화)
둘째, 전략적 신흥산업의 지재권 업무 강화, 기술 이전 및 상업화의 기능 강화
셋째, 지재권 보호강화(침해단속 지속 실시 및 처벌 강화)
넷째, 지재권 관리 및 대중 서비스 수준의 향상(관리규정 등 체제 정비)
다섯째, 지재권 국제협력 강화, 지재권 전략 실시 수준 향상

저작권 분야에서 중국정부는 1950년에 개최된 전국 제1차 출판작업회의를 통해 "출판작업의 개선과 발전에 관한 결의"를 발표하였다. 그리고 저작권과 출판권을 존중하며, 복제, 표절, 왜곡 등과 같은 행위도 금지하였다. 원고료는 저자와 독자, 출판가의 이익을 균형적으로 고려하여 저자와 협상해 결정하도록 했다. 1953년에는 출판총서(出版总署)가 도서의 임의 복제 및 표절을 금지하기 위한 규정을 공표했다.

한편 1990년 제7차 전인대 상무위원회 제15차 회의에서 중국 '저작권법'이 처음 제정되었다. 이로써 중국에서는 저작권에 대한 실질적이고 독립적인 규정이 처음으로 만들어졌다(1991년 6월에 발효). 1992년에는 저작권과 관련된 국제교류가 활발해짐에 따라 베른조약과 세계저작권법 조약에 동시에 가입했다. 이에 따라 중국은 국제저작권이 적용되는 국가가 되었다.

하지만 WTO 가입과 사회주의시장경제체제의 확립에 따라 저작권과 국제저작권 사이에는 간극이 발생하게 되었다. 이러한 간극을 메우고 저작권과 관련한 첨단기술의 속도를 반영하기 위하여 2001년 10월에 개최된 제9기 전인대 상무위원회에서 저작권법의 수정이 처음으로 이루어졌다. 그리고 2010년 2월에는 저작권제도의 개선과 WTO의 중미 지식재산권 분쟁을 반영하기 위하여 저작권법 2개 조항에 대한 개정이 이루어졌다.

2012년 7월 6일에는 저작권법에 대한 제3차 개정안이 공포되었다. 제3차 개정에서는 기존의 6장과 61개 조항의 저작권법이 8장과 90개 조항으로 대폭 개정되었다. 3차 개정에서 나타난 주요한 변화로는 ① 창작 장려 및 권리체계 통합, ② 응용 촉진 및 권리 수권 메커니즘과 시장거래규칙 조정, ③ 보호 강화 및 권리 구제조치의 보완, ④ 규범 재정비 및 체제 등을 보완했다.

# 2. 지적재산권의 출원절차와 주요 관리기구[6]

## 2.1 지적재산권의 출원절차

### 1) 전리권

중국에서 특허의 대상은 발명, 실용신안, 디자인이다. 특허는 참신성(신규성), 창조성(진보성), 실용성(산업상 이용가능성)을 갖추고 있어야만 보호대상이 된다. 특허의 참신성은 출원일 전에 같은 형식의 내용이 발표되어서는 안 되고 특허가 신청된 적이 없어야 한다는 의미이다. 창조성은 기존의 기술보다 실질적인 진보가 있어야 한다는 의미이다. 실용성은 제조 또는 사용이 가능하고 효율적인 면을 갖추어야 한다는 의미이다. 발명 특허권의 존속기간은 20년이며, 실용신안과 디자인의 존속기간은 각각 10년이다(전리법 제42조).

특허의 출원절차는 한국, 일본, 유럽 등의 절차와 거의 동일하다. 특허의 출원과 등록업무는 국가지식재산권국(SIPO)이 담당한다. 국가지식재산권국은 국가과학기술위원회 산하의 전리국이 확대 재편된 곳이다. 특허는 출원 후 특허방식에 대한 심사가 이루어진다. 방식심사는 출원의 주제, 법령이 정한 방식상의 요건 등 절차의 흠결 유무를 점검하는 것이다. 방식심사의 결과, 수수료 미비 등과 같은 절차의 하자가 발견된 경우 보정요구서를 통해 보정을 명하게 된다. 하지만 이러한 보정방식으로 그 하자를 치유할 수 없는 경우 출원은 반려된다.

일반적으로 출원 후 1년 6개월(18개월)이 지나면 출원된 특허는 공개공보를 통해 모두 공개된다. 특허 출원인은 출원공개가 있은 후부터 해당 특허의 출원된

6 중국 지적재산권의 출원절차에 대한 부분은 김원준, “비상하는 중국 특허와 상표에 관한 고찰”, 『동북아법연구』, 제9권, 제3호, pp. 76~77의 내용을 참고하였다..

발명을 업으로서 실시한 자에 대해서 특허 출원된 발명임을 서면으로 경고할 수 있다. 또한 특허 출원인은 이러한 경고를 받거나 출원 공개된 발명임을 알면서도 그 특허 출원된 발명을 업으로 실시한 자에게 그 실시에 대한 보상금을 청구할 수 있다.

SIPO에게 출원 신청된 특허는 실체심사과정을 통해 특허권을 취득할 수 있다. 일반적으로 실체심사는 특허 출원일로부터 3년 내에 출원인의 청구를 근거로 접수된 순서대로 실시된다. 실체심사는 특허법에 위반되지 않는지, 그리고 신규성과 창조성이 있는지를 심사한다. 정당한 이유 없이 기간 내에 실체심사를 청구하지 않은 출원은 취하된 것으로 본다. SIPO는 필요하다고 판단하는 경우 직권으로 실체심사를 진행할 수 있다. 실체심사에서 특허출원에 대한 거절 사유를 발견할 수 없으면 특허권을 부여한다. 특허결정이 난 경우에는 특허증서를 발급함과 동시에 이에 대한 등록 및 공고가 진행된다. 특허권은 공고된 날부터 효력이 발생된다.

만약 특허 출원이 거절된 후 이에 대한 불복이 있는 경우 복심청구절차를 진행할 수 있다. 복심청구절차는 전리복심위원회를 통해 이루어지며, 복심 청구기간은 연장이 불가능하다. 복심청구절차를 통해 특허가 결정된 경우 특허 등록이 이루어진다. 그러나 복심청구절차를 통한 결정에 대해서도 불복하는 경우에는 인민법원에 특허 등록에 대한 이의를 제기할 수 있다. 특허결정이 난 경우에는 설정등록을 거쳐서 특허를 취득하게 된다.

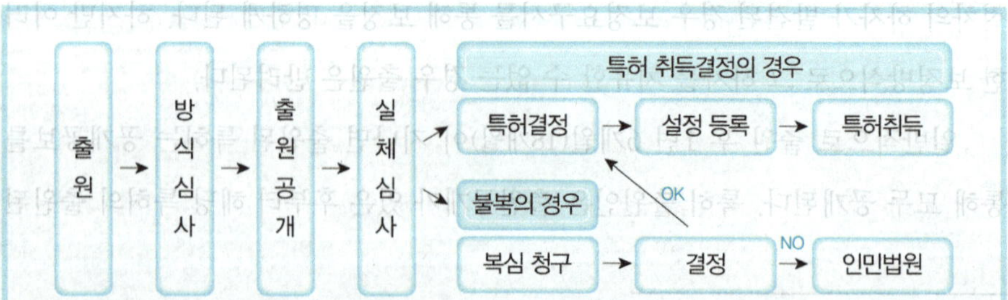


[그림 11-2] 특허출원 및 등록 절차

### 2) 저작권

저작권은 문학, 예술, 자연과학, 사회과학, 시공기술 등과 같은 창작품의 판권(板權)을 의미한다. 중국 저작권법상 저작권의 주체는 자연인과 법인 또는 기타조직이다. 여기서 자연인은 중국인 및 외국인과 무국적자 모두를 포함한다.

법인이나 기타조직은 다음과 같은 요건을 충족해야만 저작권의 주체가 된다.

- 자연인이 구체적으로 작품을 창작할 것
- 자연인이 창작한 작품은 법인 또는 기타 조직의 의사를 대표하여 창작되어야 하며, 개인의 의사를 표현한 작품이 아닐 것
- 자연인의 창작행위는 법인 또는 기타 조직의 주도하에 이루어질 것
- 작품과 관련된 일체의 결과에 대해 법인 등이 그 책임을 지며, 자연인의 책임이 면책될 것

중국에서 저작권의 보호를 받는 작품의 유형은 다음과 같다.

- **문자작품** : 문자형식으로 표현된 소설, 시, 산문, 논문 등
- **구술작품** : 말로 표현되는 형식으로 특정한 장소 내에서 표현된 경우(예 : 교사의 강의, 대중연설, 축사, 설교 등, 단 시가나 산문의 낭송은 구술작품에 포함되지 않음)
- **음악, 연극, 곡예, 무용 및 잡기 예술 작품** : 잡기 예술은 잡기, 마술, 곡예 등 형체 동작과 기교를 통해 표현된 작품을 의미함
- 미술 및 건축 작품
- 촬영 및 영화작품
- 도형작품과 모형작품
- **민간문학 예술작품** : 민간문학 예술작품은 일반적으로 몇 세대 동안 어느 특정한 지방에서 거주한 사람들 중 신원이 불분명한 사람들에 의해 창작 · 보존 · 발전된 민족 문화 유산에 속하는 작품으로 민요 음악, 민간무용, 조각, 목제품, 복식, 악기, 건축물 등의 형식을 의미
- 컴퓨터프로그램

저작권은 그 저작권의 창작자, 공동창작자(공동작품), 저작물의 편집자, 각색 및 번역자, 영화 등의 제작자에게 귀속된다. 저작권의 보호기간은 작품발표를 시점으로 저자의 사후 50년 되는 해의 12월 31일까지이다.(생존기간 + 사후 50년) 영화작품 등과 같은 기타 작품의 경우에는 발표 후 50년까지 보호된다.[7]

중국에서 저작권은 국제조약에 의하여 등록 등의 절차가 필요하지 않다. 하지만 저작물의 권리자 및 완성, 발표일자 입증의 편의성을 위해 1995년부터 저작권 등기(등록)제도를 만들었다. 저작권 등기(등록) 업무는 중국판권보호센터(中國版權保護中心)가 담당하고 있다. 서류 중에 외국어가 있는 경우에는 중국어 번역본을 반드시 첨부해야 한다.

저작권 등기를 위해서 작품을 창작한 자는 먼저 직접 또는 대리인을 통해 중국저작권보호센터에 등기를 신청해야 한다. 이때의 구비서류는 다음과 같다.

- 저작권 등기 신청서
- 권리의 귀속관계가 나타나 있는 권리 보증서
- 작품 창작 구상이나 창작 과정 등을 설명한 작품 설명서
- 작품의 명칭, 유형, 발표 상황 등을 기재한 등기표
- 작자의 신분을 증명하는 서류
- 작품 원본 및 사본
- 신청인이 자연인지지 여부 등과 관련된 서류
- 신청인이 외국인인 경우 중국어 번역본 첨부

작품창작자나 대리인의 등기신청을 받은 저작권보호센터(中國版權保護中心)는 관련 서류 접수를 받은 후 30일 이내에 관련 서류의 적정성 여부를 심사해야 한다. 보충서류가 필요하다고 판단한 경우 신청인에게 통지서를 보내 2개월 이내

7 하지만 저작인격권의 경우에는 제한된 보호기간이 없다. 이는 결국 권리자가 사망하더라도 계속 보호를 받을 수 있다는 의미이다.

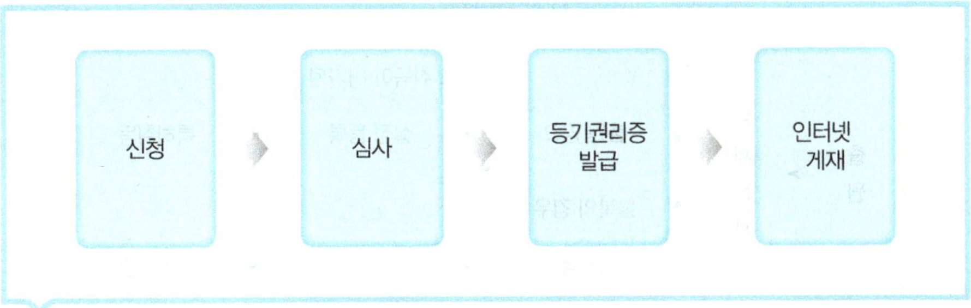


[그림 11-3] 저작권 등기절차

(통지서 수령일로부터)에 보정하도록 요청할 수 있다.

심사결과 저작권법상 요구되는 제반요건에 충족되는 경우 해당 창작자에게 등기권리증을 교부한다. 등기권리증이 교부되면 이러한 내용을 인터넷에 게재하게 된다. 인터넷상에는 등기번호, 저작권자, 작품명칭, 작품유형, 작품완성일자, 작품발표일 등이 게재된다.

한편 저작권에 대한 비독점사용허가계약은 구두계약도 가능하다. 하지만 향후에 입증이 필요할 수도 있으므로 편의성을 위해 사용허가계약뿐만 아니라 독점사용허가계약, 양도계약 등도 서면계약으로 체결하는 것이 좋다.

### 3) 상표권

상표권의 대상은 상품상표, 서비스상표, 단체상표, 증명상표 등이다. 상표등록을 신청하려면 반드시 상표에 명확한 특징이 있어야 하고, 쉽게 식별이 가능해야 한다. 상표법 규정에 적합해야 권리증을 받을 수 있으며, 10년간 상표를 사용할 권리를 가진다. 상표권은 권리소유자 스스로가 변경, 양도할 수 있다. 상표권은 갱신하여 사용할 수 있다. 만약 3년 동안 상표권이 사용되지 않았다면 상표권은 보호되지 않는다.

상표출원이 되면 국가공상행정관리총국에서 상표등록요건에 대한 실체심사를 진행한다. 심사결과 거절사유가 발견되지 않는다면 상표에 대한 출원공고 결

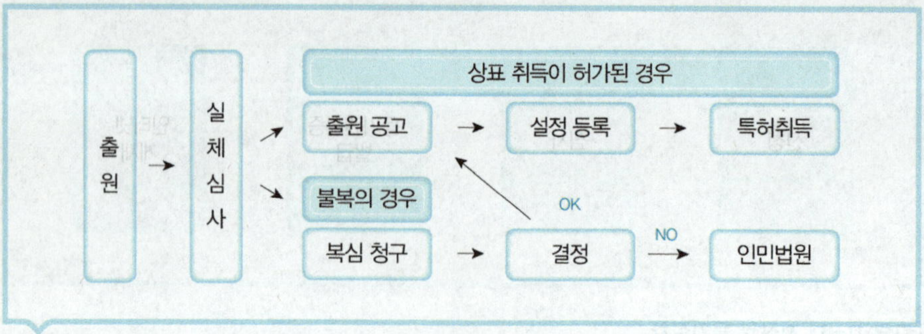


[그림 11-4] 상표출원 및 등록 절차

정을 하고, 해당 상표를 공보에 게재한다. 출원공고가 된 상표에 대해서는 상표출원 공고 후 3개월 이내에 누구나 이의 신청을 할 수 있다.

공상행정관리국이 상표출원 등록을 거절한 경우 복심청구가 가능하다. 그리고 복심청구에 대한 불복이 있을 경우에는 인민법원을 통해서 다시 논의할 수 있다.

## 2.2 지적재산권의 주요 관리기구

### 1) 분야별 주요 관리기구

#### (1) 산업재산권

중국 내에서 지적재산권 관리는 중앙정부와 지방정부로 이원화되어 있다. 이는 지적재산권 관련 중앙부서가 지적재산권에 관한 모든 업무를 담당하기에는 행정력에 한계가 있기 때문이다. 그 결과 중앙의 지적재산권 관계부서는 전리법과 상표법 규정에 따른 등록업무(집중등록) 등을 담당 · 관리하고 지방의 전리 · 상표 관리 부서나 기관은 지역 내의 지적재산권과 관련된 관리 · 지도 업무(분권관리) 등의 집행 업무를 담당하게 되었다. 중앙부처의 지적재산권 관리는 지식산권국

(知识产权局)과 국가공상행정관리국(国家工商行政管理局) 내의 상표국, 국가판권국(國家版权全局), 해관총서(海关总署) 등이 담당한다.

국가지식산권국(State Intellectual Property Office of the Peoples Republic of China ; SIPO)은 지적재산권 중 전리분야에 해당되는 특허와 실용신안, 의장업무 등에 대한 출원과 심사, 등록업무를 담당한다. 그리고 상표와 저작권 등과 관련한 대외업무연락 및 대외협약체결의 창구역할도 수행한다.

국가지식산권국의 기능을 구체적으로 열거하면 다음과 같다.

첫째, 전리권의 확정, 침해판단의 기준을 설정하고 권리확정기관을 지정 관리한다. 둘째, 지방의 전리분쟁을 처리하고 모방전리행위를 검사 및 처리하는 업무를 지도한다. 셋째, 전리대리기구의 심의, 인원자격의 확인을 책임지고, 국외의 전리대리기구를 지정한다. 넷째, 전리법 및 유관법규의 선전 · 보급업무를 조직하고 추진한다. 다섯째, 지적재산권과 관련된 교육 및 훈련을 계획하고 국무원이 위임한 기타 사항을 처리하는 역할을 행한다.

국가지식산권국 전리복심위원회(专利复审委員會)는 관련 지적재산권에 대한 심사관의 거절에 대한 불복사건(재심청구사건)과 지식산권국의 특허권 취소결정이나 유지결정에 대한 불복사건(재심청구), 무효심판 청구사건 등을 처리한다. 전리복심위원회는 지식산권국장이 위원장이 되고, 이 지식산권국장이 임명하는 기술이나 법률 전문가로 구성된다.

〈표 11-4〉 중국 내 지적재산권별 담당 행정기관

| 권리유형 | | 보호대상 | 관련법 | 담당행정기관 |
|---|---|---|---|---|
| 산업재산권 | 특허권 | 발명 | 특허법 | 국가지식재산권국 (SIPO) |
| | | 실용신안 | | |
| | | 디자인 | | |
| | 상표권 | 상표 · 서비스표 | 상표법 | 국가공상행정관리총국 |
| 저작권 | | 저작물 | 저작권법 | 국가판권국 |

**출처** : 김원준, "비상하는 중국 특허와 상표에 관한 고찰", 『동북아법연구』, 제9권, 제3호, p. 76.

전국의 상표 등록 및 관리 업무는 국가공상행정관리국 내의 상표국(Trademark Office under the State Administration for Industry and Commerce ; CTMO)이 담당한다. 상표국은 반독립적 성격을 가진 기구로 상품상표, 복무상표(서비스표), 단체상표, 상표증명의 심사 및 등록을 담당한다. 그 외에 상표등록의 변경, 양도, 갱신, 상표등록, 등록상표의 취소 등과 같은 유관 업무도 함께 처리한다.

상표국은 상표권 침해사건과 모방사건을 조사 · 처리하며, 지방의 각급 공상행정관리기관에서 진행되는 상표권 처리업무를 조정 · 지도하는 권한을 가지고 있다. 상표국은 상표 대리기구의 관리 · 감독을 책임지고, 법에 의거하여 저명 상표를 확정하고 보호하며, 관련 상표의 규칙 · 제도 · 시책 · 방법 등을 제정 또는 이러한 제정에 참여한다. 상표국은 상표에 관한 국제조약이나 협정의 국내 실시, 상표분야의 국제교류나 합작과 관련된 업무를 조직하거나 추진한다.

국가공상행정관리국 산하에도 상표에 대한 평심을 담당하는 기구로 상표평심위원회(商标评审委员会)가 있다. 상표평심위원회는 당사자 청구에 의해 상표국에서 내린 결정에 이의가 있거나 쟁의가 있는 심사에 대한 평심(评审)을 진행한다. 상표평심위원회의 주요업무는 상표국의 거절사정과 상표권 결정에 대한 불복사건을 재심한다. 상표국에서 등록상표의 양도를 기각하거나 갱신에 대한 거절불복사건도 재심한다. 또한 등록 1년 이내의 상표에 대한 쟁의사건, 부정등록에 따른 상표의 취소신청, 상표국의 등록상표 취소결정에 대한 불복사건의 재심업무도 담당한다.

지방인민정부의 관리기구로는 지방전리관리기관과 지방공상행정관리기관이 있다. 지방전리관리기관은 각 성, 자치구, 직할시, 개방도시, 경제특구 및 중국과학원 등에 설치되어 있는 전리관리국 또는 전리관리처를 의미한다. 지방전리관리기관은 다음과 같은 중국적인 이유 때문에 설치되었다. 첫째, 중국의 과거부터 민사분쟁처리는 행정기관에서 처리한다는 관행을 계승했다. 둘째, 중국의 국내 재판소가 특허소송과 같은 업무로 인하여 재판처리능력을 상실할 위험성을 방지하기 위해서이다. 셋째, 기술에 대한 지식과 경험이 풍부한 재판관의 수가 절대적으로 부족하기 때문이다.

지방공상행정관리기관은 성이나 직할시, 자치구의 공상행정관리국과 성 이하 지구나 시 · 현 등의 지역에 존재하는 공상행정관리국을 의미한다. 지방공상행정관리기관은 일반적으로 상표처나 상표국을 설치하여 상표관리에 대한 집행 책임을 진다.

지방공상행정관리기관은 특허관리기관과는 달리 상표권 침해자에게 침해행위의 중지와 손해배상을 명령할 수 있다. 그뿐 아니라 지방공상행정관리기관은 침해사건에 벌금을 부과할 수 있으며, 침해제품의 압수권도 가지고 있기 때문에 경제경찰관으로서의 기능을 한다. 지방전리관리기관과 지방공상행정기관의 업무를 구체적으로 살펴보면 〈표 11-5〉와 같다.

〈표 11-5〉 지방인민정부의 산업재산권 관리기관과 업무

| 지방전리관리기관 | 지방공상행정관리기관 |
|---|---|
| - 각종 특허분쟁의 조정 및 처리<br>(특허침해사건 처리)<br>- 침해행위금지 및 손해배상명령의 권한과 강제 집행을 위한 인민법원에 대한 청구 기능<br>- 특허출원 · 심사 · 직무발명 분쟁 처리<br>- 특허사용료에 관한 분쟁과 발명자와 특허권자 간의 이해관계 조정업무 | - 국내상표의 등록, 양도, 변경, 갱신, 소멸 등의 수속업무 및 확인업무<br>- 상품의 품질 감독 및 소비자 기만행위에 대한 행정처벌 부과업무<br>- 관할 지역 내의 등록상표와 미등록 상표 사용행위에 대한 일상적인 관리업무<br>- 상표의 인쇄 관리업무<br>- 등록상표부착상품에 대한 등록상표 부착 여부에 대한 관리업무<br>- 기업을 대상으로 상표법규 지도 및 계몽 |

**출처** : 서민교 · 장동식, "한중간의 산업재산권 분쟁에 관한 연구", 『무역학회지』, 제26권 제2호, 한국무역학회, 2001. 2, p. 13.

### (2) 저작권

저작권 분야의 최고 행정관리기관은 국가판권국(National Copyright Administration China ; NCAC)[8]이다. 국가판권국은 저작권과 관련된 법률 및 법규의 실행,

8 국가판권국은 1985년에 성립되었고, 국가출판국의 한 기구와 동일한 기구로 두 개의 명칭으로 불렸다.

저작권 유관 법률 · 법규의 초안을 만들고 제안하고, 저작권에 대한 행정관리를 위한 여러 가지 관련 규정을 제정하는 역할을 담당한다.

국가판권국은 전국적으로 중대한 영향을 미칠 수 있는 저작권 침해사건을 조사하고 이에 대한 처리를 담당한다. 그리고 지방의 저작권과 관련된 행정관리부문의 업무를 지도한다. 국가판권국은 저작권의 관리기구나 섭외대리기구의 설립을 비준 · 감독하며, 기타 업무를 지도하고 국가가 향유하는 저작권 작품 사용을 관리한다. 마지막으로 국가판권국은 저작권 섭외관리업무에 대해 책임을 지며, 국무원으로부터 위임받은 기타 저작권 관리업무를 추진한다.

또 다른 관리기구로 국가판권국 직속의 중국저작권보호센터(中国版权保护中心)가 있다. 중국저작권보호센터는 각종 작품의 저작권 허가 사용, 저작권 양도업무, 국내외 저작권 거래의 상담 및 공동출판 업무, 작자 및 작품사용자를 위한 관련 작품의 국내외 광고 업무 등을 담당한다. 그리고 중국저작권보호센터는 저작권 관련 법률자문 업무와 각종 저작권 및 컴퓨터 프로그램 저작권의 등록업무, 외국 작품의 저작권 등록업무, 외국 저작권 공증업무, 각종 저작권 분쟁 조정, 저작권 관련 소송대리 등과 같은 업무도 수행한다.

지방정부 차원에서의 저작권 관리부서도 존재한다. 즉, 각 성이나 자치구, 직할시 인민정부 내에 저작권 관리부서가 존재하는데 이들 기구는 해당 지역의 저작권과 관련된 업무를 집행한다. 관련 부서는 주로 저작권 침해행위에 대한 조사와 처리, 지방정부의 저작권 관련 법규나 방법의 제정 · 관리 등과 같은 업무를 담당한다.

---

1987년 국무원은 신문출판서를 설립하였고, 국가판권국과 함께 지속시킴으로써 한 기구가 두 개의 명칭으로 불리는 형식을 유지하였다. 2001년 신문출판서(국가판권국)는 정부급 부문으로 상승되었고 신문출판총서(국가판권국)로 개명되었다.

### 2) 해관총서

해관총서(General Administration of Customs of PRC ; GAC)는 지적재산권 법을 국경에서 집행한다. 해관총서는 중국의 각종 법률과 행정 법규 등을 통해 보호되고 있는 지적재산권 침해물품에 대한 수입을 금지할 수 있는 권한을 가지고 있다. 해관총서는 지적재산권 관련 해관보호의 규정・제도를 제정하거나 제정에 참여한다. 해관총서는 전국 해관의 지적재산권 관련 법집행을 감독 및 지도하며, 지적재산권에 대한 해관에서의 보호등기 신청을 접수・심사하는 역할을 담당한다.

이 밖에도 해관총서는 지적재산권의 국경 법집행에 관련된 이론의 연구와 토론, 업무훈련을 전개한다. 해관총서는 다른 지적재산권 행정주관기관이나 사법기관과의 업무 협조를 조절하고, 관련 지적재산권의 국경 법집행의 국제교류 및 합작 등의 업무에 참여한다.

## 3. 지적재산권 침해에 대한 구제방법

지적재산권의 침해사건이 발생하면 중국에서는 행정적 구제절차와 사법적 구제절차를 받을 수 있다. 즉, 지적재산권의 침해를 받은 피해자는 해당 침해행위에 대하여 법원에 소송을 제기하는 사법절차를 통해 구제를 신청할 수도 있고 행정관리부문을 통하여 구제를 요구할 수도 있다. 중국 내에서 행할 수 있는 지적재산권에 대한 구제절차를 그림으로 정리하면 [그림 11-5]와 같다.

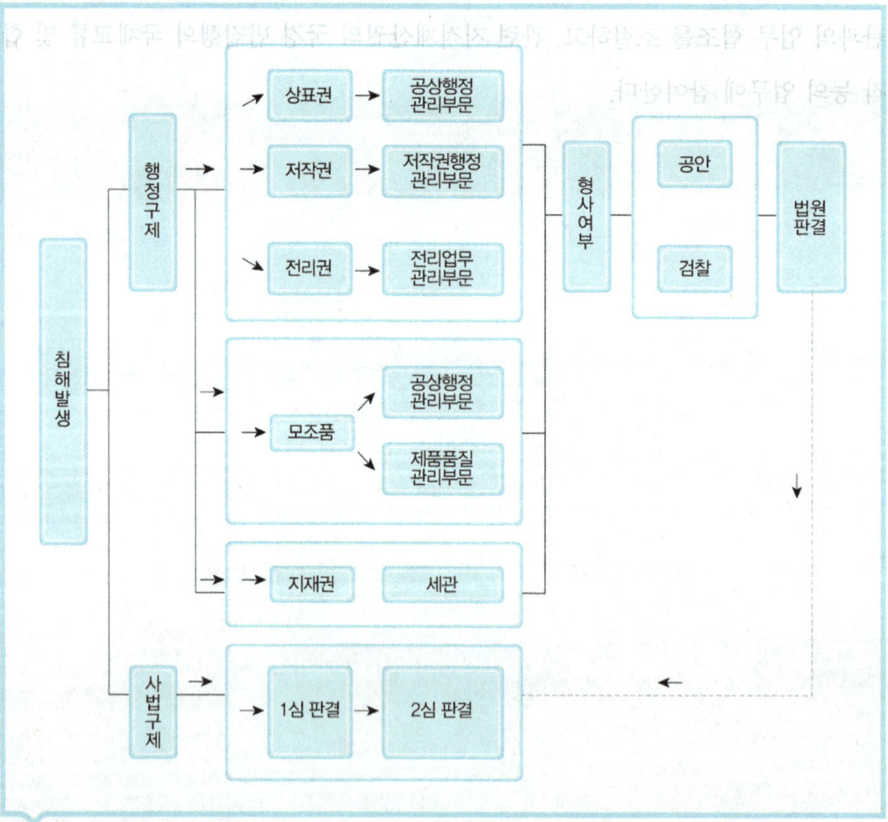


[그림 11-5] 중국 지적재산권 구제절차

하지만 중국에서는 이 두 가지 보호방안 중 한 가지 방법만을 활용해야 한다. 이 두 가지 구제절차를 동시에 진행할 수는 없다. 중국의 사법기관은 지방인민정부의 전리관리기관이나 공상행정관리기관에 계류 중인 사건을 동일사건으로 인식하여 "동일사건은 취급하지 않는다"는 원칙하에 이를 받아들이지 않는다. 하지만 행정관리 부문에 대한 침해 관련 답변서를 제출하기 전이나 양 당사자 간에 합의가 있는 경우에는 법원에 소송을 제기할 수 있다.

## 3.1 행정적 구제방법

지적재산권의 행정적 보호란 지적재산권 침해기업이나 주체에 대해 지적재산권 보호와 관련된 담당 행정기구를 통해 행정적 조치나 처리를 행하는 것이다. 예를 들면 상표권 분야에는 국가공상행정관리국 산하의 상표국이나 상표평심위원회, 특허권 분야에서는 국가지식산권국, 저작권 분야에서는 국가판권국 등을 통하여 권리침해행위의 정지명령이나 위법소득의 몰수, 권리침해와 관련된 상품 및 도구의 몰수, 벌금 부과 등과 같은 행정적 처벌을 가할 수 있다.[9]

지적재산권과 관련된 행정부문의 권한은 조금씩 차이가 있다. 이하에서는 지적재산권에 대한 분야별 구제방법에 대해 살펴보려고 한다.

### 1) 전리

국가지식산권국은 전리분야에서 권리침해자에 의한 침해행위에 대해 정지명령이나 손해배상을 명령할 수 있는 행정조정권을 갖는다. 하지만 국가지식산권국은 행정처분권은 갖고 있지 않다. 구체적으로 전리분쟁 조정절차는 '전리관리기관 전리분쟁처리변법'을 근거로 비공개로 진행된다. 전리분야에 대한 조정은 관

9 상표법 제53, 54조, 특허법 제57, 58, 59조, 저작권법 제47조

계당사자의 조정처리 신청서와 답변서, 관계증거자료의 제출에서부터 시작된다.

모든 서류가 제출된 후 전리관리기관 내의 조정처리위원회는 제출된 모든 서류에 대한 심사를 진행한다. 조정처리위원회는 전리분쟁에 관한 조사 시에 사실조사의 필요성이 인정될 경우 독자조사를 진행할 수 있다. 조정처리위원회에서 조사방법은 전리분쟁의 당사자가 주체가 되어 자기 주장을 말하는 변론주의형이 아니고 제출된 신청서와 답변서에 따라 조정처리위원이 심문하는 형태로 진행된다. 이는 조정처리위원이 조정처리과정에서 심사의 주체가 된다는 의미이다.

하지만 산업재산권 분쟁에서는 주장하는 자가 관련 증거를 제시하는 것이 원칙이다.[10] 결국 전리분쟁에서 자신의 전리권을 침해당한 제소자는 자신의 제소주장을 스스로 입증하지 못하면 불리한 결과를 감수해야 한다. 따라서 중국에서 전리분쟁에 승리하기 위해서는 충분하고 강력한 증거수집을 조정 신청 전에 해야 한다.

전리분쟁 조정처리절차의 소요기간에 대한 명확한 통계나 규정이 없다. 하지만 일반적으로 6개월 이내에 종료된다. 조정처리절차를 통해서도 조정이 이루어지지 않는 경우, 전리관리기관은 침해에 대해 그 성립 유무, 금지명령, 손해배상액, 조정처리비의 부담 등에 대한 결정을 직접 내리게 된다. 조정에 대한 처리결정사항은 처리결정서에 명기되어 발송된다. 이와 동시에 전리국도 그 부본을 발송 · 보관한다.

전리분야에 대한 또 다른 보호방안으로 품질기술감독국(TSO)을 활용하는 방법이 있다. 품질기술감독국은 제품의 품질을 감독하는 기관이다. 따라서 품질기술감독국은 가짜의 전리번호를 표시하는 위조상품 등에 대해서 몰수 또는 폐기의 권한을 가진다. 물론 해관총서도 이와 유사한 역할을 할 수 있지만 해관총서는 국경을 통과하는 상품에 대해서만 권한을 가진다.

중국의 행정기관이나 부서는 앞에서 언급했다시피 침해물품에 대한 행정조

10 중국 민사소송법 제64조 제1항

정권만 있지 행정처분권이 존재하지 않는다. 이러한 행정조정권은 비교적 빠르게 적용될 수 있기 때문에 사법기관을 통한 전리보호보다는 신속하다는 장점이 있다. 특히 의장 분야의 경우 특허나 실용신안과는 달리 외관 검사를 통해서도 침해 여부를 충분히 판단할 수 있기 때문에 행정기관을 이용한 지적재산권의 보호는 아주 유용할 수 있다.

### 2) 상표권

국가공상행정관리기관은 전리분야의 국가지식산권국과는 달리 상표권 보호 분야에서 행정처분권과 행정조정권을 모두 갖고 있다. 그러나 국가공상행정관리기관은 행정기관이기 때문에 손해배상이나 형사적인 책임을 물을 수는 없다. 공상행정관리국을 이용한 상표권 보호를 받기 위해서는 반드시 해당 상표가 중국에 등록되어 있어야 한다.

만약 상표권이 등록되어 있지 않은 경우에는 품질기술감독국(TSO)을 활용하는 전략을 사용할 수 있다. 국가공상행정관리기관은 침해품에 대한 몰수 · 폐기 권한을 가지고 있지 않다. 하지만 품질기술감독국은 침해물품의 몰수 · 폐기권을 가지고 있다. 따라서 특정 형태의 산업재산권 분쟁에서는 오히려 사법적 구제절차보다는 유리할 수도 있다. 하지만 품질기술감독국을 이용하는 경우에도 손해배상청구는 불가능하다.

한편, 상표권을 위반한 상품이 중국 내에서뿐만 아니라 한국으로 역수입되거나 제3국으로 유출되는 경우에는 해관총서를 통한 지적재산권의 보호를 요청할 수 있다. 해관총서를 통한 상표권의 보호는 통관 중에 있는 불법제품을 압류하든지 또는 보호하고자 하는 상표나 전리권 등을 미리 세관에 등기해둔 후 각 해관에서 모조품을 발견하는 경우 해당 사실을 권리권자에게 통보함으로써 권리를 보호받을 수 있게 하는 방법이다.

### 3) 저작권

국가판권국은 저작권 분야에서 행정처분권만을 보유하고 있지 행정조정권은 행사할 수 없다. 저작권 침해행위가 있는 경우, 국가판권국은 해당 상황에 따라 침해중지, 영향제거, 공개사과, 손해배상 등 민사상 책임을 부과할 수 있다. 만약 이러한 침해행위가 공공이익을 침해한 경우 침해중지를 명할 수도 있다. 그리고 불법소득의 몰수나 침해제품의 몰수 · 소각이 가능하고, 해당 침해에 대한 벌금을 부과할 수 있다.

침해의 정도나 상황이 엄중한 경우, 국가판권국은 주로 권리침해복제품을 제작하는 데 쓰인 재료, 도구, 설비 등을 몰수할 수도 있다. 그리고 이러한 권리의 침해가 범죄를 구성하는 경우, 관련 법이나 규정에 의해 형사적 책임을 물을 수도 있다. 일반적으로 형사적 처벌에 대한 부분은 사법기관으로 해당 사건을 이관함으로써 권리침해자에게 제재를 가하게 된다.

## 3.2 사법적 구제방법

중국의 지적재산권 관련 소송은 한국(3심제)과는 달리 단심제 또는 2심제(이를 소위 "쌍괘제"라고 한다)로 되어 있다. 지적재산권 관련 심판 중 특허 부문만이 2

〈표 11-6〉 중국의 지적재산권 법원체계

| 법원 | 관할범위 |
|---|---|
| **기층인민법원**(지방법원 지원) | ▪ 상표권, 저작권 등의 1심 |
| **지적재산권 법원**<br>**중급인민법원**<br>(지방법원) | ▪ 특허권, 실용신안, 디자인, 영업비밀 등 전리권의 1심<br>▪ 상표권, 저작권 등의 2심 |
| **고급인민법원**(고등법원) | ▪ 특허권, 실용신안, 디자인, 영업비밀 등 전리권의 2심<br>▪ 소송가액이 크거나 중요한 사건의 1심 |
| **최고인민법원**(대법원) | ▪ 소송가액이 크거나 중요한 사건의 2심 |

출처 : 현대경제연구원, "중국 지적재산권의 시장특징과 시사점", 2016, p.4.

심제고 나머지 실용신안과 의장 및 저작권, 상표권 관련 심판은 단심제다. 지적재산권전문법원은 전리, 집적회로 설계, 기술비밀 등에 대한 1심 재판을 담당한다.

특허 관련 심판이 2심제로 진행되는 이유는 특허 관련 심판이 다른 부분과는 달리 고급기술을 다루므로 신중한 판단이 요구되기 때문이다. 심사관의 사정에 대한 불복이나 지식산권국의 취소결정이나 유지결정에 대한 불복, 무효심판과 같은 특허 관련 심판은 전리복심위원회에서 행해진다. 그리고 전리복심위원회의 결정에 대한 불복은 인민법원을 통해 행해지게 된다.

인민법원이 수리하는 지적재산권 관련 안건은 상표권의 경우 상표권 행정안건(행정처분 불복 등), 상표권 침해사건, 상표권 사용 면허계약에 관한 분쟁안건, 상표권 범죄사건이다. 이 밖에도 인민법원은 특허권에 관한 행정안건, 특허권에 관한 민사안건, 특허권에 관한 범죄안건 등과 같은 특허권과 관련된 안건도 수리한다. 저작권의 경우 저작권침해의 분쟁안건이나 저작권법에서 규정하는 15가지 침해행위, 저작권의 면허계약을 둘러싼 분쟁, 저작권의 권리귀속을 둘러싼 분쟁, 국가판권국이 실행한 행정처분 · 손해배상 명령 등에 대해서도 인민법원에 소송을 제기할 수 있다. 이러한 안건 외에도 인민법원에서는 컴퓨터 · 소프트웨어의 저작권 침해안건과 상업비밀 관련 안건, 부정경쟁 관련 안건, 기술협력 및 기술이전계약 관련 분쟁 등에 대해서도 심사를 진행한다.

중국 내에서 지적재산권에 관한 소송은 외국인이나 법인도 직접 소송을 진행할 수 있다. 그러나 실무적으로는 언어와 관습 등의 문제가 있으므로 중국 현지의 변리사나 변호사를 현지의 소송대리인으로 하는 것이 유리하다.

# 4. 지적재산권 보호제도의 문제점

## 4.1 보호체계 이원화에 따른 문제점

중국의 지적재산권 보호제도에는 보호체계의 이원화로부터 발생되는 문제점이 있다. 앞에서 살펴보았다시피 중국에서 지적재산권 침해에 대한 구제절차는 행정적 구제나 사법적 구제 절차 중 한 가지를 선택하여 진행해야 한다. 중국의 지적재산권 보호체계가 이원적 체계로 된 이유는 민사해결 시스템이 상대적으로 낙후되어 있기 때문이다. 따라서 지적재산권에 대한 민사보호시스템의 낙후를 보완하기 위하여 '국가중심적(State-centered Enforcement)' 행정보호절차가 적극적으로 도입되었다.

하지만 이원적 보호시스템은 지적재산권에 침해기업이나 개인의 입장에서 보면 보호절차에 수반되는 비용의 과다라는 문제점을 발생시킨다. 특히 국가행정시스템이 선진화되지 못한 중국의 입장에서 보면 지적재산권 보호와 같은 민사분야에 복수의 행정력을 투입한다는 것은 국가 공권력의 낭비와 비용의 과잉지출 등과 같은 문제점을 발생시킨다.

중국정부도 지적재산권의 이원적 보호절차에 따른 문제점을 극복하기 위하여 동일 사건에 대한 이중조사금지의 원칙을 만들었다. 지적재산권 침해사건에 대한 이중조사를 금지시킴으로써 피해자와 공권력의 중복적인 비용 지출 문제를 어느 정도 완화시키려고 한 것이다.[11]

지적재산권의 이원적 보호체계가 그 고유한 목적을 달성하기 위해서는 보호

11 중국에서는 지적재산권에 대한 행정적 보호절차를 진행하고 있는 중에는 사법적(민사적) 보호절차를 진행할 수 없도록 하고 있다. 중국의 법체계에서는 동일한 사건에 대해 행정적 보요절차와 사법적 보호절차를 동시에 할 수 없도록 하고 있기 때문이다.

와 관련되는 행정 및 사법 전문가가 충분해야 한다. 하지만 현재의 중국은 지적재산권 관련 법원과 행정조직 분야에서 관련 전문인력은 절대적으로 부족한 것으로 알려져 있다. 이러한 이유 때문에 지적재산권 관련 법 집행기관에서도 침해사건 조사과정에서 자체조사보다 외부 제보에 크게 의존하는 소극적 조사방식을 채택하고 있다.[12] 중국정부는 이러한 문제를 완화하기 위해서 2014년부터 특허 관련 전문법원을 3곳 지정하여 소송을 진행하고 있다.

행정적 구제결과를 인정하지 못하는 경우, 2차적 보호절차가 다시 진행되어 비용이나 시간 측면에서 많은 낭비를 발생시킬 수 있다. 하지만 지적재산권 침해사건에서 시간적 요소는 매우 중요하다. 시간이 경과하면 할수록 권리침해를 당한 당사자는 더욱 불리한 상황에 처하게 된다. 따라서 보호절차의 신속화 방안은 대단히 중요하다.

본서에서는 이원화에 따른 문제를 완화하기 위한 방안으로 지적재산권 침해문제를 행정적으로 조정하는 '분쟁조정위원회' 제도를 도입할 것을 제안한다. 사실 전리분야에는 전리조정위원회가 존재한다. 그 외에 존재하는 상표평심위원회, 전리복심위원회 등과 같은 심의위원회는 행정기관의 결정에 대한 이의나 쟁의를 심사하는 기구이다. 하지만 이들 위원회는 지적재산권의 침해와 관련된 분쟁을 처리하는 기구가 아니라 행정조치에 대한 불복을 처리하는 기구이다.

지적재산권의 침해분쟁에서는 소송이나 행정기관에 대한 구제신청에 앞서 당사자 간의 협의를 의무화하고 있다. 하지만 협의에 대한 구체적인 규정은 없다. 앞에서 언급한 바와 같이 중국정부는 행정부문의 과도한 개입과 지적재산권 분야의 전문가 부족 등과 같은 한계 때문에 이원적 보호제도를 채택하고 이를 보완하는 방안으로 당사자 간의 협의를 의무화했다. 따라서 이 협의를 포함하여 당사자 간에 빠른 조정을 위해서는 최소한의 행정력과 외부전문가들을 활용할 수 있는

---

12 은종학, "중국 지적재산권 보호의 실제", 『지식재산논단』, 제1권 제2호, 지식재산권연구센터, 2004. 12. pp. 84~85.

'지식재산권 분쟁조정위원회' 제도를 도입할 필요성이 있다. 그리고 이 분쟁조정위원회 조정에 따른 권위와 조정의 실효를 높이는 방안으로 분쟁조정위원회의 조정결과를 '민법상의 화해계약'으로 받아들이기보다는 '재판상의 화해' 개념으로 인정하는 방안을 도입할 필요성이 있다.

이 방법을 도입한다면 조정결과에 대한 일방의 불인정으로 인해 발생할 수 있는 여러 가지 문제점을 제거할 수 있다. 그리고 2차적인 사법적 구제절차를 진행하는 경우에도 이 1차적 조정결과를 참고한다면 분쟁해결의 신속화와 경비절감에 도움이 될 것이다.

## 4.2 행정적 보호절차의 문제점

중국에서 지적재산권 침해에 대한 행정적 구제 시스템이 선호되는 이유는 행정적 구제절차가 사법적 구제절차보다도 침해행위에 대해 상대적으로 신속하게 대응할 수 있기 때문이다. 하지만 국가행정 중심의 구제절차는 개인이나 기업 등과 같은 민사문제에 대한 정부의 과도한 개입 문제를 발생시킨다. 민사분야에 대한 정부의 과도한 개입은 정부분야의 인적 및 물적 자원의 한계로 연결된다.[13] 그리고 정책의 과정에서 효과적인 법 집행을 불가능하게 만들 수 있다. 정부의 선택적 법 집행은 부정·부패의 문제를 심화시킬 수 있고, 민간분야에 대한 정부당국의 정치개입에 따르는 부정적 영향력을 확산시킬 수 있다.

지적재산권의 행정적 구제절차는 지적재산권의 종류에 따라 다르게 진행되는 것이 일반적이다. 하지만 지적재산권의 범위에 대한 확정은 그리 쉽지만은 않다. 인터넷과 정보통신기술이 발전하면서 전통적인 지적재산권의 개념과는 구분이 어려운 신지적재산권(New Intellectual Property Right)이 출현했기 때문이다.

지적재산권의 종류와 범위에 대한 불명확화는 곧 관리권의 불명확으로 연결

13 정부당국의 과도한 개입은 지적재산권 관련 전문인력의 자질과 인원부족 문제를 발생시킨다.

된다. 지적재산권의 종류와 범위에 대한 불명확성은 행정기구 간 업무중복문제와 부서 간 경쟁, 이기주의 등과 같은 문제를 발생시킨다. 그리고 관련 행정기구들 간의 업무조정에 대한 여러 가지 문제점들도 야기시킨다.

사실 부서 간 경쟁과 이에 따른 갈등은 다른 국가들에서도 많이 발견되고 있다. 하지만 중국에서는 공무원의 행정 부서나 계통(系統) 등이 확정되고 나면 다른 곳으로 이동이 거의 없다. 따라서 부서 간 경쟁과 이에 따른 갈등 등이 더욱 심각하게 나타난다.

현재 중국에서는 지적재산권에 대한 관리권한이 국가지식산권국으로 점차 집중되고 있는 추세이다. 하지만 국가지식산권국의 권한은 여전히 한계가 존재하는 것으로 보인다. 따라서 국가지식산권국으로의 업무와 권한의 집중이 보다 빠르게 이루어져야 할 필요성이 있다.

지적재산권의 관리에는 중앙부서뿐 아니라 여러 가지 지방행정부서도 개입된다. 지적재산권 관련 업무는 등록 업무와 관리업무로 나누어진다. 이중 등록업무는 주로 중앙의 부서가 담당한다. 하지만 지적재산권의 실질적인 관리는 지방의 관련 부서나 기관이 담당한다.

그러나 지적재산권의 관리과정에 중앙과 지방의 많은 행정기구가 개입하는 현상은 중국의 '지방보호주의'와 맞물리면서 여러 가지 문제점들을 발생시킨다. 지적재산권에 대한 이원적 관리 시스템은 지방보호주의와 이에 따른 지방의 근시안적인 경제 집착현상과 맞물리면서 지적재산권의 피해자에게 하나의 장벽으로 작용할 수 있다. 중국은 지역에 따라 경제발전 수준과 과학기술의 차이가 심하기 때문에 지적재산권에 대한 보호가 지방에 따라 다른 의미를 가질 수 있다.[14]

주변 지방과의 경쟁과 이에 따른 실적은 지방정부의 고위 관료들의 승진 전망을 달라지게 한다. 그래서 지방의 고위관리들은 실적에 대한 집착이 매우 강한

---

14 위조품의 생산이 지역 경제에 차지하는 비중이 높거나 관련 취업인구가 많은 경우 해당 지방정부는 지적재산권의 침해행위에 대한 법적 제재를 소극적으로 취하는 경향이 높다.(Moga, Thomas T., "The TRIPs Agreement and China," The China Business Review, NOV/DEC, 2002, pp. 13~18.)

편이다. 결국 관련 법규나 정책의 준수보다는 투자나 수출 등의 분야에서 숫적 확대 등에 더욱 신경을 쏟는 것이다. 이 때문에 외지인의 지적재산권 보호요구에 대해서는 미온적인 태도를 보일 수밖에 없다. 그 결과 각 행정구의 지도자나 행정부서의 간부는 국가 전체의 개발정책이나 산업정책에 조화되는 지역개발전략을 채택하고 집행하기보다는 자신의 관할 지역과 시장의 단기적 성과를 달성하는 방향으로 행동하는 것이다.

결과적으로 중국 내에서 행정적 측면에서 정무 관련 평가제도와 기준을 조금 변경한다면 지방부서 간 이기주의는 상당히 개선될 수 있을 것이다. 그리고 이러한 변화는 지적재산권과 관련된 지방보호주의와 지역 이기주의를 개선시키는 데 상당한 도움을 줄 것이다.

## 4.3 사법적 보호에 따른 문제점

지적재산권에 대한 사법적 보호절차는 민사소송법 체계에 따르게 되어 있다. 민사소송법에서는 1심 법원의 경우에는 공판회부 결정일로부터 6개월, 제2심 법원의 경우 심판기한은 3개월로 되어 있다. 그리고 특수한 사정이 있는 경우 1심은 법원장의 허가를 받아 6개월 연장 가능하고 2심도 연장이 가능하다.

하지만 섭외(국제) 민사사건의 경우에는 심판기한의 제한을 받지 않도록 규정되어 있다. 따라서 국제민사사건의 경우에는 심판기한이 의미가 없다. 결과적으로 중국 내에서 지적재산권 침해를 받은 해외기업이나 외국인의 경우에는 해당 법원의 문제해결 의지에 따라 아주 장기간의 시간을 소송에 투자해야 할 가능성이 높다.

지적재산권에 대한 사법적 보호과정에서 나타나는 또 다른 문제점으로 사법당국의 독립문제를 들 수 있다. 사법독립이란 사법기관의 지위에 대한 독립을 의미하는 것으로 세 가지 차원에서 이해될 수 있다. 첫째, 사법독립이란 법률로 사법기관의 설치와 권한, 활동방식과 규칙이 명확히 규정되어야 한다는 의미이다.

그래서 사법기관 내부의 기구 설치와 변동이 법률에 근거해야 하고, 법률에 근거한 독립된 인사제도와 독립된 경비조달원천을 갖고 있어야 한다. 둘째, 사법독립이란 사법활동의 독립을 보장해야 한다는 의미이다. 이는 결국 사법절차는 다른 국가기관이나 사회단체, 정당의 간섭이나 영향을 받아서는 안 된다는 의미이다. 셋째, 사법독립은 법관의 지위독립을 보장해야 한다는 의미이다.

하지만 현재 중국의 사법체제는 지방의 사법기관이 사용하는 비용을 지방정부가 지급하는 형태로 되어 있다.[15] 그리고 지방법원의 인사임면권 또한 중앙 법원에 있는 것이 아니라 지방의회(전인대)에 있는 것이 현실이다. 그러므로 지방법원의 판정이나 행정도 중국에서 만연되고 있는 지방보호주의에서 자유로울 수 없다[16].

결론적으로 사법기관에서 사용하는 여러 가지 제반비용이나 예산은 중앙정부가 부담해야 한다. 그리고 법원의 인사 시스템 또한 지방정부와 의회(전인대)에서 독립되어야만 할 것이다. 이러한 사법독립이 확립되어야만 지적재산권과 관련된 소송도 지방정부나 지방보호주의로부터 독립할 수 있을 것이다. 또한 인사제도 면에서도 개혁을 이루어 성 일급사법기관의 최고인사가 최고인민법원과 최고인민감찰원의 임면권을 행사할 수 있도록 변경해야 할 것이다.

---

15 李子銀, "執法中的地方保護主義", 『湖南稅務高等轉科學校學報』, 第16券, 2003.9. 5, p. 43.

16 장동식 · 여택동, "중국의 지방보호와 시장분할에 관한 소고", 『무역학회지』, 제29권 제6호, 2004. 12, pp. 41~42.

CHAPTER 12

# 대외정책 환경

1. 지역주의정책
2. 국제환경정책
3. 일대일로와 아시아인프라투자은행(AIIB)

# 1. 지역주의정책

## 1.1 지역주의의 개념과 효과

### 1) 지역주의의 개념

#### (1) 지역주의의 개념

지역주의(regionalism)란 원래 정치적으로 독립되어 있으면서 지리적 인접성과 문화적 공통성, 역사적 동질성, 경제적 상호의존성 등이 높은 국가들이 경제적 동맹이나 통합을 이룩하여 역내 국가에게 특혜를 부여함으로써 관련국 상호 간의 이익과 협력을 도모하는 동시에 역외 국가에게는 차별적 조치를 취하는 노력이나 경향을 의미한다. 결국 지역주의란 지역경제공동체 또는 지역경제협력체를 형성하려는 노력이나 경향을 포괄적으로 지칭하는 용어라고 볼 수 있다.

지역주의란 일반적으로 지리적 인접성(geographic proximity)과 지역적 특수성을 기반으로 한다. 하지만 오늘날의 지역주의는 이러한 요인을 고려하지 않고 원격지 간의 경제협력, 즉 개별 국가의 정책적 선택(policies choices)에 의한 인위적 통합과 협력을 포함하는 경향으로 나타나고 있다.[1]

최근에 나타나는 지역주의의 이러한 경향을 신지역주의(new regionalism)라고 하며, 주로 경제적 동기의 지역통합을 의미하는 용어로 인식하기도 한다. 신지역주의의 특징을 정리해 보면 ① 개방적 지역주의, ② 선후진국 간의 통합, ③ 원격지 간의 경제통합, ④ 금융 및 자본의 통합, ⑤ 경제통합체 간의 경쟁 등이다.

---

1 노택환, 『국제통상정책론』, 박영사, 2008, p. 365.

### (2) 지역주의의 발전 단계

지역주의의 발전단계는 학자들마다 조금씩 다르게 정의하고 있다. 지역주의의 형태와 발전단계는 발라사(B. Ballassa)의 지역경제통합의 발전단계를 근거로 구분짓는 것이 일반적이다. 발라사가 제시한 지역경제통합의 발전단계를 근거로 지역주의의 발전단계를 살펴보면 자유무역지역, 관세동맹, 공동시장, 경제동맹, 완전경제통합의 단계로 발전된다고 볼 수 있다.

하지만 지역주의의 발전단계가 반드시 위와 같은 5단계 발전과정을 거쳐 진행된다고 할 수는 없다. 특정 단계의 지역주의 형태를 생략하고 발전하기도 한다. 발라사(B. Ballassa)의 정의를 중심으로 지역주의의 발전단계를 살펴보면 다음과 같다.

#### 지역주의의 발전단계

- **자유무역지대**(Free Trade Area) : 역내무역은 비관세이나 각 회원국은 비회원국으로부터의 수입에 대해 각자 재량에 따라 자체의 관세율을 설정할 수 있음(예 : 북미자유무역협정, 아세안 자유무역지역)
- **관세동맹**(Customs Union) : 모든 회원국은 비회원국들로부터의 수입에 대해 동일한 관세를 적용(예 : 2차대전 이후의 베네룩스 관세동맹 등)
- **공동시장**(Common Market) : 회원국 간에 상품뿐 아니라 서비스 및 생산요소에 대한 자유로운 이동을 허용함(예 : EEC)
- **경제동맹**(Economic Union) : 공동시장을 더욱 발전시킨 형태로 역내상품 및 생산요소의 자유이동과 역외 공동관세를 실시하며, 집단적 경쟁강화를 위해 가맹국 간의 경제정책에 대한 조정과 협력이 꾀해지며 공동경제정책이 수립되고 수행되는 형태의 통합(예 : EU)
- **완전한 경제통합**(Complete Economic Union) : 가맹국 상호 간에 초국적 기구를 설치하여 그 기구로 하여금 각 가맹국의 사회 · 경제정책을 조정 · 통합 · 관리하는 형태의 통합을 의미. 경제통합의 형태 중 가장 발전된 형태의 통합으로 각국은 사실상 하나의 단일경제로 통합되는 것을 의미함

**경제통합의 단계별 특징**

| | 제1단계 | 제2단계 | 제3단계 | 제4단계 | 제5단계 |
|---|---|---|---|---|---|
| | 자유무역 지대 | 관세동맹 | 공동시장 | 경제동맹 | 완전 경제통합 |
| 역내 공동관세 | | | | | |
| 쿼터제 철폐 | | | | | |
| 역외 공동관세 | | | | | |
| 생산요소 이동의 자율성 보장 | | | | | |
| 경제정책 조정 | | | | | |
| 초국가 기구설립 | | | | | |

## 2) 지역주의의 효과

지역주의는 지역 내와 지역 간 경제활동을 구체화하는 과정에서 지역 내 무역을 촉진시키는 측면과 지역 내 무역을 방해하는 측면을 함께 가지고 있다. 이러한 측면을 무역창출효과(trade creation effect)와 무역전환효과(trade diversion effect)로 표현하기도 한다.[2] 지역주의가 긍정적 측면과 부정적 측면을 함께 가지고 있는 이유는 지역주의가 지역 내 무역자유화의 증진과 동시에 역외 경제에 대한 차별을 목표로 하기 때문이다.[3] 이렇게 볼 때 지역주의의 이익(협정당사국의 후

2 무역창출효과는 역내국 사이에 없었던 무역이 지역주의협정이 체결되면서 새롭게 창출되는 효과를 의미한다. 그리고 무역전환효과는 역내국 간의 지역주의협정 때문에 생산비가 낮은 역외국에서 수입하던 상품이 생산비가 더 높은 역내국에서 수입하게 됨으로써 발생하는 효과를 의미한다.

3 하벌러(Harberler, 1936)는 지역무역협정은 비교우위를 통한 생산비 절감 및 소비증가 부분에 정(+)의 효과를 가진다고 주장하였다. 바이너(Viner, 1950)는 지역무역협정의 무역창출(trade creation) 효과에 따른 협정 당사국 간의 후생 증대가 무역전환(trade diversion) 효과에 따른 협정 당사국 이외의 국가에 대한

생증대)은 지역주의협정에 참가하지 않은 국가들의 희생을 토대로 한다고도 볼 수 있다.[4] 지역주의 협정의 부정적인 측면을 강조하는 학자들은 차별관세, 특혜 원산지 규정, 역내산 부품사용 의무규정 등과 같은 조치에 의해 무역전환효과가 무역창출효과를 초과할 수 있다고 본다.

지역주의의 또 다른 문제점은 지역주의가 확산됨에 따라 WTO를 중심으로 하는 다자간 무역체제에 대한 관심이 감소될 수밖에 없다는 점이다. 그리고 지역주의의 확산은 국제관계에서 지정학적 영향(geopolitical impact)의 증대로 인해 지역 간 갈등이 증대될 수 있다는 문제점도 함께 존재한다.

하지만 지역주의가 다자간 무역체제의 자유화를 강화하는 수단인지 아니면 방해하는 수단인지에 대한 논의는 아직도 합의를 도출하지 못하고 있다. 다만 지역주의를 대표하는 지역무역협정에 대한 일관적이고 효율적인 검토와 규율의 필요성이 인정되어 '지역무역협정위원회(Committee on Regional Trade Agreements)'가 WTO 내에 설치되었다.[5]

WTO 지역무역협정위원회는 그동안 국제사회에 나타나고 있던 지역주의(지역무역협정)의 움직임을 분석하여 다음과 같은 결론을 내렸다. "지역적 통합 움직임은 더 많은 범위에서 무역자유화를 추구하는 대안이기보다 보완책이다."[6] 사실 현재 국제사회에서 나타나고 있는 관세동맹이나 지역무역협정과 같은 지역주의 조치들은 모든 교역상대국에 대해 동일한 대우를 규정하고 있는 WTO의 기본원

---

후생 감소보다 크다면 전 세계적인 후생증대효과를 발생시킬 수 있다고 보았다.

4 지역주의협정에 참여하지 못한 국가들의 입장에서 보면 지역주의협정의 체결과 이에 따른 역내국의 시장지배력 남용으로 인해 피해증가 가능성이 증가할 수 있는 상황에 직면하기 때문이다.

5 지역무역협정위원회의 설립목적은 일반이사회의 권한위임을 근거로 통보된 개별 지역무역협정에 대한 검토 및 평가를 실시하고, 동 협정이 WTO 규범과 일치하는지를 평가한다. 또한 지역무역협정위원회에서는 지역무역협정이 다자간 무역체계에 어떠한 영향을 주는가와 지역협정과 다자간 협정들 사이의 관계가 무엇인가에 대해서도 분석한다.

6 To a much greater extent than is often acknowledged, regional and multilateral integration initiatives are complements rather than alternatives in the pursuit of more open trade.(WTO, *Regionalism and the World Trading System*, WTO, 1995, p. 62)

칙인 최혜국 대우(Most Favored Nations ; MFN) 원칙에 위반되는 것이다. 하지만 WTO는 이러한 지역주의의 움직임을 엄격한 기준의 충족을 전제로 최혜국대우의 적용에 대한 예외로 인정하고 있다.(GATT 24조)

WTO는 역외국과의 무역에 대해 무역장벽의 강화가 없다면 지역무역협정과 같은 지역주의의 추구가 역내 국가 간 교역흐름을 보다 자유롭게 만들어 줄 것이라 보고 있다. 결국 WTO는 지역주의협정은 다자간 무역체제를 보완하는 관계이지 걸림돌은 아니라고 보는 것이다. 하지만 WTO는 이와 동시에 지역무역협정 체결에 참여하지 않은 국가들의 입장에서 보면 지역주의가 자국의 무역이익에 악영향을 끼칠 수도 있다는 사실도 함께 인식하고 있다.

## 1.2 중국의 지역주의[7]

### 1) 지역주의정책의 도입 배경

중국은 1949년의 신중국 건국 이래 '자력갱생(自力更生)'의 원칙을 견지해 왔다. 따라서 지역주의(지역경제통합)의 움직임에 대해서는 소극적인 입장을 견지해 왔다. 이러한 입장을 견지하고 있던 중국정부가 지역주의와 FTA의 추진에 대해 적극적으로 나서게 된 근본적인 이유는 1997년에 발생한 '아시아 경제위기'와 이에 따라 제기되었던 '중국위협론'에 대한 적극적 대응과정에서 만들어졌다고 볼 수 있다.

중국정부는 '아시아 금융위기'를 경험한 이후 세계화의 악영향과 이에 대한 일국만의 대응이 얼마나 어려운지를 인식하게 되었다. 그래서 세계화의 부정적 영향에 대한 대응수단으로서 지역주의와 FTA의 활용 필요성을 인식하게 되었다. 그 결과 지역주의(FTA 제안)에 대한 공식적인 제기는 아시아 금융위기 당시 제기

7 장동식, 전정기, 송염염, 「동아시아 FTA 형성경로 탐색에 관한 일고찰—한중일 3국의 FTA 정책을 중심으로—」, 『동북아경제연구』, 20(3), 한국동북아경제학회, pp. 68~74, 요약 및 재정리

되었던 동남아시아국가연합(ASEAN, 이하 아세안) 국가들의 '중국위협론'을 불식시키며 WTO 가입에 대한 지지를 이끌어 내기 위한 차원에서 만들어졌다.

당시 아세안 국가들은 중국의 WTO 가입과 이에 따른 최혜국대우(MFN)의 부여가 아세안 국가들의 제품경쟁력을 약화시킬 것이라는 우려를 가지고 있었다. 그리고 아세안 국가들은 중국의 WTO 가입으로 인해 중국의 각종 제도가 선진화되고 투자환경이 개선됨으로써 중국에 대한 FDI가 증가되고, 아세안에 대한 FDI가 감소될 것을 우려했다.

아세안 국가들이 느낀 '중국위협론'을 불식시키기 위하여 ASEAN + 3 정상회의(2000. 11.)에서 주룽지(朱鎔基) 총리는 중국 최초의 지역주의 관련 정책이라고 할 수 있는 FTA를 포함한 양자 간 경제협력 강화방안의 검토를 제안하였다. 중국정부는 이 제안을 통하여 아세안 국가들로부터 WTO 가입에 대한 지지를 이끌어 낼 수 있었다.

하지만 당시 주룽지 총리의 지역주의 관련 제안은 중국정부 차원에서 만들어진 적극적인 정책적 고려에 따른 결정이었다는 주장과는 달리 WTO 가입을 위한 즉흥적 제안이었다는 논쟁도 발생시켰다. 하지만 당시까지의 중국정부가 가진 지역주의에 대한 입장을 중심으로 판단해 볼 때 당시까지의 중국은 여전히 지역주의에 대해 소극적인 입장을 갖고 있었다고 볼 수 있다.[8]

중국이 지역주의에 적극적으로 나서게 된 또 다른 이유로 DDA 협상 타결의 지연으로 인한 다자간 무역체제에 대한 실망감이 증가했기 때문이라는 점도 들 수 있다. 사실 중국정부는 WTO의 가입이 개혁 · 개방 정책의 추진과정에서 나타났던 많은 문제점들을 제거해 줄 수 있을 것으로 판단했다. 하지만 WTO 가입 이후 처음으로 참가했던 다자간 무역협상인 DDA 협상은 중국으로 하여금 다자간 무역체제에 대한 새로운 대안을 찾게 만들었다. 멕시코 캔쿤에서 개최된 DDA 협상에서 합의도출 실패는 지역주의에 비교적 소극적이었던 중국정부에게 새로운

8 Shambaugh, D., "China Engages Asian," International Security, 29(3), 2004. pp. 75~76., 서창배, 「중국의 FTA정책에 담긴 정치 · 경제적 함의」, 『한중사회과학연구』, 한중사회과학학회, 5(1), 2007. p. 73.

대외통상 및 외교전략 수단을 찾게 했던 것이다.[9]

그 후 중국정부는 지역주의의 참가에 대해 적극적으로 고려하게 되었고, 그 실행정책으로서 FTA 정책을 도입하게 되었다.

## 2) 지역주의정책의 추진 방향과 현황

### (1) 지역주의정책의 추진 방향

지역주의에 대한 중국정부의 공식적인 로드맵이나 입장, 방향 등은 확인하기가 매우 어렵다. 하지만 중국 국무원 발전연구센터(DCR)와 상무부 정책연구실의 관련 문헌(2005)을 종합하여 중국의 지역주의에 대한 당시의 로드맵을 정리해 보면 다음과 같다.[10]

첫째, 아세안과의 FTA는 가속화함으로써 중국 중심의 아시아 경제통합의 구조를 개발하기 위한 조건을 쌓아 나간다. 그리고 이 아세안을 매개로 하여 홍콩·마카오와의 포괄적 경제동반자협정(CEPA)을 심화시킨다. 아세안을 중심으로 한 중국의 지역주의정책은 '하나의 중국'이란 원칙 하에서 '양안(兩岸)' 경제협력의 확대 차원에서 대만과의 '삼통(三通 : 통신·통항·통상)'을 실현하기 위해서 추진되었다. 그리고 아세안 중심의 지역주의는 당시 확산되고 있는 유럽을 중심으로 한 지역주의(EU)와 당시 논의되고 있었던 미주 중심의 FTAA와 대체적인 균형을 맞출 수 있는 차원에서 추진되었다.

둘째, 한·중·일 지역에 대한 지역주의는 동북아 FTA의 추진을 중심으로 진행한다. 중국은 동북지역의 노후공업기지 문제를 해결하기 위해 한·중·일 FTA를 활용하여 동북지역의 개발과 대외개방을 촉진시킨다는 입장을 가지고 있다.

---

9 程大为, "中国常务外交实践三年回眸," 『WTO时代经贸』, 2004. pp. 20~22. : 민경식, 「중국의 대외경제정책 변화와 FTA추진」, 『동서연구』, 19(2), 2007. p. 19.

10 조현준·이인구, "중국 FTA정책의 정치경제적 목적과 결정요인", 『동북아경제연구』, 19(1), 2007. pp. 59~66.

한 · 중 · 일 FTA를 동북지역의 경제활성화와 대외개방을 강화하는 새로운 경제구조나 수단의 하나라고 간주하는 것이다.

셋째, 러시아, 호주, 중동, 중앙아시아, 아프리카, 남미 등과의 지역주의는 안정적인 자원 및 에너지 공급원을 확보하기 위해 추진되는 장기적 지역주의전략이다. 그리고 이들 지역에 대한 FTA는 중국상품의 새로운 시장을 개척함으로써 해외시장 확보와 국가경제의 발전을 추진하려는 차원에서 추진하는 것이다. 결과적으로 이들 지역에 대한 FTA는 중국의 시장 탄력성과 국제시장에서 운신 폭을 증대시키려는 정부적 필요성을 충족시키려는 전략적 목적을 함께 갖고 있다.

넷째, 브라질, 인도, 멕시코, 남아공 등과 같은 국가들과의 지역주의는 신흥대시장 국가로서 이들 국가의 중요성을 인정해 추진한다. 따라서 이들 국가들과 중국 간 경제관계의 긴밀도와 심화 정도를 강화하기 위하여 FTA를 추진한다. 그리고 이들 국가에 대한 지역주의전략은 개도국 경제블록에 대한 중국경제의 영향력을 강화하기 위한 차원 및 중국의 해외진출을 강화하기 위한 발판을 구축하는 차원에서 추진된다.

다섯째, 유럽시장에 대한 지역주의는 특정 상품과 영역을 중심으로 선택적인 차원에서 향후 발생할 수 있는 지역주의의 전면적 확대에 대비하기 위해서 추진한다. 유럽의 경우 특정 지역이나 특정 상품을 중심으로 특수한 형태의 지역 FTA 협정 체결을 먼저 추진한다. 중국정부는 이러한 특수 분야에 대한 협정 체결과 운영과정에서 축적된 경험을 바탕으로 향후 유럽지역과의 전면적인 지역주의 형성에 대비한다.

여섯째, 빈곤국이나 자원부국과의 지역주의는 EU가 다수의 개도국과 체결한 '로메협정' 모델로 참고하여 1차 상품에 대한 일방적인 특혜관세를 제공한다. 로메협정은 1975년 2월에 아프리카 토고의 수도 로메(Lomé)에서 EU와 ACP(아프리카, 카리브해, 태평양지역) 지역의 46개 국가들 간에 체결된 세계에서 가장 영향력이 큰 특혜관세협정이다. EU는 로메협정을 통하여 이 협정에 참가한 개도국들에게 일방적인 특혜관세를 제공할 수 있게 되었다.

### (2) 지역주의 현황

중국은 인근 한·중·일 3국 중 FTA의 중요성에 대해서는 가장 먼저 인식하기 시작했다. 중국정부는 WTO 가입과 '중국위협론'의 제거를 위하여 2000년 11월 6일 아세안에 대해 제일 먼저 FTA를 제안하였다. 2002년 11월에는 이 제안의 후속 결실로 ASEAN과 FTA를 타결하였다. 2003년도 6월과 10월에는 홍콩과 마카오와의 포괄적 경제동반자협정(CEPA)을 타결했다. 2005년에는 칠레와의 FTA를 타결하였고, 2006년 11월에는 파키스탄과의 FTA를 타결했다.

출처 : 凤凰财经(http://finance.ifeng.com/, 2015. 6. 2.)

[그림 12-1] 한중 FTA 서명식

그 후 2008년에는 뉴질랜드와 싱가포르와의 FTA를 타결했고, 2009년에는 페루와의 FTA를 체결했다. 같은 해 중국정부는 기존의 상품무역분야에서 FTA를 체결했던 파키스탄과 새로운 서비스무역협정을 체결했다. 2010년도에는 코스타리카와 FTA를 체결하였고, 2013년도에는 아이슬란드와 스위스와의 FTA를 체결했다.

2015년에는 한국과 호주와의 FTA를 체결하였으며, 그 후에는 아세안 + 1 형식의 FTA도 타결하였다. 2017년 5월 13일에는 유라시아 지역의 국가인 조지아와 최초로 FTA를 체결했다. 중국은 2017년 5월 말 기준으로 세계 22개국(지역)과 17건의 FTA를 체결했으며, 15건의 지역주의 협정에 대해 추가 체결을 위한 절차를 진행 중에 있다.(〈표 12-1〉 참고)

〈표 12-1〉 중국의 지역무역협정 체결 현황

| 대상국 | 협상 개시일 (타결일) | 추진 현황 |
|---|---|---|
| 조지아 | 2015. 9.<br>※ 2017. 5. 13. | ▪ 2015년 9월, 리커치앙(李克强) 총리는 방중한 조지아 총리와의 FTA 협상 개시를 합의<br>▪ 2017년 5월 13일, 조지아와 최초의 유라시아 지역 FTA를 체결함. |
| 아세안 + 1 | 2014. 8. 26.<br>(2015. 11. 22.) | ▪ 2014년 8월 26일 중-아세안 FTA 개정 협상 정식 개시<br>▪ 2015년 11월 22일 중-아세안 FTA 개정 협상 타결 |
| 호주 | 2005. 4. 18.<br>※ 2015. 6. 17. | ▪ 2014년 10월까지 제21차 FTA협상을 완료했으며 화물 무역, 투자와 서비스 분야를 중점적으로 협상<br>▪ 2015년 12월 20일 자유무역협정 정식 발효<br>▪ 2017년 3월 24일 중-호주 양국 발전 협력 강화 양해각서 체결 |
| 한국 | 2012. 5. 2.<br>※ 2015. 6. 1 | ▪ 2014년 11월까지 14차례 협상을 거친 후, 2015년 6월 1일 한-중 자유무역협정 정식 서명<br>▪ 2015년 12월 20일부로 정식 발효<br>▪ 2016년 12월 한-중 FTA 협동위원회 의견 수렴 시작 |
| 스위스 | 2011. 4.<br>※ 2013. 7. 6 | ▪ 2년간 9차례의 회의를 거친 후, 2013년 7월 6일 자유무역협정 체결<br>▪ 2009년 11월 30일 합동 연구단이 결성돼 연구를 진행(2010년 8월 13일 연구완료)<br>▪ 2011년 4월~2013년 2월 8차례의 협상을 거친 후 2013년 7월 6일 자유무역협정 정식서명<br>▪ 2014년 7월 1일 정식 발효<br>▪ 2017년 1월 17일 중국-스위스 FTA 개정 선언 |
| 아이슬란드 | 2007. 4. 12.<br>※ 2013. 4. 15. | ▪ FTA 세율 인하 모델, 원산지 규정, SPS/TBT, 서비스 무역 등을 중점적으로 협상<br>▪ 2014년 7월 1일 정식 발효 |
| 코스타리카 | 2009. 1. 19.<br>(2010. 4. 8.) | ▪ 2011년 8월 1일 중-코스타리카 FTA 정식 발효<br>▪ 중-코스타리카 각각 90% 이상의 상대국 수입품에 대해 관세 철폐<br>▪ 2016년 8월 중-코스타리카 FTA위원회 제4차 의견 수렴 실시 |

| | | |
|---|---|---|
| **파키스탄** | (2009. 2. 21.) | ■ 2015년 8월 3~5일 파키스탄에서 중-파키스탄 FTA 제2단계 5차 회의 개최됨<br>■ 2015년 11월 11일부터 중-파키스탄 FTA 은행산업 개방 의정서 정식 발효 |
| **페루** | 2007. 9. 7.<br>※ 2009. 4. 28. | ■ 2007년 11월 12~13일 베이징에서 중국-페루 FTA 자유무역 협상 개최<br>■ 2008년 1월 21~24일 제1차 협상 개최<br>■ 2009년 4월 28일 '중국-페루 FTA 의정서' 체결<br>■ 2010년 3월 1일 중국-페루 FTA 정식 발효<br>■ 2016년 11월 21일 중국-페루 FTA 개정 협상 정식 시작 |
| **싱가포르** | 2006. 10. 26.<br>※ 2008. 10. 23. | ■ 2008년 10월 23일, 중-싱가포르 FTA 1차 협상 완료<br>■ 2012년 7월 6일 중-싱가포르 양국 은행 사업 개방 촉진 협정 서명<br>■ 2015년 1월 20~22일 싱가포르에서 중-싱가포르 FTA 제5차 연합회의 개최 |
| **뉴질랜드** | 2004. 12. 6.<br>※ 2008. 4. 7. | ■ 상품무역, 서비스무역, 투자, 지식 재산권, 원산지 규정, 동식물 검역(SPS) 등에 대해 중점적으로 협상<br>■ 2008년 10월 1일 정식 발효<br>■ 2015년 3월 24~25일 뉴질랜드에서 중-뉴질랜드 제6차 연합회의 개최<br>■ 2016년 11월 20일 중국-뉴질랜드 FTA에 대한 업그레이드 개정 협상 시작 |
| **파키스탄** | 2005. 4. 5.<br>(2006. 11. 10.) | ■ 2007년 7월 1일에 정식 발효돼 관세 대상품목의 85%에 대해 5년 동안 단계적으로 관세 인하 |
| **칠레** | 2004. 11. 18.<br>(2005. 10. 16.) | ■ 2006년 10월 1일부로 중국은 칠레의 7,550개(HS 코드 8단위 기준) 품목에, 칠레는 중국의 7,902개 품목에 대해 10년 동안 단계적으로 관세 철폐<br>- 2015년 5월 25일 중국-칠레 양국 FTA 개정 양해 각서 체결<br>- 2016년 11월 22일 중국-칠레 FTA 개정 정식 시작 |
| **CEPA** | 홍콩<br>(2003. 6. 29.)<br>마카오<br>(2003. 10. 17) | ■ 2004년 10월 27일 중국-홍콩 CEPA에 대한 보충 협의 체결<br>■ 2004년 10월 29일 중국-마카오 CEPA에 대한 보충 협의 체결 |
| **아세안** | 2001. 11. 6.<br>(2002. 11. 4.) | ■ 2005년 7월 아세안과 '상품무역협정'을 체결. 7,000여 개 품목에 대해 단계적으로 관세 철폐<br>■ 2009년 8월 15일 아세안과 '투자협정' 체결<br>■ 2010년 1월 1일부로 정식 발효<br>■ 2014년 8월 26일 중-아세안 개정 협상 정식 개시<br>■ 2015년 11월 23일 중-아세안 개정 협상 타결 |

**주** : ※는 협정체결일을 의미

### 3) 지역주의정책의 특징

중국의 FTA 추진동기를 살펴보면 연구들마다 조금씩 다르게 정리되고 있다. 하지만 대체적으로 ① 해외에너지 및 원자재 확보, ② 새로운 시장을 통한 수출시장 다변화, 대서구 우회수출(무역마찰의 회피), ③ 시장경제국지위(Market Economy Status의 인정 유도, ④ 산업경쟁력 제고, ⑤ 미국의 통상압력에 대한 대응, ⑥ 서부대개발 및 동북진흥의 촉진, ⑦ 해외화교와의 연계 강화, ⑧ 중국기업의 해외진출 촉진 등으로 정리할 수 있다.[11]

지역주의의 여러 가지 추진동기 중에서 새로운 시장 확보를 통한 무역마찰의 완화 또는 국가의 산업경쟁력 강화나 산업고도화 등의 추구는 전통적인 이유라고 볼 수 있다. 본서에서는 중국이 지역주의를 추진하는 동기로써 이러한 이유를 제외하고 다른 국가들과의 지역주의전략의 실행과정에서 나타나고 있는 정책적 특징들을 중심으로 제시해 보고자 한다.

#### (1) 대외전략적 차원으로의 활용

지역주의전략의 수행과정에서 나타나는 특징으로 중국정부는 지역주의전략을 대외전략으로 적극적으로 활용하고 있다는 점을 들 수 있다. 중국정부는 세계적으로 확산되고 있는 지역주의에 대한 대응 차원에서 중국 중심의 지역주의 구축전략을 수립하고 전개하는 차원에서 지역주의전략을 적극적으로 활용하고 있다.

세계적으로 확산되는 지역주의에 대한 대응 차원에서 중국정부가 적극적으로 추진했던 대표적 지역주의는 아세안과의 지역주의이다. 즉, 아세안과의 FTA는 앞에서 언급했다시피 '중국위협론'을 해소하기 위한 대외전략적 차원에서 추진되었다. 사실 당시 중국과 아세안국가들은 경제의 발전단계나 산업구조가 유사했기 때문에 상호보완관계가 그다지 높지 않았다. 이러한 상황을 고려하면 양 지역

---

11 조현준 · 이인구, "중국 FTA정책의 정치경제적 목적과 결정요인", 『동북아경제연구』, 19(1), 2007, pp. 59~66.

간 지역주의의 형성에 대한 경제적 효과는 그다지 높지 않다고 평가받았다.

그럼에도 불구하고 중국정부는 자국시장을 전향적으로 개방함으로써 아세안과의 FTA를 추진했다. 아세안과의 지역주의의 추진에는 이러한 중국정부의 전략적 고려가 담겨져 있는 것이다. 이 밖에도 아세안과의 지역주의 추구는 WTO 가입을 계기로 나타난 경제적 자신감과 이를 바탕으로 정치 및 외교 분야에서 역내 주도권을 장악하려는 중국정부의 의도가 반영된 것이다.

과거 중국은 일본과의 경제적 격차로 인해 동아시아 지역에서 리더십을 발휘하기가 어려웠다. 하지만 고도의 경제성장을 바탕으로 중국과 일본의 GDP 격차는 2000년도 이후 급격히 줄어들었다.[12] 일부 산업분야에서는 보완관계를 넘어 경쟁관계에 접어들게 되었다. 따라서 이러한 경제적 성공을 바탕으로 중국정부는 정치 및 외교 분야에서도 국제사회에 대한 주도권을 장악하기 위한 전략적 방안으로 FTA를 추진하고 있는 것이다.

이 밖에도 중국정부는 지역주의전략을 활용하여 WTO 등과의 협상과정에서 개발도상국의 대표 국가로서의 영향력을 행사하려는 대외전략적 의도도 가지고 있다. 중국은 지역주의전략을 통하여 주변국과의 신뢰관계를 구축함으로써 전략적 안보를 도모하고, 이를 통해 중화경제권의 결속을 추구하려는 전략적 의도도 함께 갖고 있다.

### (2) 자원 및 에너지 자원의 확보

중국의 지역주의 추진과정에서 나타난 또 다른 특징으로는 지역주의전략이 자원 및 에너지 자원을 확보하려는 국가적 목표에 적극적으로 활용되었다는 점을 들 수 있다. 중국이 체결했던 지역무역협정 중에서 상하이협력기구(SCO), 걸프협력회의(GCC), 호주, 남미 등과의 지역주의협정 체결은 대부분 에너지 및 자원의 확보전략 차원에서 추진된 것이다. 그리고 파키스탄, 뉴질랜드, 아이슬란드 등과

12 2010년을 기점으로 중국은 GDP 면에서 일본을 추월하고 G2로 부상하게 된다.

같은 국가들과의 FTA 추진도 에너지 및 자원의 확보 전략 차원에서 추진된 것으로 평가받고 있다.

하지만 자원 및 에너지 자원의 확보 차원에서 추진되고 있는 지역주의전략은 몇 가지 문제점을 발생시킨다. 일반적으로 원자재는 수입관세가 없기 때문에 FTA가 발효되어도 관세인하 효과는 거의 없는 분야이다. 그리고 원자재 및 에너지 자원분야 역시 주로 국가적 차원의 전략적 고려와 판단에 의해 결정되는 분야이기 때문에 지역주의에 의해 많은 영향을 받는 분야가 아니다.

하지만 자원 및 에너지 분야는 대부분의 국가들이 국유화 방식으로 소유하고 있기 때문에 민간 차원의 교류를 통해서 확보가 쉽지 않다는 특징을 가지고 있다. 따라서 이러한 점을 고려할 경우 중국정부가 추진하고 있는 지역주의전략을 활용한 에너지 및 자원 확보 전략은 단기적인 차원에서가 아닌 장기적이고 국가전략적인 차원에서 결정된 전략이라고 볼 수 있는 것이다.

### (3) 선진국 중심 지역주의에 대한 대응

중국의 지역주의정책은 선진국 중심의 지역주의에 대한 대응전략의 차원에서 추진된다는 특징을 갖고 있다. 중국은 선진국 중심으로 형성되는 지역경제동맹을 하나의 블록화적 성격으로 변화되어 선진국의 경제적 이익을 최대한 증대시키는 지역별 자급자족체제라고 보고 있다.

따라서 중국은 자신들이 미국이나 EU와 같은 선진국이 주도하는 지역주의에 참여하게 되면 선진국의 국가적 위상을 강화시킴으로써 선진국 다국적 기업의 군림을 강화시킨다고 보고 있다. 이 때문에 중국정부는 선진국 중심의 지역주의에 대응하는 개도국 중심의 지역주의를 형성함으로 선진국 중심의 지역주의를 막아야 한다고 보고 있다.

그러므로 중국의 지역주의정책은 미국의 영향력을 견제하고, 장기적으로는 EU, FTAA에 견줄 만한 '중국 중심의 유라시아 FTA'를 형성하려는 차원에서 추진되고 있는 것이다. 중국정부는 현재 아세안 지역의 국가들뿐만 아니라 남아시아와 동북아시아 국가, 러시아, 심지어 중동지역의 국가들과의 FTA도 추진하고 있다. 결과적으로 중국정부는 이들 지역 국가들과의 지역주의를 형성함으로써 장기적으로는 유라시아 차원의 중국 중심 경제블록을 구축하려고 노력하고 있는 것이다.

# 2. 국제환경정책

## 2.1 기후변화협약체제의 주요 내용

### 1) 기후변화협약체제의 개념

기후변화협약(UN Framework Convention on Climate Change ; UNFCCC)은 지구온난화와 기후변화에 대한 국제사회의 대응노력 차원에서 1992년 브라질의 리우데자네이루(Rio de Janeiro)에서 채택된 협약이다. 기후변화협약에 대한 국제사회의 노력은 2005년에 발효된 '교토의정서(Kyoto Protocol to the United Nations Framework Convention on Climate Change)'를 통해 현실화되었다.

기후변화협약체제(이하 'UNFCCC체제')란 기후변화협약을 근간으로 하는 하나의 국제환경체제(international environmental regimes)라고 볼 수 있다. 결국 기후변화협약체제는 기후체계가 인위적 간섭을 받지 않는 수준으로 온실가스를 감축 · 안정화시키는 것을 목표로 채택된 하나의 국제적 합의체제라고 볼 수 있다. 기후변화협약체제는 '공통의 그러나 차별화된 책임과 각각의 능력(Common but Differentiated Responsibilities and Respective Capability)'이라는 기본원칙을 바탕으로 실행되고 있다.

### 2) 기후변화협약체제의 주요 내용

기후변화협약(UNFCCC)의 체결로 인해 참가 회원국들의 온실가스에 대한 국가통계가 공식적으로 보고되기 시작했고, 기후변화와 관련된 국제협력이 강화되기 시작했다. 기후변화협약에서 회원국들은 각국의 경제수준에 따라 온실가스배출량을 1990년 수준으로 감축하거나 이러한 의무와 함께 감축국에 추가적인 재정 및 기술 지원을 해야 한다. 만약 추가적인 부담을 하지 않는 경우 배출가스 의무감축에 대한 일시적 제외를 인정받아야 한다.

1995년 3월 베를린에서는 기후변화협약에 대한 제1차 당사국 총회가 개최되었다. 총회에서는 기후변화협약의 이행을 구체화한 '교토의정서'가 체결되었다. 교토의정서는 그 후 8차례의 후속 논의를 거쳐 2005년 2월 16일에 정식 발효됨으로써 기후변화협약체제의 근간이 되었다.

교토의정서에서는 온실가스 배출량의 55%를 배출하고 있는 선진 38개국의 온실가스를 2008~2012년 동안 1990년 대비 평균 5.2% 감축할 것에 합의했다. 그리고 온실가스 감축을 탄력적으로 이행하기 위한 교토메커니즘(Kyoto Mechanism)의 도입에 합의했다. 교토메커니즘이란 선진국의 온실가스 감축의무를 이행하는 데 신축성을 확보하기 위해 만들어진 여러 가지 제도로 공동이행제도(Joint Implementation), 청정개발체제(Clean Development Mechanism), 배출권 거래제도(Emission Trading) 등을 의미한다.

기후변화협약체제에서의 주목할 만한 변화는 제13차 당사국 총회(COP13, 2007. 12.)에서 나타났다. 제13차 당사국 총회에서는 '포스트교토체제'에 대한 논의를 2009년 말까지 완료하기로 하는 '발리행동계획(Bali Action Plan)'이 채택되었다. 발리행동계획서는 교토의정서에 참여하지 않던 미국과 배출삭감 의무를 부담하지 않던 중국 및 인도 등의 참여를 이끌어 내었으며, 교토의정서에 존재하고 있지 않던 새로운 삼림보호기금 설치가 합의되었다는 부분에서 의미가 있다.

한편 코펜하겐에서 개최된 제15차 당사자 총회(COP15, 2009)에서는 온실가스 배출량에 대한 중장기적 감축 규모와 이의 의무화 여부, 저소득국가 및 최빈국의 기후변화 적응을 위한 재정지원 규모와 방식 등을 놓고 참가국들 간에 첨

예한 대립이 시작되었다. 그 결과 코펜하겐 합의(Copenhagen Accord)[13]는 '채택(adopt)' 대신 '유의(take note)'의 형태로 만들어지게 되었다.

2010년 멕시코 캔쿤(Cancun)에서는 2009년의 코펜하겐 합의를 '캔쿤결정'으로 변경하는 합의를 도출하였다. 캔쿤결정에 따르면 선진국은 2020년까지 1990년 온실가스 배출량의 25~40%를 감축해야 한다. 그리고 녹색기후기금(Green Climate Fund)의 조성에 합의했다는 부분도 의미가 있다.[14] 캔쿤결정에서는 개도국의 온실가스 감축행동을 '감축행동등록부'에 기재하도록 결정했다. 개도국은 감축행동등록부에 대한 기재를 바탕으로 온실가스 감축을 위한 자발적 감축행동을 국제적으로 인정받을 수 있게 되었다. 하지만 '포스트교토의정서체제'에 대한 합의는 캔쿤결정에서 도출되지 못했고, 이는 다시 2011년 제17차 당사국(COP17) 총회로 연기된다.[15]

2011년 남아공 더반(Durban)에서 개최된 제17차 당사국 총회(COP17)에서는 선진국을 대상으로 하는 교토의정서를 2020년까지 연장할 것에 합의하였다. 그리고 2020년 이후 선진국과 개도국 모두에게 적용될 새로운 기후변화협약체제에 대한 논의를 2015년까지 종료할 것에 대해서도 합의하였다.

2013년 바르샤바(Warszawa)에서 개최된 제19차 당사국 총회(COP19)에서는 새로운 기후변화협약체제에 대한 2015년까지의 협상일정(Timeline)이 합의되었다. COP19에서는 2020년 이후의 감축목표에 대한 설정방식과 2015년 합의문에 명시될 요소에 대한 논의가 진행되었다. 이 밖에도 COP19에서는 기후변화협약체제에 대응한 개도국의 행동을 지원하기 위한 방안으로 '녹색기후기금(GCF)의

---

13 코펜하겐 합의에서는 발리행동계획의 주요 주제에 대해 관련 내용을 제시하고 있으며 IPCC의 과학적 견해를 고려하여 산업화 이전과 대비하여 지구 온도의 상승을 2℃ 내로 제한하였다.

14 캔쿤결정에서는 개도국에 대한 자금 및 기술지원 규모를 2012년까지 300억 달러를 조성하고 2013~2020년까지 매년 1,000억 달러를 조성할 것을 합의하였다. 하지만 국별 할당금액에 대한 합의 도출에는 실패하였다.(신지인, 강재식. 2011. 「기후변화에 대한 국제적 논의이슈 및 각국의 대응전략」, 『산경논총』, 제36집. 경희대학교 산업관계연구소, 2011. p. 167.)

15 신지인, 강재식, 전게논문, pp. 166~167.

설립'이 합의되었다.[16] 그리고 2015년의 21차 당사국회의(COP21)인 파리회의 개최 전까지 온실가스의 감축을 위한 자발적 노력과 함께 국별 감축목표의 제출이 합의되었다. 또한 2020년까지 연간 1천억 달러 규모의 기후프로젝트 지원금을 마련하기 위한 논의도 함께 진행되었다.[17]

한편 2015년 12월 프랑스 파리에서 개최된 제21차 기후변화당사국총회(COP21)에서는 신기후체제에 관한 '파리협정'이 채택되었다. 파리협정은 2020년 이후의 교토의정서체제를 대체하는 새로운 기후체제에 대한 국제환경협정을 의미한다. 신기후체제는 기후변화협약의 모든 당사국들이 참여하는 체제로 기후변화의 완화 및 적응을 위한 개도국의 참여가 본격화된 체제이다.

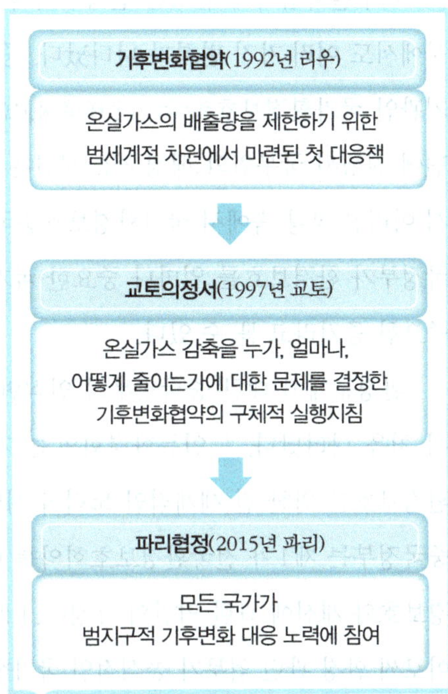

[그림 12-2] 기후변화 관련 주요 합의

신기후체제에서는 당사국들이 자국의 경제 및 사회적 여건과 능력을 고려하여 해당국들이 신기후체제에 대한 기여방안을 스스로 제시하는 상향식 접근방식을 채택하고 있다. 신기후체제는 고효율에너지 및 신재생에너지 시대의 시발점으로써 기존의 에너지 정책에 대한 근본적인 패러다임의 변화를 요구하고 있다.

이밖에도 신기후체제는 2023년부터 5년 단위로 파리협정 이행 전반에 대한 국제사회 차원에서 종합적인 이행점검(Globalstocktaking)을 실시하기로 했다. 이러한 이행점검에 대한 부

16 하지만 최종안 마련은 2015년 파리(Paris) 회의로 연기되었다.

17 하지만 동 합의문에서 중국과 인도의 반대로 '약속(Commitments)'이라는 용어는 '기여(Contributions)'라는 용어로 교체되었다.

분의 합의는 향후의 국제경제 및 환경질서에도 영향을 미칠 수 있는 중요한 부분이다.

## 2.2 중국정부의 대응

### 1) 환경 관련 법 · 제도의 정비

#### (1) 환경 관련 제도의 정비

기후변화협약체제 또는 신기후체제의 성립을 전후로 중국정부의 행정관리부문에서도 여러 가지 변화가 나타났다. 중국정부는 1998년 이후 국무원 내의 직속기관인 국가환경보호총국(国家环境保护总局)을 장관급 기구로 격상시켰다. 1998년에 진행된 국무원의 행정구조 개편은 축소개편을 목적으로 하고 있었다. 따라서 이러한 상황 속에서 국가환경보호총국을 장관급으로 격상시킨 것은 당시의 중국정부가 환경보호를 얼마나 중요한 국가정책 목표로 인식하고 있는가를 보여준 중요한 증거라고 볼 수 있다.

환경문제에 대한 중국정부의 인식변화는 1972년에 개최된 '인류환경회의'에서 처음 나타났다.[18] '인류환경회의'는 기후변화협정(UNFCCC)보다 앞서 시작된 환경보호를 위한 전 세계적인 노력의 시발점이라고 볼 수 있다. 1973년 8월 5일, 중국정부는 제1차 전국환경보호회의를 베이징에서 개최하였다. 이 회의에서 '환경보호와 개선에 관한 약간의 규정(关于保护和改善环境的若干规定)'이 제정되었다. 이로써 환경 관련 업무가 공식적인 국가행정사무로 편입되게 되었다.

1974년 10월 25일에는 국무원 내에 '환경보호영도소조(环境保护领导小组)'가 구성되었고, 이와 관련된 지방수준의 환경기구도 만들어지게 되었다. 환경보호영

18 曲格平, 『梦想与期待 : 中国环境保护的过去与未来』, 中國环境科學出版社, 2000. p. 7.

도소조는 그 후 '도농건설환경보호부(城乡建设环境保护部)'와 '국가환경보호총국'이라는 명칭으로 변경된 후 1998년에는 장관급 기구로 격상되었다.[19]

중국 내에서 환경문제와 관련된 법적인 큰 변화는 1979년도에 나타났다. 1979년 9월, 중국정부는 그동안 진행되어 오던 환경보호와 관련된 국가적 실험과 논의를 바탕으로 중국 헌법 내에 환경보호와 관련된 규정을 포함시켰다. 그리고 1983년 12월 31일부터 1984년 1월 7일까지 개최된 제2차 전국환경보호회의에서 "환경보호가 중국의 현대화 건설에 필요한 중요한 임무로 첫 번째 기본정책이 된다"라는 것을 선언하였다. 그리고 1989년 12월에는 중국의 환경보호와 관련된 기본 법인 환경보호법이 제정되었다.[20]

1990년 이후부터 중국정부는 환경 및 자연자원의 보호와 관련된 부분에서 적극적인 관심을 표명하기 시작했다. 1996년 이후부터는 '대기오염방지법', '수질오염방지법', '소음오염방지법', '고체폐기물오염방지법', '해양환경보호법' 등과 같은 개별적인 환경영역에서 주요 관련법들이 제정되기 시작했다. 이와 함께 '청결생산촉진법', '재생에너지법' 등과 같은 발전법안 등도 제정되었다.

2014년에는 기존의 환경보호법이 대폭적으로 개정된 신환경보호법이 발표되었다. 신환경보호법에서는 '생태 레드라인' 체제, 오염물질의 총량규제, 환경 모니터링 및 환경 영향평가, 행정구역을 넘는 지역공동예방 시스템 등과 같은 환경보호 분야에서의 기본제도가 만들어졌다.

신환경보호법(2014)에서는 ① 환경보호의 관리 · 감독을 둘러싼 정부의 책임을 명확히 했고, ② 환경오염 및 개선에 대한 기업의 책임을 강화했고, ③ 환경분야에서 발생하고 있는 불법행위에 대한 법적 제재를 엄격히 했다. 그리고 ④ 정부와 기업의 환경 관련 정보공개와 국민의 참여 등에 대한 일련의 규정들이 확립되었다.

---

19 이상만, 전게논문. pp. 351~352.

20 환경보호법이 제정되기 이전의 기간인 1979년부터 1989년 사이에는 많은 환경 관련 특별법들이 채택되어 사용되었다.

그 후 신환경보호법(2014)를 바탕으로 많은 새로운 환경 관련 규정들과 시행에 필요한 부가 문건들이 공표되었다. 신환경보호법의 제정 이후 새롭게 만들어진 법 · 제도와 시행규정, 문건 등에 대해 살펴보면 다음과 같은 조치들이 포함되어 있다.

- 오염배출허가증의 관리
- 오염물질 배출비용징수기준의 상향 조정
- 정부와 기업의 환경정보 공개
- 환경오염 책임 기업체에 대한 생산 제한 · 중지, 기업 폐쇄 및 오염시설 · 설비 압류
- 오염물질의 불법배출에 대한 벌금액 일일연속 누진제 벌금부과(처벌 강화)
- 환경민사 공익소송제도 실시 및 환경오염행위 신고 강화
- 환경오염책임보험 가입
- 기업단위의 돌발환경사고 관리 강화 등

### (2) 환경정책의 기본원칙과 제도

#### ① 기본원칙과 제도

중국의 환경정책은 3개의 기본원칙과 9개의 환경관리제도를 기본으로 하여 실시되고 있다. 중국정부의 환경정책에 대한 3대 기본원칙을 살펴보면 다음과 같다. 첫째는 환경오염의 미연 방지원칙이다. 이는 환경정책의 기본방침으로 환경오염에 대한 미연 방지를 기본원칙으로 하여 미연 방지와 오염처리를 양립시킨다.

둘째, 오염자부담 원칙의 적용이다. 이는 환경오염사건에 대해서는 그 오염자가 오염을 처리한다는 것이다. 오염자부담 원칙이 적용되기 때문에 개발 차원에서 모든 개발자는 환경보호에 대해 충분히 고려해야 한다는 의미이다. 그리고 이렇게 개발된 상품에 이용자가 존재하는 경우, 이용자는 이용과정에서 발생한 환경오염 피해를 보상해야 한다는 것을 의미한다.

셋째, 환경관리에 대한 법률규제원칙이다. 이는 법률규제 방식을 통해 환경 보호를 위한 직접 규제를 강화한다는 것을 의미한다. 과거 중국에서는 법률이나 규정에 근거한 행정관리보다는 일시적인 지도문건('홍두문건' 등)을 통한 행정관리를 진행해왔다. 이러한 과정에서 환경보호는 '항상성'과 '안정성'을 가진 관리가 이루어질 수 없었다. 행정인력이 바뀌면 적용원칙이 달라지는 경우가 많았다. 하지만 환경관리를 법률이나 규정화시킴으로써 안정적이고 지속적인 보호가 가능하게 되었다.

한편 중국정부는 환경정책에 대한 3가지 기본원칙 하에서 다음과 같은 9가지 중요한 환경관리제도를 시행해 오고 있다. ① 환경영향평가제도, ② 삼동시(三同時) 제도[21], ③ 오염물질 배출비용 징수제도, ④ 환경보호 목표책임제도, ⑤ 도시환경 종합정비에 관한 정량 심사제도, ⑥ 오염물질 집중처리제도, ⑦ 오염물질 배출등기 및 허가제도, ⑧ 기한부 오염방제제도, ⑨ 기업환경 보호심사제도 등이다.

② 주요 제도

이하에서는 9가지 환경관리 중에서 가장 대표적인 제도로 환경영향평가제도와 오염물질배출허가(증) 제도에 대해서 간단하게 살펴보려고 한다.

가. 환경영향평가제도

환경영향평가제도는 환경오염의 미연 방지원칙과 관련된 제도라고 볼 수 있다. 이 제도의 제정으로 인해 중국 내에서 개발이용과 관련된 계획의 수립과 환경에 영향을 미치는 프로젝트를 진행할 때에는 반드시 법에 따라 환경영향평가를 받아야 했다.[22]

---

21 프로젝트를 진행할 때는 주요공정과 관련된 환경오염방지처리시설을 동시에 설계하고, 동시에 시고하며, 동시에 가동하는 것을 의미한다. 만약 이러한 삼동시 관리 원칙에 대한 위반 시 기업의 생산을 중지시키게끔 되어 있다.

22 즉, 법에 의한 환경 영향평가를 실시하지 않은 건설 프로젝트는 착공할 수 없다.

환경영향평가제도는 거의 모든 사업분야에 걸친 건설 프로젝트에 대해 사업자는 사전에 충분한 사회환경 및 생태 영향조사, 종합적인 분석평가 등을 실시해야 한다는 것이다. 그래서 환경영향평가보고서와 환경영향평가표 및 공해방지장치의 보고서를 작성하여 환경보호부의 심사 및 허가를 얻어야 한다.

환경영향평가보고서에 포함되어야 하는 내용은 ① 규제 보호의 목표 등 ② 프로젝트의 명칭, 규모, 원료, 에너지의 출처, 폐기물의 종류와 양, 그 회수 및 이용방법, ③ 주변 지역의 환경조사 ④ 건설항목의 주변 지역 및 환경에 대한 장단기의 예측 및 영향 분석, ⑤ 환경 모니터링의 제안 ⑥ 환경 영향에 대한 경제적 비용분석 등이 있다.

### 나. 오염물질 배출허가(증) 제도

오염물질 배출허가증 제도는 환경질을 개선하는 것을 목표로 오염물질의 총량을 통제하는 제도를 의미한다. 오염물질 배출허가증제도는 다음과 같은 4가지 주요 절차로 이루어진 중국정부의 오염방지제도이다.

- 오염물질 배출 사업체의 신고등기
- 오염물질 배출 지표의 기획 분배
- 오염물질 배출 허가증의 신청 심사 및 발급
- 오염물질 배출 허가증 집행상황 감독 및 검사 등

오염물질 배출허가증제도는 오염물질 배출행위 발생 전부터 배출행위 발생 후의 모든 과정을 포괄하는 관리제도이다. 그리고 오염자에 대한 일상관리 및 위기 관련 과정을 모두 포함하고 있고, 오염예방의 사전 관리에도 적용될 뿐만 아니라 오염처리 과정의 감독 및 통제, 오염에 관한 사후 구제관리 분야에도 적용된다.

중국 내에서 오염물질 배출허가증에 관한 입법은 많은 발전을 가져왔다. 하지만 그 과정에서 많은 어려움도 존재했다. 대표적 예로서 1989년 12월 전인대 상무위원회에서 '환경보호법' 초안을 심사하는 과정에서 발생한 오염물질 배출허가증제도에 대한 치열한 논쟁을 들 수 있다. 당시의 초안 제 31 조에는 오염물질 배출허가증제도와 관련된 "오염물질을 배출하는 사업체는 응당 국가규정에 따라 신고 및 등기하고 오염물질 배출허가증을 수령해야 한다"는 규정이 있었다. 하지만 심사과정에서는 동 규정에 대한 반대 의견이 많이 제기되었다. 이에 따라 최종적으로 만들어진 '환경보호법'(1989)에서는 오염물질 배출허가증제도가 현재와 같이 만들어질 수 없었다. 그 대안으로 오염물질배출 신청등기제도가 채택되었다. 문제의 조항은 "오염물질을 배출하는 기업, 사업체는 응당 국무원 환경보호 행정주관 부문의 규정에 따라 신청 및 등기해야 한다"는 조항으로 수정되었다.

중국의 오염물질 배출허가증제도는 대기오염물질 배출허가증제도, 수질오염물질 배출허가증제도, 육지로부터 오는 오염물질 배출허가증제도 등으로 나뉘어져 오염방지 단행법률 혹은 법규 등에 분산적으로 규정되어 있다.

### (3) '순환경제촉진법'과 '에너지 절약법'의 제 · 개정

#### ① '순환경제촉진법'의 제정

중국정부는 국제적인 차원에서 진행되고 있던 기후변화협약체제에 대한 대응과정에서 '전통적 경제발전모델'을 '에너지 절감형 녹색경제발전방식'으로 전환했다. 이를 위해 2008년 8월에는 '순환경제촉진법(循环经济促进发)'을 제정했다.(2009년 1월 1일 시행) 여기서 순환경제란 생산 · 유통 · 소비과정에서 나타나는 감량화와 재활용, 자원화와 관련된 통칭으로 '자원-상품-재생에너지'와 '생산-소비-재순환'의 형태로 에너지 이용의 효율화와 환경보호를 추구한다는 개념이다.

중국정부는 '순환경제촉진법'의 제정에 앞서 2005년에는 '순환경제의 발전을 촉진에 관한 일부 의견(關于加快發展循环經濟的若干意見)'을 공포함으로써 순환경제의 발전을 위한 정책적 근거를 마련하였다. 이 "의견"의 제정으로 인해 각 지역과 개별 행정부서는 순환경제의 촉진과 관련된 많은 조치들을 만들 수 있었다. 그리고 '순환경제촉진법'의 제정 이후 지방정부 차원에서도 순환경제를 활성화하기 위한 종합계획이 수립될 수 있었다.[23]

'순환경제촉진법'에서는 순환경제의 활성화를 촉진하기 위한 6가지 기본관리제도를 확정했다. 이때 확정된 6가지 기본관리제도는 다음과 같다.

- 순환경제에 대한 규획제도
- 자원낭비 및 오염물 방출총량 통제제도
- 순환경제평가 및 고과제도
- 생산자 중심의 책임연장제도
- 고(高)에너지 및 고(高)수자원 소모기업에 대한 중점 감독 · 관리제도
- 경제적 장려제도 등

2010년 4월, 국가발전개혁위원회(国家发展改革委员会 ; 이하 국개위)는 인민은행, 은행감독위원회, 증권감독위원회와 함께 순환경제와 관련된 투자의 증진에 필요한 '융자혜택에 관한 정책'을 발표했다. 2011년에는 국개위는 '순환경제 발전규획 지침(循环经济发展规划编制指南)'을 발표했다. 동 지침에서는 순환경제와 관련된 새로운 산업의 발전을 촉진시키는 부분과 함께 순환경제와 저탄소 관련 기술에 대한 연구와 응용에 대한 중시정책을 분명히 하였다.

그리고 순환경제의 발전과 관련된 지역정책의 일부분도 확정하였다. 관련 지역으로는 수자원 부족지역 또는 상대적으로 산업이 낙후된 지역에 대해 에너지 절약과 오염배출량 저감을 위한 규제기준을 강화한다는 기준이 발표되었다.

---

23 2009년 중국 국무원은 감숙성에서 제출한 '순환경제 종합규획(甘肃省循环经济总体规划)'을 비준하였다.

### ② '에너지 절약법'의 개정

기후변화협약체제의 형성에 대비한 중국정부의 법 제도적 대응노력으로 '에너지 절약법'의 개정을 들 수 있다. 중국정부는 2007년 10월 28일 에너지 절약과 에너지 사용의 효율을 높이기 위해 '에너지 절약법(节约能源发)'을 개정 공포하였다. '에너지 절약법'은 에너지 절약과 에너지 이용의 효율성을 제고하고 환경보호적 관점에서 지속적인 경제발전을 촉진하기 위해 1997년에 처음 제정되었다. 하지만 '에너지 절약법'의 제정에도 불구하고 중국의 에너지 소비는 급증했고 그 소비량 또한 엄청났다. 이러한 이유 때문에 '에너지 절약법'의 개정이 이루어졌다. 2009년도에는 '에너지 절약법' 개정에 따른 후속 조치로 '종합적 에너지 절감방안(节能减排综合性工作方案)'이 발표되었다.

중국정부는 '에너지 절약법'의 개정을 통해 에너지 절약과 관련된 표준과 각종 관리 · 감독제도를 정비하려고 했다. 즉, 법 개정을 통해 에너지 절약에 대한 장려조치를 마련함으로써 해당 법률의 목적성[24]과 효율성을 극대화하려고 했던 것이다. 개정된 '에너지 절약법'에서는 에너지의 획득을 가능하게 하는 에너지 자원으로서 석탄, 석유, 천연가스, 바이오매스(biomass)와 전력, 열에너지, 기타 직접 또는 가공 · 전환을 통해 얻을 수 있는 유용 에너지 등을 규정하고 있다.

그리고 강제성을 띤 에너지 관련 표준을 제정하고, 에너지의 소비한도 및 에너지 효율에 대한 표기도 규정되었다. 또한 에너지 소모가 높은 산업에 대한 선별적 제거제도(淘汰制度)의 실시도 규정되었다. 동 법의 개정으로 인해 에너지 소모가 높은 산업과 공정은 중지되거나 생산가동이 금지되었다.

개정된 법에서는 효율적 에너지 소비를 장려하기 위해서 세수우대 · 자금지원 · 신용대출 · 각종 홍보 · 교육사업의 전개 등의 조치가 규정되었다. 그리고 에너지 절약 분야에서 성과가 있는 단체와 개인을 표창하고, 에너지 관련법을 위반

---

24 에너지 절약법의 목표는 ① 중국 내의 모든 사회에서 에너지의 절약을 유도하고, ② 에너지의 이용 효율을 높이며, ③ 환경보호 및 개선, ④ 경제사회의 전면적인 조화, ⑤ 지속 가능한 발전의 촉진이다.

하였을 경우 사례별로 벌금에 처하도록 규정했다.

개정 '에너지 절약법'에서는 에너지의 절약과 사용에 대한 관리, 이에 대한 기술적 연구, 환경과 사회의 수용능력을 고려한 에너지 정책과 조치에 대해서도 규정하였다. 에너지 절약을 위해 '에너지 절약 목표책임제(節能 · 目標責任制)'와 '에너지 절약 평가제도(節能評估)'의 실시도 규정되었다. 관련 부처는 에너지 절약에 대한 이행 정도와 이행실적을 국무원 및 지방 인민 정부에 보고해야 한다.

### (4) '5개년 규획'에 대한 반영

중국정부가 발표하는 국가발전계획에는 사회와 경제 분야에 대한 발전을 위한 중 · 장기적 종합발전계획이 포함된다. 특히 계획이 중시되는 사회주의를 채택하고 있는 중국정부의 입장에서는 더욱 더 그러하다. 중국정부의 공식적인 국가경제 및 사회에 대한 발전계획으로 '5개년 규획'이 있다.

'5개년 규획'은 중국정부가 5년마다 발표하는 경제발전계획으로 1953년부터 제정되고 있다. 이는 국민경제의 발전에 대한 중 · 장기적 목표와 방향을 설정하는 것으로 중국정부의 의사결정 방향과 경제흐름을 짐작할 수 있게 하는 매우 중요한 정책요소이다. 2006년에 발표된 '제11차 5개년 규획'(2006~2011)에서는 기후변화협약에 대한 대응조치로 환경보호와 관련된 주요 정책들이 포함되어 있다.

'제11차 5개년 규획' 내에 포함된 환경보호와 관련된 정책의 구체적 내용을 정리해 보면 다음과 같다. 첫째, 중점유역의 수질오염 처리를 위해서 삼허삼후(三河三湖)[25], 산샤댐 구역, 창장 상류, 황허강 중상류, 송화강(松花江), 남수북조(南水北調)[26]의 수원 및 연선 지역의 수질오염 등을 처리하는 프로젝트를 추진할 것 등에 대해서 규정하였다. 둘째, 석탄발전소에 연기탈황 설비의 구축과 의료폐기물 및 위험폐기물 집중처리시설 건설에 대해 규정했다. 셋째, 중 · 저 방사성 폐기물

25 淮河, 海河, 遼河, 太湖, 巢湖, 滇池

26 창장의 수자원을 서북과 화북 건조지역으로 수송하는 공사를 의미한다.

처리장 건설을 가속화할 것과 함께 고방사성 폐기물의 영구처리 문제를 해결하기 위한 차원에서 핵 · 복사 안전 프로젝트의 수립에 대해서도 규정되었다. 넷째, 퇴적된 크롬 찌꺼기와 오염토양 종합처리를 규정함으로써 모든 퇴적 크롬 찌꺼기에 대한 무해화 처리의 시작을 규정했다.

'제12차 5개년규획'(2011~2015)에서는 기후변화협약에 대응하는 국제사회의 흐름에 보조를 맞추는 차원에서 녹색경제의 핵심을 에너지 절약과 환경보호산업, 신에너지 산업의 적극 육성에 두는 정책들이 포함되었다. '12차 5개년 규획'에서는 에너지 절약 및 환경보호와 관련된 핵심 육성 산업으로 고효율 조명 제품, 에너지 절약제품(에너지 절약 자동차 등), 계약 에너지 절약방식을 통한 에너지절약 서비스업, 고기술 오수처리, 쓰레기처리, 대기오염 통제 기술, 위험 폐기물과 토양오염 제거기술 및 감측설비 등과 같은 환경보호 기술과 기계설비 영역을 지정했다.

'제12차 5개년 규획'에서는 에너지 절약과 환경보호를 위하여 2015년까지 환경보호 및 에너지 절약 관련 산업의 규모를 4.5조 위안 규모에 도달하도록 육성하기로 했다.[27] 그리고 에너지 절약 및 환경보호 산업의 연평균 증가율을 15% 이상으로 설정하여 국제 경쟁력을 갖춘 대규모 관련 기업을 육성하도록 했다.

한편 '제13차 5개년 규획'(2016~2020)에서는 공산당 창당 100주년이 되는 2020년까지 '샤오캉(小康) 사회'의 건설과 신중국 성립 100주년이 되는 2049년까지 부강한 사회주의의 완성을 의미하는 '따통(大同) 사회' 건설을 국가경제 개발의 목표로 분명히 했다. 그리고 '제13차 5개년 규획'의 기간이 전면적 "샤오캉 사회" 건설을 위한 핵심시기임을 강조하며 그 목표를 실현하기 위한 관련 계획을 발표하였다.

전면적 "샤오캉 사회" 실현을 위한 5대 목표 속에 '생태 환경의 총체적 개선'

---

27 12차 5개년 규획에서는 환경보호 및 에너지 절약 산업 부분의 부가가치가 국내 GDP의 2% 이상의 수준으로 상승할 것을 목표로 제시했다.

이 포함되었다. 관련 주요 정책으로는 첫째, 생산 및 생활방식의 녹색 · 저탄소 수준을 제고하고 둘째, 에너지 자원의 개발과 이에 대한 이용효율을 대폭적으로 제고한다는 것이다. 그리고 에너지와 자원에 대한 소모와 건설용지에 대한 통제를 강화하고, 탄소배출 총량에 대한 효율적 통제도 강화하고 주요 오염물질의 배출량을 감소한다. 셋째는 주체공능구(主体功能区, 기능도시를 의미)의 분포와 생태안전 보호망에 대한 기본을 구축한다는 것 등이 포함되었다.

'13차 5개년 규획'에서는 혁신, 균형, 녹색, 개방, 공동 향유 등을 국가개발정책의 5대 발전이념으로 규정하였다. 여기서 녹색은 지속적 발전과 관련된 필수조건을 의미하는 것으로, 국가개발정책이 자원절약적이고 친환경적인 방향으로 추진되어야 함을 의미한다. 더 나아가 중국정부는 각종 개발정책이 글로벌 생태안전에도 공헌할 것도 '13차 5개년 규획'에서 함께 규정하였다.

한편 '13차 5개년 규획'에서는 저탄소 · 순환경제의 발전과 관련된 과제를 달성하기 위한 주요 추진정책으로 다음과 같은 6가지 정책을 발표하였다.

- 청결한 저탄소 에너지와 안전하고 고효율적인 현대 에너지 체계의 구축
- 비화석 에너지 비중(풍력 · 태양에너지 · 바이오 · 수력 · 지열 · 원자력)의 제고
- 스마트 그리드 건설, 천연가스 · 석탄가스 · 셰일가스 개발
- 저탄소 운송 및 신에너지 자동차 확대
- 탄소배출권 통제 강화
- 순환발전 선도계획 실시 및 순환 소비 강화 등

## 2) 탄소배출 저감 노력

### (1) 기본원칙

'5개년 규획'을 중심으로 한 저탄소 발전 노력 이외에도 정부 차원에서 추진된 또 다른 탄소배출 저감 노력은 2007년에 발표된 '기후변화협약국가에 대한 중국의 대응방안(中国应对气候变化国家方案)'을 통해 시작되었다고 볼 수 있다.

2008년에는 기후변화협약에 대한 중국정부의 기본입장인 '중국의 기후변화 대응을 위한 정책과 행동(China's Polices and Actions for Addressing Climate Change)'이 발표되었다. 2008년에 발표된 기후변화협약에 대한 중국정부의 기본입장을 정리해 보면 〈표 12-2〉와 같다. 이와 관련된 후속조치로 '기후변화 적극대응에 관한 결정(关于积极应对气候变化的决议)'이 2009년 8월에 발표되었다. 2009년 11월에는 탄소집약도의 40~50%를 감축할 것과 관련된 감축목표도 발표되었다.

〈표 12-2〉 기후변화협약에 대한 중국정부의 6대 기본입장(2008)

| | |
|---|---|
| 근거 지침 : "기후변화 대응을 위한 중국의 정책과 행동" | – 경제발전과 환경보호라는 전략틀 속에서 지속 가능한 발전을 도모함과 동시에 기후변화에 대응 |
| | – **기후변화협약체제의 핵심 원칙인 "공통의 그러나 차별화된 책임" 원칙에 대한 기준** : 선진국과 개도국 모두는 기후변화에 대한 대응책임이 있으며, 선진국이 선도적 역할을 해야 함 |
| | – 중국에게는 기후변화의 완화와 개도국으로서 기후변화에 대한 적응 모두가 중요. 따라서 이 두 과제에 대한 조화를 향후 전략적 목표로 인식함 |
| | – 기후변화협약과 교토의정서를 기후변화에 대응한 주요 수단으로 인정하고 이를 위한 국제협력을 도모함 |
| | – 기후변화에 대응하기 위한 과학기술의 발전과 기술이전을 촉진함 |
| | – 전통적 방식의 생산 및 소비 패턴을 변화시키고, 친환경사회 건설을 위한 대국민 참여를 고취시킴과 동시에 적극적이고 광범위한 국제적 협력을 강화함 |

2009년에 개최된 코펜하겐 회의에서 중국정부는 2008년에 발표한 6대 기본 원칙을 바탕으로 기후변화협약에 대한 공식적인 입장을 표명하기 시작했다. 그 후부터 중국정부는 기후변화협약에 대해 적극적으로 대응하고 있으며, 이러한 과정에서 선진국의 역사적 책임을 더욱 강조하고 있다.

중국은 오늘날과 같은 기후변화의 불안정성 원인이 개발도상국뿐만 아니라 이미 산업화된 선진국에도 있다고 보고 있다. 중국정부는 이산화탄소의 증가 또는 확대 경향은 일국의 산업화 과정에 따르는 정상적인 현상이라고 본다. 그러므로 중국정부는 선진국이 주장하는 것과 같이 온실가스를 감축하는 것은 이산화탄소를 지속적으로 배출해 온 선진국에 비해 개발도상국이 더 많이 불리해진다고 보고 있다.

2009년 12월 덴마크 코펜하겐(COP15)에서 개최된 당사국 총회에서 중국정부는 이러한 판단을 근거로 온실가스의 배출을 2050년까지 1990년 대비 50%를 감축한다는 장기적 목표 설정에 반대하였다. 이는 장기적 차원에서 감축량 설정(1990년 대비)은 선진국보다 개도국에게 더 많은 부담을 줄 수 있다는 중국정부의 입장을 반영한 것이다.

그럼에도 불구하고 중국정부는 기후변화협약체계 형성에 대한 국제적 협력에 대한 존중의 일환으로 2020년까지 탄소집약도를 40~45% 감축한다는 계획서를 제출했다. 동 계획서에서 중국정부는 2011~2015년까지 단위당 GDP의 에너지 강도를 16% 감소하고 탄소 강도도 17% 감소하기로 약속했다.[28]

코펜하겐 회의에서 나타났던 중국정부의 입장은 남아프리카공화국 더반에서 개최된 제17차 유엔기후변화협약 당사국 총회(COP17, 2011)에서도 그대로 유지된다. 하지만 당시 재정위기를 맞고 있던 EU의 국가들은 유럽 국가들만이 온실가스 감축의무를 이행하고 있는 당시의 상황에 대한 우려를 표명했다. 그 결과 유럽

28 전국무역인연합, "2012년 중국 상하이의 탄소배출권 거래 시범상황 분석",(http://www.chinairn.com/news/20120806/673794.html)

국가들은 2020년 이후부터는 모든 주요 배출국이 온실가스의 감축에 참여해야만 새로운 협상에 대한 계획도 도출할 수 있고 교토의정서에 대한 연장도 가능하다고 주장했다. 하지만 당시 중국정부는 기존과 마찬가지로 역사적 총 배출량(산업혁명부터 지금까지)도 중요하기 때문에 선진국의 의무감축은 지속되어야 한다고 보았다.

중국정부의 이러한 입장은 2013년에 개최된 제19차 당사국 총회(COP19)에서도 그대로 유지된다. 당시 중국정부는 인도와 함께 기후변화협약의 이행을 위한 '약속' 제정에 반대했다.[29] 즉, 중국정부는 기후변화협약의 의무대상을 선진국에서 모든 회원국으로 확대하려는 선진국의 주장에 대해 반대했던 것이다.[30]

### (2) 변화의 시작

하지만 기후변화협약체제 형성에 따른 중국정부의 입장변화는 2013년에 개최되었던 제19차 당사국 총회(COP19)에서 나타나기 시작했다. 중국정부는 대외적으로는 이전과 똑같은 입장을 발표하였다. 하지만 이와는 별도로 '기후변화협약 대응전략'이라는 정부의 정책지침과 목표를 COP19 당사국 총회장에서 발표하였다. 당시 발표된 중국정부의 기후변화협약과 관련된 정책지침으로는 ① 2020년까지 중국의 기후변화에 대한 대응력을 강화시키며, ② 기후변화에 대응한 중점임무를 전면적으로 실시하고 ③ 지역별 대응구조를 구축할 것을 제시했다. 이를 위해 중국 내의 각 지방정부와 부서에서는 현재 실시되고 있는 정책 및 제도를 개선하고, 이러한 전략을 실시하기 위한 자금 및 기술, 국제협력시스템 등을 구축할 것을 발표하였다.

이러한 변화는 기후변화협약체계의 형성에 따른 중국정부의 입장변화를 의미하는 것은 아니었다. 하지만 이는 장기적인 계획하에서 내부적 준비를 강화하

29 이러한 이유 때문에 당시의 합의문은 UNFCCC의 이행을 위한 '합의'가 아니라 '기여'로 변경되었다.

30 하지만 동 회의에서 2015년 파리 총회에서 채택될 예정인 새로운 기후변화협약을 위한 로드맵에 대한 합의는 성공하였다.

고 있다는 것을 외부적으로 보여준 행동이었다. 중국정부의 이러한 움직임은 중국정부가 기후변화협약체제 형성과정에서 그 의무를 방치하는 것이 아니라 그 후속 논의과정에서 적극적으로 대응하고 변화할 것이라는 것을 보여준 행동이라고 볼 수 있다.

중국정부의 이러한 변화에 대한 근거로 첫째, 당시 아프리카 국가들이 기후변화와 관련된 논쟁에서 중국이 아닌 유럽을 지지하기 시작했다는 점을 들 수 있다. 2011년 이후부터 아프리카의 여러 개도국들은 기후변화와 관련된 국제적 논쟁에서 중국보다 EU를 지지하려는 움직임을 보이기 시작했다. 당시 동아프리카 지역에서는 가뭄 등과 같은 기후변화로 인해 심각한 피해가 발생하였다. 이에 따라 아프리카 여러 국가들은 기후변화의 위험을 미래의 심각한 위협요소로 인식했다.

둘째, 당시 중국의 대기오염현황이 심각한 상황에 직면했기 때문이었다. 2000~2010년 동안 환경오염으로 인한 중국의 경제손실증가율은 매년 19%에 달했고, 이러한 피해 규모는 빠르게 증가했다. 이에 따라 대기오염으로 인한 중국의 경제적 손실은 GDP의 1.2%에 육박하는 것으로 나타났다. 당시 중국의 500대 도시 중 WHO가 제시한 대기질 표준에 부합하는 도시는 1% 미만인 것으로 나타났고, 세계 10대 오염도시 중 7개가 중국의 도시였다.[31]

이에 따라 중국정부는 2013년 7월 23일, 대기오염 개선을 위해 향후 5년간 2,770억 달러(305조원)를 투자하겠다고 발표했다. 중국정부의 이러한 변화는 그동안의 정부의 대응방식이 '순환경제촉진법'이나 '에너지 절약법' 등과 같은 법·규정 제정을 통한 간접 대응방식에서 벗어나 정부가 직접 대응하는 방식으로 변화된 것을 의미한다. 또한 그 후부터 에너지 과소비 산업에 대한 탄소 배출을 줄

31 중국 대기오염의 주요 원인은 석탄에너지의 과다소비와 저품질 석유제품의 사용과다 때문으로 여겨지고 있다. 2011년 기준으로 중국의 1차 에너지 소비 중 석탄(70.4%)의 비중이 절대적 우위를 차지했다. 이 수치는 세계 에너지 중 석탄의 비중은 30.3%이고, OECD 회원국의 경우 19.9%인 것을 고려한다면 대단히 높은 수치이다. 그리고 중국은 2010년 베이징 일산화탄소의 85.9%, 일산화질소의 56.9%, 탄화수소의 25.1%가 자동차용 저품질 석유제품의 소비로 인해 발생했다.(여하·주하성, "중국의 대기 오염과 대응방안", 『SERI China 경제포커스』, 제13-4호, 2013, pp. 1~7.)

이겠다는 정부정책('13차 5개년 규획' 등)이 연달아 발표되었고, 심각한 오염을 발생시킬 경우 사형선고까지 하겠다는 강력한 조치도 함께 발표되었다.

### (3) 탄소 배출권 거래제의 도입

#### ① 탄소세와 탄소배출권거래제

탄소세(carbon tax)제도는 재화나 서비스의 생산과정에서 나타난 기후변화에 대한 영향을 정책적 결정을 통하여 비용으로 반영하는 방식 중 하나이다. 탄소세란 온실가스 중에서 가장 중요한 이산화탄소($CO_2$)에 대한 배출 감축을 목적으로 석탄, 천연가스, 휘발유와 디젤유 등과 같은 화석연료에 대하여 탄소함량이나 탄소배출량 등을 기준으로 부과하는 세금을 의미한다. 그러므로 탄소세는 모든 에너지를 대상으로 부과되는 에너지세와는 다른 목적세의 일종이라고 볼 수 있다.

탄소세는 주로 북유럽 국가들을 중심으로 시행되고 있다. 스웨덴은 이산화탄소를 1t 배출할 때마다 168달러(약 19만 5,500원), 노르웨이는 4~69달러, 스위스는 68달러, 핀란드는 48달러, 덴마크는 31달러를 부과하고 있다. 그리고 남아프리카공화국은 5달러, 멕시코는 1~4달러, 일본은 2달러 정도다.[32]

탄소세 실시로 인한 온실가스 배출의 저감 효과는 확실하다. 감축대상이 되는 온실가스는 이산화탄소($CO_2$)로 국한된다. 이는 온실가스에 대한 대부분의 감축대상이 산업부문에서 사용되는 연료의 연소과정에서 배출된다는 점과 제도의 이행이 용이하다는 점 등을 감안했기 때문이다.

하지만 그럼에도 불구하고 탄소세 실시로 인해 국가 전체 차원에서 탄소배출량을 원하는 수준까지 줄일 수 있을지는 확신하기 어렵다. 교토의정서에서는 의무당사국들은 1990년 배출량을 기준으로 2008~2012년까지 이산화탄소 배출량을 평균 132% 수준으로 줄이도록 했다. 그리고 이에 따라 국가별로 탄소배출에 대한 의무감축량이 만들어졌다.

---

32 강수진, "탄소세와 배출권거래제의 현실은", 중앙일보, 2015. 8. 8.

탄소배출권거래제도는 이러한 과정 중에 만들어진 제도이다. 즉, 탄소배출량을 감소시키는 과정에서 각국들은 할당된 자국의 탄소배출량을 다시 자국 내 기업들에게 할당하게 된다. 하지만 정해진 기간 안에 탄소배출량을 의무량만큼 감축하지 못한 국가의 기업들은 배출량에 여유가 있거나 숲을 조성한 사업체에게 돈을 주고 탄소배출권을 구입하게 된다. 즉, 탄소배출권을 사고파는 시장이 만들어지게 된 것이다. 이것이 탄소배출권거래제도이다.

교토의정서(Kyoto protocol)에서는 의무감축국의 온실가스 저감 활동에 대한 비용 부담을 완화하기 위한 방식으로 시장기반 메커니즘의 일환인 '교토메커니즘(Kyoto flexible mechanism)'이 제시되었다. 시장기반 메카니즘에서 '시장'이 의미하는 바는 온실가스(탄소)배출권의 가격이 정책에 의해 결정되기보다는 시장 내에서 거래된다는 의미이다.

교토메커니즘은 탄소배출권거래(Emissions Trading ; ET), 청정개발체제(Clean Development Mechanism ; CDM), 공동이행제도(Joint Implementation ; JI)로 구성되어져 있다. 배출권거래(Emissions Trading)는 온실가스에 대한 배출 권리인 '배출권'을 시장을 통해 거래하는 행위를 의미한다. 배출권(certified emission reduction ; CER)은 할당량(allowance)과 크레딧(credit)을 포괄하는 개념이다. 이중 할당량은 국가 또는 지역 내에서 정한 온실가스 배출 총량을 기준으로 발전설비나 생산설비 등과 같은 주요 온실가스 배출원(emission source)에게 지급된 온실가스의 배출 권리를 의미한다. 크레딧은 외부 온실가스 저감 프로젝트에 대하여 기준 전망치(Business-As-Usual ; BAU) 대비 온실가스 배출량의 감축을 확인해 주는 증서를 의미한다.

〈표 12-3〉 배출권 거래시장의 분류

| 배출권 성격에 따른 분류 | 할당량 시장 | 크레딧시장 | |
|---|---|---|---|
| | | 발행시장 | 유통시장 |
| 배출권 거래방식에 따른 분류 | 장내시장 | 장외시장 | |

### ② 탄소배출권거래제도의 시행

2014년 9월 국가발전개혁위원회(NDRC)는 '기후변화 대응계획(2014~2020년)'을 통해 2020년까지 온실가스의 집약도($CO_2$/GDP)를 2005년 대비 40~45%까지 감축할 것을 발표했다. 2015년 6월 30일에는 2030년까지 온실가스의 감축목표(Intended Nationally Determined Contributions ; INDC)를 2005년 대비 60~65% 감축할 것을 발표했다.

중국정부는 온실가스 감축목표를 달성하기 위해 온실가스 배출량이 2030년 이전에 정점에 도달하도록 노력할 것을 발표하였다. 그리고 1차 에너지 소비에서 차지하는 비화석연료의 비중을 20%까지 향상시키고, 2005년 대비 산림의 온실가스 흡수량을 45억$m^3$ 증대시킬 것도 함께 발표하였다.[33] 당시 2015년 7월 기준으로 2020년 감축목표를 설정한 국가는 인도와 중국뿐이었고, 2030년까지의 목표를 설정한 국가도 중국뿐이었다.

중국정부는 온실가스 감축 목표를 달성하기 위하여 2013년부터 광동성, 후베이, 상하이, 텐진, 선전, 베이징, 충칭 등 7개 시범지역에서 배출권거래제에 대한 시범 실시를 시행했다. 중국정부는 먼저 발전업종을 대상으로 전국 범위의 탄소배출권거래 시스템을 가동하고, 관리감독 시스템을 완비한 후 감축대상 범위를 점진적으로 확대한다는 계획을 갖고 있었다. 그리고 그 이후에는 점진적으로 배출권시장의 거래 품목 및 거래 방식을 다양화할 계획이다.

7개 지역의 배출권은 대부분 무상으로 할당되었으며, 일부는 유상으로 할당되었다. 여기서 무상할당 비율은 점차 축소할 계획이다. 7개 지역의 온실가스 감축목표는 모두 2010년의 온실가스($CO_2$) 집약도 대비 이행기간(2013~2015년) 동안의 집약도 개선율 기준으로 최저 15%에서 최고 19.5%로 설정되었다. 7개 지역의 온실가스 감축대상은 대부분이 제조기업이다. 하지만 건물도 규제대상에 포함되는 경우가 있었다.

33 노동운, "중국의 배출권거래제와 시사점", 세계 에너지시장 인사이트, 15(30), 2015, p. 5.

2017년 12월 19일부터 탄소배출권거래제(Emission Trading Scheme ; ETS)의 시행범위가 전국으로 확대되었다. 중국정부는 탄소배출권 시장의 안정적 운영을 위하여 총 3단계로 시장구축을 추진하기로 했다. 단계별 탄소배출권 시장 구축전략의 주요 내용을 살펴보면 〈표 12-4〉와 같다.

〈표 12-4〉 중국 탄소배출권 거래시장 구축계획

| 단계 | 주요 내용 |
|---|---|
| 1단계<br>(2017년) | - 인프라 구축단계로 전국 범위의 단일화된 데이터 전송 시스템, 등록 시스템 및 거래 시스템 구축 |
| 2단계<br>(2018년) | - 시범 운영단계로 발전업종의 할당량 거래에 대한 시뮬레이션을 진행하고, 각 단계의 효율성 및 신뢰성을 모니터링하며, 시장 리스크 예방 시스템 강화 및 관련 시스템 완비 |
| 3단계<br>(2019년) | - 완비 및 심화 발전단계로 발전업종의 할당량에 대해 현물 거래를 시행하고, 탄소배출권 시장의 안정적인 운영을 전제로 시장 범위와 거래 품목 및 방식을 점진적으로 확대 |

# 3. 일대일로와 아시아인프라투자은행(AIIB)

## 3.1 일대일로

### 1) 개념과 구상

일대일로(一帶一路, One Belt and One Road, B&R)는 2013년 시진핑 주석이 중앙 및 동남아시아 지역을 방문했을 때(9월과 10월) 제안한 육상 신 실크로드(一帶)와 해상 신 실크로드(一路) 구축제안을 의미한다. 일대일로는 다른 의미로 볼 때 고도의 경제성장을 바탕으로 급성장한 중국경제의 자신감을 바탕으로 한 대(大)중화경제권 건설 구상이라고도 볼 수 있다.

일대일로는 중국정부가 주도하여 제시한 '신(新) 실크로드 전략구상'과 관계된 것으로 내륙 실크로드 경제벨트와 해상 실크로드 경제벨트로 구성되어 있다. 총 35년(2014~2049)이 소요되는 대형 프로젝트 중심의 국가 간 경제개발협력구상이다. 일대일로는 중국 중심의 고대 동서양의 교역로라고 할 수 있는 실크로드를 다시 구축하자는 것으로, 중국과 주변 국가들 간의 경제 및 무역합작의 길을 열고 거래 규모를 확대한다는 대규모 국가 간 경제개발 · 협력 프로젝트이다.

일대일로 구상이 세계 경제적으로 큰 의미를 가지는 것은 동 프로젝트가 성공할 경우, 유럽과 아시아를 잇는 거대한 복합 단일시장이 탄생하기 때문이다. 일대일로를 통해 탄생될 복합적 거대시장은 인구 44억 명(세계 인구의 약 63%), GDP 규모 21조 달러(세계 GDP의 약 24%)에 달하는 세계에서 성장 잠재력이 가장 큰 시장이 된다. 일대일로에 대한 중요성은 2016~2030년 동안 중국을 중심으로 한 아 · 태지역의 인프라 개발 수요가 세계 GDP 대비 5.1%에 달할 것이라는 예측을 통해서도 짐작할 수 있다.

출처 : 新华社(http://www.xinhuanet.com/)

[그림 12-3] 일대일로 고위급회담(2차회의)

## 2) 추진배경

중국정부가 일대일로를 적극적으로 추진하게 된 이유로는 몇 가지가 있다. 첫째, 중국 내에 존재하고 있는 낙후 지역에 신성장 동력을 제공하기 위해서다. 중국정부는 그동안 지역불균형 해소와 내수시장 확대를 위해 (동부)연해개발, 서부대개발, 중부굴기, 동북진흥 등과 같은 국가급 대형 지역개발프로젝트를 실시해 왔다.

즉, 일대일로의 근본적인 추진 이유는 그동안 진행되어 온 국내의 대형 개발프로젝트 지역을 주변에 있는 중앙아시아와 동남아시아, 아프리카 등의 신흥시장과 연결함으로써 이들 지역에 새로운 경제성장동력을 확보해 주기 위해서이다. 그리고 일대일로 전략은 이를 통해 중국의 경제영토를 중앙아시아와 동남아시아로 확대하고, 나아가 향후에 전개될 이들 지역과의 경제통합에서 주도권을 확보하기 위해서 추진된다고도 볼 수 있다.

결론적으로 일대일로 프로젝트는 동 프로젝트를 통하여 지속 가능한 국가경제 성장의 동력을 확보하고, 더 나아가 중국 내부에서 나타나고 있는 과잉생산 및 과잉산업의 문제를 모두 해결할 수 있게 하는 공급개혁의 열쇠로서 추진되는 것이다.

〈표 12-5〉 일대일로 관련 지역 및 역할

| 지역 구분 | 관련 지역 | 역할 |
| --- | --- | --- |
| 서북 및 동북지역 | 신장(新疆), 산시(陕西), 간쑤(甘肃), 닝샤(宁夏), 칭하이(青海), 네이멍구(内蒙古), 헤이룽장(黑龙江), 지린(吉林), 랴오닝(辽宁) | - 중앙아시아, 남아시아, 서아시아 국가들과의 교류 협력<br>- 러시아 등 對북방 개방의 주요 통로 |
| 서남지역 | 광시(广西), 윈난(云南), 시짱(西藏) | - 동남아, 서남아시아 국가와의 경제협력 및 메콩강 소지역경제협력(GMS)의 배후센터 구축<br>- 실크로드 경제벨트와 21세기 해상 실크로드 간 연결 |
| 연해지역 | 푸젠(福建), 저장(浙江), 상하이(上海), 톈진(天津) | - 해상 실크로드 건설의 선도자<br>- 새로운 개방 경제체제 메커니즘 창조 |
| 내륙지역 | 충칭(重庆) | - 서부개발·개방의 중요 거점, 내륙 개방형 경제지역 조성<br>- 동부·서부를 연결시키는 운송 통로 구축 |

주 : 「실크로드 경제벨트 및 21세기 해상 실크로드 공동 건설 추진을 위한 비전과 행동(推动共建丝绸之路经济带和21世纪海上丝绸之路的愿景与行动)」에 언급된 지역 중 31개 성시(省市)에 해당하는 지역 기준이며, 성(省)의 하급 행정구역인 지급 시 단위 제외.

출처 : 国家发展改革委, 外交部, 商务部, 「推动共建丝绸之路经济带和21世纪海上丝绸之路的愿景与行动」, 2015. ; 김홍원 외 2, "중국 일대일로 중점지역의 추진동향과 시사점", 대외경제정책연구원, 2016. p. 5.

둘째, 일대일로 전략은 중국의 안정적 국가경제 성장에 필요한 에너지 자원을 확보하기 위한 전략적 차원에서 추진되었다. 중국은 1978년 이후 지금까지 약 40년 동안 세계 어느 국가도 이룩하지 못한 장기간의 고도 경제성장을 이룩했다. 이 과정에서 중국은 자연스럽게 세계에서 가장 많은 자원을 소비하는 자원소비대국이 되었다.

일대일로 전략은 세계의 주요 경제권을 철도나 도로 등과 같은 각종 물류망으로 연결하는 건설 프로젝트를 중심으로 하고 있다. 특히 이때 연결되는 중요한 네트워크 중 하나가 세계 산유국들로부터 중국으로 연결되는 석유수송관으로 일대일로의 중요한 부분을 차지한다. 그러므로 일대일로 전략은 중국의 안정적 경제발전에 필요한 각종 에너지(자원) 등을 확보하기 위한 전략적 수단으로 추진되고 있다고 볼 수 있다.

셋째, 일대일로는 중국이 보유하고 있는 막대한 외환자산의 운용효율성과 수익성을 제고하기 위한 차원에서 추진되었다. 중국은 2018년 말 기준으로 약 3조 달러를 넘어서는 외환보유고를 보유하고 있다. 이러한 막대한 외환보유고는 중국정부로 하여금 거시경제정책 조정에 대한 난이도를 높일 뿐만 아니라 통화정책 운용에 대한 제약도 강화시킬 수 있다.

그러므로 중국정부 입장에서 보면 이러한 막대한 외환자산을 적정 수준에서 관리할 필요성이 있다. 현재 2018년 기준으로 국부펀드 운용 1위 국가는 중국이다. 중국투자공사는 9,000억 달러를 운용하고 있고, 홍콩 외환관리국은 4,566억 달러, 중국 외환관리국은 4,410억 달러, 중국 사회보장기금이 2,950억 달러를 운영하고 있다. 결국 이러한 4개 국부펀드에서 운용되는 자산총액은 2조 926억 달러에 달하고 있는 것으로 나타났다.

### 3) 주요 내용

#### (1) 6대 경제회랑

일대일로는 중국의 연선국가들과 중국과의 경제회랑을 건설하는 프로젝트이다. 여기서 경제회랑이란 주요 경제권과 철도, 도로 등의 물류망을 중심으로 연결하는 프로젝트라는 의미에서 사용된 용어이다. 구체적으로 일대일로는 중국-몽골-러시아, 신유라시아 대륙 교량, 중국-중앙아시아-서부아시아, 중국-중남반도, 중국-파키스탄, 방글라데시-중국-인도-미얀마 등과 같은 6개의 경제회랑 프로젝트로 구성되어 있다. 일대일로의 6대 경제회랑의 주요 내용을 살펴보면 〈표 12-6〉과 같다.

먼저 중국-파키스탄 경제회랑은 투자총액 기준으로 460억 달러 수준의 파키스탄 과다르항(Gwadar)에서 중국 신장 웨이우얼(新疆维吾尔) 자치구까지 연결되는 3,000km 구간에 철도, 도로, 가스수송관을 건설하는 프로젝트이다. 이를 위해 중국정부는 2015년도에 파키스탄 과다르항을 43년간 사용할 수 있는 장기사용권

〈표 12-6〉 일대일로의 6대 경제회랑

| | 경제회랑 구분 | 관련국 | 주요 노선 | 핵심분야 |
|---|---|---|---|---|
| 1 | 중국 -파키스탄 | 중국-파키스탄 | 중국 신장웨이우얼 카스-파키스탄-이슬라마바드-카라치-과다르 | 철도 및 도로, 석유·가스 수송관, 광케이블, 산업단지 등 |
| 2 | 방글라데시 -중국-인도 -미얀마 | 방글라데시-중국-인도-미얀마 | 방글라데시 다카-중국 쿤밍-인도 콜카타-미얀마 | 철도·도로 |
| 3 | 중국-몽골 -러시아 | 중국-몽골-러시아 | 중국 징진지-울란바토르-울란두데, 모스크바<br>중국 하얼빈-창춘-선양-만저우리-러시아 치타 | 고속운송통로 |
| 4 | 신유라시아 대륙교량 | 중국, 러시아, 카자흐스탄, 키르기스스탄, 우즈베키스탄, 투르크메니스탄, 이란, 터키, 우크라이나, 폴란드, 독일, 네덜란드 | 중국 롄윈강-정저우-시안-란저우-우루무치, 카자흐스탄-러시아 스몰렌스카야-브란스크-벨라루스 브레스트-바르샤바-베를린-로테르담 | 국제철도 |
| 5 | 중국 -중앙아시아 -서부아시아 | 중국, 카자흐스탄, 키르기스스탄, 타지키스탄, 우즈베키스탄, 투르크메니스탄, 이란, 터키 | 투르크메니스탄-우즈베키스탄-카자흐스탄-중국 알라샨카우<br>투르크메니스탄-타지키스탄-키르기스스탄-중국 | 석유가스 수송관 |
| 6 | 중국 -중남반도 | 중국, 베트남, 태국, 말레이시아, 싱가포르 | 중국 난닝-하노이-태국 방콕-쿠알라룸푸르-싱가포르 | 철도·도로 |

**출처** : 김성애, "중, 일대일로 2.0시대", Kotra 해외시장뉴스, 2017. 5. 29.

과 관련된 각서를 체결했다.

중국은 파키스탄의 과다르항 장기사용권을 포함한 중국-파키스탄 경제회랑을 건설함으로써 그동안 수입 원유의 80%를 인도양과 남중국해를 경유하는 1만 5,000km 바닷길을 통해 수입했던 것을 과다르항 사용권을 확보함으로써 원유운송 거리를 2,000km로 단축할 수 있게 되었다.

2016년 6월 중국, 몽골, 러시아 3국은 32개 프로젝트를 포함하는 '중·몽·러 경제회랑 건설 프로그램'을 확정했다. 중·몽·러 경제회랑 건설 프로젝트는

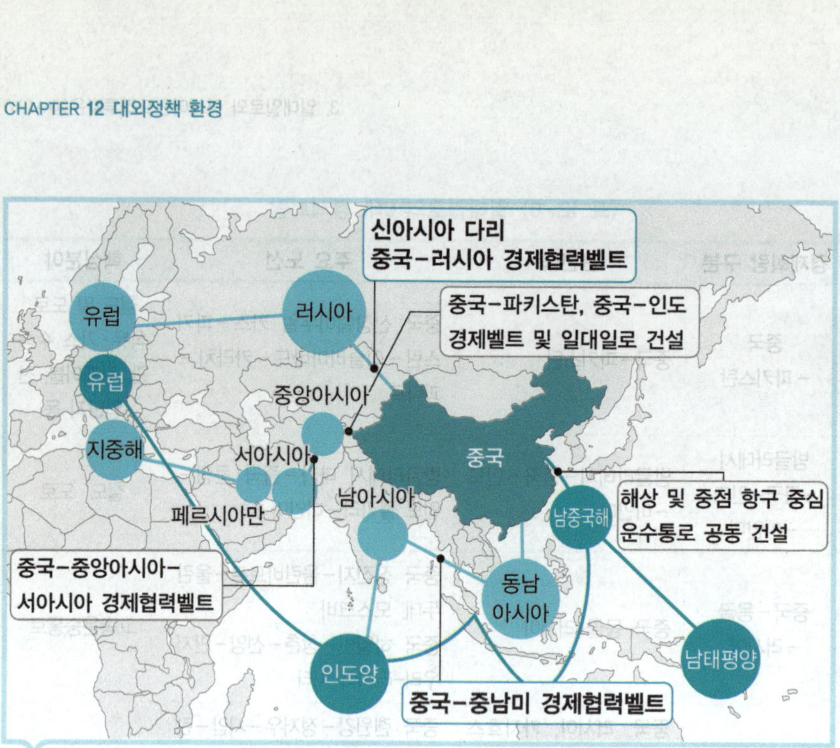


출처 : 경향신문, ""AIIB는 '일대일로' 젖줄" 드러난 '시황제'의 구상", 2015. 3. 22.

[그림 12-4] 중국의 '일대일로'

해당 프로그램의 수행을 통해 첫째, 교통 · 물류 인프라의 발전 차원에서 몽골횡단철도(TMGR)을 비롯한 몽골의 교통 인프라 현대화, 국경물류 통과지점의 현대화, 세관업무 · 검역관리의 개선이 추진된다. 둘째, 산업발전 차원에서는 3국 간 산업협력협정의 체결, 중국의 변경경제협력구를 기반으로 하는 지방 간 경제협력의 활성화, 몽골 전력 인프라 개선, 몽골의 축산물 수출 확대, 환경보호 협력 강화, 초국경 관광 아이템 개발 등이 추진된다.

그 과정에서 중국-몽골-러시아 경제회랑 프로젝트는 러시아와 중국 간의 천연가스 수송계약(30년)과 관련된다. 이 경제회랑 프로젝트가 성공적으로 추진될 경우 이들 지역의 경제회랑을 통해 수송될 수 있는 천연가스의 연간 수송량은 300~380억$m^3$이 된다. 이는 중국 연간소비량의 20%에 해당되는 양(380억$m^3$일 경우)이다.

신유라시아 대륙교량 경제회랑은 유라시아 대륙운송 시스템 또는 중국과 유럽 간 국제화물열차의 개통과 관련되는 프로젝트를 의미한다. 2016년 말 기준으로 39개 노선이 포함되어 있고, 신규로 13개 노선이 건설될 계획이다. 만약 이 프로젝트가 계획대로 완성된다면 중국 내 15개 도시와 유럽 8개국, 12개 이상 도시가 연결된다.

중국-중앙아시아-서부아시아 경제회랑은 천연가스 수송관과 철도 등의 건설 프로젝트를 의미한다. 수송관은 우즈베키스탄, 타지키스탄, 키르기스스탄 사이에 건설되는 프로젝트이고 철도는 카자흐스탄 수도 아스타나에서 중국기업이 경전철을 건설하는 프로젝트이다. 그리고 우즈베키스탄의 안그레이-파프간 철도 건설사업도 중국기업이 진행하고 있다. 앞의 프로젝트가 성공적으로 진행될 경우 향후 우즈베키스탄-키르기스스탄-중국 사이의 연결도 이 경제회랑의 건설 구상에 포함된다.

중국-인도 중남반도 경제회랑은 인도네시아 자카르타-반돈 고속철도 정비사업을 의미한다. 이는 한때 서류 미비로 인한 건설허가 취득에 어려움을 겪었지만 2016년 7월에 건설허가를 받아 다시 진행 중에 있다. 그리고 방글라데시-중국-인도-미얀마 경제회랑은 중국 윈난성-미얀마 라카이주 챠오퓨 수송관 건설사업과 방글라데시 파도마 교량 건설사업을 의미한다.

### (2) 5대 핵심이념과 8대 요구사항

2013년 9월에 처음 제시된 '일대일로' 전략은 그 후 11월에 개최된 중국공산당 제18기 중앙위원회 제3차 전체회의에서 중점 추진사항으로 공식화되었다. 그 후 중국에서는 '일대일로' 건설을 위한 각종 정책들이 발표되고 시행되었다. 일대일로는 ① 정책소통(政策沟通), ② 인프라 연결(设施联通), ③ 무역 원활화(贸易畅通), ④ 자금 조달(资金融通), ⑤ 민심 상통(民心相通) 등과 같은 5대 핵심이념을 바탕으로 한다. 5대 핵심이념의 주요 내용을 정리해 보면 〈표 12-7〉과 같다.

〈표 12-7〉 일대일로의 5대 핵심이념

| 핵심이념 | 주요 내용 |
|---|---|
| 정책소통 | - 정치적 신뢰 및 부처 간 실무적 협력에 따른 충분한 교류와 수렴을 통해 정책 교류를 확대하고, 지역협력 기반을 구축하면서 국가 간 발전전략을 조정하는 것 |
| 인프라 연결 | - 자원 확보 및 주요 거점별 육로, 수로, 항만 등 교통 인프라를 구축해, 국가 간 산업 및 영역별 표준이 상이한 기초설비 건설과 기술표준화 시스템 연계를 강화해나가는 것<br>▪ 실제로는 일대일로 연선국가들의 환경까지 고려해 친환경적인 복합운송 시스템 구축을 적극적으로 추진 |
| 무역 원활화 | - 일대일로 연선국가들의 원활한 무역을 위해 장벽을 제거하는 것<br>▪ 국가 간 무역·투자 등 협력 확대를 위한 원스톱(One-Stop) 전자통관 시스템 및 공동 자유무역구 건설을 추진해 다양한 형태의 규범을 마련해 영역을 확대해 나간다는 것 |
| 자금조달 | - 아시아 통화 안정을 위한 금융협력 시스템을 강화하고, 국제금융기구(AIIB, ADB, BRICs 등)들과의 협력을 강화해 나간다는 의미 |
| 민심상통 | - 사회적 기반이 되는 인적교류 확대, 문화교류, 학술교류, 문화, 관광, 과학기술분야 등 전면적인 교류를 통해 협력, 확대해 나아간다는 의미 |

일대일로는 이와 같은 5대 핵심이념을 바탕으로 이익공동체, 책임공동체, 운명공동체의 건설을 지향하고 있다. 그리고 일대일로의 추진은 평화 · 협력, 개방 · 포용, 상호이해, 윈윈(Win-Win) 등과 같은 방법론을 바탕으로 한다.

2017년 8월에는 '일대일로 건설추진 공작좌담회'에서 시진핑 주석에 의해서 일대일로의 추진과정상 준수해야 할 8대 요구사항이 발표되었다. 일대일로의 추진과정에서 반드시 준수해야 할 사항으로 ① 해외협력의 강화, ② 일대일로 계획의 성실한 이행, ③ 통합과 조율 능력의 강화, ④ 핵심 프로젝트의 이행, ⑤ 금융혁신의 추진, ⑥ 교류 확대, ⑦ 홍보 확대, ⑧ 안전보장 능력의 제고 등이 있다.

## 3.2 아시아인프라투자은행(AIIB)

아시아인프라투자은행(AIIB)은 아시아 · 태평양 지역의 기반시설 구축을 지원할 목적으로 설립된 다자개발은행을 의미한다. AIIB는 시진핑 주석이 기존의

IMF와 세계은행이 미국이나 유럽, 일본 등과 같은 일부 선진국의 이익을 우선시한다고 주장하면서 제기한 아 · 태지역의 대규모 인프라 투자를 위해 만들어진 새로운 다자간 개발은행이다. AIIB의 정식 출범은 2015년 12월 25일이고, 2019년 1월 기준으로 70개 회원국이 가입한 상황이다.

IMF와 세계은행은 미국의 달러화를 기축통화로 하는 브레튼우즈 체제의 핵심 기구이다. 따라서 아시아인프라투자은행(AIIB)에 대한 중국의 창설주장은 위안화의 기축통화화를 염두에 둔 중국의 국가전략상 일환이라고도 볼 수 있다. 중국의 아시아인프라투자은행(AIIB) 창설 주장에 대해 세계은행이나 아시아 투자은행은 "아시아의 대규모 투자는 많으면 많을수록 좋다"는 생각에서 찬성 입장을 밝혔다.

유럽이나 영국의 입장에서 보면 AIIB 참여는 아시아 지역에 대한 진출의 교두보 확보와 아시아 지역에 대한 상당한 영향력 확보라는 목적을 달성할 수 있다. 그러므로 유럽국가들의 입장에서 보면 AIIB에 참여하는 것이 유리하다. 아시아 국가들은 경제위기나 필요한 국내 인프라 개발의 상황에서 미국과 일본의 지원이 인색했던 것에 대한 실망감 때문에 가능한 AIIB에 적극적으로 참여해 실리와 발언권을 강화하려는 전략을 취하고 있다.

사실 중국의 아시아인프라투자은행(AIIB) 창설 주장은 아시아권의 인프라 건설에 대해 대규모 투자를 유도함으로써 공동번영을 모색하겠다는 의미이다. 하지만 미국의 입장에서 보면 이러한 AIIB의 추진이 중국의 주도로 이루어지기 때문에 달갑지 않다. 즉, 유라시아 지역에서 향후 AIIB의 설립과 관련 사업의 추진과정에서 중국의 영향력이 더욱 강화될 수 있기 때문에 미국의 입장에서는 적극적인 참여가 쉽지 않은 상황인 것이다.

이러한 이유 때문에 미국은 AIIB 참가 요청에 대해 "해당 기구의 국제적 기준 미달"이라는 명분[34]하에 공식적으로 반대 입장을 표명했다. 미국은 한때 한국이

34 미국은 AIIB가 운영에 높은 기준을 지니고 있는지, 그리고 그것이 환경적 사회적 보호망을 갖추고 있는지에 대한 관심을 표출했다.

나 오스트레일리아와 등과 같은 핵심 동맹국이 AIIB에 가입하지 못하도록 하는 정치적 압력을 행사하기도 했다. 또한 영국이나 독일 등이 AIIB에 가입했을 때는 실망을 표현하기도 했다.

일본은 AIIB 참가 요청에 대해 가입을 검토 중이거나 가입에 대한 공식 요청이 없다는 입장을 갖고 있다. 일본의 내각 장관인 스가 요시히데(菅義偉)는 "일본은 AIIB에 가입하지 않을 것이며, 명확한 설명이 중국으로부터 오지 않았다"라는 입장을 밝혔다. 하지만 아베 신조(安倍 晋三) 총리는 AIIB에 가입하는 문제는 AIIB의 운영방식에 대한 문제가 해결된다면 선택할 여지가 있다고 밝혔다. 따라서 이는 향후 일본의 AIIB 가입 가능성이 전혀 없는 것은 아니라는 의미이다. 그러나 2017년 일본은 자국 주도의 아시아개발은행(ADB)에 4,000만 달러(약 454억 6,000만원)를 출연하는 등과 같은 조치를 취함으로써 중국 주도의 AIIB의 영향력 견제를 분명히 했다.

중국은 현재 AIIB의 성공을 위해 일본의 참여를 강력히 촉구하면서 수석 부총재의 자리를 제안하기도 했다. 따라서 여러 가지 상황을 종합해 볼 때 일본이 과연 아시아인프라투자은행(AIIB)에 대한 지분 2위국 지위를 계속해서 포기할 수 있을지에 대한 의문은 존재한다. 현재 일본은 미국의 강력한 견제와 ADB 맹주의 입장을 함께 갖고 있기 때문에 AIIB 가입을 거절하고 있다.

하지만 일본이 AIIB 지분 2위국 지위라는 현실적 이익을 포기하기도 쉽지 않을 뿐 아니라 이와 관련된 일본재계의 요청을 완전히 물리치기도 쉽지 않을 것이다. 따라서 일본이 장기적 차원에서 계속해서 AIIB에 불참할 수 있을지 의문이 존재한다.

사실 아시아인프라투자은행(AIIB)에 대한 가장 핵심적인 논쟁점으로 AIIB 내부의 투자지분과 주요 의사결정을 위한 지배구조의 문제를 들 수 있다. 미국의 입장에서는 중국의 투자금 비중이 절대적으로 크기 때문에 그 의결권과 지배구조가 중국에 의해서 지배될 수 있다는 부분을 우려한다. 2019년 초를 기준으로 AIIB에 대한 투자지분과 의결권을 정리해 보면 [그림 12-5]와 같다.

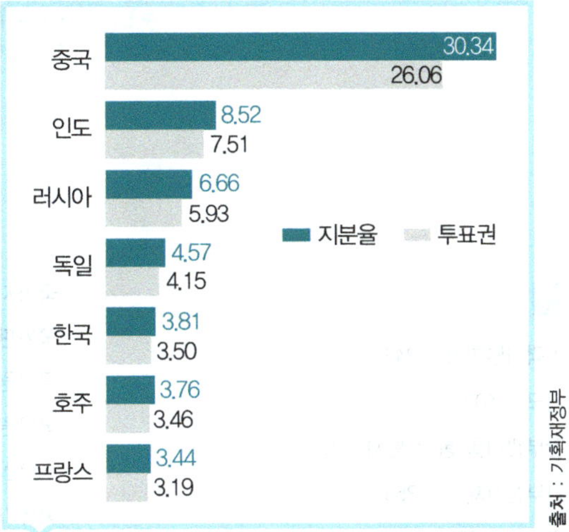


[그림 12-5] AIIB의 투자지분과 의결권

사실 IMF나 세계은행, ADB 등과 같은 국제금융기구나 지역금융기구에서 미국의 지분이 최대라고는 하지만 전체의 약 20% 전후나 미만이다. 하지만 AIIB의 경우, 최근 중국의 지분율이 줄어들었지만 2019년 초 기준으로 30%에 달하고 있다. 따라서 미국을 포함한 여러 미참가국들의 의심을 해소하기 위해서 AIIB에 다른 중요 선진국의 참여가 더 많이 확대되어야 할 것이다.

또 다른 논쟁점으로 아시아인프라투자은행(AIIB)의 설립이 현재 중국이 추진하고 있는 일대일로의 자금통로가 될 것이라는 비판이 존재한다. 이는 AIIB가 중국의 일대일로 정책에 협력적인 포지션을 취하는 부분과 중국 중심의 AIIB 지배구조를 연관 지은 비판이다.

하지만 이는 일대일로 정책이 유라시아 지역에 대한 개발사업으로 아시아인프라투자은행(AIIB)의 사업분야와 중복되는 부분이 있기 때문에 나오는 비판이다. 일대일로 사업이 중국의 국가전략이며 정책사업인 것은 분명하지만 AIIB 회원국 모두와 관련되는 사업일 수도 있다. 따라서 향후의 추진과정에서는 오히려 이러한 비판보다는 관련 지원이나 재원의 사용, 사업의 경제적 이익과 재무적 안정성, 환경보호 등과 같은 분야에서 합리적 운영을 보장할 수 있는 자체 기준을 분명히 마련하고 해당 사업을 평가하고 결정하는 것이 더욱 중요할 것이다.

# 찾아보기


ㄱ

가격차별현상 343

가모 402

간부관리를 통한 통치 16

간부심사제도 353

강구통 392, 396

강제인증제도(CCC) 232

개방도시 332

경제권역 구분전략 324

경제지대 구분법 325

계획생육정책 82

고급농업생산합작사 158

공분제 158

공유제 112

공장장책임제 102

공회 354

관리변동환율제도 193

관세정책 203

관중-톈수이 경제구 335

광시 베이부완 경제구 335

교육지니계수 150

교토의정서 450, 470

국가공상행정관리기관 423

국가발전개혁위원회(NDRC) 471

국가주석 22

국가중장기교육개혁 및 발전전략 151

국가지식산권국 전리복심위원회 415

국가지식재산권국(SIPO) 409

국가판권국(NCAC) 415

국무원 26

국무원의 자본시장 개혁 · 개방과 안정 발전에 관한 의견 389

국유기업 293

국유기업의 직무기능임금제 185

국유상업은행 367, 373

국유자본 조정과 국유기업 개편 추진에 관한 지도 의견 297

국유자산관리감독위원회 293

국유제 115

국유토지 165

국유토지 사용권 166, 167

균부론 176

근로대중집단소유토지 165

금리자유화 376

기업결합신고 259

기업파산법 279

기업파산제도 378

기층조직 15

기후변화 대응계획 471

기후변화 적극대응에 관한 결정 465

기후변화협약(UNFCCC) 450

기후변화협약 대응전략 467

ㄴ

남북구분선 43

남수북조 공정 63
남순강화 104, 107
노동계약법 177
노동시장에 대한 간섭 353
노동쟁의조정중재법 179
농가경영청부제 99
농가생산책임제 160
농가생산청부제 99
농민공 174
농민의 토지에 대한 균등소유원칙 155
농민집단소유토지 165
농촌의 인민공사 건립문제에 관한 결의 159
농촌토지 재산권제도 160

ㄷ

단일은행체제 366
당간부 교육과정 19
당조 15
대기오염방지법 244
대기오염 방지 행동계획 138
대약진 운동 90, 171
대외지향적 경제개혁 115
대한족주의 74
도농 의무교육 경비보장기제 완선에 관한 통지 151
도농일체화 151
도시상업은행 369
도시토지 재산권제도 162
독립 경제구 326
독자기업 253
동부연해 대개발 331
동부연해지역 332
동북진흥정책 336
동사회 275
등급임금제 183
디레버리징 375
딤섬본드 200

ㄹ

랑케(Lange)의 시장사회주의 모형 107

ㅁ

마오쩌둥 88, 92
목표책임제 164
무역전환효과 437
무역창출효과 437
문화대혁명 90, 93
물권법 163
물오염방지법 244
민족분류의 가변성 원칙 70
민족협애주의 74
민주당파 20
민주집중제 9

ㅂ

발개대 개혁 102
방권양이 개혁 102, 291
법인 411
복수통화바스켓제도 194
복심청구절차 410
부실채권 373
부총경리 276
분세제 346, 347
분쟁조정위원회 제도 427
비락주식회사 382
BIS 자기자본비율 374

비유통주의 유통주 전환 388

ㅅ

4대 국유상업은행 367, 368, 380
사법독립 430
사회보험법 181
사회주의 3
사회주의시장경제 107
산아제한정책 82, 83
산자이 402
3대 금융체제 368
3대 정책은행 368
3선지대 개발전략 323
3위 1체적 지위 345
3중전회 99
상무위원회 24
상장회사 주권분치 개혁 실험 389
상표국(CTMO) 416
상표법 404
상표 출원 413
상표평심위원회 416
상하이 증권거래소 384
서부대개발 325, 333
서전동송 316
선강통 395
선구통 396
선전 증권거래소 384, 396
소득양극화 129
소비세세목세율표 213
소수민족 68
수입쿼터허가증 228
수장책임제 342
수출쿼터 제도 231
수출허가증제도 230
순환경제촉진법 459
신 실크로드 473
신 예산법 360
신중국 87
신지적재산권 428
신환경보호법 456
실체심사 410
10대 경제구 324
쌍괘제 424

ㅇ

아시아인프라투자은행(AIIB) 480
안전심사제도 260
양무운동 88
양소일관 75
양안 경제협력 441
엄격한 토지관리의 개혁 심화에 관한 결정 51
에너지 절약법 461
역점학교 151
연성예산 제약 291
연중실업주식회사 382
연해경제개방구 332
오성홍기 5
오직사건 145
온실가스의 감축목표 471
외국계 은행 370, 371
외국투자자 국내기업인수합병 규정 260
외상투자기업 250
외상투자기업 청산방법 278
외상투자산업지도목록 256
외인내연 정책 306
외자기업 281
외환등록제 196
외환집중제 197

외환투자기업 외환등록증 267
용지절약 50
원자바오 405
위안화 200, 202, 366
6대 경제구 326
6대 경제회랑 476
은행업 리스크 예방 및 통제 351
이개세 102, 292, 347
이공보농 정책 313
이원적 은행제도 367
이윤유보제 291
이자보상배율 374
이중가격현상 343
이중조사금지의 원칙 426
이중환율제도 192
인구성장 억제 50
인구억제정책 80, 170
인민공사 159, 171
인민공사화운동 159
인민법원 425
일대일로 473
일시거주증 354
입당절차 17

ㅈ

자본주의 3
자산관리공사(AMC) 375
자연인 411
자원외교 137
재정분할 346
저작권 411
저작권 등기(등록)제도 412
저작권법 407
적격외국인투자자(QFII) 384
전국광물자원규획 135
전국농지에 대한 합리적 이용 50
전국대표회의 10
전국수자원종합계획 63
전국인민대표대회 23
전국토지이용 총규획요지 164
전국향진기업업무회의 308
전리법 404
전리복심위원회 425
정기분리 114
정기합일의 관습 89
정무원 관세정책 및 세관업무결정 203
정치협상 20
조대방소 114, 292
조대방소의 원칙 113
종합적 에너지 절감방안 461
주권분치 386
주식시장 382
주식제 개편 377
주식제 상업은행 368
중국공산당 9, 10
중국 민족구역자치법 73, 75
중국민족구역자치실시강요 73
중국의 기후변화 대응을 위한 정책과 행동 465
중국인민은행 365, 380
중국저작권보호센터 418
중국 주식시장의 구조 384
중국증권감독관리위원회(CSRC) 382
중국향진기업법 307
중부굴기 338
중앙군사위원회 13
중앙기율검사위원회 13
중앙위원회 10
중점학교 151

중화인민공화국 소비세 잠정규정 213
중화인민공화국 수출입세관조례 204
증권거래관리방법 383
증권거래소 382
지니계수 129
지방공상행정관리기관 417
지방보호 340
지방 인민대표대회 29
지방 인민정부 30
지방전리관리기관 416
지방정부 산하의 국유기업(SOE) 360
지방정부 융자기관 360
지방정부 채무관리 강화에 대한 의견 351
지방정부 채무 리스크 관련 컨팅전시 플랜에 대한 통지 351
지방정부투자기관 351
지식재산권 분쟁조정위원회 제도 428
지역개발전략 330
지역무역협정위원회 438
지역 양극화 131
지역주의 435, 441
지적재산권 401
지적재산권 구제절차 420
지적재산권에 대한 사법적 보호절차 430
지적재산권의 행정적 보호 421
지적재산권전문법원 425
집체소유제 158
집체토지 165

ㅊ

참정당 21
천교백화점 382
천안문사건 107
청부경영책임제 102, 292
청산보고서 285
청산위원회 285
청위경제구 335
초급농업생산합작사 157
총경리 276
최저임금제 186
출판총서 407
치리정돈 정책 306
7대 경제구 구상 326

ㅌ

탄소배출권거래제도 470
탄소세 469
토지개혁법 157
토지관리강화 문제에 관한 통지 51
토지관리강화와 농경지의 적극보호 지침 51
토지낭비 근절 50
토지사용권 162
토지소유제 개혁 157
토지시장 질서의 정돈 및 규범에 관한 통지 163
토지이용정책 164
토지출양금 167
특허 409

ㅍ

판다본드 200
8급임금제 184
8대 경제권역(안) 328
포괄적 경제동반자협정(CEPA) 441, 443
품질기술감독국(TSO) 422

ㅎ

한 가구 한 자녀(1가구 1자녀) 75, 82, 171
합영기업 280

합자기업 255
합작기업 255, 280
해관총서(GAC) 419
행정구역 349
향진기업 305
향진기업의 현황 및 향후 개혁발전의견에 관한 보고 308
호구등기조례 78
호구제 78, 354
홍콩 증권거래소 384
후강통 392
후구통 392

## 지은이에 대하여

**장동식**(蔣東植, CHANG, DONG SIK)

영남대학교 대학원 무역학과, 경제학 박사
영남대학교 사회과학연구소 아태지역연구센터 연구교수
중국 河南大學 经济贸易学院, 南開大學 国际商学院, Visiting Scholar
중국 青華大學 臺灣研究所, Visiting Professor
미국 California State University, Sacramento, Visiting Professor
순천대학교 국제교류어학원장
(현) 한국통상정보학회 부회장 등
(현) 전남중소기업진흥원 비상임이사
(현) 순천대학교 경상학부 무역학전공 교수
(현) 순천대학교 교양융합대학장

**〈저서 및 논문〉**

개정판 『현대 무역개론』, 청목출판사(공저, 2019), 『국제통상론』, 두남출판사(공저, 2014), 『국제경제기구의 이해』, 삼영사(공저, 2006) 외 다수

「WTO 체제하의 수입식품 안전관리제도에 대한 조화방안 연구—한 · 미 · 중 3국간 제도의 비교를 중심으로—」, 「중국의 식품안전관리제도에 관한 연구」, 「중국 물류산업의 발전정책에 관한 연구」, 「위안화 국제화에 관한 정치적 분석」, 「한중간 농업무역환경 변화에 따른 한국농업의 대응전략」, 「중국 향진기업의 발전과정과 향후 발전방향」, 「양안 금융협력에 관한 연구」, 「중국의 기업지배구조 개선노력에 관한 연구」, 「중국의 통상정책 결정과정과 요인에 관한 연구」, 「동아시아 지역주의 담론의 제도화에 관한 일고찰」, 「동아시아 FTA 형성경로 탐색에 관한 일고찰—한중일 3국의 FTA 정책을 중심으로—」, 「중국의 은행산업 개혁에 따른 우리나라의 대응방안」, 「중국의 지방보호와 시장분할에 관한 소고」, 「한중간 세이프가드 관련 분쟁의 전개에 따른 우리나라의 대응」, 「중국의 WTO 가입과 국유기업 개혁에 관한 연구」, 「중화경제권 대두에 따른 우리나라의 중화자본 유치정책 수립에 관한 연구」, 「중국 반덤핑조례에 관한 비판적 분석」 외 다수

# 중국통상환경론

초판 1쇄 인쇄 2019년 8월 29일
초판 1쇄 발행 2019년 9월 7일

지은이 장동식
펴낸이 박기남
기획 · 영업 박정헌
펴낸곳 **율곡출판사**
08590 서울시 금천구 가산디지털1로 84(에이스하이엔드 8차), 803호
전화 (代) 02) 718-9872/3
팩스 02) 718-9874
홈페이지 http://www.yulgokbooks.co.kr
이메일 yulgokbook@naver.com
등록 1989.11.10. 제2014-000031호
ISBN 979-11-87897-70-5 93320

정가 28,000원